建築知識
kenchikuchishiki

世界で一番くわしい 照明 最新版 07

安齋 哲 著
Tetsu Anzai

X-Knowledge

はじめに

「世界でいちばんくわしい照明」の出版からちょうど10年が過ぎ、現在はLEDが完全に主流の照明器具として定着している。10年前の本書を見返すと、人と社会の安全や快適のための照明デザインについての、考え方や基本となる手法、基本的な知識や演出テクニックに関しては、ほぼ何も変わっていないことを確認する一方で、計画の検討の際にLED光源や器具を念頭に全てをスタートするという現状に対して、旧版ではあまりにも情報が古くまた不足していることを実感した。そこで改訂版を出版する機会をいただいたことを最大限活用し、LEDに関連する記述のあるページについてはかなり全面的に書き直しを行った。また、最新の状況に関しては巻頭のカラーページにてまとめて解説している。LEDは当面は主流の光源であり、器具としてもかなり洗練されてきているものの、各メーカーの努力により今度もまだまだ改善が見込まれる。調光調色、IoTテクノロジーとの関連に加え、今後はAIとも関わりながらLED照明はさらに進化し、次の10年で技術に関しては全く様相が変わっているかもしれない。引き続き状況のフォローの必要は肝に銘じたい。

インテリアや屋外の照明デザインの質的状況に関しては、10年前に比べて設計者からも、一般の方々からも、空間や生活のクオリティに影響を与える照明効果の価値が認識され、より良い状況を生み出していこうという流れがあるように感じられる。LED照明のさらなる普及がその流れに大いにプラスに作用することを期待したい。

省エネは地球温暖化抑制や二酸化炭素削減の世界的な流れの中で重要性は変わらず、旧型のランプや器具のLEDへの置き換えが進むにつれ、少なくとも照明の世界では着実に改善していくことであろう。一方で旧型のランプも省エネ以外の良さやメリットはあり、割合は少なくともそれらの活躍の場はあり続ける。照明デザインや空間デザインに関わる人はこれからも白熱電球などの旧型ランプについてのきちんとした知識を持っている必要があると思う。そのため改訂版でも各種ランプの特性の解説はほぼそのままにしている。

本書は、若手の設計者や照明に関心のある一般の方々を読者と想定し、照明計画を検討する際に必要な基礎知識から、住宅やオフィス、店舗などの設計業務に即して使えるノウハウまで解説している。照明演出の手法については、ワンランク上のテクニックも紹介している。自ら照明に直接触れることで空間に愛着を抱き、生活空間をつくる当事者となって、場所や空間に対する成熟した意識を育むことは、今後より快適な環境をつくる下地ともなろう。LEDランプは自分の好みの空間作りをするにあたって、気楽に遊びながら扱える良さがある。

本書が、読者にとって照明と戯れるきっかけになってくれれば、筆者としてこれ以上の幸せはない。

令和３年４月吉日　　　安齋　哲

弱点なし！ベストな選択肢のLED

現在、建築やインテリア計画で採用する照明はLED照明が主流で、ほぼあらゆる箇所においてLED器具で計画することが可能である。新築物件においては白熱電球や蛍光灯器具を導入する方が難しい状況である。10年ほど前までは光の質などの性能面、器具種類の幅、コスト面などでLEDは蛍光灯やハロゲンランプなどのそれまでの主流の光源タイプの器具にかなわなかったが、各メーカーの開発によりデメリットは次々と改善されてきた。

LEDは元々のメリットであった省エネや長寿命も含めて、現在ほかの光源タイプとトータルで比較してベストな選択肢の光源であり照明器具である。今後さらに進化していくことも予想される。

LED導入のメリット

1 省エネ性能が高効率

省エネ性能は、LEDのライン型やスクエア型ベース照明の高効率な製品で160〜190Lm/Wに対して、高効率のHf蛍光灯照明は110Lm/W程度、鏡面のFHT32W型LEDベースダウンライトタイプでは100Lm/W程度に対して、FHT蛍光灯32Wベースダウンライトが65Lm/W程度である。このように現在ではLEDが完全に優位となっている。

2 ランプ寿命は40,000時間超に

ランプ寿命の性能はLEDも以前に比べて特に変化なく40,000時間程度であるが、Hf蛍光灯の12,000時間などとの比較により、他のランプより優れていることにかわりない。一部に20,000時間、30,000時間寿命などの製品もある。

3 オンオフ点滅に強い

スイッチのオン・オフ点滅による光源の劣化がないので、点滅が頻繁なトイレや廊下（人感センサー付き）などには、寿命が短く切れやすい白熱電球や、元々頻繁なオン・オフには不向きな蛍光灯よりも適している。

4 コンパクトに設置できる

元々の光源の小型さから、間接照明用、フットライト用、手摺り照明用、棚下照明用、小型演出用スポットライトなどへの活用のしやすさも変わらないメリットである。

5 火傷するほどの高温にならない

火傷するほどの高温にならない点から、植栽用の照明、床埋め込み照明、手で触れうる部位の照明にも適している。

6 商品や美術品が劣化しない

紫外線、赤外線をほとんど発しない点から、美術品や繊細な対象物への照射用によい。紫外線がないことから虫を集めないので屋外用にも適している。

7 防災用にもおすすめ

消費電力が少ないことから、ソーラー電源や非常用バッテリーからの電源でも十分な明るさが得られ、比較的長時間使用できるので、防災用として災害時などにも適している。同じ理由からキャンプなど屋外活動にも適している。

ライン型やスクエア型ベース照明の場合

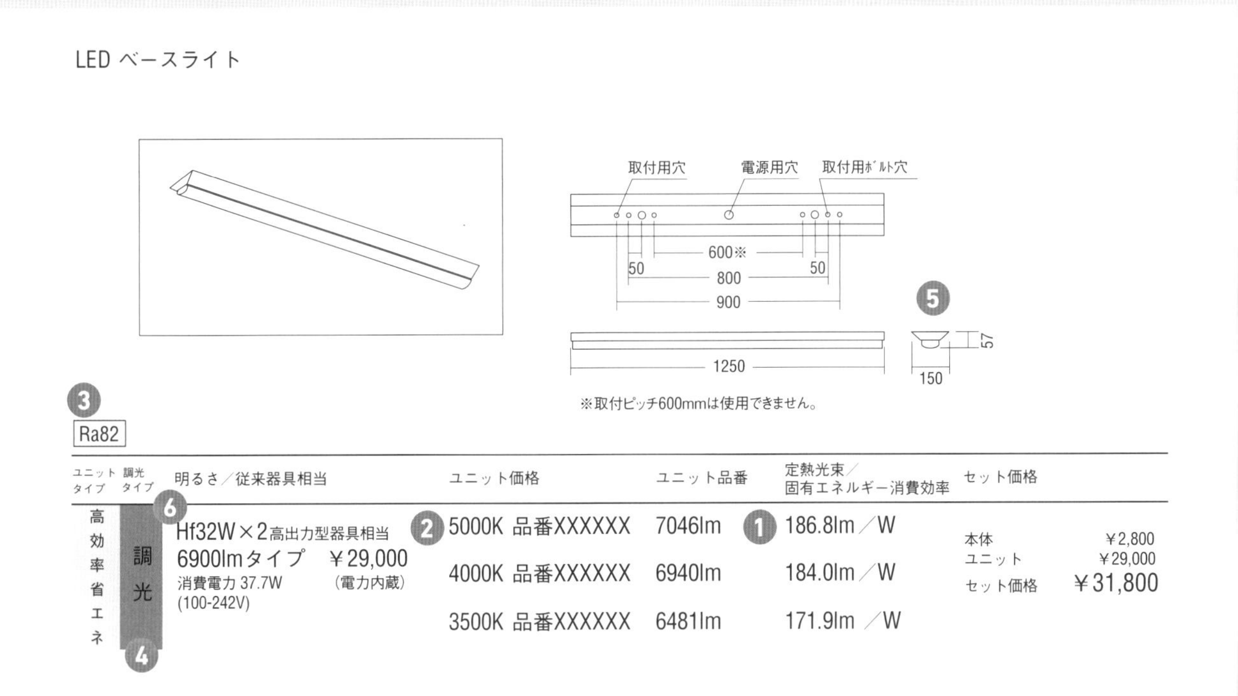

ユニットタイプ	調光タイプ	明るさ／従来器具相当	ユニット価格	ユニット品番	定熱光束／固有エネルギー消費効率	セット価格
高効率省エネ	調光	Hf32W×2高出力型器具相当 6900lmタイプ ¥29,000 消費電力 37.7W (100-242V) (電力内蔵)	5000K 品番XXXXXX	7046lm	186.8lm／W	本体 ¥2,800 ユニット ¥29,000 セット価格 ¥31,800
			4000K 品番XXXXXX	6940lm	184.0lm／W	
			3500K 品番XXXXXX	6481lm	171.9lm／W	

❶固有エネルギー消費効率（ランプ効率lm/W）で省エネの程度を判断、数値が高いほど性能が良い　❷色温度のバリエーションを確認　❸演色性(Ra)の数値を確認　❹調光型かどうか確認　❺外形の形状と寸法を確認　❻得られる明るさは蛍光灯のどのタイプ相当の明るさかを確認

ダウンライトの場合

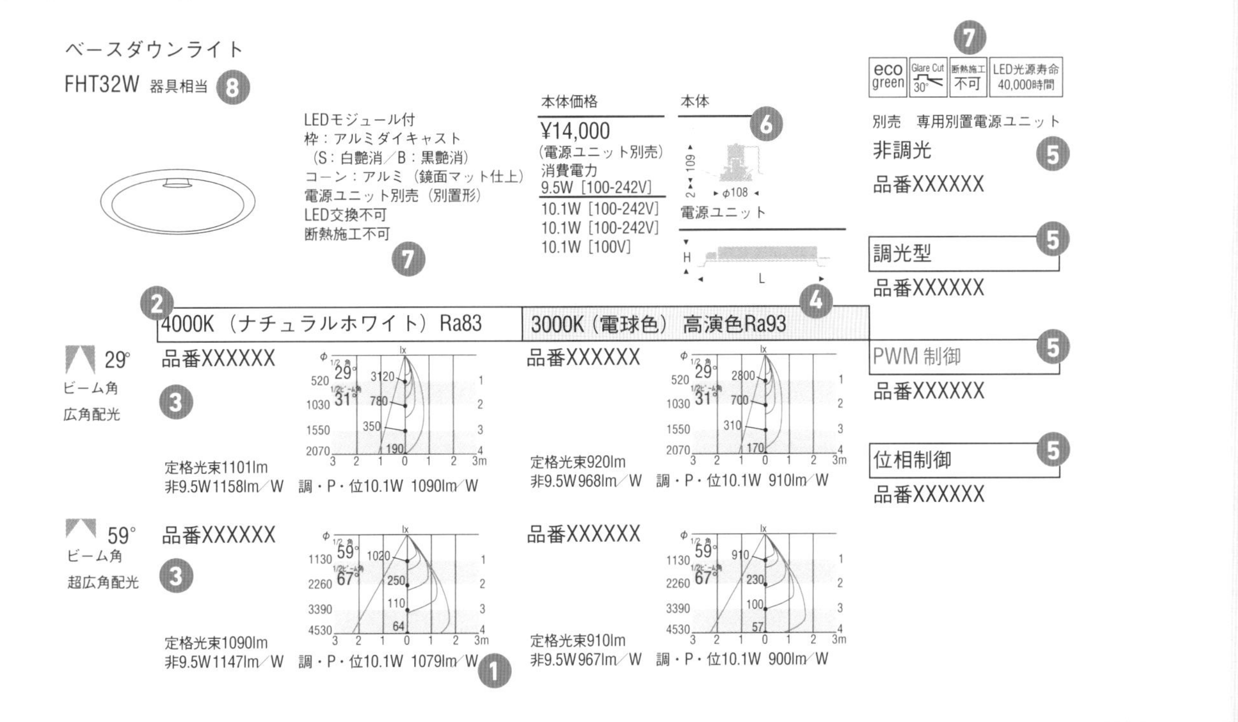

❶固有エネルギー消費効率（ランプ効率lm/w）で省エネの程度を判断、数値が高いほど性能が良い　❷色温度のバリエーションを確認　❸配光に種類がある場合は配光曲線データで確認　❹用途に適ったRa数値が得られるか演色性（Ra）の数値を確認　❺調光型かどうか確認　❻開口寸法と全体寸法を確認　❼断熱施工対応かどうか確認　❽どの旧型ダウンライトと同等の明るさか確認

LED器具を選ぶ際のポイント

LEDは質・量・種類ともに進化し成熟しつつあるので、明らかなデメリットは思い当たらない。しかしより良い照明環境の実現という観点からは注意したいことがある。長寿命だからといってメンテナンスフリーではない。また、高気密高断熱住宅が注目され期待される中で、高気密タイプのダウンライトは選べる種類が少なく光の質として問題があるものもある。LEDが短期間で世界中に定着した要因として廉価なLED電球の市場における広がりがあるが、その光の質は保たれているのか？　など、まだまだ注意したい点はある。

LED導入の注意点

1 故障や交換はあり得る前提で設置

長寿命なので基本的に電球交換をあまり考慮しなくても良いが、故障などは起こりうる。高効率のランプ一体型器具の場合はランプ交換ができないので器具ごとの修理が必要になる。修理内容によっては交換が必要など、予想以上にコストや時間がかかる恐れがある。大手メーカーの製品では修理保証がある（保証期間はメーカーによって異なる）。

2 交換はランプ専門業者に

ランプがユニット式の器具は寿命や故障、製品不良の際にランプ交換ができるが、統一規格だけではなくメーカーごとの規格のものもあり、一般の人にはわかりづらい。電気工事などの専門業者に依頼する方が安心。

3 断熱施工には専用器具を

LED素子自体は熱に強いが、電子部品が熱に弱く、熱がこもると器具やランプ寿命の大幅な短縮や故障につながる。そのため設置の仕方に注意する必要がある。断熱施工の天井に設置の場合は必ずそれに対応したSB型、SGI型、SG型などの高気密タイプを選ぶ必要がある（SB型器具は全ての天井断熱材の条件をクリアしている）。

4 性能の陳腐化は早い

相変わらず製品改善は進行中で、今後もさらに高性能で 廉価になると思われ、数年前の機種の性能が陳腐化して劣って見える可能性がある。

5 廉価品のランプは光の品質で劣るものも

シンプルな電球型のLEDランプは廉価で扱いやすいものも多いが、一方で光の質という点では白熱電球に比べて演色性や色味の自然さなどでかなり劣る製品も多く、安い製品が市場を広げる傾向がある中で、照明の光の質の部分が置き去りにされている傾向も見られる。

6 グレアカット性能が不十分な場合も多い

大手照明メーカーからもかなり廉価なLEDダウンライトなどが発売されており、価格とランプ効率から大変魅力的だが、廉価な製品にはグレアカット性能が不十分なものが多く、より高品質な照明環境を目指すには適さない器具が多い。SB型高気密タイプは薄型の製品が多いこともあり、グレアカットが不十分で光源が眩しく見える製品が多い。

故障や交換はあり得る前提で設置

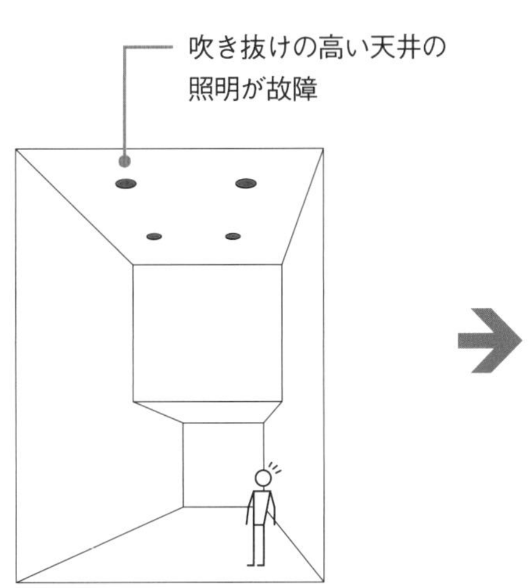

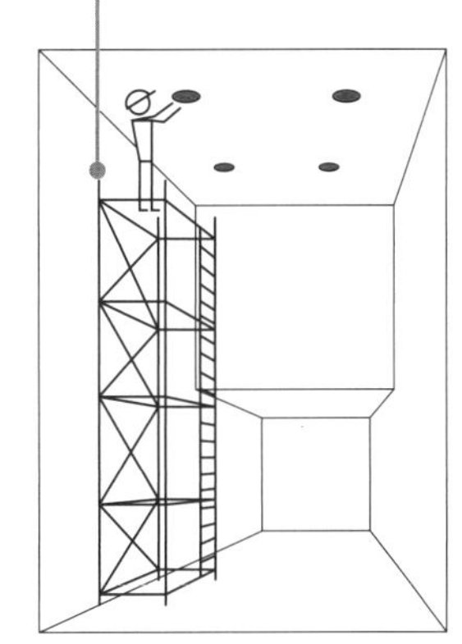

足場を組んで電気工事業者に修理
依頼が必要になる可能性も…

LED専用のユニット式ランプ

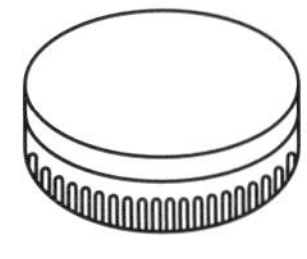

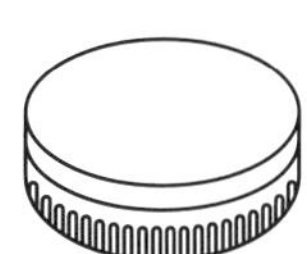

定格入力電圧	定格入力電流	定格消費電力	全光束	色温度	平均演色評価数	寸法 外径	寸法 長さ	最大光度	ビーム角	口金	定格寿命 h ※
V	A	W	lm	K	Ra	mm	mm	cd			
100	0.080	5.0	510	2700	83	90	38	170	100°	GX53-1-a	40,000
	0.100	6.2	700	2700				240			
			770	5000				270			
	0.243	14.1	1160	2700		120	43	420			
			1270	5000				460			

フラット型はダウンライトなどに対応。断熱施工型など薄型の器具に採用されていることが多い。口金GX53-1aを確認。色温度やランプの外径寸法もチェック。

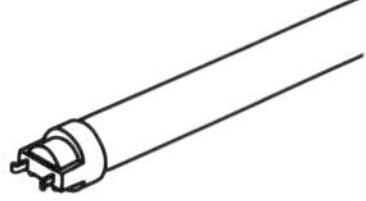

給電側口金

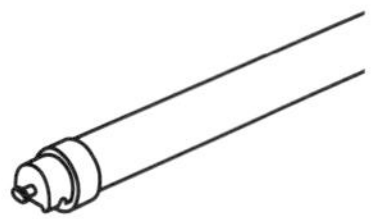

アース端子側口金

光束		演色性	色温度	ランプ電力	寸法	口金	定格寿 h ※
	lm	Ra	K	W	mm		
高出力	3,400	83	5000	21	1,198	GX16t-5	40,000
定格出力	2,200		3000	17.4			
	2,300		4000				
	2,500		5000				
	2,400		6500				
—	1,100		3000	9.9	580		
	1,200		4000				
	1,300		5000				

直管型でGX16t-5口金のランプは日本照明工業会規格のL型ピン口金を採用。多くのメーカーの器具に対応している。従来の40W型か20W型に対応しており、長さ寸法もそれに合わせてある。色温度のバリエーションもある。電気工事業者による比較的簡単な改造で従来の蛍光灯照明器具からこのランプ対応器具にリニューアルすることができる。

従来の照明をLEDに更新しよう

従来型の白熱電球や電球型蛍光灯用、ベース照明蛍光灯、ハロゲンランプなどの照明器具でLED電球に置き換えようとする場合には注意しなければならない点がある。
置き換え自体ができないランプ種類も多く、置き換えできるタイプでも器具や回路の条件と正確に合っていないと使用できなかったり、故障の原因になることがある。
交換できるランプがあっても、口金があっているか、調光対応かどうか、形状が器具内におさまるかどうか、交換後明るさが不十分ではないか、などのチェックポイントがある。

LED置き換えの注意点

1 旧型ランプに対応したものを選ぶ

もともと電球には非常に多くのバリエーションがあり、それぞれに対応した照明器具なので、LED電球に取り換える時は正確に対応しているランプを選定しないと作動しなかったり故障することになる。旧型のランプをLEDランプに置き換えられる器具やそのLEDランプのことをレトロフィットを呼ぶメーカーもある。

2 白熱電球は置き換えられるものが多い

白熱電球はE26やE17の口金の電球型のランプや、E11口金のダイクロハロゲン ランプなど、主要なものは置き換えられるLEDランプが発売されている。

3 蛍光灯は置き換えできないものも多いので注意

蛍光灯で最も広く使用されている管型やリング型、コンパクト型蛍光灯は、安定器付きの蛍光灯器具用のランプだが、LEDランプは安定器が不要なので、これらは基本的にLEDランプに置き換えることができない。白熱電球の代わりに取り付けられるE26やE17口金の電球型蛍光灯からであれば電球型LEDに交換することができる。

4 ほとんどのHIDランプも置き換え不可

HIDランプのほとんどが安定器を使って点灯するタイプなので、安定器不要の一部の水銀灯を除き、LEDランプの置き換えができないものが多い。

5 調光対応型かオンオフのみかを確認

白熱電球からLEDランプに交換する場合、元々の回路が調光回路の場合は調光に対応したLEDランプを選ばないと調光できない。オンオフ回路の場合は調光対応のLEDランプを取り付けると点灯しなかったり故障することもある。

6 LEDが器具内に納まるかを確認する

ランプの外形形状が器具内に収まるかどうかも注意が必要（LEDランプの方が元の電球よりも部分的に大きい場合がある）、断熱施工型器具の場合、熱が籠ることで交換電球が故障しないか、なども注意点として挙げられる。購入前に全ての条件を確認する必要がある。

カタログの見方…2

JDRランプ品番XXXXXX

E11 ❶
Φ50　L90 ❷

6500K−2700K相当　Ra82 ❻

❸ 従来ランプ相関：12V　Φ50ダイクロハロゲン球75W形50W

仕様 ❼

配光 ❹	型番	口金	色温度	定格電圧	消費電力	全光束（5000K時）	固有エネルギー消費能率	価格
中角	XXX-XXXX	E11	6500-2700K相当	100V	8.6W	695lm	80.8lm／W	¥8,200
広角	XXX-XXXX					709lm	82.4lm／W	
超広角	XXX-XXXX					653lm	75.9lm／W	

適合器具 ❺

・ダウンライト
・スポットライト

❶取り付け口金タイプを確認　❷器具本体の大きさを確認（このランプの場合、通常のJDRランプよりかなり長いので、既存器具に入るか要確認）　❸同等の明るさの旧型ランプのタイプを確認　❹配光角度を確認（数値がない場合は配光曲線データを探す）　❺取り付け可能な器具タイプを確認　❻色温度や演色評価数Raを確認　❼省エネ効率（lm/W)を確認

おすすめ製品紹介…1

ランプ交換のみで調光調色できる

- 既存の器具のランプを無線調光ランプと交換するだけで、配線を変えずに調光調色が可能になる。
- 色温度2700Kから6500Kまで。調光は5%から100%まで、1%単位での調光調が可能。
- 専用アプリもしくは専用コントローラ（Smart LEDZ Fit/Fit Plus）が必要なので注意。

調光調色LEDZ LAMP／遠藤照明

ランプ交換するだけで、すぐに調光調色

既設の器具のランプを無線調光ランプと交換。無線コントロールシステムなので配線はそのままに、ローコストで簡単に調光調色ができる。

STEP1
無線調光ランプに交換

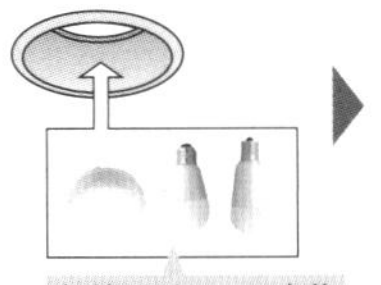

無線モジュール内蔵

STEP2
専用アプリをダウンロードして設定

アプリは無料でダウンロードできる

STEP3
すぐに使用可能!

信号線工事不要でシステムを利用できる

※Smart LEDZ Fitの場合の使用イメージ
※無線調光ランプは1灯ごとに設定して使用する

[調色による光束比率：調光調色LEDZ LAMP]

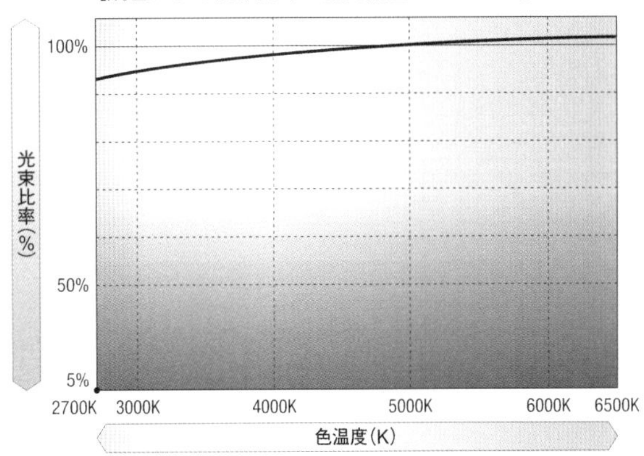

※5000K時を100%とした時の調色による光束変化率を表している
※比率の曲線はイメージ。器具種類や調光率によって若干のバラツキがある
※LEDの特性上、10%以下の調光率では光色のバラツキが大きくなることがある

LEDの最新事情

最新のLED照明は、演色性の優れた良質な光を保ったまま、繊細に自由に、光の明るさと色味をコントロールできる。コントロールの方法も従来の壁付けのスイッチパネルだけでなく、スマホなどからも操作できるIoTテクノロジーを採用している製品もある。一方で住宅用を中心に簡単な操作性のコントロール方法も工夫されてきている。また、デザイン照明器具や展示用照明器具もさらなる進化を遂げてきている。

簡単操作でコントロール可能に

1 演色性の優れた光で、多様な調光と調色のコントロール

LEDランプの平均演色評価数はRa82程度が多かったが、全体的に性能の向上傾向にあり、Ra90前後の製品もどんどん増えている。演色性が優れている器具は色の再現性の良さからより良い光環境を作り出すのに適している。さらにLED光源の特徴である紫外線や赤外線を出さない性質のため、美術品や高価な商品などを照らすのにも適している。色温度のバリエーションも豊富になっている。

2 IoTを使った照明のコントロール

無線調光は大手照明メーカーの独自規格のものがいくつかあり、コントロールはwifiを経由してスマートフォン、パッド端末、専用調光パネルスイッチなどを選んだり併用することができる。一つ一つの器具を操作端末で設定し、個別調光、グループ分けやシーン設定、タイマー設定など全てをそれらの端末から行える。

3 簡単な操作の照明コントロール

調光ができるLED照明器具は明るさのみの調整で、色温度変化には対応していない製品が主流である。調色（色温度変化）が可能なタイプの製品もあったが、これまでは値段が高いものであった。最近は大手照明メーカーから比較的廉価で単純な操作の限定的なコントロール方法の製品が作られてきているため、住宅で調光だけでなく調色コントロールも気軽に採用しやすくなっている。

LED照明器具の最新の傾向

4 最新のデザイン照明

LED素子の小ささを活かした新しい傾向の洗練されたデザイン照明がどんどん増えている。

5 ハイエンドの展示用スポットライト

現在のLED器具には平均演色評価数Ra98の製品もある。LED光源は紫外線や赤外線を出さない性質のため、照射物劣化の悪影響が少ない点から美術品や高価な商品などを照らすのにも適している。最新の製品では照射の向きや配光までリモートで調整できる展示作業に最適な製品が作られている。

調光回路なしで調光や調色、カラーライティングが可能

演色性の優れた光で、多様な調光と調色のコントロール

明るさコントロールの調光だけでなく、同時に調色といって色温度を調節できる器具も増えている。2700K から5600K程度の幅である。調光の方式もかつてのPWM方式や位相制御方式といった、専用の配線工事が必要なものだけでなく、調光なしのオンオフ電気回路のまま、個別に手動ダイヤルで調光できるスポットライトや、個別での無線調光ができる器具やランプが増えている。

調光の幅もかつては下限が5%程度だったが現在は1%程度まで絞ることができる。製品によっては1800Kから12000Kまでの自然な色味の範囲の調色だけでなく、鮮やかなレッド、ブルー、グリーンなどのカラーライティング表現をすることが可能な製品もある。

Syncaシリーズ／遠藤照明

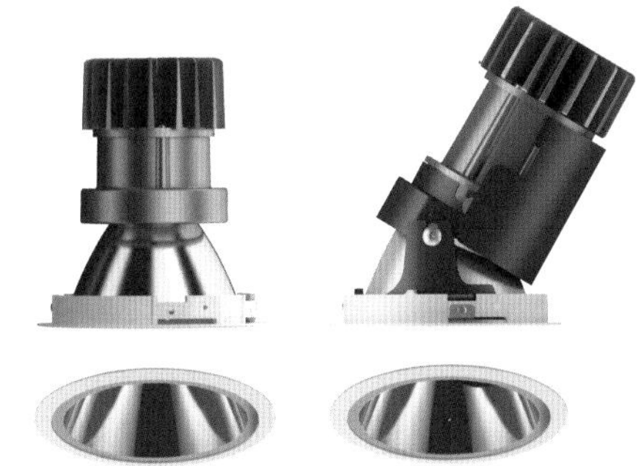

多用な自然光の表情を再現

ろうそくの光や日の出の1800Kから青空の12000Kまで、多様な自然光に沿った色が再現できることで、室内に自然な光のイメージをもたらす。

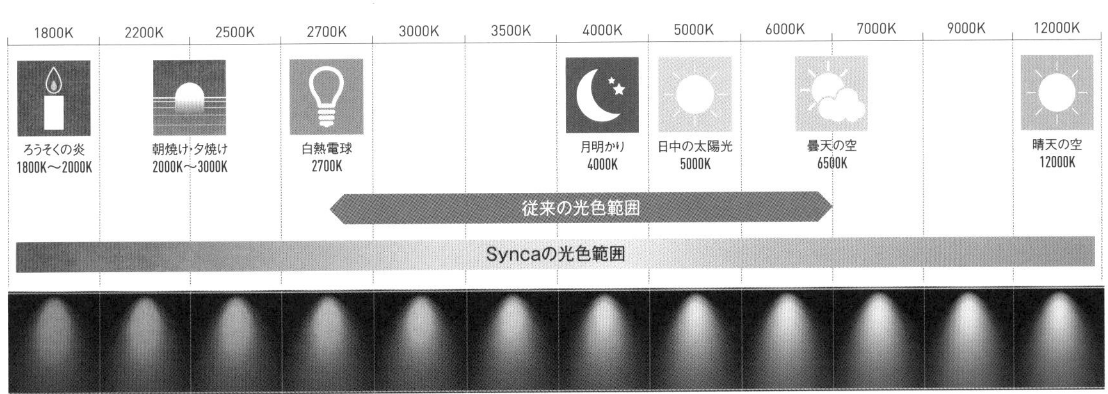

1台で「調光色調」も「カラー演出」も実現

専用の演出装置を用いなくても、幅広い色温度による調光色調とカラーライティングをワンストップで実現できる全く新しいシステム。多様な自然の光の表情を活用できる。

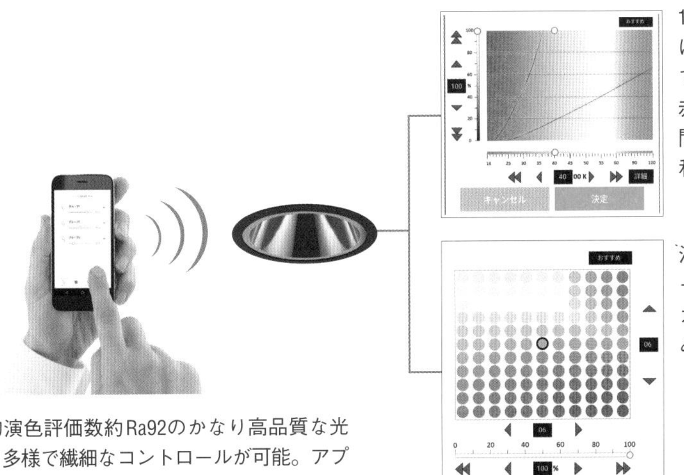

1800Kから12000Kまで、今までになく幅広い範囲で光色を可変できる。さらに"色味（緑みや赤み）"を調整できるため、空間全体の光をイメージ通りに調和させることができる

淡い自然な光色で121色のカラー演出が可能。やわらかく淡いカラーによる印象的な光景を生み出すことができる

平均演色評価数約Ra92のかなり高品質な光で、多様で繊細なコントロールが可能。アプリを入れたスマホでコントロールできる。

おすすめ製品紹介…3

スマホで全室の照明を管理

工事なしでお手軽に照明のコントロールができる製品も

調光や調色可能なランプは現在多くのメーカーで競争的に開発中で、接続方法やコントロールの安定性などでの課題はあるが、市場では比較的安価で手軽に入手できるE26やE17ベースの電球型LEDランプや、薄くて軽いテープライト製品などがある。基本的にはスマートフォンでコントロールできるが、IoTデバイスを介して音声コントロールで点滅などができるものもある。別売りでリモコンスイッチがあるものもある。これらを使用すると電気工事は一切なしで調光調色のできる照明環境を整備することができる。注意したいのはこれらはオンオフ回路のみの対応製品で調光回路には対応していなく、誤って調光回路上で使用すると点灯しなかったり器具やランプ自体の破損につながることもある。リモートワークなどで自宅での滞在時間が長くなっている家庭が増えている現在、このような製品を導入してみてはどうだろうか。仕事をする、勉強する、食事をする、寛ぐなどの使用目的や時間帯によって光の様子の変化を作り出し、空間の印象の変化をさせてみるのも気分転換や集中力アップにつながるかもしれない。

Smart LEDZ Fit／遠藤照明

住宅からオフィス、施設まで幅広く対応できる。

1.
非調光よりもローコスト！
器具が非調光と同価格に
さらに調光で電気代削減

非調光
非調光器具費用 | 電気代100%
Smart LEDZ Fit
Smart LEDZ器具費用 | 電気代70% | 30%
お手持ちのスマートフォンに無料アプリをダウンロード！
器具が同価格！
最適な調光率で約30%の電気代削減！※

2.
スモールに始められる！
有線信号線の工事費用も
調光機器費用も不要。
さらに有線調光器具よりも
ローコスト

有線調光
有線調光器具費用 | 調光機器費用 ¥ | 有線信号線＋信号配線工事 ¥
Smart LEDZ Fit
Smart LEDZ器具費用
よけいな工事 調光機器 設置費用が不要

3.
便利な機能が充実！
オプションで機能追加
自動運転・センサー制御も

※食品スーパーにて照明器具台数200台を4エリアに分けて運用した場合の平均調光率で算出

製品構成図

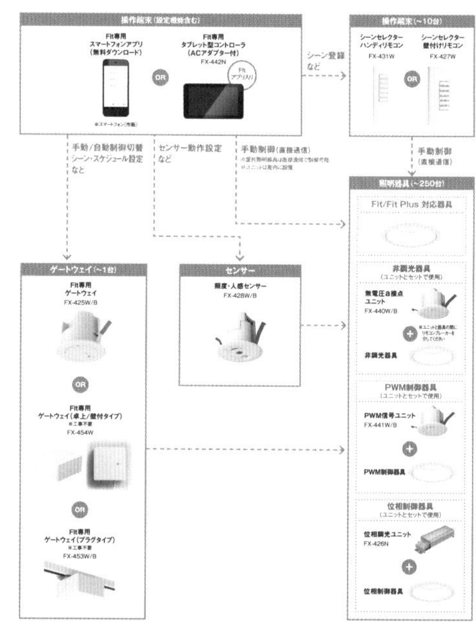

Philips Hue／Signify Japan

電球交換とアプリを入れるだけで、一部屋単位からお手軽に楽しめる。

HueライトをBluetooth接続する

Bluetooth対応のHueライトなら、Hue Bluetoothアプリを使用して最大10個まで操作できる。操作範囲は1部屋

Hueブリッジを活用する

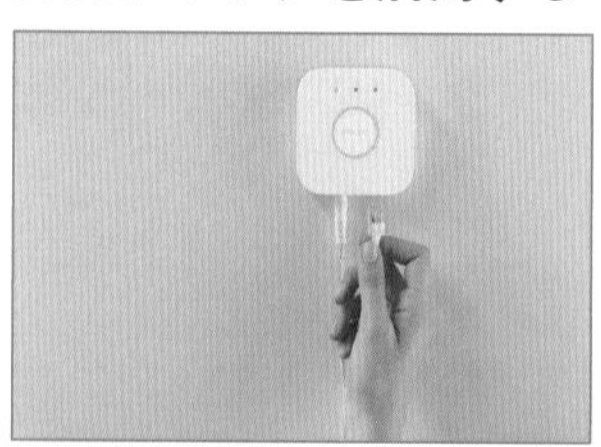

1. Hueブリッジと接続する
Hueブリッジに接続すると、ネットワークにより外出先からの操作や点灯・消灯スケジュールをカスタマイズできる

2. Hueアプリの指示に従い設定する
Hueライトを最大50個まで操作でき、家全体の明かりをコントロールできる

住宅用のお手軽コントロール

シンプルに簡単に光環境の変化を求めるならこれ

従来の調光用の配線工事よりも工事費を安く抑えられる調光方式で、コントロールは室内の壁面に従来型のスイッチと同様に設置して、何パターンかの調光と調色を選ぶ。電球色、温白色、昼白色などのわかりやすい色温度変化と、100%から1%の無段階調光を簡単に呼び出すことができる。このタイプは大型のシーリングライトなどもあり、シーリングライトのまま更新できる点も受け入れられやすいであろう。スマートフォンで1台1台を自分で繋ぎ設定してコントロールするタイプに対してハードルを感じている人には使いやすい製品である。

また、明るさ（照度）と色味（色温度）が連動して変化するタイプのLED照明器具もある。比較的お手軽なタイプは明るさ100%で電球色の2700K、明るさを落としていくにつれて色温度が下がり赤みを増していき、明るさ1%では2000Kになる。印象としては白熱電球にかなり近い明るさと色味の変化である。

調光器シリーズ／大光電機

よくばりダウン／大光電機　1つの器具で調光と3つの色温度を楽しめる。

3つの色温度にカンタン切替え

メモリー機能付（消灯した時の色温度を記憶します。）

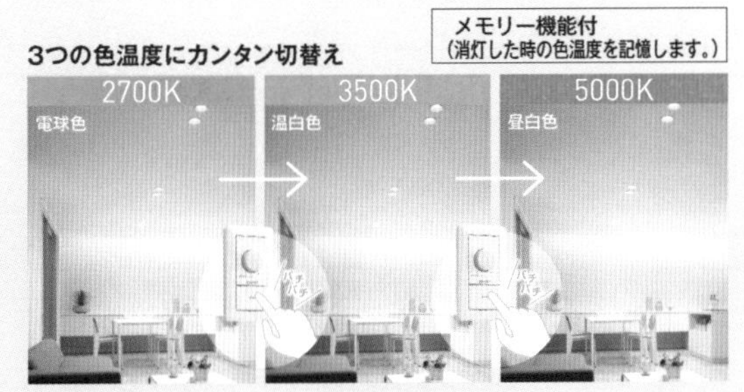

複数台使用して色温度にバラつきが出た場合は、壁スイッチを一旦OFFにして、約5秒以上経過後に再びONにしてから5回以上壁スイッチをOFF→ON動作すると、2700Kにリセットされます。

ベース／角型	傾斜天井／グレアレス
○●	○

楽調（らくちょう）／大光電機　2つの色温度を簡単に切り替えられる。調光も可。

スイッチひとつで色温度の切替えが可能！

メモリー機能付（消灯した時の色温度を記憶します。）

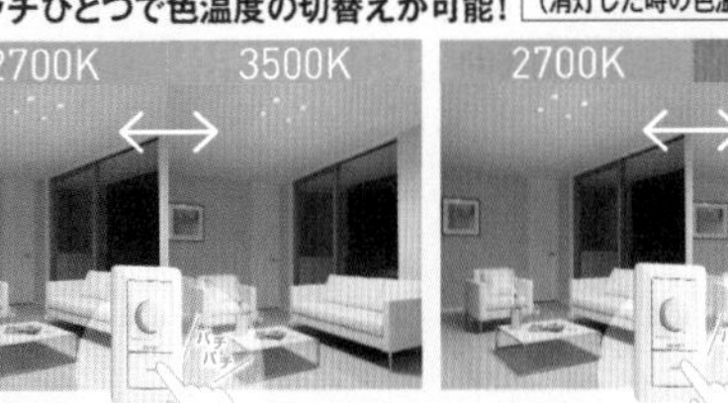

複数台使用して色温度にバラつきが出た場合は、壁スイッチを一旦OFFにして、約5秒以上経過後に再びONにしてから5回以上壁スイッチをOFF→ON動作すると、2700Kにリセットされます。

ベース	傾斜天井／角型
○●	○

温調（おんちょう）／大光電機

明るさを落とすと、白熱灯のような温かみのある光になる。

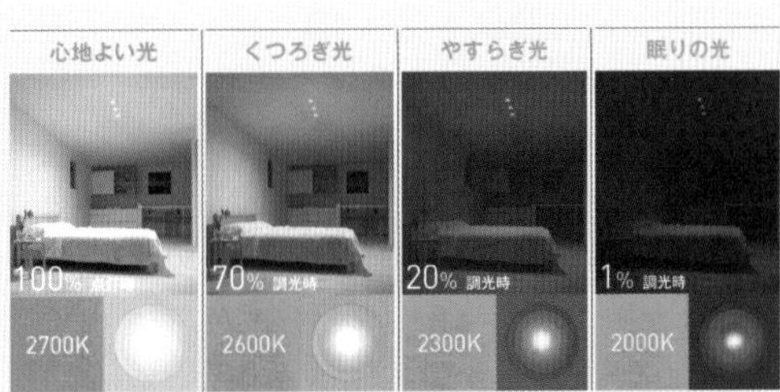

ベース	傾斜天井
○●	○

段調（だんちょう）／大光電機

プルレススイッチで明るさを100%-70%-1%に切り替えられる

プルレススイッチで明るさを簡単切替え

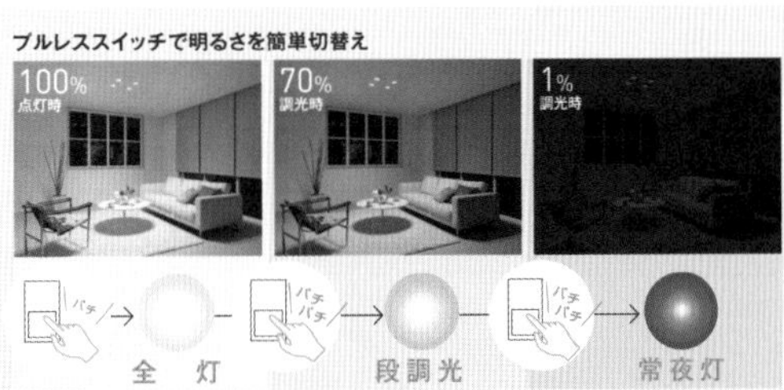

ベース

○

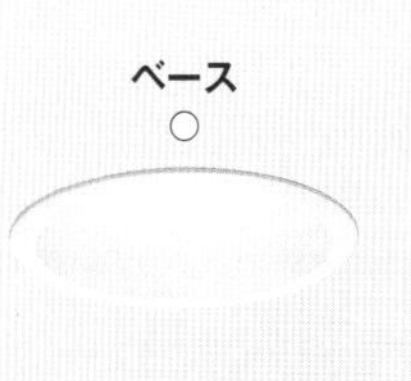

調色調光／大光電機

活動的な明かりからくつろぎの明かりまで様々なシーンを自在に演出する

信号線不要タイプ
〈特許出願中〉

「調色調光専用コントローラー」1台で色温度と明るさをダブル制御。

ベース／傾斜天井

○

PWM信号制御タイプ

「シーンコントローラー」使用で色温度・明るさのダブル制御。

ベース

○

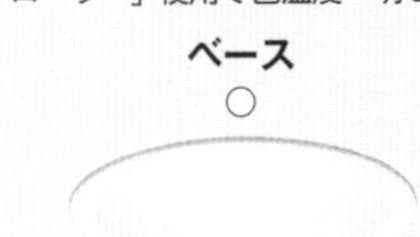

LEDの特性を活かしたデザイン照明

LEDの素子の小ささを活かした、今までにない形態の魅力的なデザインの製品が増えている。

LEDはその素子の小ささから、照明器具としてのデザインについても元々今までにない形態を生み出すポテンシャルがあった。しかしLEDが光源として活用されることが一般的になった現在でも、器具自体の形状はかつての電球形状に合う形でデザインされてきたスタイルを踏襲するものが多かった。ここ数年、特にヨーロッパのメーカーから出される製品では、LED素子ならではといえる洗練されたデザインの照明器具が発売されてきている。明るさを得るには一定の発光面が必要になるが、ごく薄い発光面や線状の形状をアレンジした発光面で明るさを確保しつつ、インテリアとしての造形的に斬新な製品がある。照明器具の形態に対しても新たな可能性を開いており、今後さらに新しいデザインが生まれてくることであろう。

Rhythm Vertical／Vibia

ELLISSE／NEMO

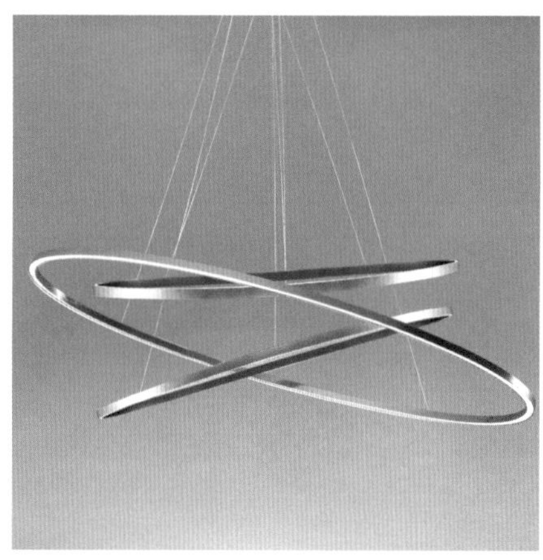

Rhythm Horizontal／Vibia

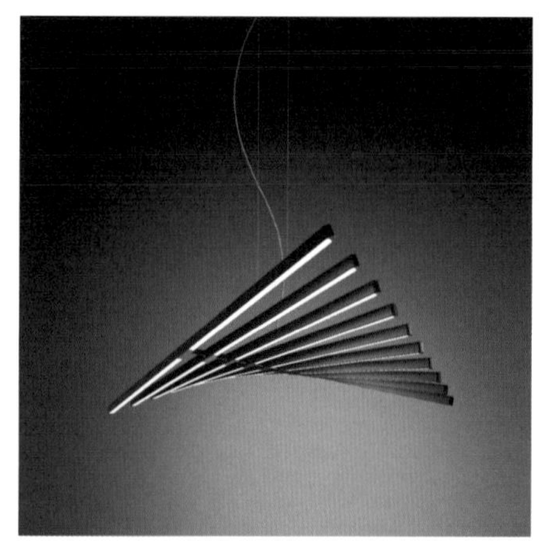

資料協力：（株）YAMAGIWA

ハイエンドの展示用スポットライト

スマホを使ったリモートコントロールで光の向きや配光までコントロールできる

LEDは電球交換のメンテナンスに手がかからない一方で、展示用のスポットライトでは照射物に対して一つ一つ光を当て込んでいかなくてはならない点においては以前と使用の仕方に大きな違いはなく、人が脚立などに登って一つ一つを調整しなくてはならないことは変わりなかった。しかし美術館などにおいて高所に頻繁に上がる手間を省き、1台1台異なる調光バランス、配光バランスなどを柔軟に変えて展示により最適な光環境を実現できるようにしたいという展示の現場の声が多かった。最近はRa98などの高演色性の器具で美術館において使用可の製品が増えたこともあり、やはり最新のIoT技術を活用して、スポットライト器具の照射の向きまでリモートコントロールできる製品が現れている。器具の首振りの角度調整だけでなく、明るさの程度はもちろん、ナローからワイドまでの配光までコントロールできるので、照射する対象物の大きさにかかわらず、脚立に上らずに器具コントロールすることができる。高所に上がる頻度が劇的に下がり、展示作業の安全性の確保と、時間と手間の大幅な短縮につながる。ハイエンドを求めることのできる状況においては、これらの製品は使用者のニーズを充分満たしてくれる。

SALIOT／ミネベアミツミ

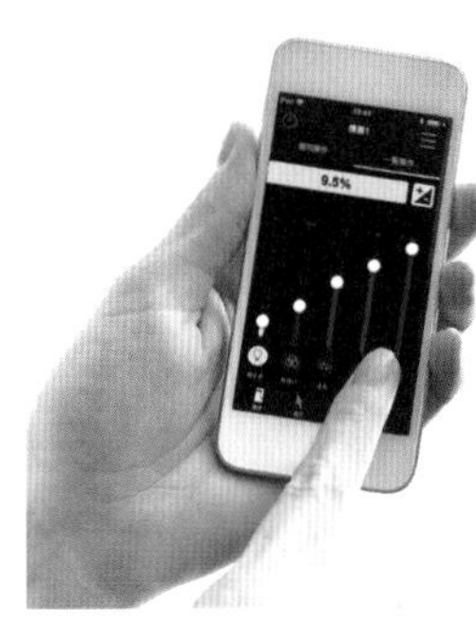

スマートフォン、タブレットで操作可能なスポットライト。器具ごとの上下左右、調光、配光角度の調整が地上から行えるので、今まで必要だった高所作業での調整が不要になる。Bluetoothで接続すれば最大100台まで相互通信できる。

- ●消費電力：47W（60W）
- ●重量：約3.3kg
- ●配光角：9°～34°
- ●入力電圧：100～240V
- ●可動範囲：水平方向0°～360°　垂直方向0°～90°
- ●色温度：2700K、3000K、3500K、4000K、5000K
- ●調光範囲：1～100%
- ●演色性：Ra95

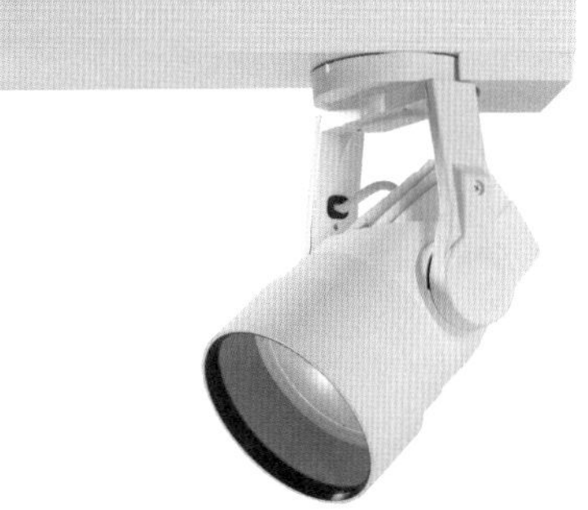

		■2700K	3000K	3500K	□4000K	5000K
Ra95	○ホワイト	MS-V2595MB-WB	MS-V2495MB-WB	MS-V2395MB-WB	MS-V2295MB-WB	MS-V2195MB-WB
	●ブラック	MS-V2595MB-BB	MS-V2495MB-BB	MS-V2395MB-BB	MS-V2295MB-BB	MS-V2195MB-BB

■2700K
2090 lm
44.4 lm/W

■2700K
2360 lm
50.2 lm/W

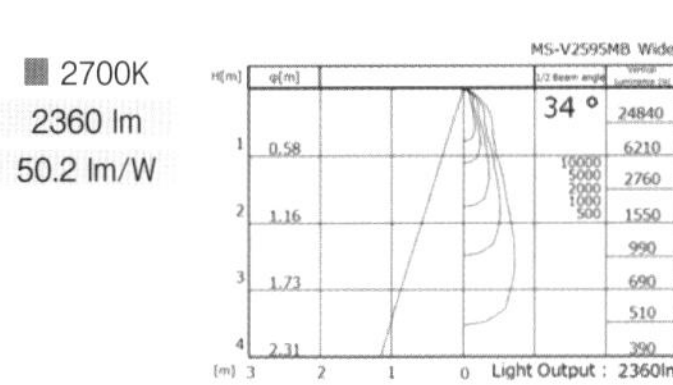

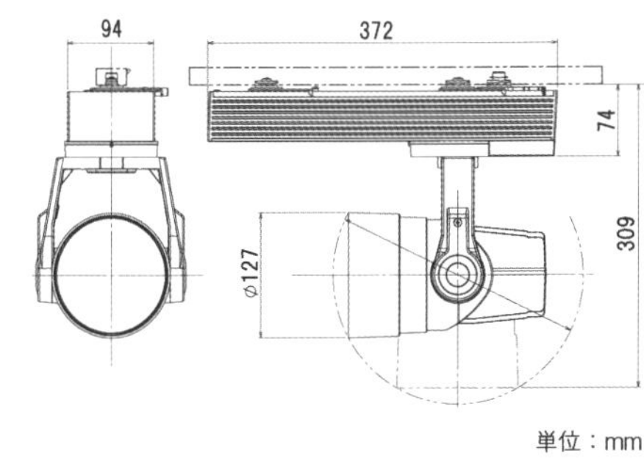

単位：mm

世界で一番くわしい
照明
目次

CHAPTER 3
住空間の照明計画

CHAPTER 4
器具の配置と光の効果

CHAPTER 5
住空間以外の照明計画

CHAPTER 6 ランプと器具について

CHAPTER 1

あかりの基本

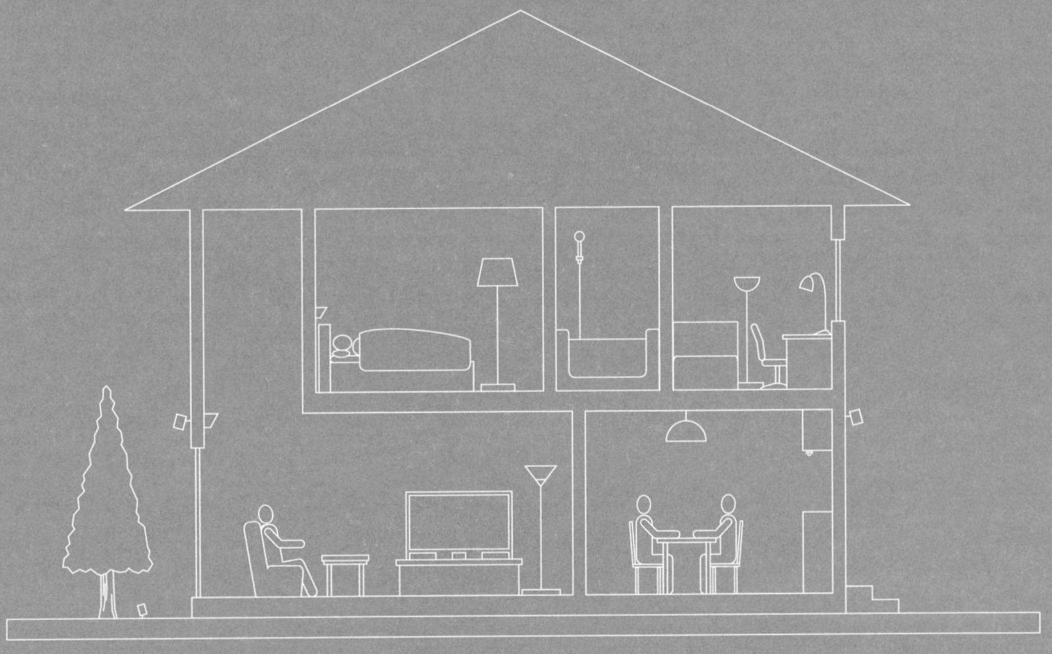

照明計画を始めるまえに

人の生活には、明るさだけでなく適度な暗さも必要。快適性を高めるためにも、適切な照明計画が必要となる

あかりと人の関係

私たちのまわりにはさまざまなあかりがある。居住空間では、昼間は太陽光を採り込み自然の明るさのなかで活動する。一方夜間は月や星の自然光では不十分なため、明治時代以降、人工照明が夜間の活動のためのあかりとなっている。

あかりは暗がりの不安を取り除き安心感を与えてくれると同時に防犯性を高めてくれる。また夜に安心して心と体を休め、翌日の活動に備える空間をつくるのもあかりの役割だ。休息には昼間のオフィスや学校のように隅々まで明るい空間は必要なく、リラックスするにはむしろ眠りの世界に近い薄暗がりのほうが心地よい。人の生活には、勉強や料理などの作業に必要な明るさと適度な暗さのバランスが重要なのである。

照明計画とは

照明計画とは、さまざまなタイプの照明器具を利用して光と影をコントロールし、空間の快適さや魅力をより高めるように設計上の工夫を行うことである。

かつての照明計画では「明るい」ことが唯一の基準で、少ない器具台数でより明るくすることが経済的と考えられ、白い光の蛍光灯を多用することが好まれた。明るすぎるという状態への不快感に対しても無頓着であり、建築やインテリアへのこだわりに比べて、照明器具の種類や台数、設置方法、光環境の質などに無関心だったといえる。

しかし人々の生活レベルが上がり、くつろぎや癒し、快適性などが求められていくなかで、それを実現する方法の1つとして照明による演出が近年ではより注目されるようになった。今後はますます照明計画によって光と影をコントロールし、あかりの質を高め、生活の質も高めることが重要になる。また照明計画を通じて、日々進歩している照明の技術的な点に敏感になり、新たな空間デザインの発想やアイデアを得ることもできる。

人工照明
人工光源による照明。太陽の光である昼光照明の対義語で、夜間の光をつくるもの

自然のあかり

室内のあかり

太陽のあかり

昼は太陽光を利用して快適に過ごせる

照明計画の必要性

今までの照明計画

- 各部屋に蛍光灯が1台ずつ
- どの部屋も同じような光環境

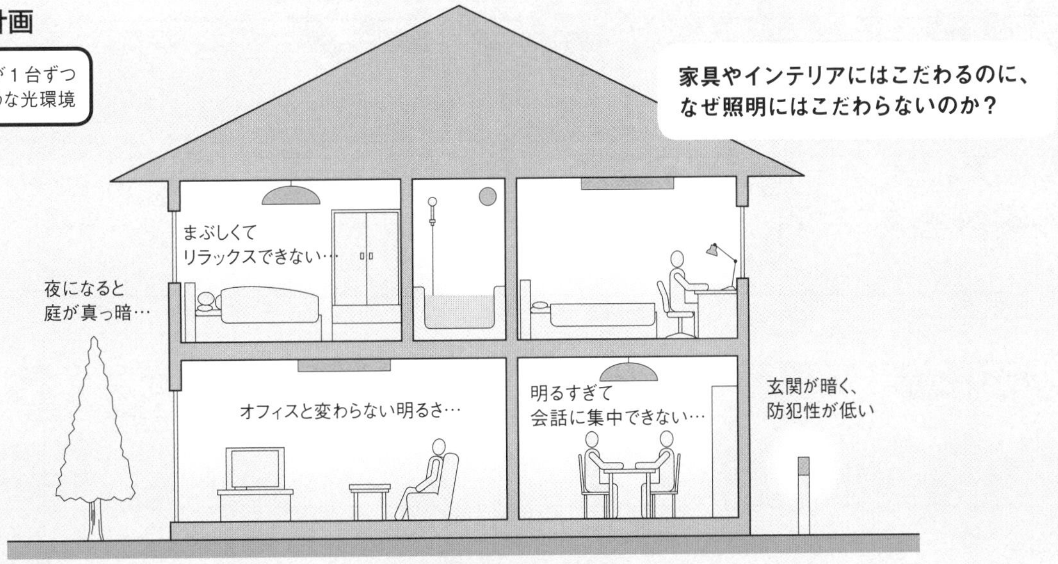

家具やインテリアにはこだわるのに、
なぜ照明にはこだわらないのか？

まぶしくて
リラックスできない…

夜になると
庭が真っ暗…

オフィスと変わらない明るさ…

明るすぎて
会話に集中できない…

玄関が暗く、
防犯性が低い

これからの照明計画

明るさや経済性などの価値観だけではなく、
次のような提案ができる

- 空間ごとの特徴に合わせた、多様で豊かな光環境
- 建築やインテリアのデザインの意図に合わせた、見栄えのよい照明器具の選定や配置計画
- より上質な空間に見せるための、照明器具の納め方

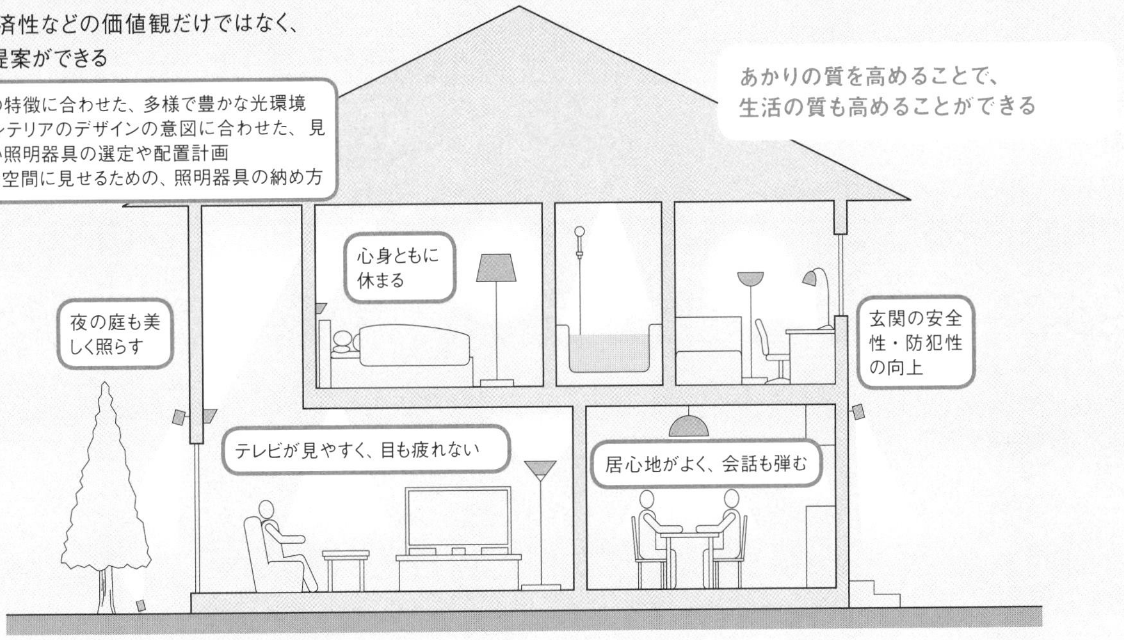

あかりの質を高めることで、
生活の質も高めることができる

心身ともに
休まる

夜の庭も美
しく照らす

玄関の安全
性・防犯性
の向上

テレビが見やすく、目も疲れない

居心地がよく、会話も弾む

くつろぎのあかり

夜は照明をともし、心身を休める。くつろぐときに、オフィスのような明るさは必要なく、薄暗がりが適している

作業のあかり

作業する空間には、必要な範囲に十分な明るさを与えられる照明を配置

抑えが必要なグレア

グレアは人を不快にさせるもののため、照明計画では常にグレアを抑えることを意識する

グレアとは何か

太陽光や車のヘッドライトなどの強い輝きが視界のなかに入ると、まぶしさを感じたり、ほかのものが見えにくくなったりする。この状態を「グレア」という。グレアが生じると人は不快な気持ちになるため、照明計画において照明器具の配置や見え方をコントロールする際には、その不快を軽減させる配慮が必要である。

ただし、光るものの輝きのすべてが不快なわけではない。小さく、強すぎないあかりが多数きらめいている様子は、キラキラと美しく感じられる場合もある。イルミネーションは、その効果を演出に取り入れた例である。

グレアの種類

グレアは、「直接グレア」と「間接グレア（反射グレア）」の2つに分類される。さらに、直接グレアは、「減能グレア（不能グレア）」と「不快グレア」に分けられる。

減能グレア（不能グレア）は、太陽光やランプなどの光源が直接目に入った場合に、ものが見えにくくなることである。夜間に車を運転すると、対向車のヘッドライトが目に入って周囲が見えにくくなるなどが代表的な減能グレアだ。

不快グレアは、心理的な不快感から生まれる。ランプが露出した照明器具が多数ある部屋では、ランプが直接目に入らなくても、まぶしすぎるという不快感を覚えることがあり、一般には減能グレアと相互に影響し合っている。この不快グレアは、ルーバー付きの器具などを使うと低減される。

間接グレア（反射グレア）は、見る対象物に光源の光や輝きが映り、文字などが読みにくくなることである。テレビやパソコンのモニター画面に蛍光灯などが映り込み、モニター内の文字や画像が見えにくくなることが例として挙げられる。このグレアは、モニターと視点、光源の位置関係によって生じるので、その位置関係を適切に改善するか、光源の輝きがコントロールされた照明器具を選んで対応することができる。

● イルミネーション
電球、豆電球、発光ダイオードなど淡い光の光源で、建物、看板、植物などを装飾する。外郭に沿って光を配置したり、点在させたりする

● ルーバー
羽板（はいた）と呼ばれる細長い帯状の板を、平行または格子状に組んだもの。光源の直接光が部分的に遮られ、まぶしさを抑える役割を果たす

グレアが強くなる4つの条件

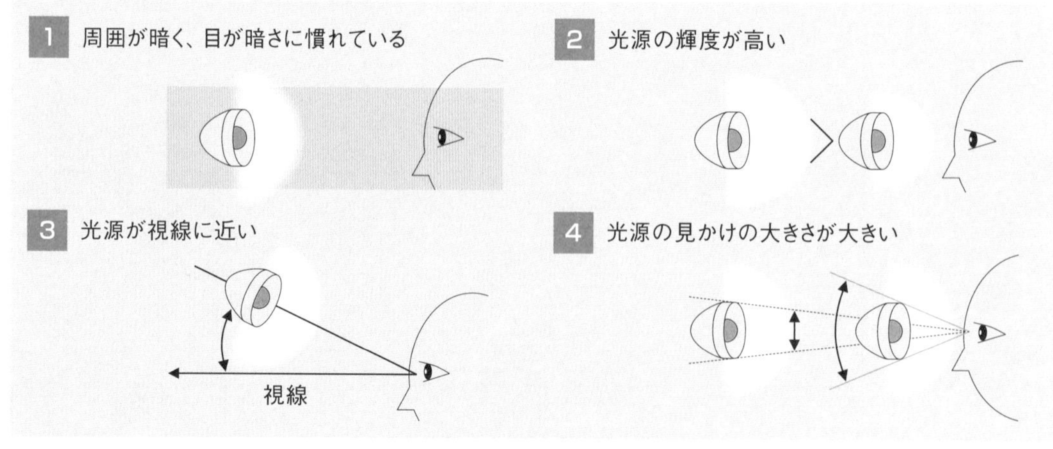
1 周囲が暗く、目が暗さに慣れている
2 光源の輝度が高い
3 光源が視線に近い
視線
4 光源の見かけの大きさが大きい

このような状況をつくらないように、器具の選び方と配置に気をつける

グレアの種類

①減能グレア（不能グレア）

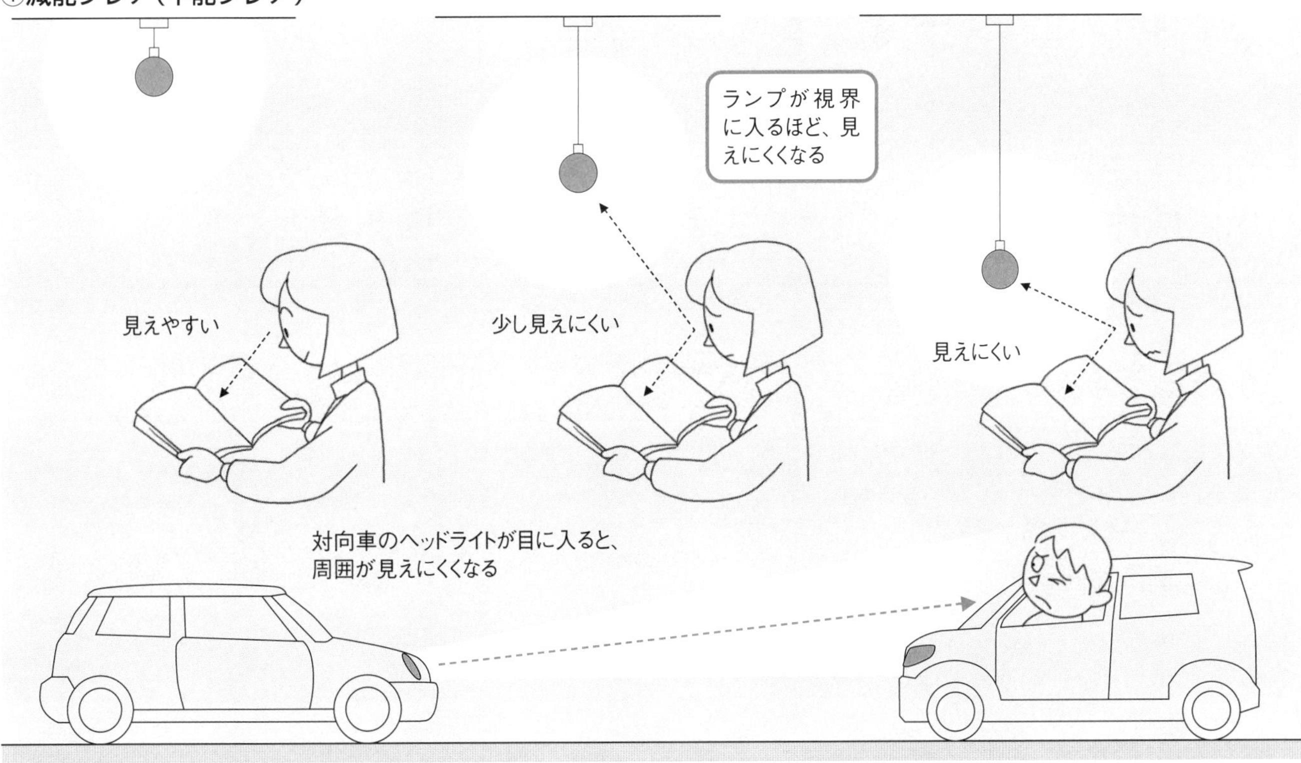
ランプが視界に入るほど、見えにくくなる
見えやすい
少し見えにくい
見えにくい
対向車のヘッドライトが目に入ると、周囲が見えにくくなる

②不快グレア

まぶしい

ランプが直接目に入らなくても、心理的にまぶしいと感じる

まぶしくない

ルーバー付きの器具などを使えば、まぶしさを感じない

③間接グレア（反射グレア）

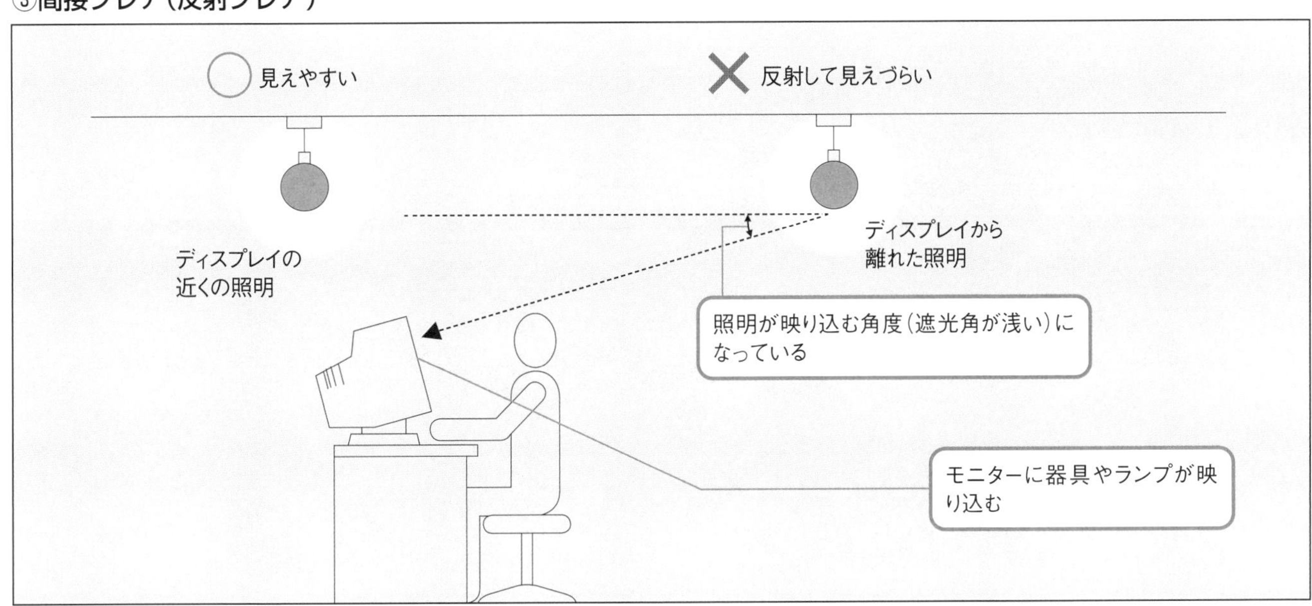
見えやすい
反射して見えづらい
ディスプレイの近くの照明
ディスプレイから離れた照明
照明が映り込む角度（遮光角が浅い）になっている
モニターに器具やランプが映り込む

光の特性と色温度

光とは電磁波のなかで人間の目に見える波長の範囲のもの。光には色温度があり、色温度によって空間の雰囲気が変わる

人間の目に見える光

光は一般に、電磁波のなかで人間の目の網膜を刺激して色や形を感じさせる波長の範囲のものを指し、この波長域を「可視光線」という。可視光線は波長の長い順に「赤・橙・黄・緑・青・紫」と並んでおり、これらより一段階長い波長を「赤外線」、一段階短い波長を「紫外線」という。

分光器を使って可視光線を見ると、赤から紫までの成分の混合でできているのがわかる。この成分のバランスを「スペクトル分布」と呼び、同じ物体でもスペクトル分布の異なる光を当てると色の印象が変わる。太陽光はスペクトル分布で赤から紫までバランスよく色をもっているため白色に見える。これは同じ明るさの赤・緑・青の3原色を混ぜると白色になるという加法混色の現象である。

光色の違いを表す色温度

近年の省エネ志向や性能の向上、コストダウンにより需要が高まっているLED照明器具や電球型蛍光灯は、電球色や昼白色、昼光色など、いくつかの光色を選ぶことができる。この光色の違いを数値で表したものが「色温度」で、単位はK（ケルビン）で表す。光源の光の色が赤っぽいほど色温度は低く、白っぽいほど高いことを表す。

色温度は電球の光の色だけでなく、自然界の光の色を表す際にも使用する。たとえば、ろうそくあかりは1,920K、日の出後や日没前の空は2,700K、平均的な正午の太陽は5,200K、曇天の空は7,000K、青空の光は1万2,000Kなどとなる。また、色温度は空間に与える印象を左右する重要な要素でもある。電球色の2,800Kなど低い色温度のあかりは暖かい色であり落ち着いた雰囲気をつくる。一方、昼光色の6,700Kのあかりは涼しげな光色であり、クールで爽やかな雰囲気をつくる。

一般的に同じ照度（p.30参照）でも光の色温度が高いほうが明るく感じ、色温度が変わっても照度が同じであれば、まぶしさは変わらない。

● 分光器
光のスペクトル成分を測定するための光学機器の総称

● 加法混色
赤、緑、青の3色を混ぜ合わせてさまざまな色をつくる方法。3色は「光の3原色」とも呼ばれ、色を重ねるごとに明るくなり、3つを同量で混ぜ合わせると白色になる

電磁波の種類

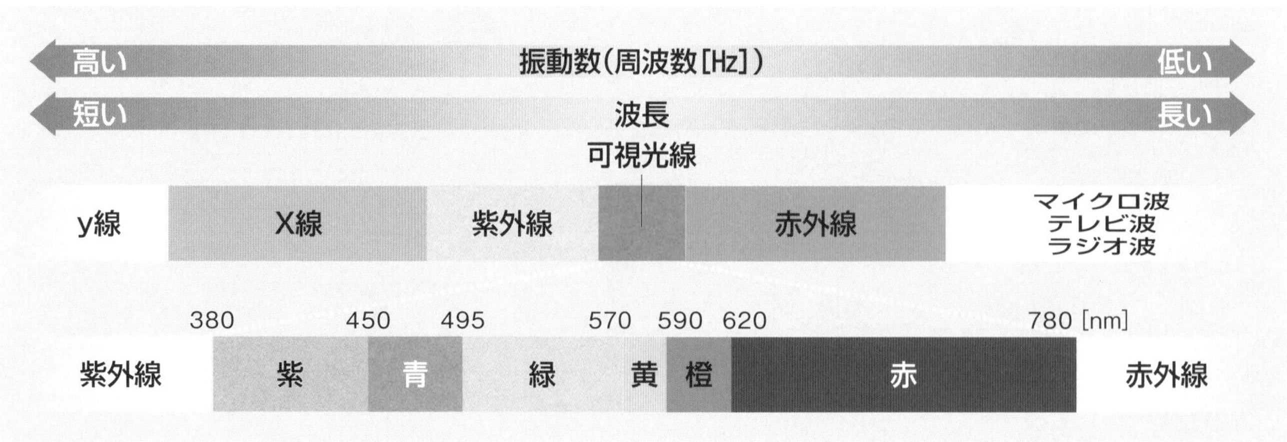

色温度の数値と空間の雰囲気

①数値

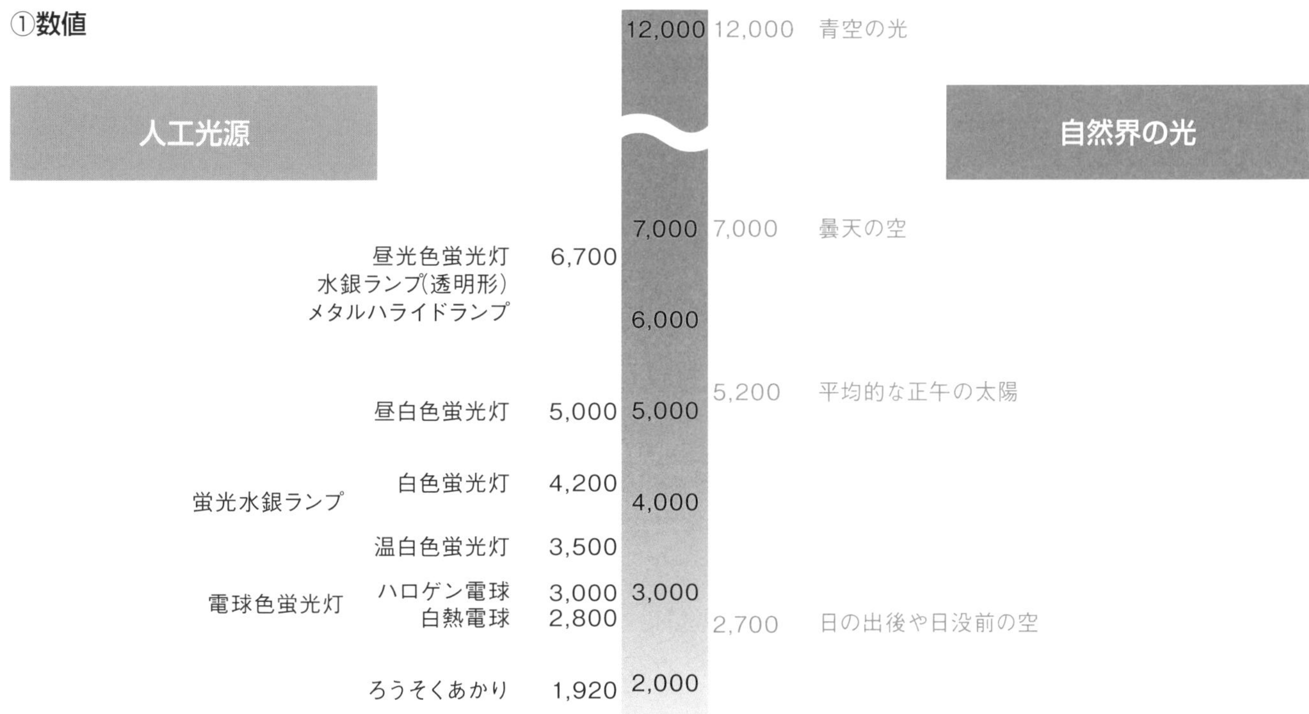
人工光源
自然界の光
12,000
12,000 青空の光
7,000
7,000 曇天の空
昼光色蛍光灯 6,700
水銀ランプ(透明形)
メタルハライドランプ
6,000
5,200 平均的な正午の太陽
昼白色蛍光灯 5,000
5,000
白色蛍光灯 4,200
蛍光水銀ランプ
4,000
温白色蛍光灯 3,500
ハロゲン電球 3,000
3,000
電球色蛍光灯
白熱電球 2,800
2,700 日の出後や日没前の空
ろうそくあかり 1,920
2,000

②空間の雰囲気

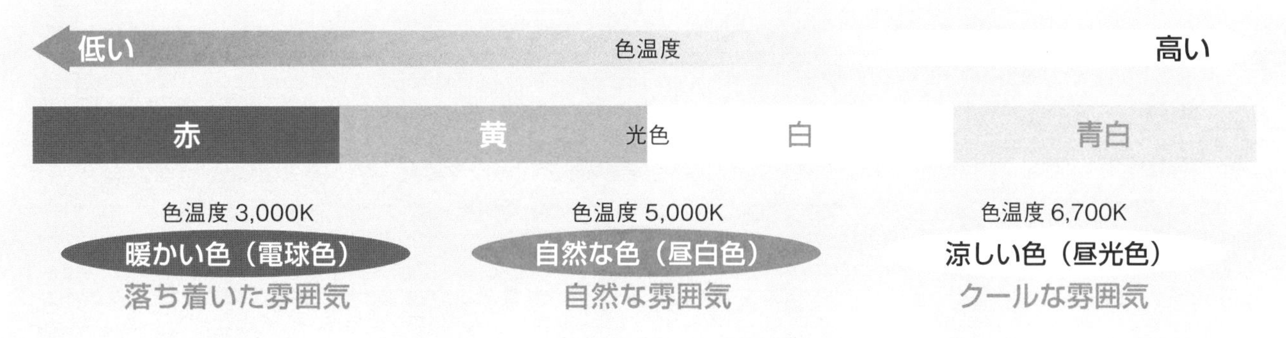
低い
色温度
高い
赤
黄
光色
白
青白
色温度 3,000K
暖かい色（電球色）
落ち着いた雰囲気
色温度 5,000K
自然な色（昼白色）
自然な雰囲気
色温度 6,700K
涼しい色（昼光色）
クールな雰囲気

色温度と照度の関係

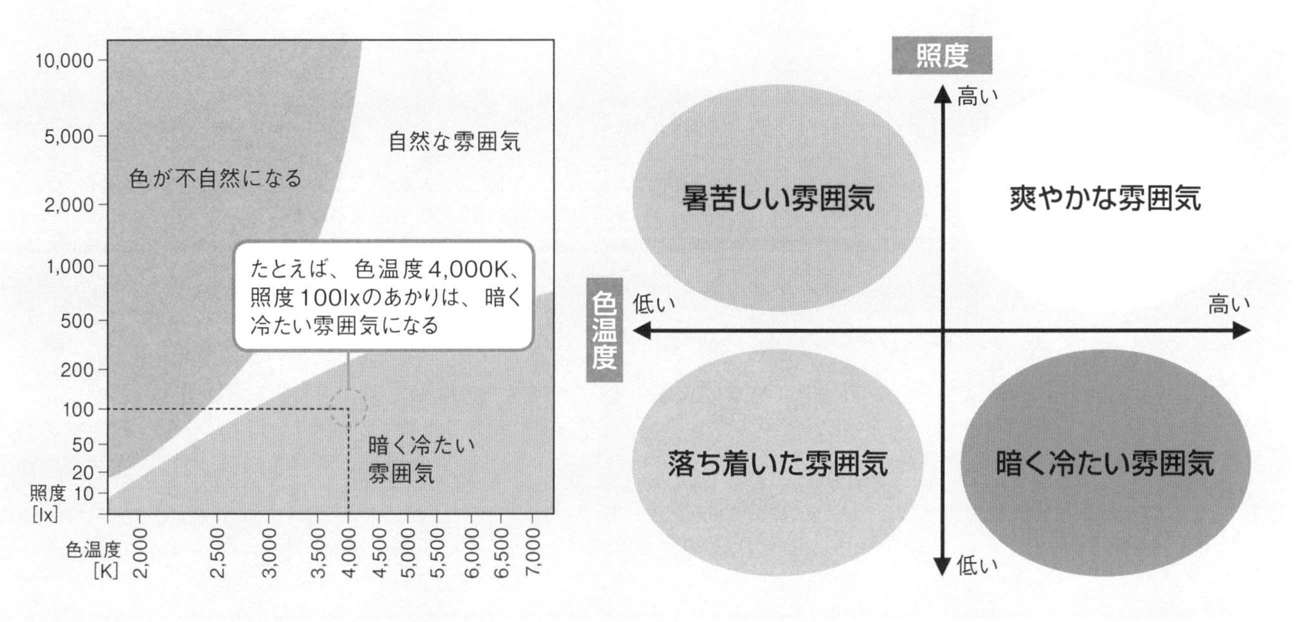
10,000
5,000
2,000
1,000
500
200
100
50
20
照度 10
[lx]
色温度
[K]
2,000
2,500
3,000
3,500
4,000
4,500
5,000
5,500
6,000
6,500
7,000
色が不自然になる
自然な雰囲気
たとえば、色温度4,000K、照度100lxのあかりは、暗く冷たい雰囲気になる
暗く冷たい
雰囲気
照度
高い
低い
色温度
低い
高い
暑苦しい雰囲気
爽やかな雰囲気
落ち着いた雰囲気
暗く冷たい雰囲気

色の見え方を示す演色性

演色性の優劣はランプの性能とは関係ない。対象物や用途に応じて、必要な演色性を判断する

演色性とは

一般に物体の色とは物体そのものの色のことで、私たちは常にそれが見えていると考えがちである。しかし実際は物を照らす光によって色が変わって見える。たとえば、白いボールに青い光を当てれば青く見え、赤い光を当てれば赤く見える。これらは極端な例だが、日常的なあかりである蛍光灯や街路灯なども決して物の色を正確に表現しているわけではない。

このように、光による物の色の再現性を「演色性」といい、これを数値化したものを「平均演色評価数（Ra（アールエー））」という。平均演色評価数は、白熱電球の基準光で照らした場合と、使用する光源で照らした場合とを比べて、どのくらいの色ズレがあったかで示される。基準光で見たときをRa100とし、色ズレが大きいほど数値は小さくなり、数値が高く100に近づくほど色の再現性が優れていることを表す。

ここで注意したいのは、平均演色評価数は、人の感覚にとって好ましい色かどうかを表しているわけではないということだ。演色性が劣っているからといって性能が低いランプというわけではなく、光を当てる対象物や用途など、必要に応じて演色性を判断することが重要である。

演色性が必要な場所

一般に色が正しく見える必要がある場所では演色性が大切になる。たとえば食品や料理は食べ物本来の色が正しく表現されていたほうが食欲や購買欲がわく。洋服などもショップのあかりの演色性が劣っていると、購入後に色の違いに気付くことがある。一方、オフィスや工場などではそれほど繊細な演色性は必要とされない。また、街路や公園など屋外の空間でも、効率の高さや光が遠くまで届くことが重視され、演色性の優先度は低い。

演色性の効果

演色性とは、光による物の色の再現性のことである

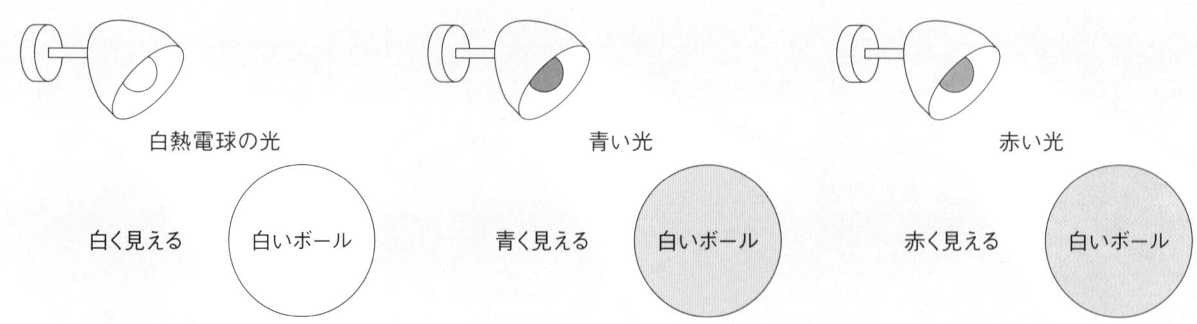

ランプの平均演色評価数

基準光と、その光源で照らした場合との色のズレを示す。基準光で見たときをRa100とし、色ズレが大きいほど数値は小さく、数値が高いほど色の再現性が優れていることを表す

	種類		平均演色評価数[Ra]
白熱電球	普通電球	100W	100
	クリプトン電球	90W	100
	ハロゲン電球	500W	100
蛍光ランプ	蛍光ランプ	白色40W	64
	高演色形蛍光ランプ	白色40W	92
	省電力形3波長域発光形蛍光ランプ	白色38W	84
高圧放電ランプ	水銀ランプ	透明400W	23
	メタルハライドランプ	400W	65
	メタルハライドランプ(高演色形)	400W	92
	高圧ナトリウムランプ	400W	28
LED	E26電球形　2700K(電球色)	4.8W	83
	E17電球形　5000K(昼白色)	4.9W	83
	E11ダイクロハロゲン形　JDR65W相当　3000K	5.4W	82
	GX16t-5直管形　5000K	17.4W	83
	ランプ一体形ダウンライト高演色　3000K	17W	92
	ランプ一体形ダウンライト超高演色　2800K	14.4W	98

演色性と用途の関係

演色性が劣っているからといって、性能が低いランプというわけではない。対象物や用途など、必要に応じて演色性を判断する

光源の種類	演色性グループ	平均演色評価数の範囲	用途	
			適している	許容できる
高演色形蛍光ランプ、メタルハライドランプ(高演色形)	1A	Ra≧90	色検査、美術館	—
3波長形蛍光ランプ、高演色高圧ナトリウムランプ	1B	80≦Ra＜90	住宅、ホテル、物販店、オフィス、病院、印刷・塗装・織物作業	—
一般蛍光ランプ、メタルハライドランプ(高効率形)、演色改善形高圧ナトリウムランプ	2	60≦Ra＜80	一般的な工場	オフィス、学校
蛍光水銀ランプ(蛍光形)	3	40≦Ra＜60	荒い作業の工場	一般的な工場
高圧ナトリウムランプ、水銀ランプ(透明形)	4	20≦Ra＜40		荒い作業の工場

物販店での演色性

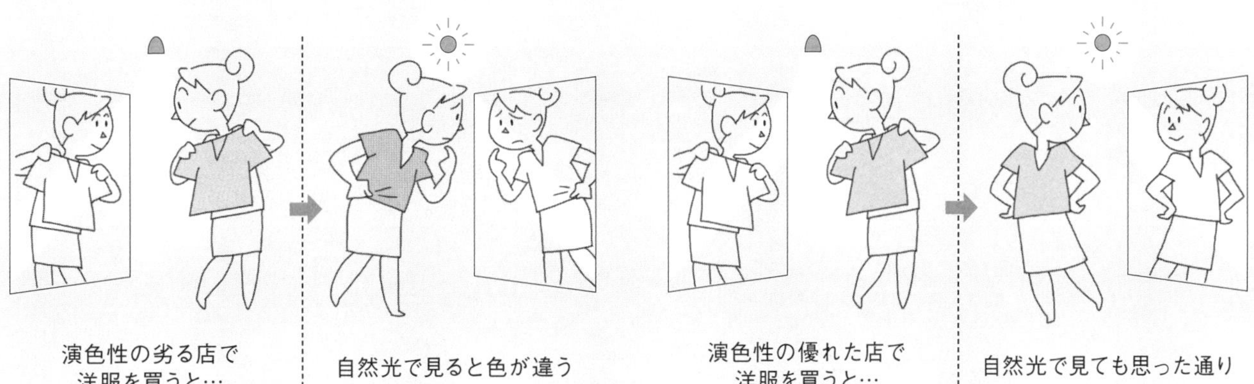

演色性の劣る店で
洋服を買うと…
自然光で見ると色が違う
演色性の優れた店で
洋服を買うと…
自然光で見ても思った通り

光束・光度・照度・輝度

「光の明るさ」に関する代表的な4つの用語であり、それぞれ数値で表すことができる

光の明るさを表すことば

光束・光度・照度・輝度は、光の明るさに関する代表的な用語で、それぞれの数値を確認することで光源の特徴をつかめる。

①光束

光束は、光源から出る光の量のことであり、単位はlm（ルーメン）で表す。数値が大きいほど明るいことを示す。ランプの種類によって異なり、消費電力が同じ40Wでも白熱電球は485lm、白色蛍光灯は3,000lmとなる。

②光度

光度は、光源からある方向に出る光の強さで、単位はcd（カンデラ）で表す。光源からの光は、方向によって光の強さが異なる。これは各方向に出る光束の量が違うためである。

②照度

照度は、光源から出た光がある面にどの程度降り注いでいるかを表すもので、単位面積当たりに入射する光束で定義される。単位はlx（ルクス）で表し、直射日光の下での照度は約10万lx、室内の窓際は約2,000lxである。一方、オフィスの事務室の照度は300～750lx程度で、太陽光と人工照明の照度の違いは明らかである。照度は人工照明の設置基準として使われ、JIS（日本工業規格）で推奨照度が規定されている。

基本的には、照度が上がれば物がよく見えるので、高めにしておけば安心と考えられるが、照度を上げるには照明器具の台数を増やす必要があり、器具の費用とともに消費電力も上がるためコスト高となる。また、心理的な面からも、人は常に明るさだけを求めているわけではないので、施設や部屋、状況ごとに適切な明るさを設定したほうがよい。

④輝度

輝度は、光源自体や照らされた面の輝き（明るさの加減）のことで、単位はcd/㎡（カンデラ）で表す。見る方向や角度によって異なり、また照明の条件が同じでも、物体によって輝度は異なる。たとえばシェード付きの照明器具の電球を、電球が丸見えになる角度で見た場合と、電球がほぼ隠れる角度で見た場合とでは、感じる明るさの度合いがまったく異なる。また、同じ光でも反射率の低い黒色面の輝度は、白色面よりも低くなる。

光束・光度・照度・輝度の関係

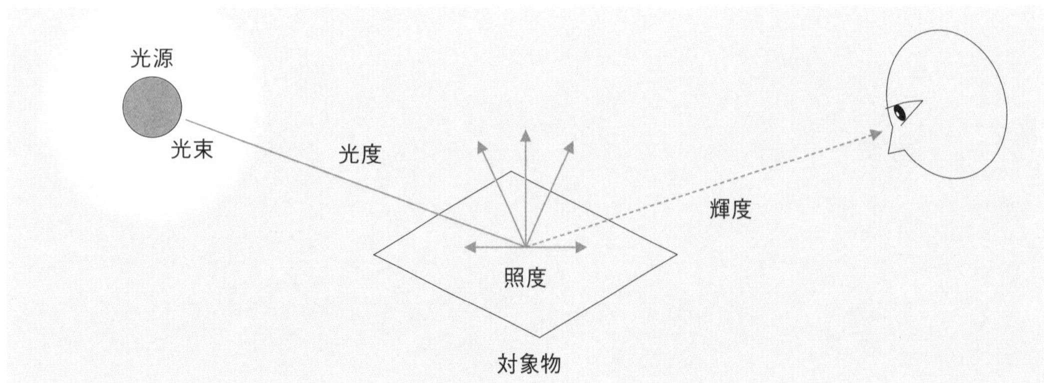

輝度は、ある方向から見たときにどれだけ明るく見えるかを表し、高い・低いで表現される。見た目の明るさを評価するのに有効

それぞれの目安

①光度のイメージ

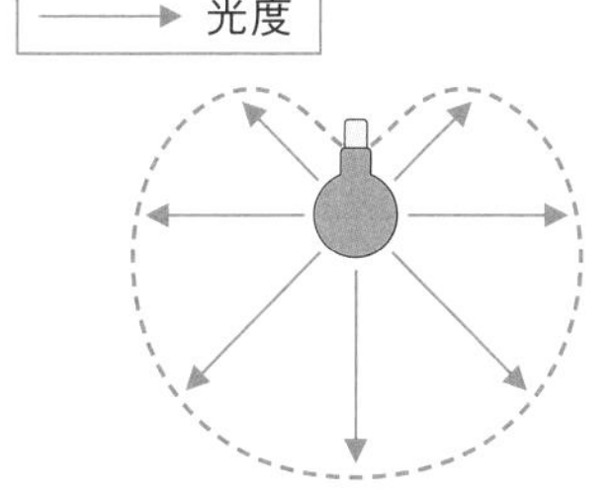

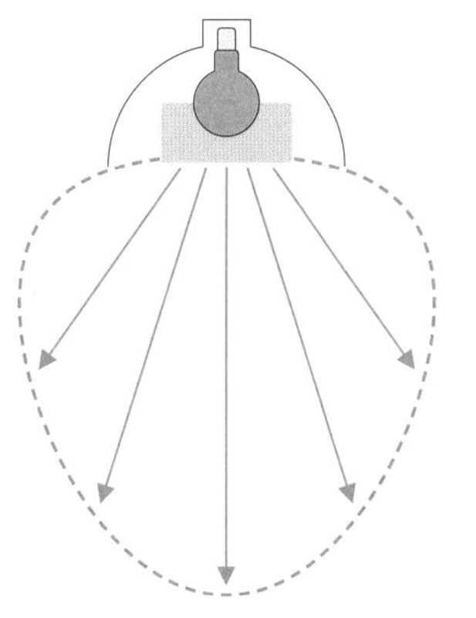

光源が発する光の強さは、方向によって異なる。図は、矢印が長いほど光度が高いことを表している

②主な光源の光度と光束

光源		光度[cd]	光束[lm]
太陽		2.8×10^{27}	3.6×10^{28}
白熱電球	40W	40	485
E26電球形LED	4.8W		485
白色蛍光ランプ	40W	330	3,000
GX16t-5直管LEDランプ	17.4W		2,500
蛍光水銀ランプ	40W	110	1,400
蛍光水銀ランプ	400W	1,800	22,000

③輝度の目安

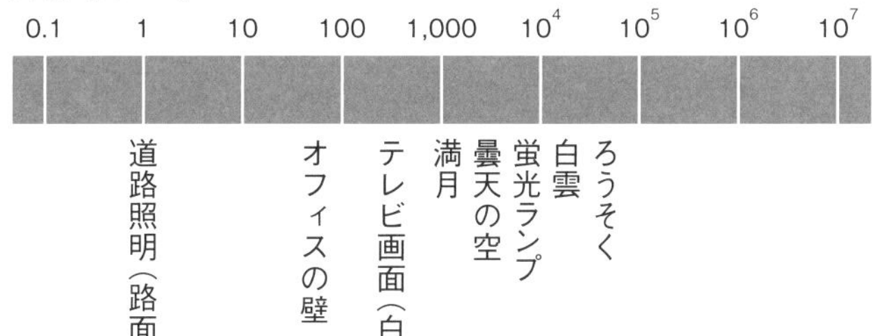

④照度の目安

照度[lx]

0.1　1　10　100　1,000　10,000　100,000

満月の夜
夜の道路照明
勉強用のスタンド
オフィスの照明
室内の窓際
晴天の日陰
夏の晴天の日向

⑤JISによる物販店の照度基準

照度[lx]	3,000	2,000	1,500	1,000	750	500	300	200	150	100　75
物販店の一般的な共通事項	●陳列の最重要部	—		●重要陳列部 ●レジスタ ●エスカレーターなどの乗降口 ●包装台	●エレベーターホール ●エスカレーター	●アトリウム・モール ●商談室	●応接室、洗面所、トイレ	●階段	●休憩室 ●廊下	
日用品店(雑貨・食品など)	—			●重要陳列部	●重点部分 ●店頭	●店内全般	—			
スーパーマーケット(セルフサービス)	●特別陳列部	—		●店頭	●店内全般		—			
大形店(デパート・量販店など)	●ショーウィンドウの重要部 ●デモンストレーション ●重要陳列部		●案内コーナー ●一般陳列部	●重要階の全般 ●特売会場の全般 ●コンサルタントコーナー	●店内全般		—			
ファッション店(衣料装身具・メガネ・時計など)	●ショーウィンドウの重要部		—	●重要陳列部 ●デザインコーナー ●着装コーナー	●スペシャル部陳列 ●店内全般(スペシャル部を除く)		—	●スペシャル部の全般	—	
文化品店(家電・楽器・書籍など)	●ショーウィンドウの重要部 ●店頭の陳列部		●ステージ商品の重要部	●一般陳列部 ●コンサルタントコーナー ●テスト室〔※2〕 ●ショーウィンドウの全般	●店内全般 ●ドラマチックなねらいの陳列	—		●ドラマチックな陳列部の全般	—	
趣味・レジャー店(カメラ・手芸・花・コレクションなど)	—			●重要陳列部 ●モデル実演 ●ショーウィンドウの全般部	●一般陳列部 ●スペシャル陳列 ●コンサルタントコーナー	●店内全般		●スペシャル部陳列の全般		—
生活別専門店(日曜大工・育児・料理など)	—		●ショーウィンドウの重要部	●デモンストレーション	●コンサルタントコーナー ●店内全般		—			
高級専門店(貴金属・衣服・芸術品など)	●ショーウィンドウの重要部		●重要陳列部	●一般陳列部	●コンサルタントコーナー ●デザインコーナー ●着装コーナー	●接客コーナー	●店内全般	—		

※1大型店などで売り場別に業態別の効果を必要とするときは、対応する項を準用する
※2調光装置で減光することが望ましい

出典)JIS Z9110-2010(抜粋)

照度の測定のしかた

照度の向きには、水平面照度、鉛直面照度、法線照度がある。照度計測にはハンディタイプの照度計が使いやすい

室内の色で照度が変わる

照度は計測する面の明るさを示すため、光源の明るさのみに左右されるわけではない。同じ部屋に同じ照明が設置されていても、室内の色によって照度が変わることがある。

たとえば床・壁・天井が白い仕上げの部屋と、黒い仕上げの部屋で床面の照度を計った場合、白い部屋のほうが照度は高くなる。これは白い仕上げのほうが光の反射率が高く、床・壁・天井に反射する光が計測点に影響を与えるためである。

照度計による照度測定

照度は床面や机上面などの水平面を基準にすることが最も多く、これを「水平面照度」という。一般的には、床上85㎝、座業の場合は床上40㎝、廊下や屋外では床面や地面が水平面照度の対象面となる。一方、壁面や黒板面など垂直面の照度を「鉛直面照度」という。このほか光源に対して直角になる面の照度を「法線照度」という。

実際に照度を測定するときは、ハンディタイプの照度計を使うと便利である。照明計画の完了時はもちろん、検討段階でさまざまな実験を行う際にも活用できるほか、普段の照明体験を数値で確認したいときや、建築主などから明るさの相談を受け、そのリサーチとして照度確認を行うときにも役立つ。ハンディタイプなら、必要な照度が確保できているかどうかを手軽に確認できる。

測定した照度は図面上にも記録しておくと、その後の設計の資料としても活用することができる。

● 照度計
照度を計る計測器機で、光電池照度計、光電管照度計、デジタル照度計などがある

環境による照度の違い

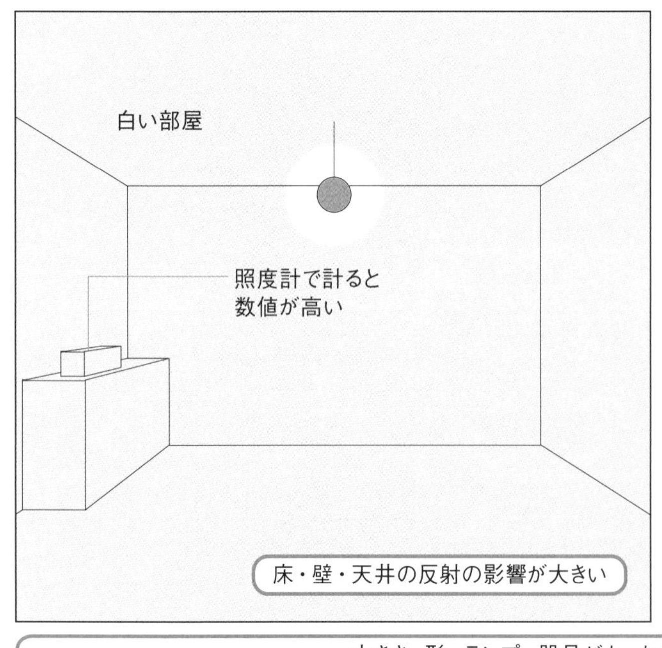
白い部屋
照度計で計ると
数値が高い
床・壁・天井の反射の影響が大きい

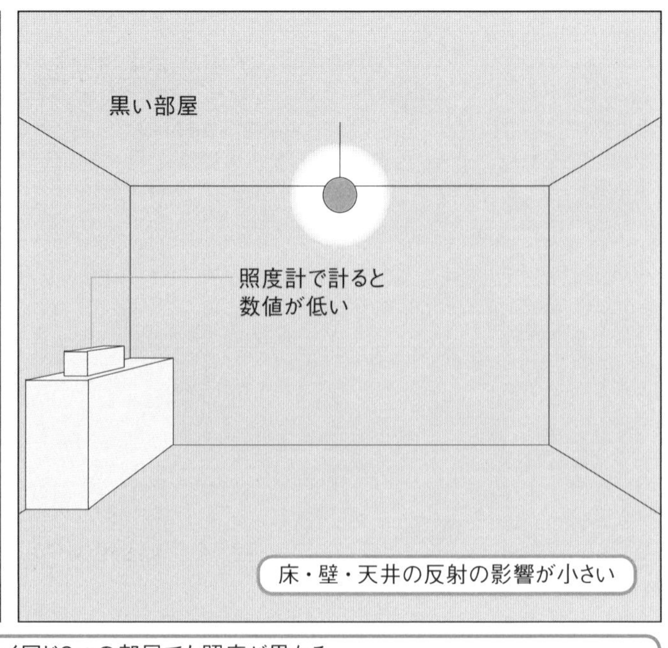
黒い部屋
照度計で計ると
数値が低い
床・壁・天井の反射の影響が小さい

大きさ、形、ランプ、器具がまったく同じ2つの部屋でも照度が異なる

照度の計測の方法

①照度を計測する面

鉛直面照度
（壁面や黒板面など）

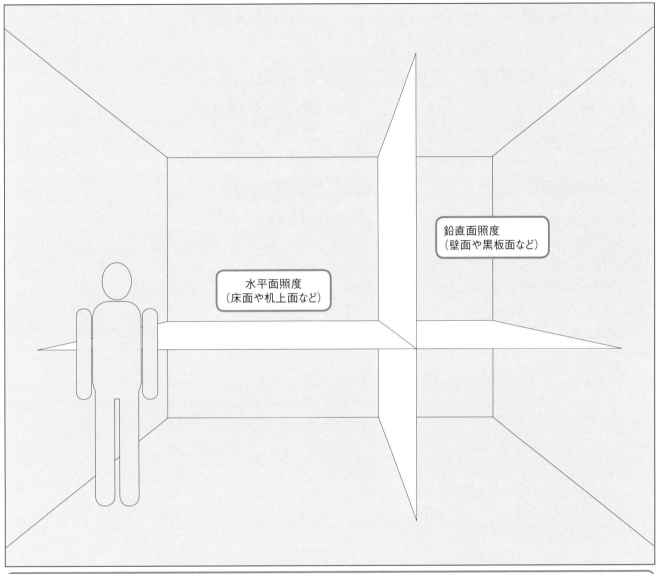

水平面照度
（床面や机上面など）

水平面照度は、視作業面高さを示している。特に指定がないときは床上85㎝、座業のときは床上40㎝、廊下・屋外などは床面・地面が対象面となる

②照度計の使い方

デジタル照度計

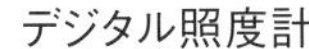

水平面照度を計るとき

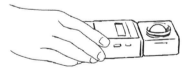

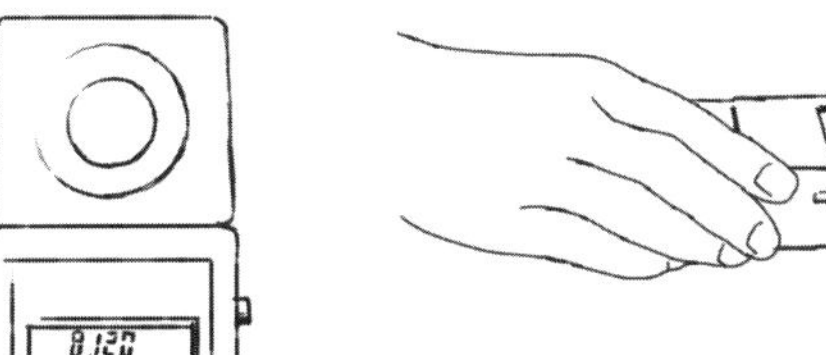

鉛直面照度を計るとき

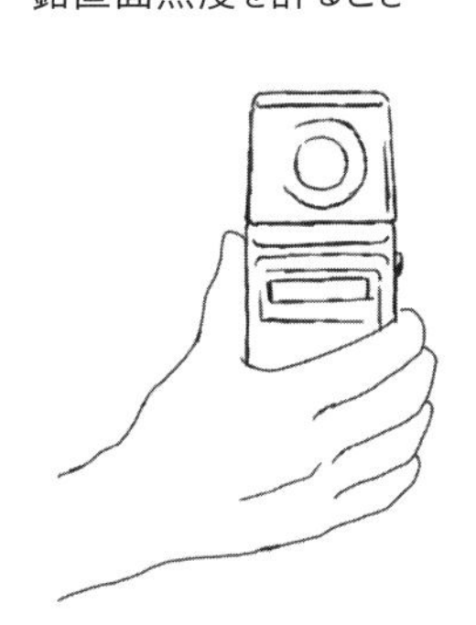

照度の向き

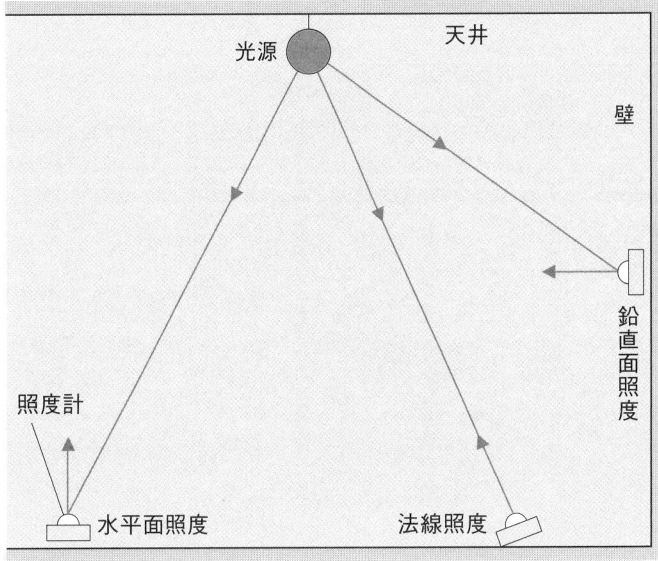

照度分布図と照度計算

光の均整度や配置のメリハリは照度分布図で確認する。照度計算の結果は、あくまでも参考値として捉える

照度分布図の役割

照度分布図は、照明計画の基本設計がひと通りできあがり、器具の候補や台数の方針が決まった段階で、その器具の機能性を確認するために行う。通常、専門家が専用のパソコンソフトを使って作成するが、簡易的なものであれば照明メーカーのホームページから照度計算ソフトをダウンロードし自分でも作成できる。また照明メーカーに作成を依頼することもできる。

照度分布図は、各器具の配光特性などがデータ化されていないと作成することができないため、器具のデータが入手できない場合は、近い性能をもつ製品の配光特性などを仮データとして参考値とする。また照明器具カタログなどに**配光曲線**と一緒に記載されている**1/2ビーム角**などを使い、手書きで簡易的な照度分布図を作成することもできる。

光束法による照度計算

照度計算は、選んだ器具の台数·配置によって必要な照度が得られるかどうかを確認するために行う。反対に平均照度から必要な器具の台数を求めることもできる。代表的なのは光束法で、器具を等間隔に配置し、空間全体を均一に照らす全般照明の場合は、この方法で平均照度を求めることができる。

光束法による照度計算は全般照明以外ではあまり有効ではないが、部屋の一部に全般照明と同じような環境があるときは参考値となる。ただし照度計算による照度の予測はあくまでも参考値であり、実際には間接照明や外部から入る光の影響が出てくる。

ダウンライトやスポットライトなど点光源の場合は、照明器具カタログの配光曲線や、1/2ビーム角の配光データから、参考値の照度を読み取ることができる。

照度分布図
ある面に照射された照度を数値ごとに線でつないだ図

配光曲線
光源の中心から空間のさまざまな方向に放射された光の光度分布を表した曲線
→p.176 参照

1/2ビーム角
ビーム角とは、光の最大光度の中心に対して広がる角度のこと。1/2ビーム角は、最大光度に比べて明るさが半分になる角度。カタログなどでは「1/2ビーム角30度」などと表示され、これは、中心から30度開いたところが中心の半分の明るさになることを示す
→p.143 参照

照度分布図の例

天井の蛍光灯器具配置のピッチが大きい場合

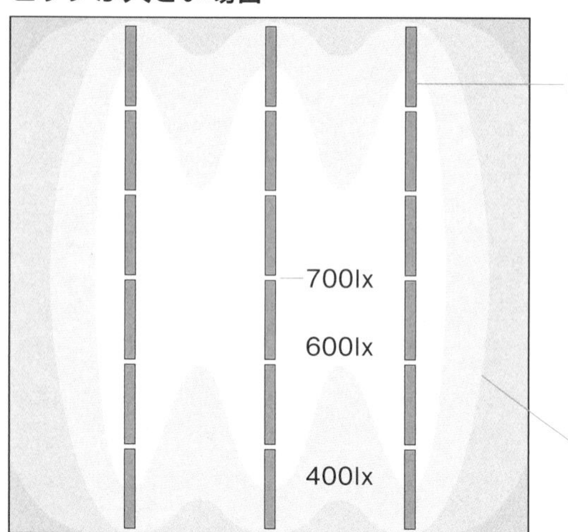

照度分布にムラが出る

天井の蛍光灯器具配置のピッチが小さい場合

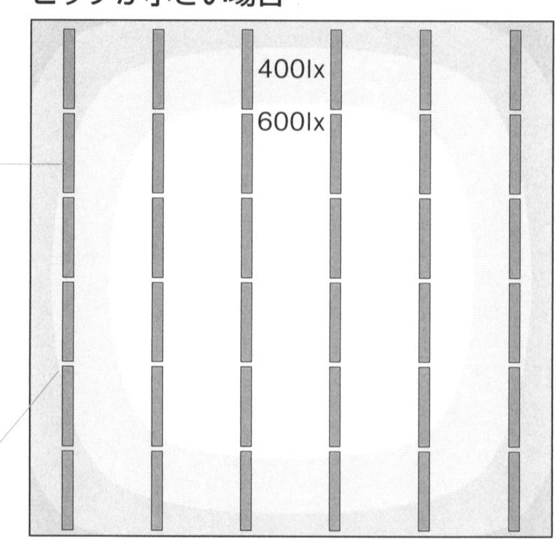

Hf蛍光灯2灯用器具

Hf蛍光灯1灯用器具

照明の配置、種類の違いで照度分布が変わる

照度を示すライン
この図では、床面上の照度を表している

ムラが出にくい

平均照度の計算方法

例題

間口8m、奥行き12m、天井高2.7mの大きさの部屋で、天井埋込型蛍光灯(下面開放型、FHF32W×2灯)16台、ランプ光束4,500lm/灯、作業面の高さ70㎝の平均照度は?

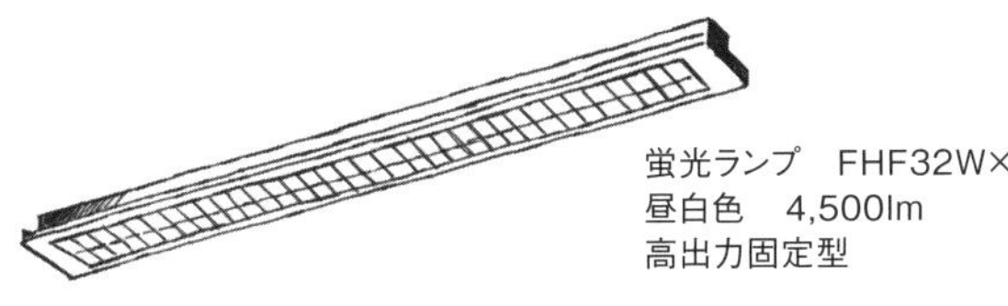

②照明率表から、照明率を求める

まず、室指数を求める

> この例題では、平均照度を求める照明率(U)の情報がない。これを求めるには、まず次の計算式で室指数(K)を求める

室指数を求める計算式

$$K=\frac{X\cdot Y}{H(X+Y)}$$

K:室指数
X:部屋の間口寸法[m]
Y:部屋の奥行き寸法[m]
H:作業面から照明器具までの高さ[m]

$$\frac{8\times 12}{(2.7-0.7)\times(8+12)}=2.4$$

室指数は 2.4

①保守率表から、保守率を求める

標準的な保守率表

器具＼光源		蛍光ランプ 良い	蛍光ランプ 普通	蛍光ランプ 悪い	白熱電球 良い	白熱電球 普通	白熱電球 悪い
露出系		—	—	—	0.91	0.88	0.84
		0.74	0.70	0.62	—	—	—
下面開放形		0.74	0.70	0.62	0.84	0.79	0.70
簡易密閉形(下面カバー付)		0.70	0.66	0.62	0.79	0.74	0.70
安全密閉形(パッキン付)		0.78	0.74	0.70	0.88	0.84	0.79

注1　保守率0.70とは、照明器具をある期間使用して、照度が低下した状態を見込んだ係数
注2　「良い・普通・悪い」は、器具の使用環境と清掃状況を示す

> 照明率表は、カタログに記載されているものを使うか、メーカーに問い合わせる

> 次に、床・天井・壁のおおよその反射率を想定する

照明率表

反射率	床	20%			0
	天井	60%			0
	壁	50%	30%	10%	0
室指数	0.70	0.33	0.29	0.26	0.25
	1.00	0.41	0.37	0.35	0.33
	1.25	0.45	0.42	0.39	0.37
	1.50	0.48	0.45	0.42	0.40
	2.00	0.52	0.49	0.47	0.44
	2.50	0.54	0.52	0.50	0.46
	3.00	0.56	0.54	0.52	0.48

> 室指数が出たら、照明率表で確認する。この例題の場合は、室指数(K)2.50

この例題では、反射率は床20%・天井60%・壁30%とし、照明率(U)は0.52となる

③平均照度を求める

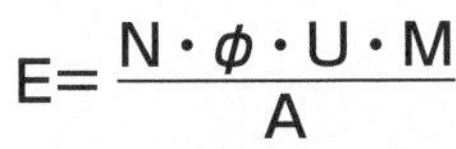

$$E=\frac{N\cdot\phi\cdot U\cdot M}{A}$$

$$=\frac{(16台\times 2)\times 4{,}500\times 0.52\times 0.7}{8\times 12}$$

この部屋の平均照度は

$$=\frac{52{,}416}{96}=546\ [\mathrm{lx}]$$

E:平均照度[lx]
N:器具の台数
φ:光源1灯当たりの光束[lm]
U:照明率　M:保守率
A:作業面の面積[㎡]

φは、照明器具メーカーのカタログに載っている数値を参考にする。Mは、公表されている標準的な保守率表を参考に、器具の種類や使用環境などから判断する。Uは、まずKを求めてから、器具ごとの照明率表で読み取る

反対に、平均照度から必要な器具の台数を求めることもできる

資料から配光を見る

ベースダウンライトD1(ダイクロハロゲン型LEDランプ)

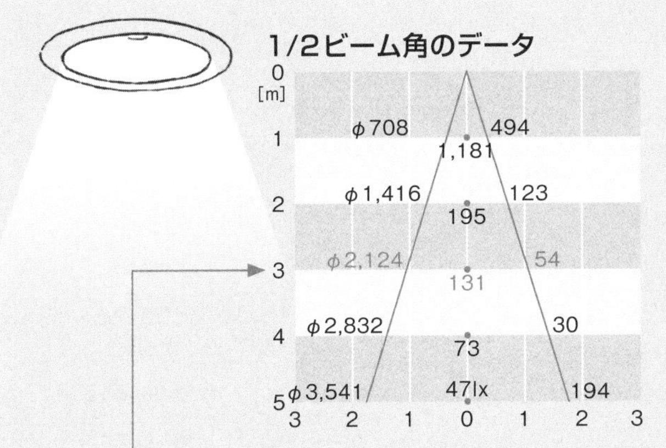

簡易版の照度分布図を作成する

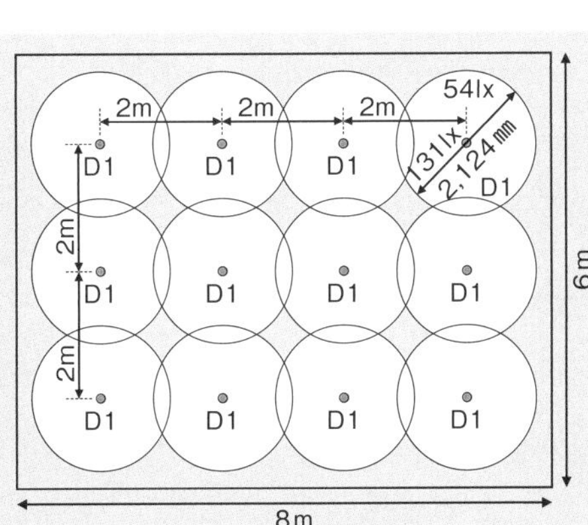

3m地点で、直径2,124㎜の光の広がりは、中心部131lx、周辺部54lxであることが読み取れる

天井高さ3m、6m×8mの平面の部屋に、2mのピッチでD1のダウンライトを配置した場合。1/2ビーム角から配光データを確認し、D1の配置を中心に、コンパスやテンプレートで直径2,124㎜の円を描く。この図からは、器具配置のピッチの目安を確認できる(床・壁・天井の反射率は考慮されないので概略値)

ランプの種類とランプ効率

ランプ効率の数値が大きいものほど、省エネ性は高い。よく使うランプは、基本的な特徴を覚えておくとよい

代表的なランプ

現在使用されている主なランプは、温度放射を利用した「白熱電球」と、放電を利用した「蛍光ランプ」「高輝度放電ランプ(HIDランプ)」「低圧ナトリウムランプ」に大きく分けられ、そこからさらに分類される。現在最も使用されている「LEDランプ」はこの10年ほどで一気に主流の照明になった。その他の新しいランプとしては「無電局放電ランプ」「有機ELランプ」などがある。

ランプごとに、形状や大きさ、取付け部の種類などの外形的特徴および、光の性質や光色、演色性、光束、ランプ寿命、ワット数、ランプ効率、発熱量、調光の可・不可などが異なる。

現在はLEDランプからほぼあらゆる機能・目的の器具を選ぶことができるが、カタログを見ると「白熱電球60W相当」「蛍光灯40W型」などのように旧式のランプの明るさを基準に表記してある場合が多い。使用する側が明るさについて旧式のランプを元にしているためである。既存器具をLEDランプに取り替えて使用することも今後多く、LEDランプに入れ替える際の注意点の確認からも、旧式のランプについての知識はひととおり持っていたい。個々のランプの特徴については、CHAPTER 6を参考にしてほしい。

ランプ効率とは

ランプ効率は、ランプの光束量(明るさ)に対する消費電力の比であり、単位はlm/Wで表す。ランプ効率の数値が高いほど、同じ明るさを得るために必要な消費電力が少ない、省エネ性が高いランプといえる。

たとえば、白熱電球40Wの光束量は485lmで、ランプ効率は12lm/Wとなる。一方、同様の450lmの光束量の電球型の電球色LEDランプは4Wで112.5lm/Wとなり白熱電球に比べて9倍以上効率の良い、省エネ性能の高いランプであると言える。このようなLEDランプは「白熱電球40W相当」と表記されている。

一方で白熱灯はランプ効率に明らかに劣るが、暖かさや調光で照度を絞った時の落ち着いた雰囲気など、LEDではいまだに完全には再現できない良さをもっているので、その価値も理解しておきたい。

ランプの種類

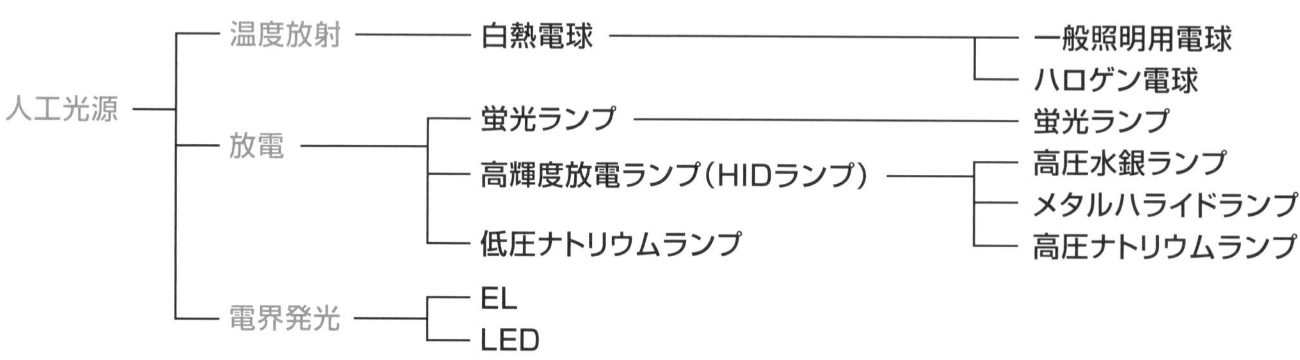

ランプの特徴とランプ効率

	基本的な特徴	ランプの種類	特徴	主な用途
白熱電球	●点光源に近く、光を制御しやすい ●演色性がよく、暖かい白色光 ●点灯しやすく、瞬時点灯も可。安定器が不要 ●連続調光できる ●小形、軽量、安価 ●周囲温度の影響が小さい ●光束の低下が少ない ●ちらつきが少ない ●低効率、短寿命 ●熱線が多い ●ガラス球の温度が高い ●電源電圧変換が寿命・光束に影響を与える	一般照明用電球	ガラス球は、白色塗装拡散形と透明形がある	住宅や店頭などの一般照明など
		ボール電球	ガラス球は、白色塗装拡散形と透明形がある	住宅、店舗、飲食店など
		反射形電球	アルミ蒸着の反射膜が付き、集光性がよく、熱線もカットされている	住宅、店舗、工場、看板照明など
		小形ハロゲン電球	赤外反射膜付が中心。光源色がよく、熱線もカットされている	店舗、飲食店などのスポット照明やダウンライトなど
		ミラー付ハロゲン電球	ダイクロイックミラーと組み合わせ、シャープな配光にできる。熱線もカットされている	店舗、飲食店などのスポット照明やダウンライトなど
蛍光ランプ	●高効率、長寿命 ●光源色の種類が豊富 ●低輝度、拡散光 ●連続調光できる ●ガラス管の温度が低い ●安定器が必要 ●周囲温度の影響を受ける ●寸法当たりの光束が少ない ●光を制御しづらい ●ちらつきが少しある ●高周波雑音がある	電球形蛍光ランプ	電球代替用。安定器が内臓され、電球口金が付いている	住宅、店舗、ホテル、飲食店などのダウンライト
		スターター形蛍光ランプ	スターター（点灯管）と安定器で点灯する	住宅、店舗、事務所、工場などの一般照明。高演色形は美術館など
		ラピッドスタート形蛍光ランプ	スターターなしで即時点灯する	事務所、店舗、工場などの一般照明
		Hf（高周波点灯専用）蛍光ランプ	高周波点灯専用安定器で点灯。効率がよい	事務所、工場、店舗などの一般照明
		コンパクト形蛍光ランプ	U形、ダブルU形のコンパクトなランプ	店舗などのベース照明やダウンライトなど
高輝度放電ランプ（HIDランプ）	●高効率。高圧ナトリウムランプが最高効率 ●長寿命。メタルハライドランプはやや短い ●光束が大きい ●点光源に近く、配光を制御しやすい ●周囲温度の影響が少ない ●安定器が必要。初期価格が高い ●ガラス管の温度が高い ●始動、再始動に時間がかかる	蛍光水銀ランプ	水銀の発光と蛍光体で、赤色成分を補っている	公園、広場、商店街、道路、高天井の工場、看板照明など
		メタルハライドランプ	スカンジウムとナトリウムの発光を利用。効率がよい	スポーツ施設、商店街、高天井の工場など
		高演色形メタルハライドランプ	自然光に近い。ジスプロシウム系と錫（すず）系がある	店舗のダウンライト、スポーツ施設、玄関ロビーなど
		高圧ナトリウムランプ	透光性アルミナ発光管を使用。橙白色の光	道路、高速道路、街路、スポーツ施設、高天井の工場など
低圧ナトリウムランプ	●単色光 ●ランプ効率が最大	ナトリウムランプ	U形の発光管、ナトリウムのD線の橙黄色の光	トンネル、高速道路など

出典）『照明基礎講座テキスト』（（社）照明学会）をもとに作成

主な光源のランプ効率

ランプの種類			ランプ効率［lm/W］	総合効率（安定器損失を含む）［lm/W］
白熱電球		100W	15	15
ハロゲン電球		500W	21	21
蛍光ランプ（白色）		36W	83	75
蛍光ランプ（3波長形）		36W	96	87
Hf蛍光ランプ		45W	100	91
蛍光ランプ（白色）		100W	90	80
HIDランプ	蛍光水銀ランプ	400W	55	52
	メタルハライドランプ	400W	95	90
	高圧ナトリウムランプ	360W	132	123
電球型LEDランプ		7.5W	108	108
ライン型LEDベース器具		37.7W	183	183

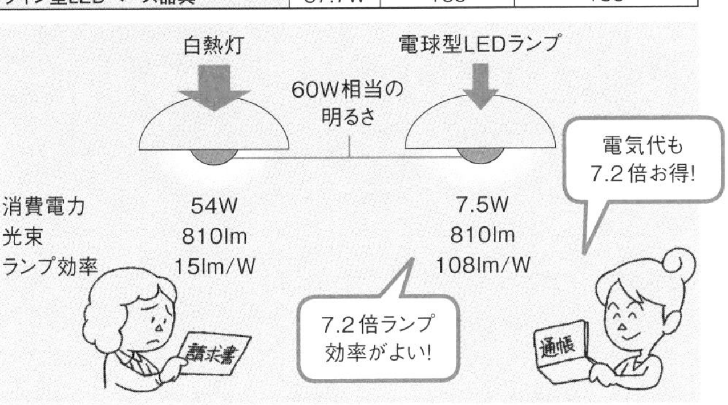

ランプ効率と演色性

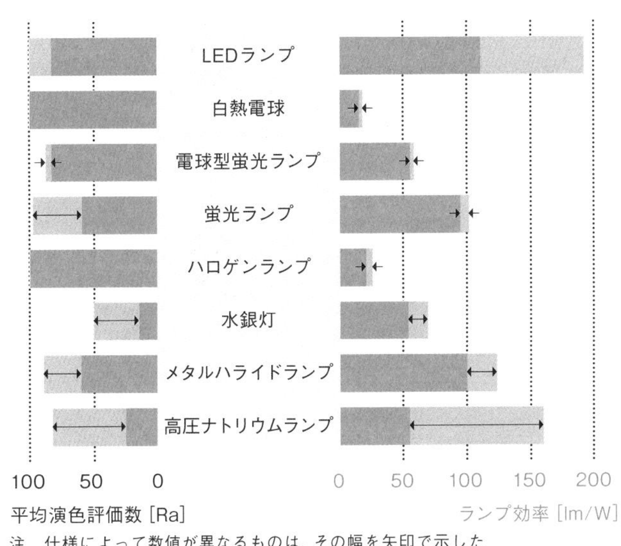

注　仕様によって数値が異なるものは、その幅を矢印で示した

- LEDは演色性、ランプ効率とも優れている
- 蛍光灯とメタルハライドランプは、ランプ効率と演色性ともに優れている
- 白熱電球とハロゲンランプは、演色性は優れているが、ランプ効率は劣る
- 水銀灯は両方とも劣っている

Column

ダウンライトの熱対策

熱がこもりやすいダウンライトは断熱施工用の器具を選ぶ

ダウンライトを一般の住宅で採用する際には、注意が必要だ。ダウンライトは構造上、ランプから発生する熱が、天井に埋め込まれた器具本体にこもりやすい照明である。熱がこもると器具内部が高温になり、器具の破損や火災が生じる恐れもある。そのため一般用のダウンライト器具には、熱を天井内部に放出するための放熱用開口が本体上部に付いている。

ただし、住宅では、天井内に断熱材や遮音材が敷設されていることが多く、ダウンライトを設置する場合には、断熱材などをカットする必要がある。しかしこれは、施工の手間がかかるうえ、断熱や遮音の性能が落ちてしまう。

そこで、断熱材をカットせずに施工でき、加熱に対する安全性も保たれている「断熱施工用の器具(S形)」を採用するとよい。マット敷設工法の断熱材に対応したものをSG形、ブローイング工法断熱材に対応したものをSB形という。日本照明器具工業会のS形マークが目印だ。

また、断熱施工された天井に一般用ダウンライトを設置する場合は、器具の取付け部から10cm程度あけて断熱材をカットするか、あらかじめ天井内の器具設置位置に隔壁を設けておく。

LED器具についても同じである。LEDは発光部からの放熱はなく熱に強いが、内部の電子部品は熱に弱く、ワット数が大きくなるほど発熱量は大きくなり、充分な放熱がなされないと電子部品が破損したり寿命が短くなる恐れがある。断熱材のある天井では断熱仕様の器具を選ばなくてはいけない。

断熱施行された天井への設置

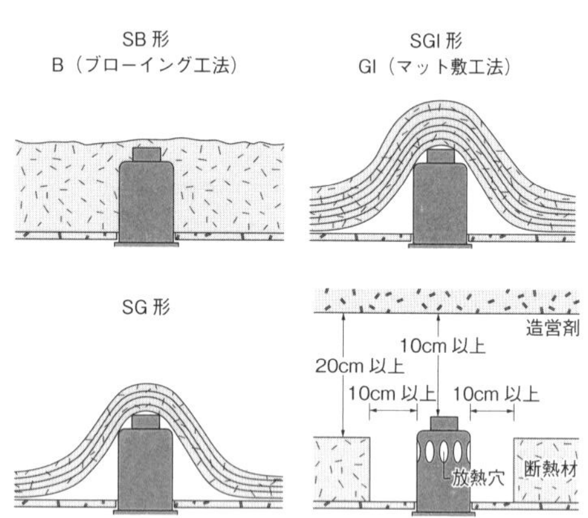

S形マーク

耐熱施工に対応したダウンライトに付いている

出典：JIL5002-2000

表1　器具の種類

器具種類		建物(住宅)の断熱施工に関する区分		
		断熱施工方式		熱抵抗値 (㎡・K/W)
		ブローイング工法	マット敷工法	
S形	SB形	○	○	6.6以下
	SGI形	×	○	6.6以下
	SG形	×	○	4.6以下
M形		×	×	—

表2　地域区分

地域区分	都道府県
Ⅰ	北海道
Ⅱ	青森県・岩手県・秋田県
Ⅲ	宮城県・山形県・福島県・栃木県・新潟県・長野県
Ⅳ	茨城県・群馬県・山梨県・富山県・石川県・福井県・岐阜県・滋賀県・埼玉県・千葉県・東京都・神奈川県・静岡県・愛知県・三重県・京都府・大阪府・和歌山県・兵庫県・奈良県・岡山県・広島県・山口県・鳥取県・島根県・香川県・愛媛県・徳島県・高知県・福岡県・佐賀県・長崎県・大分県・熊本県
Ⅴ	宮崎県・鹿児島県
Ⅵ	沖縄県

＊一部の市町村は都道府県別区分によらずほかに分類される

表3　新省エネ法の熱抵抗値：(㎡・K ／ W)

住宅の種類	施工方法	部位	地域区分					
			Ⅰ	Ⅱ	Ⅲ	Ⅳ	Ⅴ	Ⅵ
RC造 組積造	内断熱工法	屋根または天井	3.6	2.7	2.5			
	外断熱工法	屋根または天井	3.0	2.2	2.0			
木造	充填断熱工法	屋根	6.6	4.6				
		天井	5.7	4.0				
枠組壁工法	充填断熱工法	屋根	6.6	4.0				
		天井	5.7	4.0				
木造・枠組壁工法・鉄骨造	外張断熱工法	屋根または天井	5.7	4.0				

CHAPTER 2

照明計画の基本

照明計画の流れと必要な図書

照明計画は、建築設計やインテリアデザインと同時進行で行い、プレゼン用の図面と施工用の図面を準備する

照明計画の手順

照明計画は、建築設計やインテリアデザインなど建築計画の流れと同時進行で行うもので、①調査・研究・コンセプト、②基本設計、③実施設計、④制作・監理・施工〜完了時の最終調整、という順序で進められる。照明に関する検討や作業は建築設計やインテリアデザインの各段階の後半に行われることが多い。

照明デザイナーという立場でプロジェクトの照明計画にかかわる場合は、比較的初期のコンセプトから基本計画の作成までを中心としたコンサルティングとも呼ばれる業務のみで終わることもある。しかし本来は、コンサルティングだけでなく現場において建築やインテリアとの調整をきっちり行うことで、空間と照明との相互のよさが高まる。実際の作業としては最終段階での可能な範囲の微調整や、引渡し直前の調光コントロール、フォーカシングと呼ばれる光の当て込みの精度調整などを行う。

照明計画に必要な図書類

照明計画に必要な図書は、初期のプレゼンテーション用の図面と設計図書として主に施工で使う図面がある。プレゼンテーション用としては、周辺環境リサーチ資料、アイデアを表現したスケッチ、光のレイアウト図、イメージ写真、CG、ディテール検討図、照明ボード、照明模型の写真、実物大モックアップの写真、平均照度計算書、照度分布図などがある。図面ではないが、建築主と設計者、施工者にデザインの意図を伝えるものとして重要である。

設計図書には、照明配置計画図、照明配線計画図、照明器具リストがある。照明配置計画図は、照明器具の配置を天井伏図や平面図に記載し、位置寸法も必要に応じて入れる。照明配線計画図は、照明器具の配置に加えスイッチの位置、タイプ、スイッチで点滅できる器具のまとまりなどを記載する。

● フォーカシング
目的の照明効果が出るように照明器具の取付け位置や照射方向、広がりなどを最終的に調整すること
→p.57参照

照明計画に必要な図書類

必要な図書		目的・内容
初期のプレゼン用	●周辺環境リサーチ資料 ●光のレイアウト図 ●CG ●照明ボード ●実物大モックアップの写真 ●照度分布図　など ●アイデアを表現したスケッチ ●イメージ写真 ●ディテール検討図 ●照明模型の写真 ●平均照度計算書	デザインの意図を伝える役割をもち、関係者とコミュニケーションをとるのに役立つ
設計図書	●照明配置計画図 ▶p.48	天井伏図や平面図に、照明器具の配置をできるだけ正確な位置に記載したもの
	●照明配線計画図 ▶p.50	照明器具のほか、スイッチのタイプと位置、スイッチで点滅できる器具のまとまりなどを記載したもの
	●照明器具リスト ▶p.46	器具のデザイン、メーカー、価格、天井開口寸法、ランプの種類、色温度指定、配光指定、安定器の有無、オプションパーツなど、選定した器具の詳細な情報を記載したもの

照明計画の流れ

照明計画

調査・研究・コンセプト

- 事業計画・建築計画の理解
- 周辺環境の調査・理解
- 類似例の研究
- 照明コンセプトの立案 ▶p.42

基本設計

- 建築空間を正確に理解
- 光のイメージをプレゼンテーション ▶p.42
- 照明手法の検討
- 器具の検討・選定 ▶p.44
- 照明配置図・照明器具リストの作成 ▶p.46、p.48
- 回路・スイッチの検討 ▶p.52
- 配線計画図の作成 ▶p.52
- コストチェック ▶p.58
- 照度・電気容量のチェック

実施設計

- 器具の決定
- 器具配置の決定
- ディテール・納まりの決定
- 各図面の見直し修正
- コストチェック ▶p.58
- 照度・電気容量のチェック

制作・監理・施工～
完了時の最終調整

- モックアップの確認
- 器具の承認図・制作図の確認
- 発注確認
- フォーカシング ▶p.56
- 調光バランスとシーンの設定 ▶p.52
- 照度チェック
- 記録

建築計画

企画

基本設計

完了

実施設計

完了

施工・監理

竣工・引渡し

照明計画のコンセプトづくり

光のコンセプトをつくるには、絵としての完成度よりも、複数のプランを提案することが大事

コンセプトの考え方

空間の基本設計が大まかにできあがった段階で照明のコンセプトづくりに着手する。コンセプトをつくるとき、意匠設計者やインテリアデザイナーが設計段階であかりのイメージを抱いている場合は、そのスケッチやアイデアメモなどを核として考えていくとまとめやすい。

イメージが特にない場合は、意匠やインテリアのコンセプトから照明のコンセプトに結び付けられる要素を拾い出す作業が必要となる。照明デザイナーに相談する場合は、設計のコンセプトを説明し、相手の発想も参考にしながら一緒にコンセプトを練り上げる。

コンセプト作成のポイントとしては、できるだけ簡単な言葉やキーワード、文章などで表現すると建築主のコンセンサスを得やすい。言葉で表現するのが難しい場合は、光のレイアウトや雑誌やカタログなどを用いてイメージ重視で進めてもかまわない。同時にスケールやコストの確認もしておく。

光のイメージを伝える

照明計画では、コンセプトと基本設計(p.44参照)の各段階でプレゼンテーションを行うことが多い。コンセプト段階でのプレゼンではスケッチやイメージ写真などのビジュアル資料を多用し、建築主の合意を得やすくすることが大切だ。

光のイメージを伝える場合は、展開図や断面図、パースなどのスケッチを使うと分かりやすい。特に断面図は、スケール感が分かりやすいので空間と人と光の関係が表現しやすい。また複数の空間や、建物全体の光の様子を表現するうえで平面図を利用することも有効である。平面図での光のレイアウト図は、設計作業の終盤までコンセプトの検討やコンセンサスを得るのに役立つ。

コンセプトづくりの段階では、絵の完成度よりもすばやく複数のプランを提案することを重視したほうがよい。

コンセプトの考え方

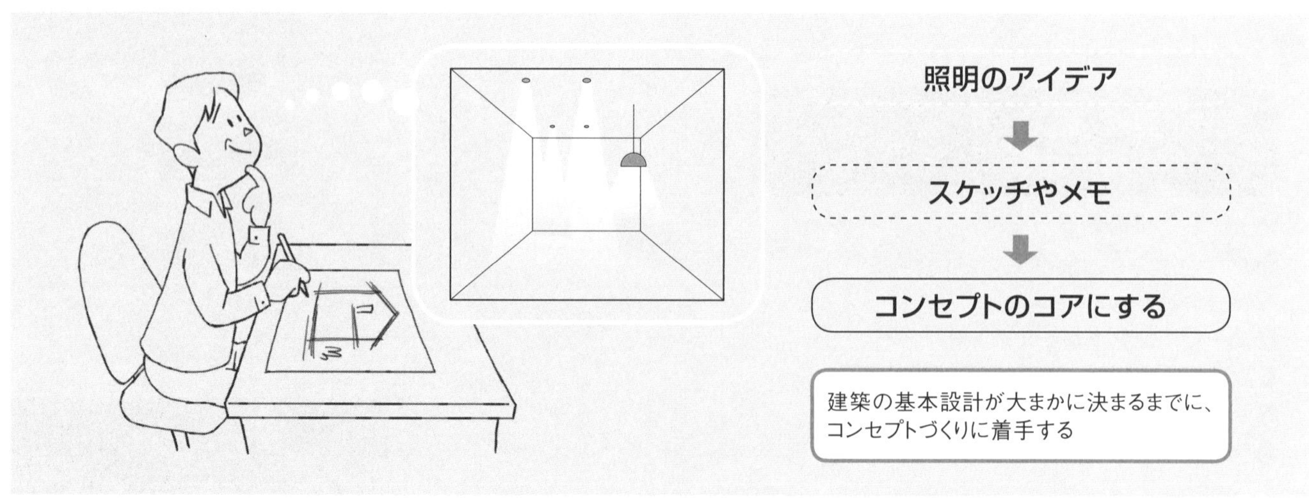

コンセプトづくりのポイント

1 自由な発想で考える

設計やインテリアのコンセプトを、照明のコンセプトに結び付けてもよい

2 コストも検討する

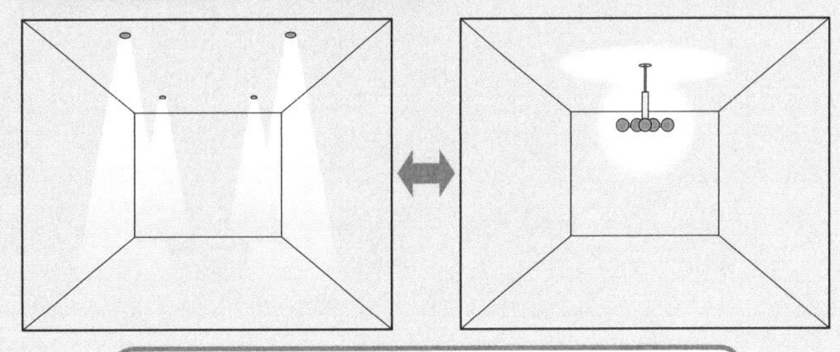

器具のイニシャルコストやランニングコストを確認

3 キーワードを考える

いやし ←→ 刺激
日常 ←→ 非日常
落ち着き ←→ 活気
シック ←→ ゴージャス

具体的なキーワードがあると、コンセンサスを得やすい

4 スケールを確認

コンセプトの検討は、断面図や展開図、パーススケッチなどを使って、スケールを確認しながら行う

5 光のレイアウト図

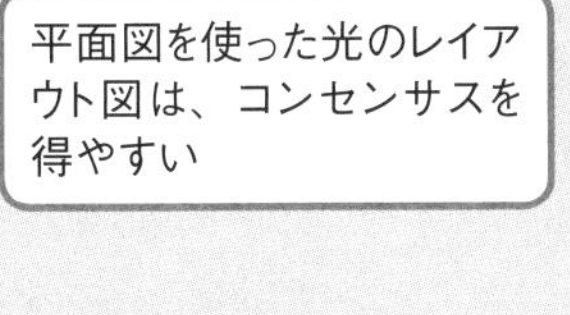

平面図を使った光のレイアウト図は、コンセンサスを得やすい

6 イメージをコレクション

雑誌やカタログなどのコピーで、光のイメージをコレクションしておくと、コンセプトづくりに役立つ

コンセプト段階でのプレゼン資料

光のレイアウト図

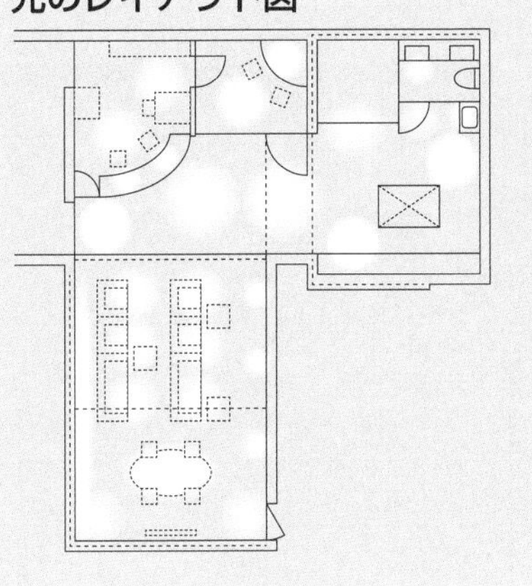

光のイメージスケッチ

光のイメージの写真

照明の基本設計

基本設計では、器具選定と配置について検討する。器具を選ぶ際は、性能や仕様を重視する

基本設計でやるべきこと

照明の基本設計段階は、図面を使って空間のスケールや連続性を確認し、コンセプト段階で描いた光のレイアウト図などをベースにそのイメージを実現するための器具選定と配置について検討する。

この段階のプレゼンテーションでは、照度計算(p.34参照)を行い照度分布図を作成することもある。大勢の合意が必要な場合は、コンピュータによる光のシミュレーションCGや模型を制作することもある。シミュレーションCGの方法には、レイトレーシング法やラジオシティ法などがあり、リアルな表現ができる。ただしCGを使うと設計業務のコストが上がることや、パソコンモニターの種類やプリントの色調によって見た目の印象が変わることも頭に入れておきたい。

また、重要な器具はメーカーのショールームなどで必ず現物確認を行う。設計者にとって最も大切なのは実際に光を見て、体験して記憶にとどめることである。

器具を選定するために

照明器具はカタログで選定するが、毎年各照明メーカーから新しい器具が発売されると同時に多くの器具が廃番になっている。そうした最新情報をカタログから読み込むことは照明計画の第一歩となる。

器具を検討するには、まず**色温度**や**照度**を設定し、配光のイメージをつくり、それを実現できる性能をもつランプを想定する。このとき見た目だけでなく、ランプ交換の方法や、熱、調光、演色性、コストなども含め総合的に検討する。次にそのランプが使える器具のタイプを選ぶ。このときは、光だけを出したいのか、器具自体もインテリアの要素として目立たせたいのかなどを勘案し、建築やインテリアの条件なども踏まえる。

実際に器具を選ぶときに大切なのは、メーカーや品番ではなく性能や仕様を検討することである。それが決まればコスト調整などで器具変更の必要が出ても、コンセプトがぶれることなく調整できる。

レイトレーシング法
3Dグラフィックスでレンダリングを描く技法の1つ。金属や硬いもの、ハイライトなどの強く反射する光を表現するのに向いている

ラジオシティ法
3Dグラフィックスでレンダリングを描く技法の1つ。柔らかい光などを表現するのに向いている。金属などは表現できない

色温度
光の色を数値で表したもの
→p.26参照

照度
ある面に照射された光の量
→p.30参照

基本設計の進め方

基本設計はコンセプト段階で描いたスケッチなどの資料をもとに進めていく。器具の設置位置は、照明手法や採用器具と照らし合わせて検討する

平面図

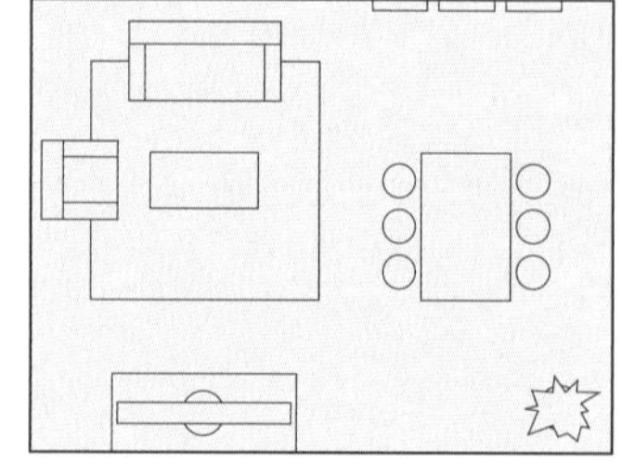

D1 =ダウンライト
D2 =ユニバーサルダウンライト
P =ペンダント
FL =蛍光灯(間接照明)
ST =スタンド
S1 =スポットライト

天井伏図の照明配置図

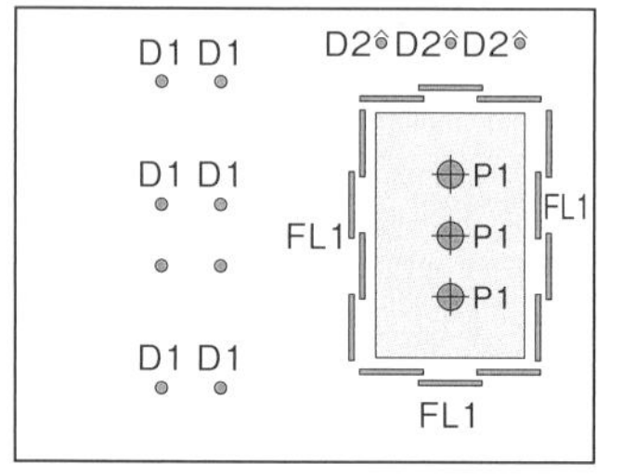

照明配置図では、照明器具は記号として描く。実寸の必要はないが、近い寸法のほうが図面として間違いが少なくなる。特に蛍光灯のような長さがあるものは、ほぼ正確な長さで描く。設置位置はなるべく正確な位置に描くが、最終的には実施設計と施工段階で調整する

床平面図の照明配置図

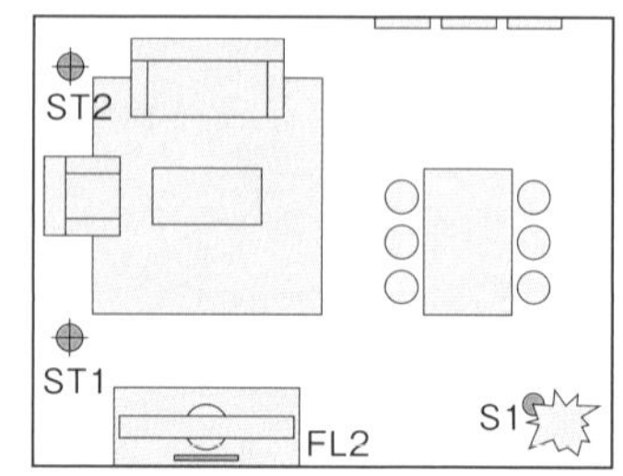

基本設計段階でのプレゼン資料

CGによる光のシミュレーション

照度分布図

照明器具リスト

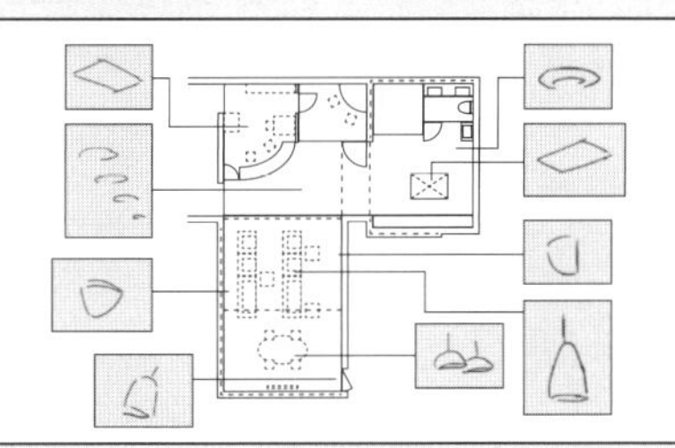

これらのビジュアル資料を作成し、光の雰囲気や効果などをできるだけ分かりやすく伝える

器具の現物確認

重要な器具は、照明メーカーのショールームなどで現物確認を行う

工事中の現場で、実物の照明器具を使って実験するのも有効

カタログの見方

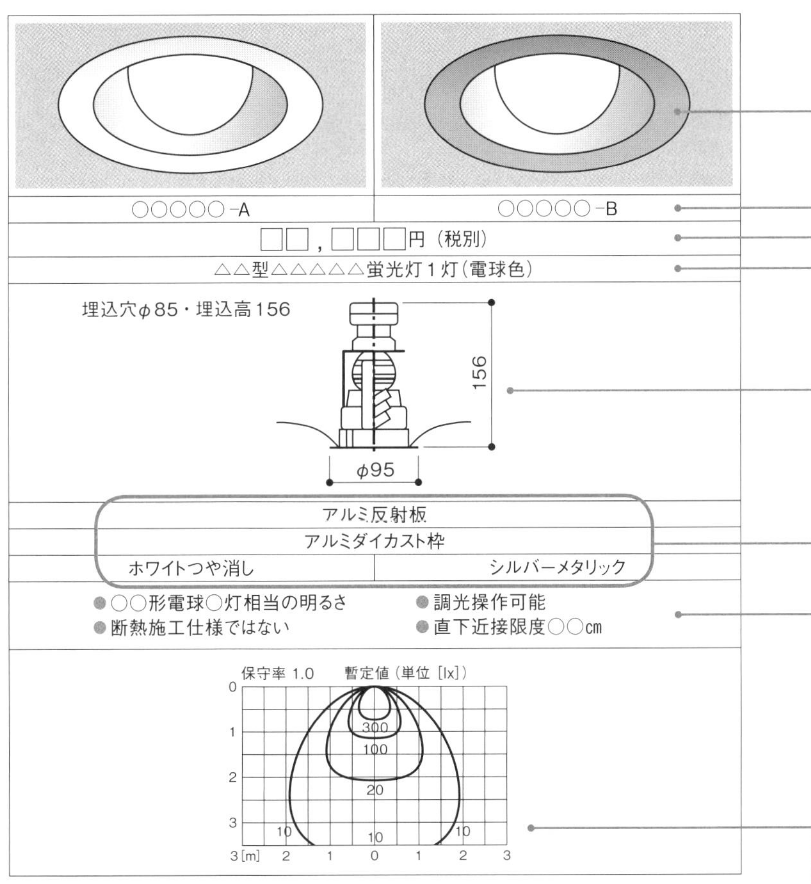

器具の外見

●形状や色を確認

品番

●発注するときに必要

金額

●税込か税別かも確認

ランプの種類・名称

●口金、光の色味などの情報も重要。さらに詳しくは、カタログの巻末などにあるランプリストを参照

器具の姿図

●天井内に納まるかなど、寸法を確認。ダウンライトの場合、見付寸法と開口寸法が違うので注意
●器具内部での電球の取付け方を確認。実際の器具の見え方やグレアも想像できる

素材・仕上げ

●品質や器具のグレード感を確認

備考・注意書

●内容をチェックし、目的と矛盾しないかを確認

照度データ・ランプデータ

●配光曲線で、光の広がり方、照度を確認（p.178参照）

その他のポイント

●別売りのランプや安定器、トランス、オプションパーツがある場合、その情報も確認
●スポットライトなど可動するパーツがある場合、可動部分や範囲も確認
●ランプによっては、照度や色温度だけでなく、ランプ寿命、全光束も押さえておく
●カタログによっては、写真で光の様子が分かるものもある

照明の実施設計

実施設計では、設計変更に合わせた総合的な見直しを行う。器具のスペック資料はデザインも分かるように作成する

実施設計の進め方

照明計画の実施設計は、建築やインテリアの実施設計の完成と同時に完成させるのが望ましい。作業としては、コストの見直しやその後の設計変更に合わせた総合的な器具の見直しなどを行う。このとき器具リストやスペック資料も改訂し、配置計画も修正する。また建築の構造や天井裏の様子、照明以外の設備機器との兼ね合いなどを考慮し、照明器具の正確な設置位置を決定する。あわせて器具の納まり詳細図も作成する。

器具のスペック資料は、必要な情報をまとめLEDランプや蛍光ランプなどの色温度(p.26参照)や、スポットライトタイプの器具やランプの**ビーム角**なども指定しておく。これにより施工時の間違いを防げる。また、最終決定の図面内容に合わせ、凡例を修正しておくことも忘れてはならない。

照明器具リストとは

照明器具リストは、器具の姿やタイプ、メーカー名、品番、色、素材、器具寸法、天井開口寸法、ランプの種類、色温度指定、ワット数、光束数、配光指定、安定器の有無、オプションパーツ、金額など、選定した器具について の必要な情報を漏らさずに記載した書類である。LEDランプは「白熱灯60W相当」などの記載で明るさの程度を示しておくと良い。

マス目に器具記号を付け、姿図を線画で描いたものを1枚か2枚にまとめるのが一般的である。照明デザイナーが作成する際は、A4のシート1枚に、器具1タイプの情報をすべて転記したスペックシート形式が多い。カタログのコピーやメーカーのホームページに公開された情報で、姿図(写真)などの情報を記載する。書類のサイズやフォーマットは、統一しておくと使いやすい。

● ビーム角
スポットライトやダウンライトでの光の広がりを指す。狭角、中角、広角がある
→p.34参照

実施設計の作業

コスト調整のための器具リスト(凡例)の見直し

見直し前

エリア	記号	器具タイプ	ランプ	W	台数	合計容量[W]	器具		価格	
							メーカー	品番	単価	合計
リビング	D1	ベースダウンライト	LED(ダイクロハロゲン50W相当)	5.7	8	45.6	A社	xxxxxxx	¥12,000	¥96,000
	L2	間接照明	シームレス形LED(調光)L1200	16.3	1	16.3	B社	xxxxxxx	¥20,000	¥20,000
	ST1	スタンド	電球形LED　60W形×3	6.9×3	1	20.7	C社	xxxxxxx	¥60,000	¥60,000
	ST2	スタンド	電球形LED　40W形×3	4.4	1	4.4	D社	xxxxxxx	¥40,000	¥40,000
ダイニング	D2	ユニバーサルダウンライト	LED(ダイクロハロゲン50W相当)	5.7	3	17.1	A社	xxxxxxx	¥14,000	¥42,000
	L1	間接照明	間接照明LED(調光)L1500	20.7	18	372.6	B社	xxxxxxx	¥18,000	¥324,000
	P1	ペンダント	電球形LED　40W形	4.4	3	13.2	E社	xxxxxxx	¥15,000	¥45,000
	S1	スポットライト	高演色LED(調光)Ra93	9.9	1	9.9	A社	xxxxxxx	¥16,000	¥16,000

見直し後

エリア	記号	器具タイプ	ランプ	W	台数	合計容量[W]	器具		価格	
							メーカー	品番	単価	合計
リビング	D1	ベースダウンライト	LED(ダイクロハロゲン50W相当)	5.7	8	45.6	F社	xxxxxxx	¥8,000	¥64,000
	L2	間接照明	シームレス形LED(調光)L1200	16.3	1	16.3	B社	xxxxxxx	¥20,000	¥20,000
	ST1	スタンド	電球形LED　60W形×3	6.9×3	1	20.7	G社	xxxxxxx	¥30,000	¥30,000
	ST2	スタンド	電球形LED　40W形×3	4.4	1	4.4	G社	xxxxxxx	¥20,000	¥20,000
ダイニング	D2	ユニバーサルダウンライト	LED(ダイクロハロゲン50W相当)	5.7	3	17.1	F社	xxxxxxx	¥9,000	¥27,000
	L1	間接照明	間接照明LED(調光)L1500	21.9	18	394.2	F社	xxxxxxx	¥14,000	¥252,000
	P1	ペンダント	電球形LED　40W形	4.4	3	13.2	E社	xxxxxxx	¥15,000	¥45,000
	S1	スポットライト	LED(調光)Ra85	7.3	1	7.3	F社	xxxxxxx	¥9,000	¥9,000

基本設計の内容に変更があった場合、器具やランプの性能・仕様はなるべく変えないでコストを調整する

照明器具リストの例

CADの姿図を使った照明器具リスト

ダウンライト EFD15W × 1 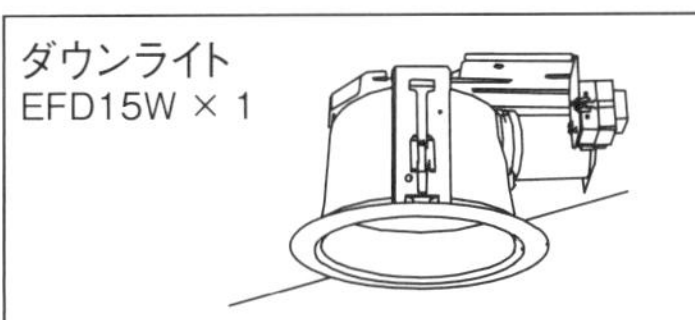 反射板：アルミ（銀蒸着仕上） 枠：アルミダイカスト 埋込穴Φ 100　埋込高 H = 113	スポットライト IL60W × 1 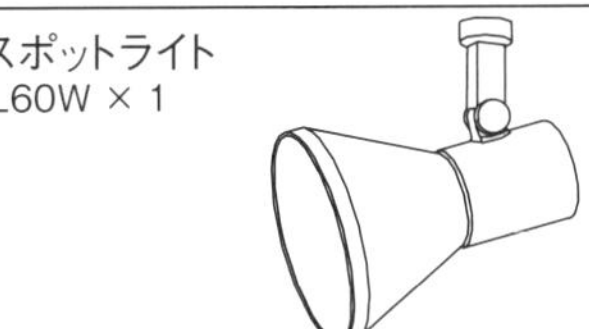 シェード：アルミダイカスト（ホワイト） 反射板（銀色仕上）	スポットライト JDR80W × 1  防雨型　本体：アルミダイカスト 前面パネル：強化ガラス（透明）
ブラケット IL60W × 1 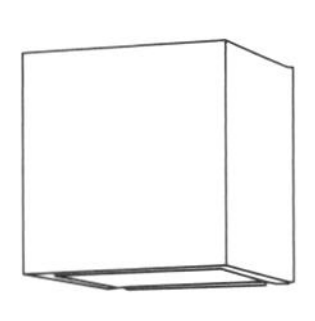 照射方向可変型　カバー（ホワイト） W = 350　H = 130　出しろ 122	ブラケット FHF24W × 1  ステンレス（ヘアライン仕上） W = 120　L = 634　H = 31	ブラケット EFD15W × 1  防雨型　電球色 カバー：下面ポリカーボネート
スタンド IL100W × 1  シェード：布（アイボリー・プリーツ加工） クローム仕上	ライン型ベース器具 LED5.2W 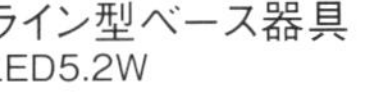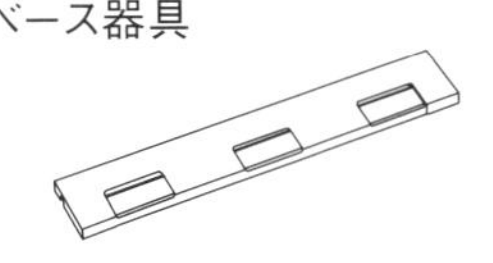 電球色 LED（3 個） 光束維持率 70%推定 4,000 時間 本体：アルミ　最大 75 台まで連結可能	浴室灯 EFD15W × 1 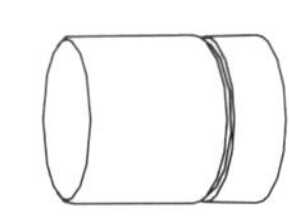 防湿型・防雨型　電球色 カバー：ガラス（乳白つや消し） 壁面・天井面取付専用

スペックシート形式の照明器具リスト

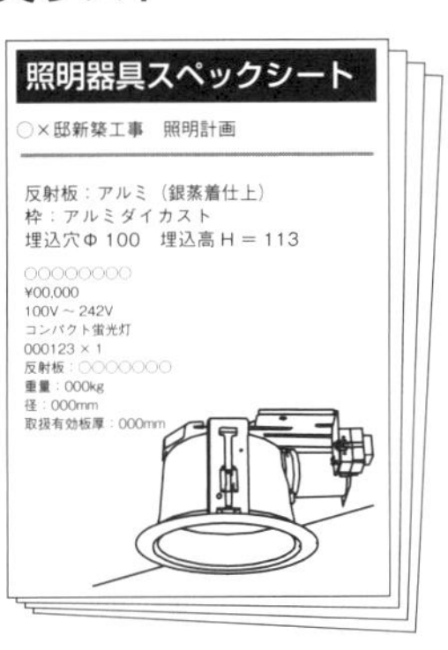
照明器具スペックシート
○×邸新築工事　照明計画
反射板：アルミ（銀蒸着仕上）
枠：アルミダイカスト
埋込穴Φ 100　埋込高 H = 113
○○○○○○○
¥00,000
100V ~ 242V
コンパクト蛍光灯
000123 × 1
反射板：○○○○○○○
重量：000kg
径：000mm
取扱有効板厚：000mm

ランプの略称(形名)

IL	白熱灯を幅広く示す(普通電球、クリア電球、ミニクリプトン球、ボール球、シャンデリア球など)
LW	普通電球(シリカ電球)
JDR	2重コイル(110V)型ダイクロイックミラー付ハロゲン電球
JR	12V型ダイクロイックミラー付ハロゲンランプ
FL	直管型蛍光灯
FLR	直管型ラピッドスタータ蛍光灯
FHF	高周波点灯専用形蛍光灯
EFA	A型(一般電球タイプ)電球型蛍光灯
EFD	D型(グローブレスタイプ)電球型蛍光灯
LED	LED照明

設置位置の決定

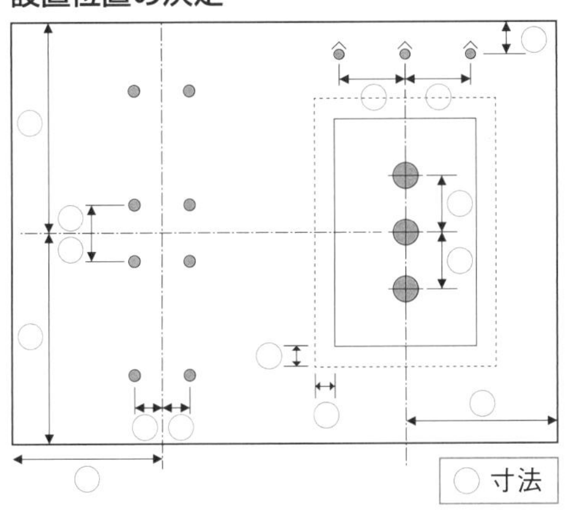

基準線や器具の位置など、寸法を描き込む

ビーム角の指定

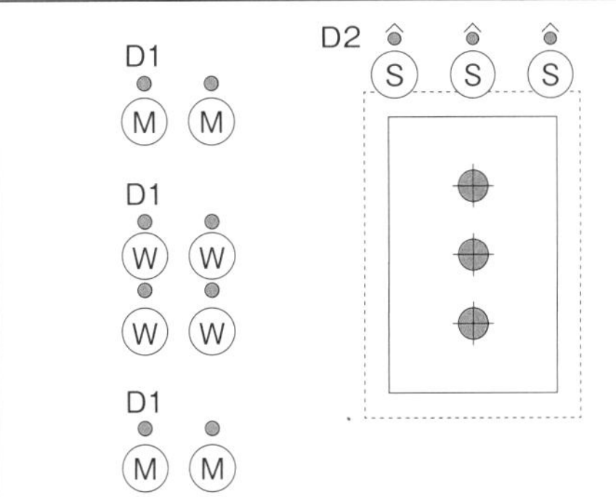

記号	ビーム角	
Ⓢ	ナロー（狭角）	10度
Ⓜ	ミディアム(中角)	20度
Ⓦ	ワイド(広角)	30度

ランプのビーム角指定があるときは、それらも図面に明記する

照明器具配置図

天井伏図や平面図に、照明器具の配置をなるべく正確に記載し、位置寸法も必要に応じて入れる

照明器具配置図の例

[1F]

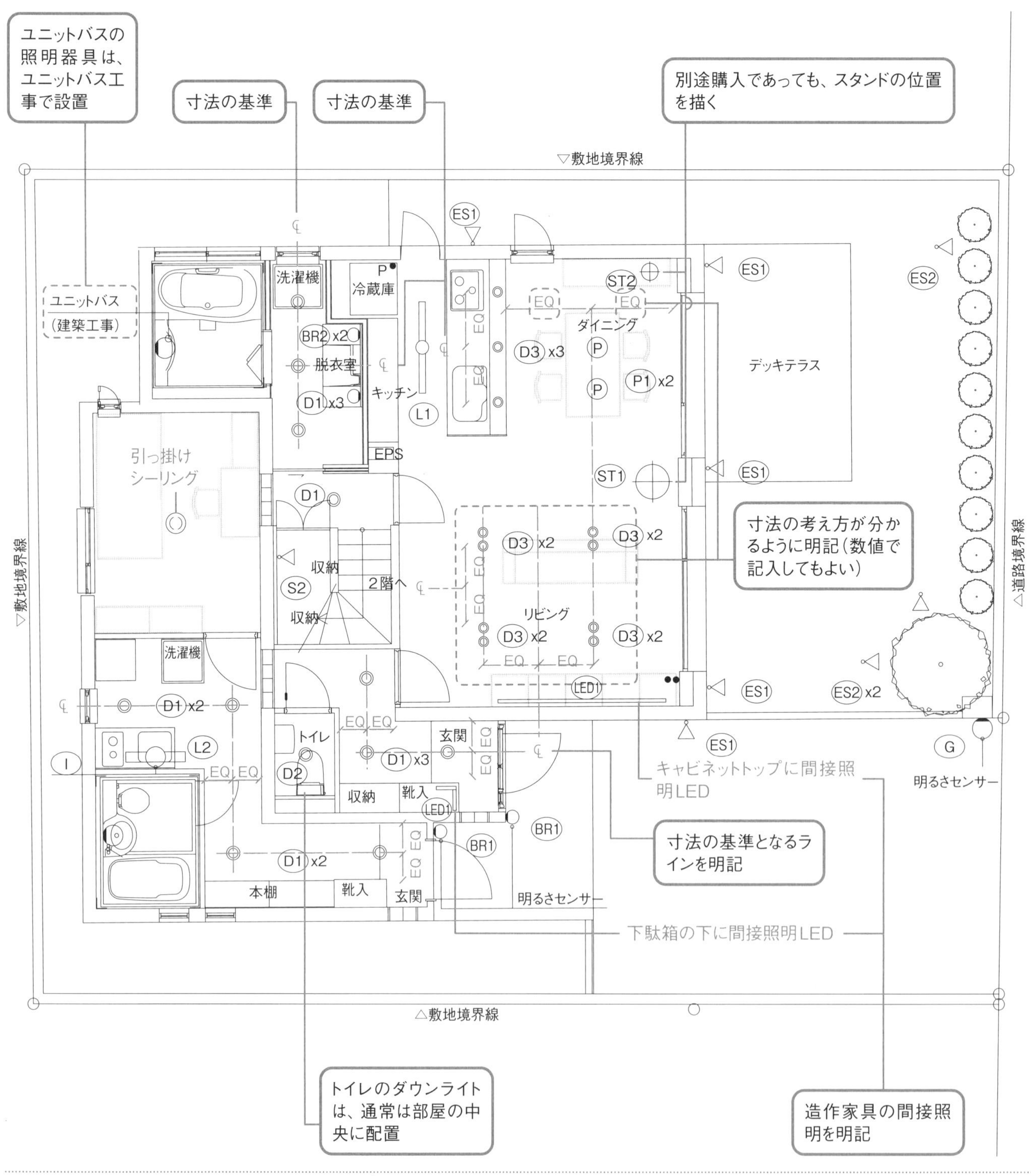

照明器具の凡例

記号	器具タイプ	ランプ	V	W	器具		備考
					メーカー	品番	
D1	ベース照明ダウンライト	E26電球形LED　60W形	100	6.9	A社	XXX-XXXX	電球色(2,800K)
D2	ベース照明ダウンライト	E17電球形LED 40W形	100	3.9	A社	XXX-XXXX	
D3	アジャスタブルダウンライト	LED　ダイクロハロゲン　50W形相当	100	5.7	B社	XXX-XXXX	中角(ビーム角)
S1	ライティングレール用スポットライト	LED　ダイクロハロゲン　50W形相当	100	8.3	C社	XXX-XXXX	広角(ビーム角)
S2	スポットライト	LED　ダイクロハロゲン　40W形相当	100	6.3	C社	XXX-XXXX	中角(ビーム角)
L1	ライン形ベース照明	LED　Hf蛍光灯32W×2相当	100	44.2	A社	XXX-XXXX	電球色(3,000K)
L2	ライン形ベース照明	LED　Hf蛍光灯32W相当	100	17.9	A社	XXX-XXXX	電球色(3,000K)
L3	棚下用ライン形照明	LED　棚下用L1500	100	28.3	B社	XXX-XXXX	電球色(3,000K)
L4	間接照明ライン形	LED　シームレス形(調光)L1200	100	16.3	B社	XXX-XXXX	電球色(3,000K)
BR1	ブラケット(屋外用)	E26電球形LED　60W形	100	6.9	C社	XXX-XXXX	電球色(3,000K)

備考欄に、色温度やビーム角を明記

[2F]

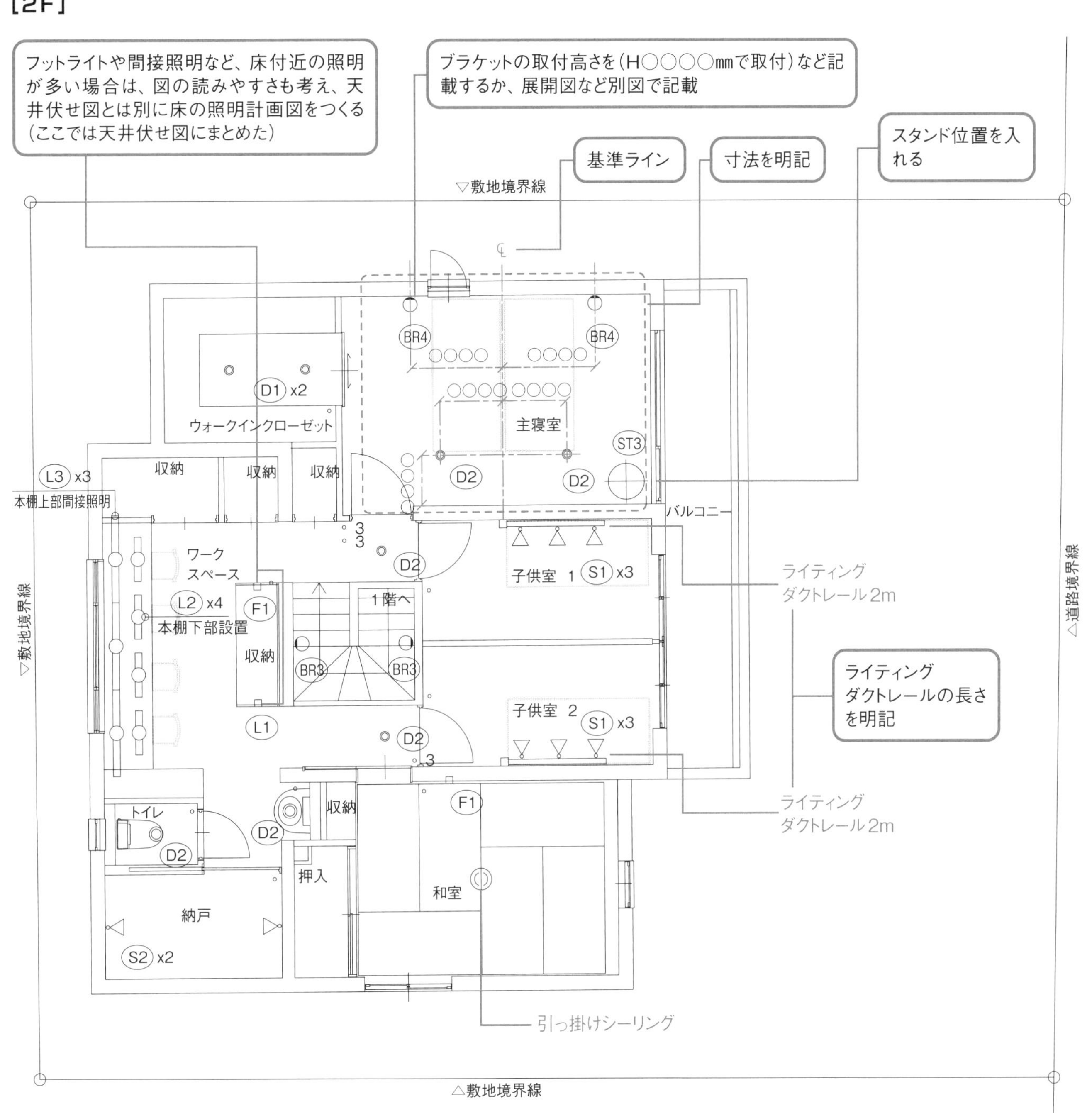

照明配線計画図

照明器具の配置に加え、スイッチのタイプやその位置、点滅できる器具のまとまりなどを分かりやすく描く

照明配線計画図の例

［1F］

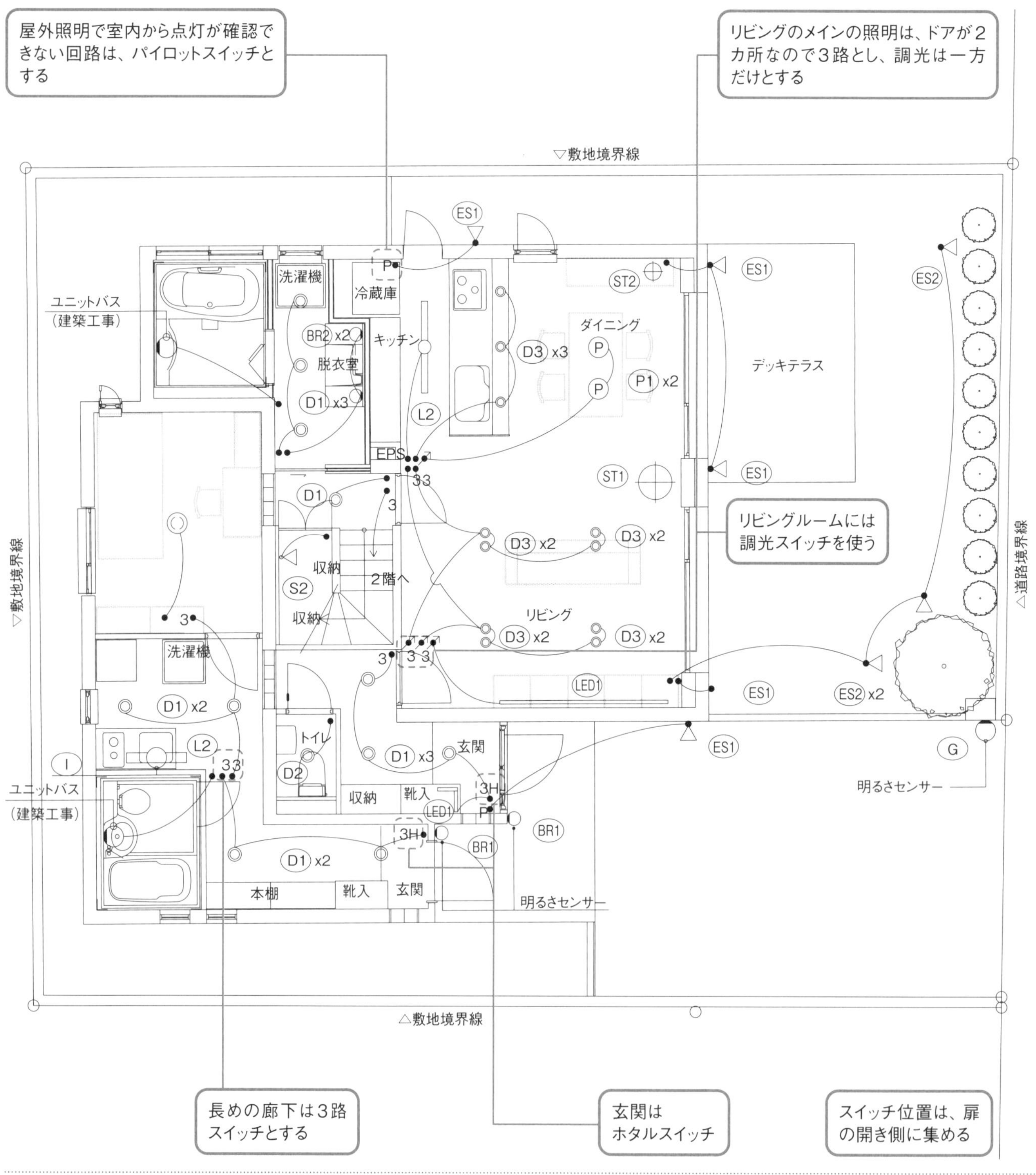

スイッチの凡例

●	スイッチ
●（調光記号）	調光スイッチ
3●	3路スイッチ
P●	パイロットスイッチ
3H●	ホタルスイッチ

[2F]

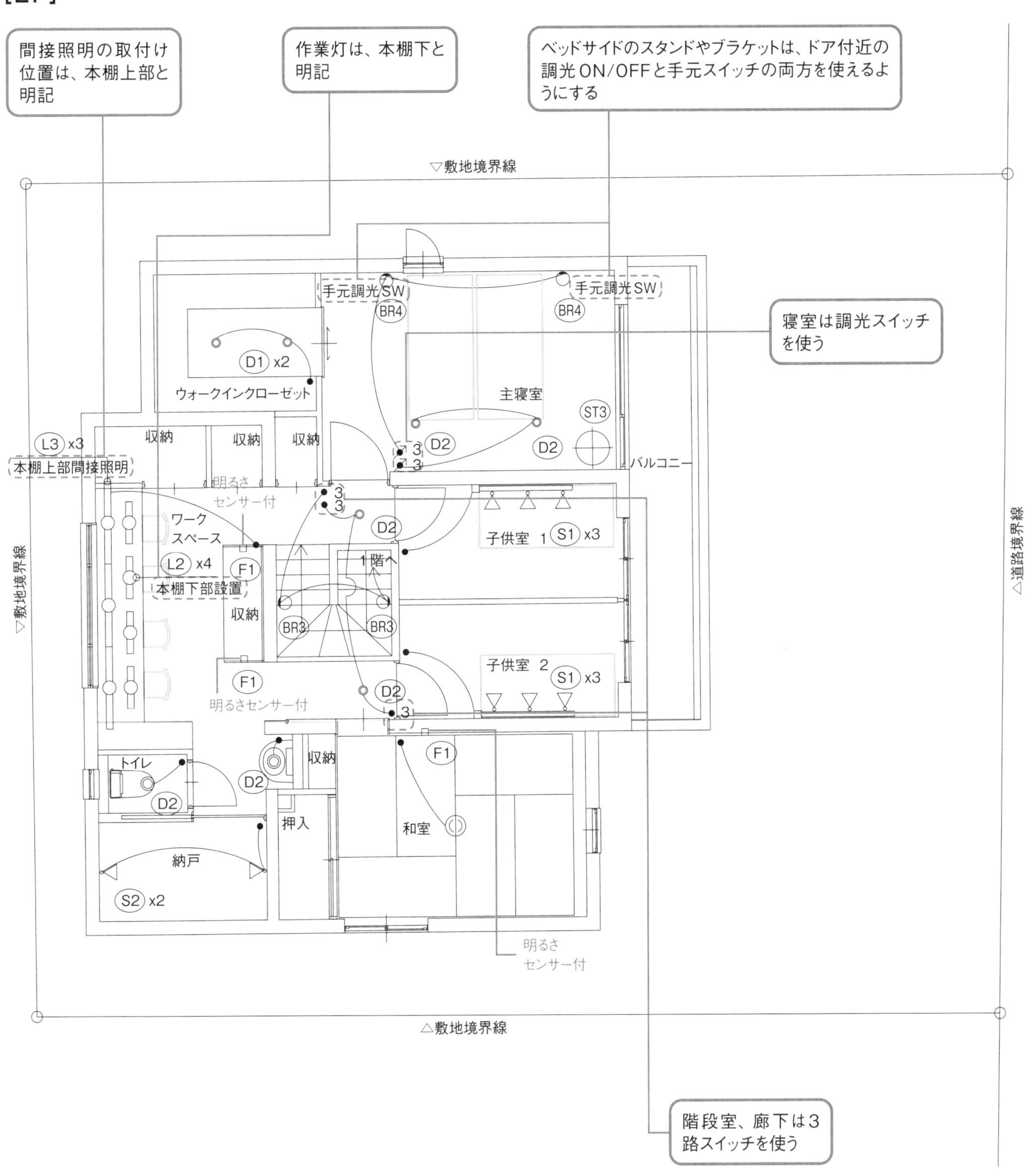

配線計画と調光計画

配線計画ではスイッチの種類と位置を正確に記載。部屋単位から大規模施設まで調光回路なしでのリモコン調光も可能

配線計画図に必要なもの

照明計画の基本設計では、器具の配置計画と同時に配線計画も行う。配線計画図では、照明を点滅させるスイッチの位置とそれに応じる照明の組み合わせを表記しておく。スイッチの位置はドアの開きや見た目にも関係するので、設備会社に任せるのではなく意匠設計者が検討したほうがよい。

住宅での調光計画

住宅ではリビングやダイニング、寝室など限られた部屋に調光を取り入れることが多い。調光は省エネにつながるが、調光装置は高機能なものほど設備費用がかかるので、早い段階でコストを検討しておくとよい。

さまざまな光のシーンを設定しておき、ボタン1つでそれを再現することができる電子制御装置を住宅で使う場合は、さまざまなシーンの明るさのバランスとパターンを検討する。明るさの印象は表に記入し、視覚効果を確認しながらシーンスコアをつくる。

LED中心の現在、スイッチはメーカーの規格に合うものを選ぶことが推奨される。外国製や特注を使う場合は、電気回路部分を日本の規格に合うようつくり直す必要がある。

商業施設での調光計画

大型の施設では、施設全体で調光計画を行う必要がある。現在ではほぼLED器具一択であるが、製品のバリエーションは十分あり、コスト重視から性能重視までの幅で選ぶことができる。調光も同様でいくつかのコントロールのグレードを選ぶ。かつては設計時に調光回路を設定する必要があったが、現在ではオンオフ回路でコントロール回路も電気容量と距離だけで施工し、後で器具個別の無線調光で回路セットを専用アプリとコントローラーで、シーンやタイマー制御も含め、設定して決めることができる。

● 調光
ランプの明るさを自由に調整する機能

● シーン
調光するときの場面や情景、もしくは構成された照明効果を指す。キューということもある

配線計画図の例

天井照明の配置計画図

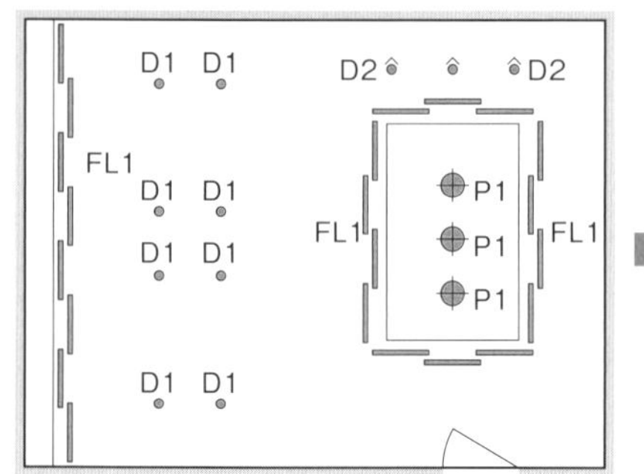

天井照明の配線計画図

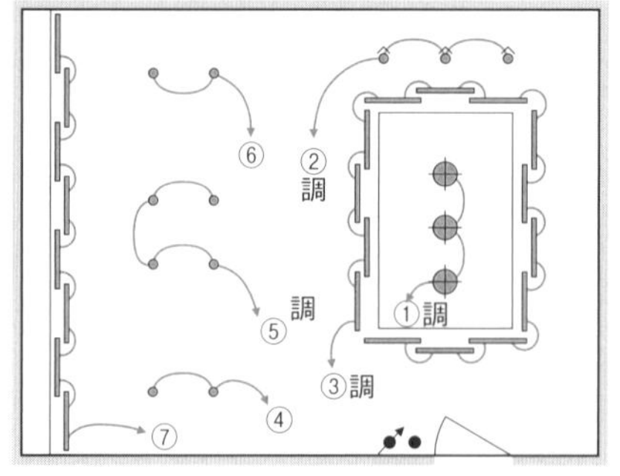

3路スイッチ

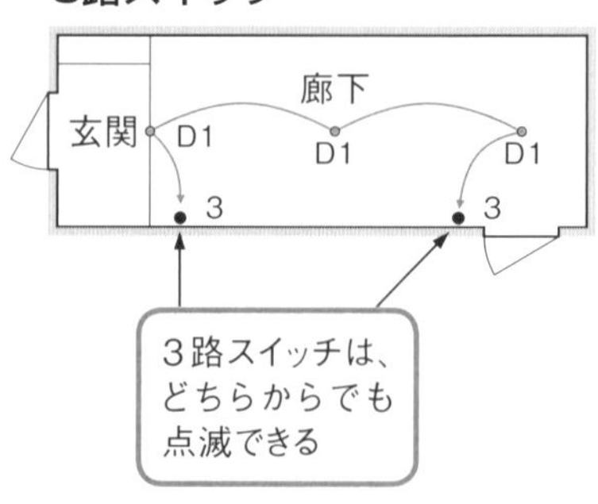

● スイッチ　調光スイッチ　●3 3路スイッチ

- スイッチと調光スイッチの位置を記入する
- 調光や点滅の分類で回路を割り振り、同じ回路ごとに線で結び、回路にナンバーを付ける(1回路当たりのW数に注意。調光装置やランプによって上限が異なる)
- どれが調光スイッチなのか、分かるように描く

スイッチの種類

一般的な
ON/OFFスイッチ

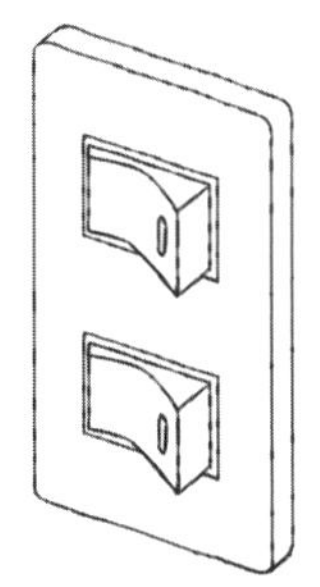

手動調光スイッチ

ロータリー式

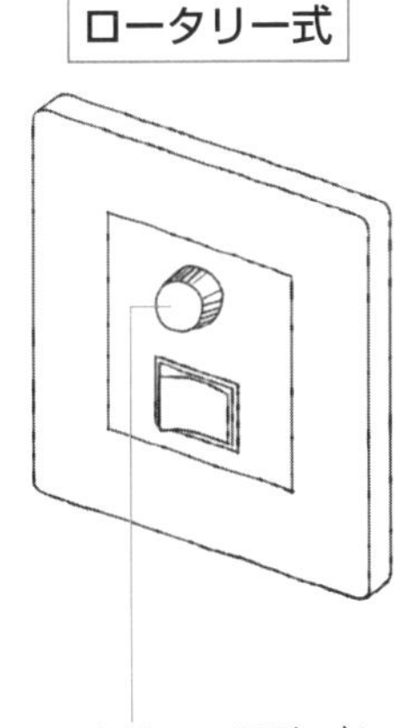

つまみなどで1回路ごとに
調光できる

シーン記憶式調光スイッチ

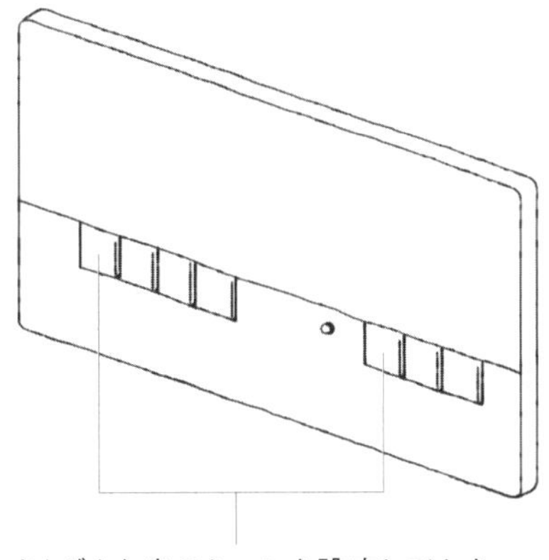

さまざまな光のシーンを設定しておき、
ボタン1つでそれを再現できる

施設の規模や、予算に合わせて調光装置を選ぶ。メーカーや設備設計者、照明デザイナーに相談するとよい

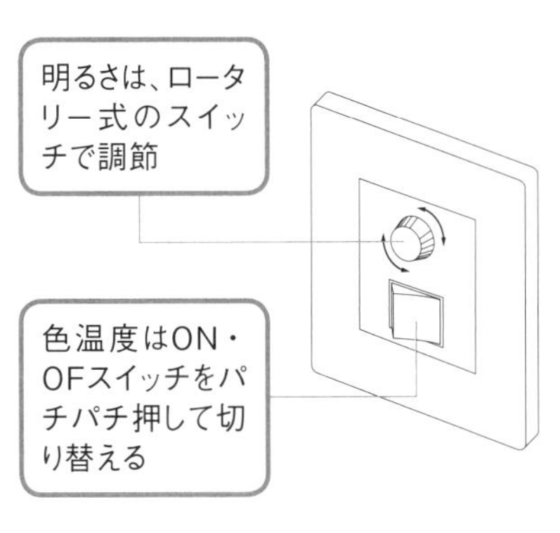

3色温度切替

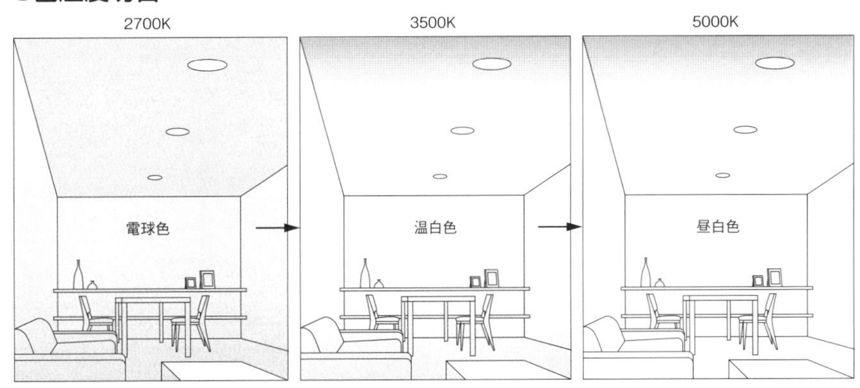

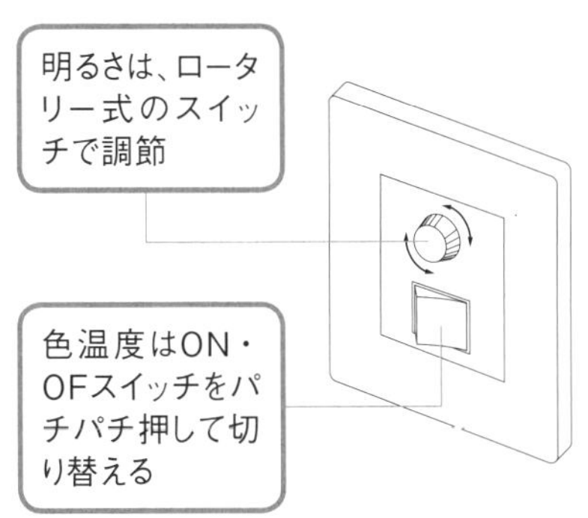

2色温度切替(2700K、3500K)

2色温度切替(2700K、5000K)

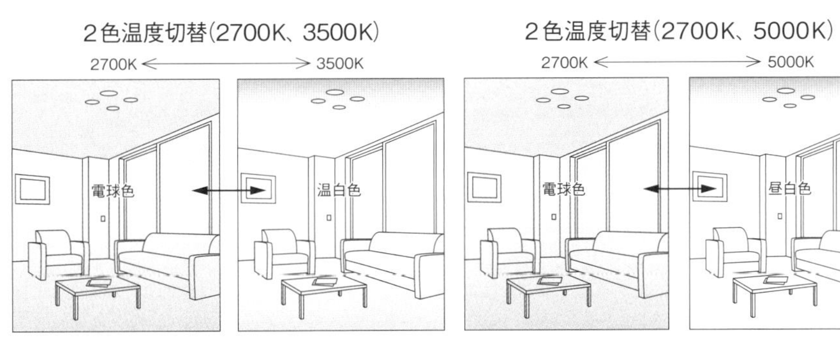

PCやスマートフォンで指示を出して照明を一括制御

コントロールイメージ

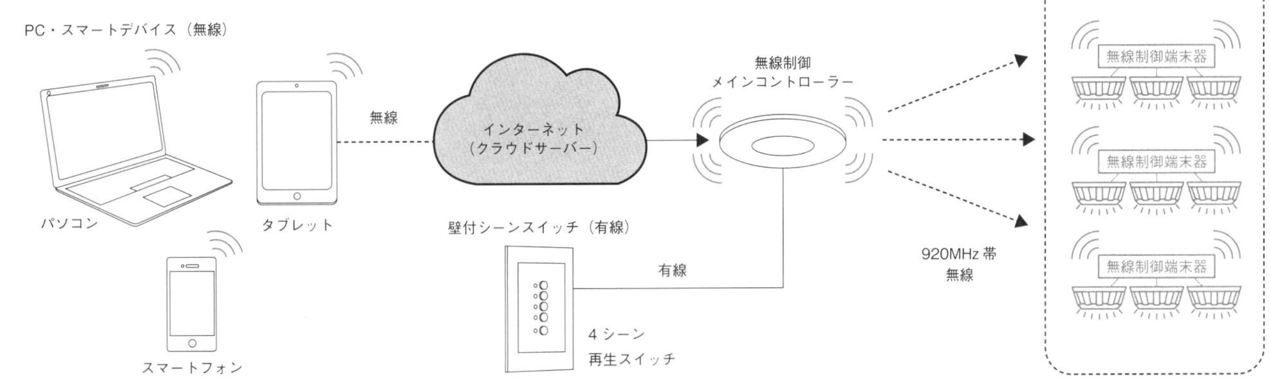

素材と光の関係

表面に質感の特徴がある素材ほど、照明での演出効果が映える

素材と照明の相性

素材を照らすときは、その素材の特徴や照らす目的によって方法が異なる。素材の陰影やきらめきをはっきり表現するなら点光源のスポットライトを使い、逆にフラットに照らしたいときはLEDなどのライン型照明や**ウォールウォッシャ**照明など面発光の照明を使う。表面に質感の特徴がある素材ほど照明での演出効果が発揮される。

また**色温度**と素材との相性も大切である。一般的に仕上材が暖色系のときには色温度の低い照明を使い、仕上材が白色系のときには色温度の高い照明を使う。素材別にいえば、木材など茶系素材には電球色が合い、金属やコンクリートなどは白色やより色温度の高い光との相性がよい。石は電球色に近い暖かい色のほうが自然に見える。また、白い壁はどんな光色でも合うのでほかの部分や素材に合わせて選んでもよい。

素材の効果的な照らし方

素材の照らし方は工夫を要する。表面に凹凸がある素材は壁に対して平行に近い角度でウォールウォッシュするように照らすと陰影が強調され、素材の特徴をうまく表現できる。カーテンや布のテクスチュアや石などはおもしろい表情が出せる。ただし、本磨きのような石の場合はランプが反射して見えることがあって難しい。つやのある壁や床には間接照明は避ける。

このほか布地、すりガラス、半透過のフィルムやパターンを貼ったガラス、ステンドグラスのようなカラーグラスなど、光を透過する素材は透過の性能や光のグラデーションなどを検討しながら、光の演出を考えるとよい。

なお照明方法では効果だけでなく、納まりや取付け、メンテナンス、コストなども踏まえることが重要となる。

ウォールウォッシャ
壁を上から下まで光で洗うようにして壁面を均一に明るくすること
→p.146参照

色温度
→p.26参照

素材の照らし方

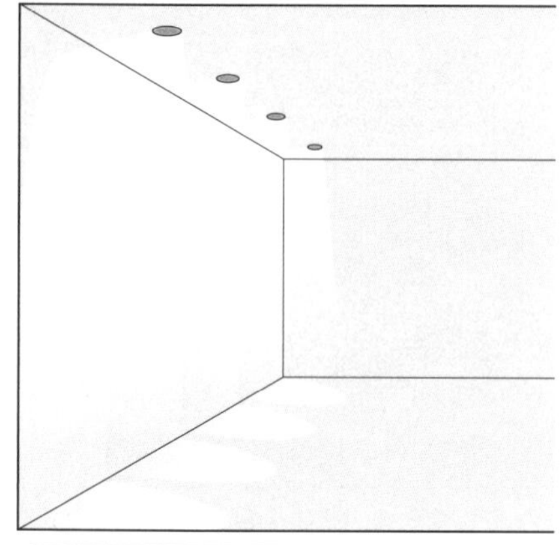

ウォールウォッシャで前面からフラットに照らすオーソドックスな演出方法

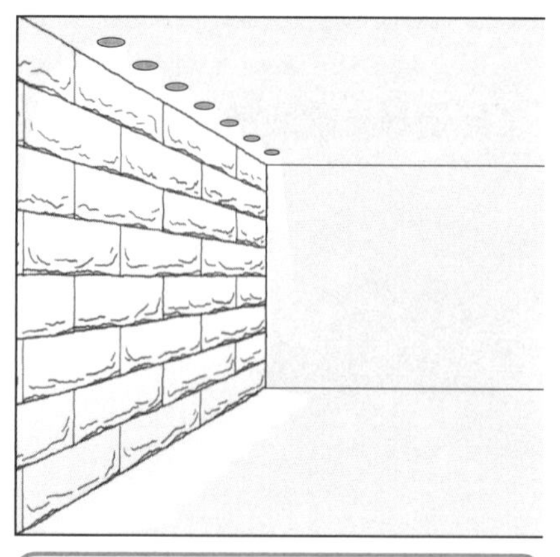

ウォールウォッシャで壁際から照らすと、明るい部分と暗い部分のメリハリが強調できる。凹凸のある素材を使うと効果的

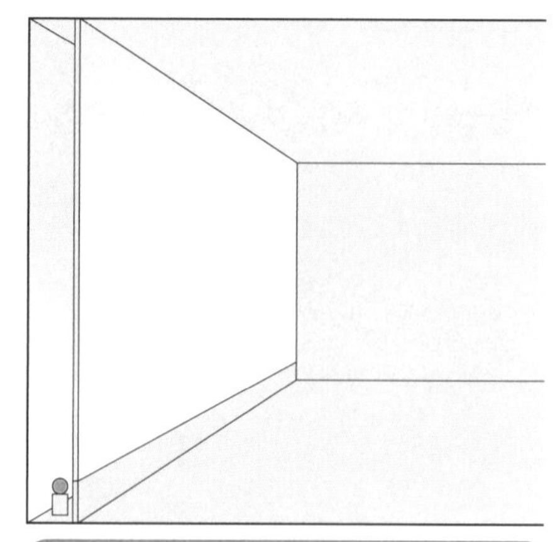

乳白色のガラスなどを使用し、背面から照らすと綺麗な光のグラデーションをつくることができる

ランプと素材の相性

仕上げ材

暖色系

・木材
・石
・茶系の素材　など

白色壁はどんなものにも合う

仕上げ材

白色系

・金属
・コンクリート　など

素材		前面から照らす				背面から照らす			
		白熱灯	蛍光灯 3,000K	蛍光灯 5,000K	HIDランプ 4,200K	白熱灯	蛍光灯 3,000K	蛍光灯 5,000K	HIDランプ 4,200K
不透明材料	木	○	○	×	△	—	—	—	—
	石（白系）	○	○	△	○	—	—	—	—
	石（グレー系）	○	△	△	○	—	—	—	—
	石（黒系磨き）	△	△	×	△	—	—	—	—
	石（緑系）	△	×	○	○	—	—	—	—
	スチール（メタル）	△	△	○	○	—	—	—	—
	ステンレス	○	△	△	○	—	—	—	—
	アルミ	△	△	○	○	—	—	—	—
	コンクリート	△	△	○	○	—	—	—	—
	白い壁紙	○	○	○	○	—	—	—	—
透過材料	乳白ガラス	—	—	—	—	○	○	○	○
	ガラス（フィルムパターン貼り）	—	—	—	—	○	○	○	○
	カラーガラスなど	—	—	—	—	△	○	○	△
	布（カーテンなど）	○	○	△	○	○	○	△	○
	金属メッシュ	○	△	△	○	○	○	○	○

○相性がよい　△使い方を考慮する　×相性が悪い

施工段階と最終調整

最終段階では、設計通りの光の状態をつくるフォーカシングで光のデザインの完成度を高める

施工段階のポイント

施工段階では、現場での建築やインテリアの打ち合わせの際にタイミングを見て照明の打ち合わせも行う。

照明は微妙な位置の違いで効果が大きく異なる。特に間接照明は器具の取付け方で差が出やすい。これを防ぐため、納まり詳細図などを使って設計意図を正確に伝えておくことが重要である。たとえば部分模型(モックアップ)を使えば、器具の納め方や設置方法などについて施工者と一緒に考えることができる。

また指定した器具や特注の器具は、施工段階で最終の発注確認が行われ現場に納品される。発注前に製品の承認図をメーカーから提出される場合があるので、内容を確認し不明点や間違いがないかをチェックして承認する。これによって正式な発注となる。

最終調整の確認事項

照明器具の設置が完了したら最終調整を行う。主な確認ポイントには、①ランプの色温度、②スポットライトの器具やランプのビーム角、③間接照明の器具やランプが直接見えないように隠されているか、④必要な照度が確保できているか、⑤光の効果は予想通りか、⑥色温度や照度のバランスはよいか、⑦空間のなかでの各器具の見た目、⑧器具の性能、などがある。

最終調整時には設計で意図した通りにアートや植物、家具などの対象物に光を当てて光を確認するフォーカシングを行う。スポットライトなど光の方向を調節できる器具を設置した場合に行う。シューティングやエイミングとも呼ばれる。この作業はあらかじめ電気設備会社やメーカーに依頼しておくとよい。

物販店や飲食店では、スポットライトやユニバーサルダウンライトなどを用いることが多いため、フォーカシングは店の演出のためにも重要な作業となる。住宅でもフォーカシングを行うことで照明デザインの完成度を高められる。

● シューティング
ライトを動かして照射面を目的の位置に調整する作業のこと

施工段階のモックアップ

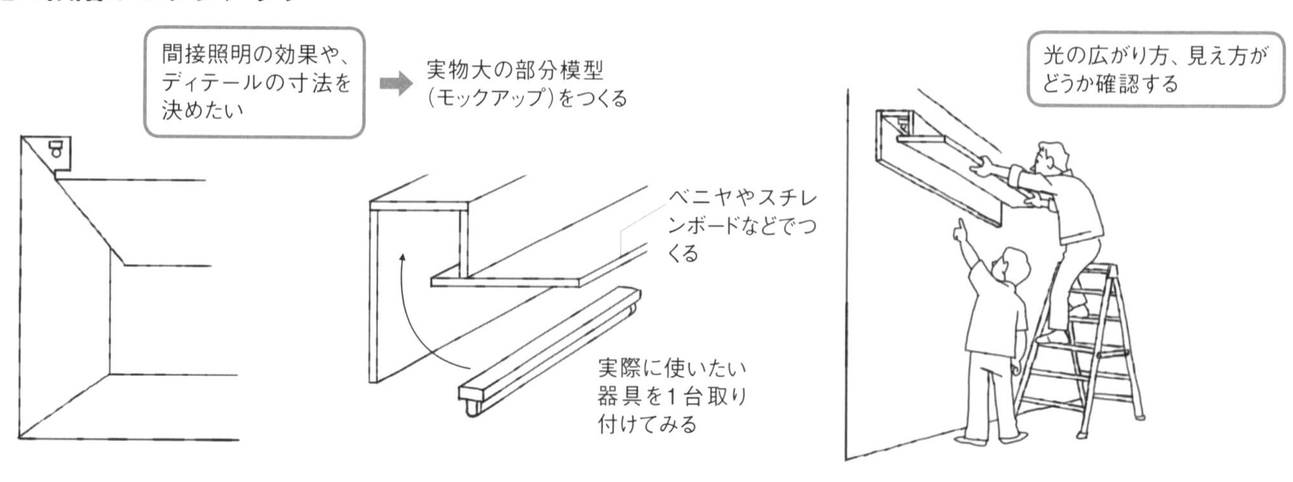
間接照明の効果や、ディテールの寸法を決めたい
実物大の部分模型(モックアップ)をつくる
ベニヤやスチレンボードなどでつくる
実際に使いたい器具を1台取り付けてみる
光の広がり方、見え方がどうか確認する

現場での最終調整のポイント

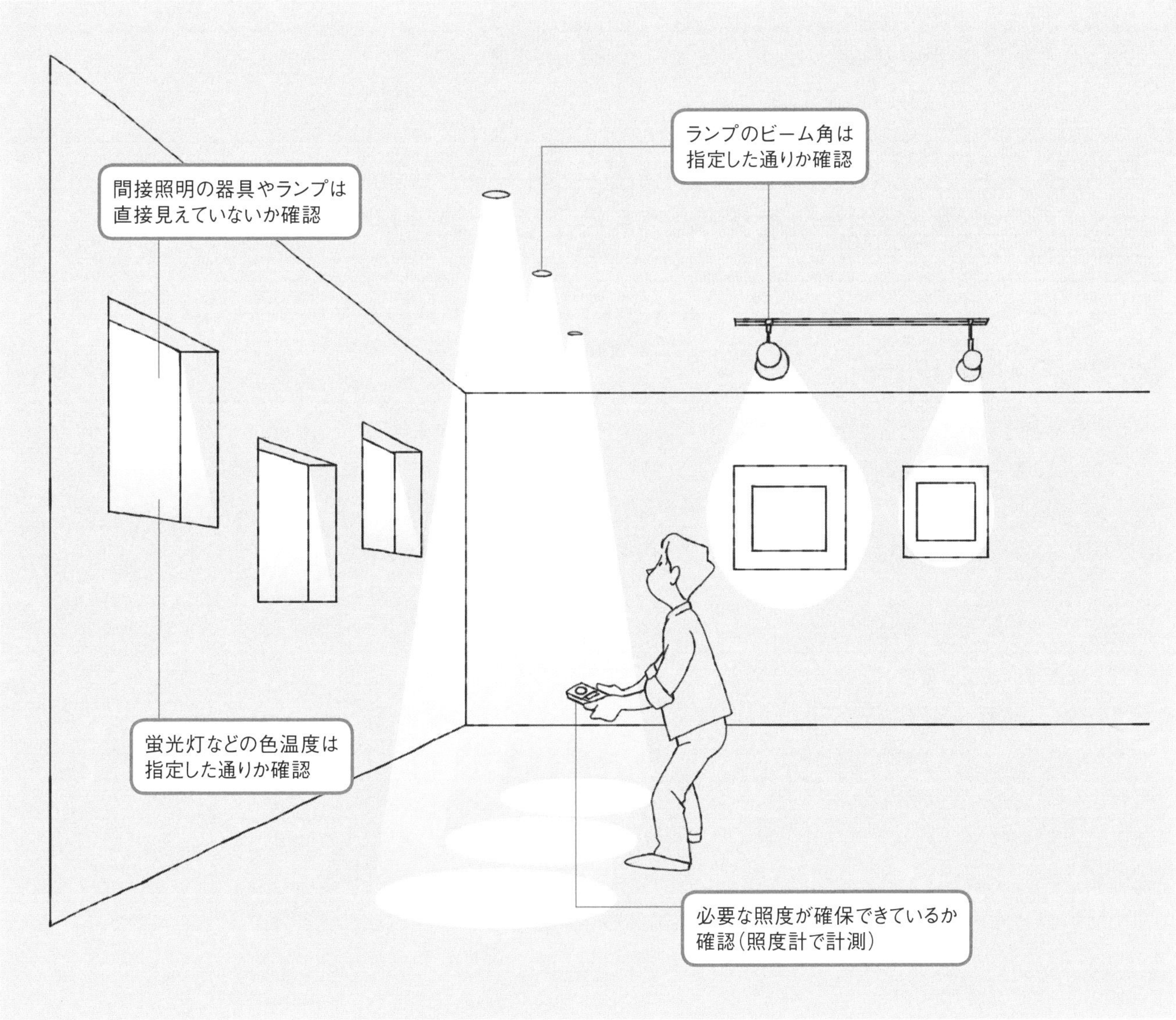

ランプのビーム角は
指定した通りか確認
間接照明の器具やランプは
直接見えていないか確認
蛍光灯などの色温度は
指定した通りか確認
必要な照度が確保できているか
確認(照度計で計測)

フォーカシング

スポットライト
ユニバーサルダウンライト
絵
商品
設計で意図した通りに、対象物に綺麗に光を
当てる。このときビーム角も調整できる

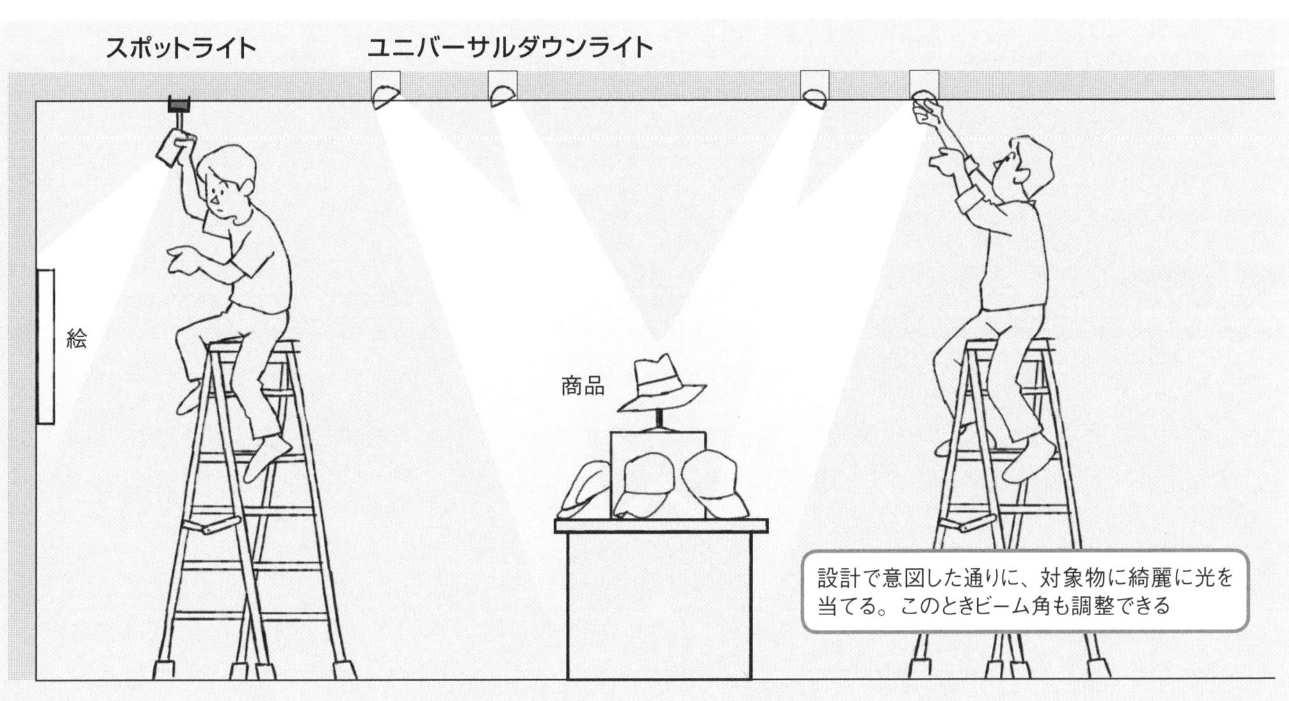

照明にかかる費用

照明器具は、電気設備と家具備品の両方に入るものとして予算を組む。ランプの効率と交換などを検討することでコストを低く抑えられる

照明のイニシャルコスト

一般に照明のコストは水廻りなどの設備と比べて小さい。たとえば、住宅の設備工事費が総工事費の15％前後だとすると、照明のコストは2～4％、坪単価で1万5,000～3万円程度と考えられる。

照明は、予算を少し多めに割り振るだけで快適さや視覚的な満足度を格段に向上させることができる。建築工事費の電気設備費として考えるより、カーテンや家具と同じように考えると予算の調整がしやすくなる。

また、照明器具は数十万円の予算で空間の雰囲気をよくすることができる。費用対効果の高い家具であり、設備でもあるといえる。

照明のランニングコスト

照明計画においてランニングコストに影響するのは、消費電力とランプ交換費用である。消費電力に対して光源が明るい、**ランプ効率**がよい照明にはHf蛍光灯と**LED**ランプである。特に LEDランプは長寿命なのでランプ交換の頻度が下がることは手間という点からも大きなメリットである。

管型で交換できるタイプのランプで比較してみると、ランプの寿命はHf蛍光灯32W型2,500lmで約12,000時間、価格は現在600円から1,000円程度である。同様の光束量のライン型LEDランプ18W型2,500lmで40,000時間、価格は1,000円前後で買えるものもある。現在ではLEDが最もランニングコストに優れている。

リビングルームなど1日あたり5から6時間使用する部屋の54Wの白熱電球を7.5WのLED電球に交換したとすると、年間当たりの点灯時間は2,000時間として、白熱電球は1年で108kW電力消費するので、電気代1kWあたり27円とすれば、2,916円。電球代100円を足して3,016円となる。LEDの場合7.5W×2,000時間で15kW。1kWあたり27円の電気代で405円。電球代を2,000円としても合計で2,405円となり、1年ですでに電球代込みのランニングコストでも安くなっている。蛍光灯との比較でもやはり数年でランニングコストはLEDが優位になる。

ランプ効率
ランプの全光束を消費電力のワットで割った値（lm/W）で、光源の効率性を示す
→p.36参照

Hf蛍光灯
電子安定器で高周波に変換してランプを点灯される蛍光灯で、高周波点灯蛍光灯ともいう。Hf専用器具で使用し、省エネ効果が高い

LED
電気を通すことで光を放つ半導体
→p.175参照

照明の予算を考える

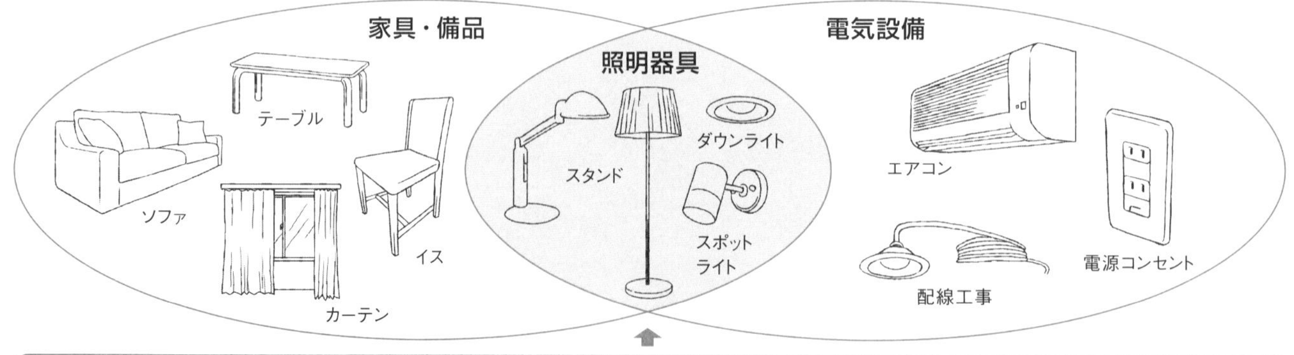

照明は費用対効果の高い家具と考える

こだわりのソファーやテーブルなどをそろえると、数百万円の予算が必要になる場合がある
予算
数十万円〜

家具はローコストでも、照明を少し工夫するだけで雰囲気をアップできる
予算
数万円！

LEDのランニングコスト

電気代にランプ交換の際の電球購入代金を含めて比較したランニングコスト
年間点灯時間2,000時間（1日5～6時間点灯）
電気代1kWhあたり27円として計算

8畳要蛍光灯シーリングライト68W（価格8,723円）
LEDシーリングライト34W（価格2,135円）と比較すると10年で器具代と電球代も含めて18,177円お得。

LEDシーリングライトに換えると
消費電力→約50%減

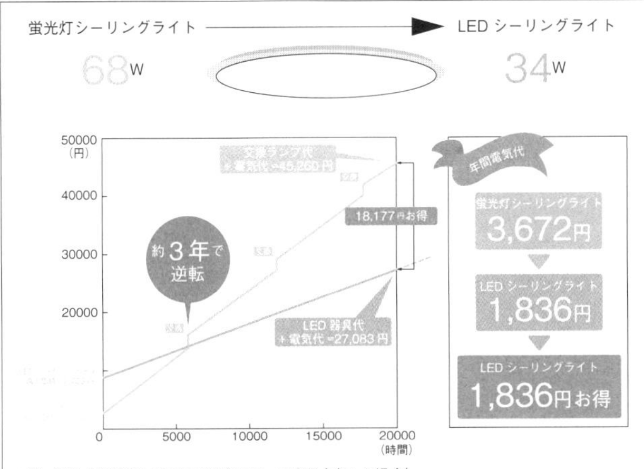

＊1）年間点灯時間：2000時間（1日5～6時間点灯した場合）
＊2）電気代：電力量1kWhあたり27円（税込）公益財団法人 全国家庭電気製品公正取引協議会 電力料金目安単価（2014年4月28日改定）
＊3）消費電力：8畳用蛍光灯用シーリングライト68W、LEDシーリングライト34W
＊4）購入価格例：8畳用蛍光灯用ランプ2135円（[環形30W+40W 主要メーカー店頭平均価格]〈6000時間で交換要〉
大手家電流通協会調査データ2018年8月店頭表示価格平均）。LEDシーリングライト8723円（全国有力家電量販店の販売実績集計／Gfk JAPN調べデータ、LEDシーリングライト～8畳用、集計期間：2017年7月～2018年6月）。
【備考】上記のグラフは、＊1～4を基に環境省が算出しています。2018年8月。ランプ・光源の寿命は、使用環境や条件によってばらつきが発生します。上記グラフには蛍光灯シーリングライトの器具代金は含まれません。

一般白熱電球45W（価格100円）
電球形LEDランプ7.5W（価格2,000円）との比較
3年で電球大も含めて3,125円お得

省エネ

電球形LEDランプに換えると
消費電力→約86%減

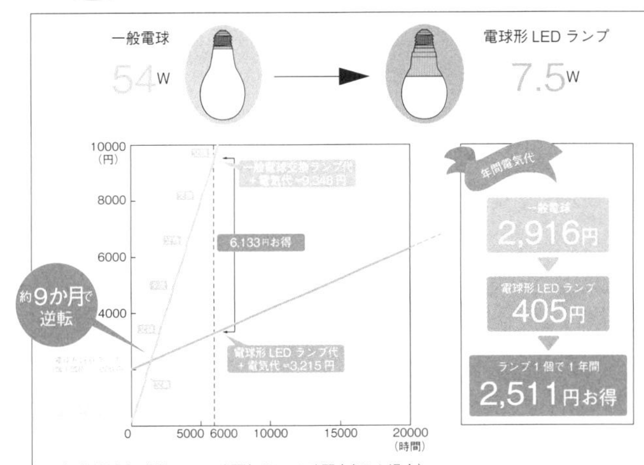

＊1）年間点灯時間：2000時間（1日5～6時間点灯した場合）
＊2）電気代：電力量1kWhあたり27円（税込）公益財団法人 全国家庭電気製品公正取引協議会 電力料金目安単価（2014年4月28日改定）
＊3）消費電力：一般電球54W、電球型LEDランプ7.5W
＊4）購入価格例：一般電球100円（1000時間で交換要）。電球形LEDランプ2000円
【備考】上記のグラフは、［LED照明産業を取り巻く現状］2012年11月29日経済産業省情報政策局情報通信機器課の資料を基に電力料金目安単位27円、電球形LEDランプ7.5Wに変更し、コスト比較を追加して「あかりの日」委員会にて再試算しています。ランプ・光源の寿命は、使用環境や条件によってばらつきが発生します。

日本照明工業会「あかりの日」委員会パンフレットより

照明器具をベストに保つために

ランプは、平均寿命の70％を経過した時期に交換するのが経済的

保守のメリット

照明器具は汚れや、ランプ自体の**光束**量の減少などで明るさが低下するため、適切な時期に清掃とランプ交換を行う必要がある。保守をせずに放置すると設計時の明るさが得られなくなるほか、電力の無駄使いにもなる。また器具の使用環境によって汚れや劣化の程度が異なるため、使用環境を考慮して保守の時期を決める。

適切な保守によって得られるメリットには、固定費や電気代の節減、安全性の確保、施設全体の価値が高まることなどがある。

ランプの交換時期と方式

ランプの交換時期は、一般にランプの平均寿命の70％を経過した時期が経済的とされている。またランプ交換には次のような方式がある。

①個別交換方式

暗くなったり、点滅しなくなったランプをそのつど交換する。

②個別的集団交換方式

点滅しなくなったランプをそのつど交換しながら、一定の期間が過ぎた時点ですべてのランプを交換する。ランプ交換にかかる人件費が高い場合は経済的である。

③集団個別交換方

点滅しなくなったランプが一定の個数になったとき、あるいは一定の期間を決め、そのとき点滅しないランプを交換する。

④集団交換方式

点滅しなくなったランプが一定の個数になるまで、あるいは一定の時期がくるまで放置し、設定時期にすべてのランプを交換する。

③と④は、ランプ交換が困難な場所に適しているが、点灯しない器具を放置すると故障の原因にもなるため注意を要する。

● 光束
ランプから発せられる光の量
→p.30参照

● ランプの平均寿命
ランプごとに規定された条件下で点滅試験した際のランプの平均点滅時間。定格寿命ともいう

保守のメリット

保守を怠ると…

●設計時の明るさが得られず、物が見えにくくなる
●電力の無駄使いにもつながる

▼

器具の使用環境を考慮して保守の時期を決める

適切な保守のメリット

①器具の設置台数を抑えて、固定費を節減できる

②器具の容量を小さくでき、電気代を節減できる

③オフィスでは従業員の士気や活力が高まる

④明るさが増し、安全性が確保できる

⑤店舗では印象や売上げのアップにつながる

⑥施設全体の価値が高まる

保守のチェックポイント

次の項目に該当する場合は、器具やランプの保守が必要になる

分類	チェック項目
使用環境	□ 前回、掃除してから半年以上経っている
	□ ランプやスターターを交換してから1年以上経っている
	□ 電源や電圧が高い（定格電圧の103％以上）
	□ 取付部分に常に振動が加わっている
	□ 取付場所に水気や湿気が多い
	□ 使用場所に、腐食性ガス、粉塵、潮風がある
	□ ランプやスターターが寿命になった後、放置している
ランプ	□ ちらつきが多い
	□ 交換しても、きちんと点灯しない
	□ 点灯するまでに時間がかかる
	□ ほかのランプより極端に暗い
	□ 以前より寿命が短くなった
	□ ランプがすぐに黒くなる
器具本体	□ 本体や反射板が汚れていたり、変色している
	□ プラスチックカバーが汚れていたり、変色している
	□ プラスチックカバーに、変形や、ひび割れがある
	□ 壁装面に、ひび割れ、さび、ふくれがある
	□ 器具内の電線に、ひび割れや、心線の露出がある
	□ こげ臭いにおいがする
	□ 照明器具が原因で、漏電ブレーカーが作動することがある
	□ 作動する部分の動きが悪い
	□ ランプが固定されておらず、ぐらつく
	□ 器具内の部品に、ほこりがたまっている

出典）（社）日本照明器具工業会資料より

照明器具工業会では、照明器具の適正交換時期を8～11年、耐用の年限を15年と定めている。また、照明器具本体だけでなく、安定器や配線部品なども保守を怠ると劣化する。これらを劣化したまま放置すると、漏電や火災の恐れがある

ランプの交換方式

個別交換方式	ランプが暗くなったり、点滅しなくなったらそのつど、個別に交換する方式。住宅などに適している
個別的集団交換方式	点滅しなくなったランプをそのつど、個別に交換しながら、一定の期間が過ぎた時点ですべてのランプを交換する方式。大規模なホテルやオフィスなど、ランプ交換にかかる人件費が高い場合には経済的な方法である
集団個別交換方式	点滅しなくなったランプが一定の個数になったとき、あるいは一定の期間を決めておいて、そのとき点滅しないランプのみを交換する方式。ランプ交換が困難な場所に適した方法である
集団交換方式	点滅しなくなったランプが一定の個数になるまで、あるいは一定の時期がくるまで放置し、設定した時期にすべてのランプを交換する方式。ランプ交換が困難な場所に適した方法である

照明計画の依頼と特注照明

専門家へ相談する場合は、
空間コンセプトや実現したい光をしっかりと伝える

照明計画の依頼先

建築設計者やインテリアデザイナーの多くは照明計画のレベルアップを意識しているが、実際には知識やスキルを高めることは難しい。そのため照明の専門家に相談し、照明計画の作成を依頼するという選択肢が有効である。

専門家への依頼であれば、社内に照明プランナーや照明デザイナー、照明コンサルタントなどを抱えているメーカーの担当者に相談するのが一番の近道である。ただし選べる器具が一社の製品に偏りがちになるというデメリットがある。

独立開業している照明デザイナーはそれぞれ得意分野があるので、興味のある照明デザイナーがいれば相談し、自分の設計に合うか付き合いやすいかなどを確認する。照明デザイナーに依頼するメリットは、特定のメーカーの利害にかかわらず、専門家の視点から照明計画を作成してもらえることである。

専門家に相談する際は、空間のデザインコンセプトや、実現したい光のイメージなどをしっかりと伝えられるように準備しておく。

特注照明の依頼先

建築やインテリアのデザインに合わせ照明器具の見た目にもこだわりたいとき、特注で照明器具を制作することがある。デザイン性や装飾性が高い器具ばかりでなく、ダウンライトやスポットライト、間接照明器具なども特注で制作することができる。

特注照明を制作する場合は付き合いのある照明メーカーの担当者に相談し、器具の設計者と連携しながら制作を進める。また小規模な器具制作会社や照明デザイナーに直接相談したり依頼することもできる。どの方法で制作する場合でも、特注する意図や目的、イメージなどを的確に相手に伝えることが重要である。

特注照明はコストの面では既製品と比べて割高になりがちであるが、大規模な施設では、スケールメリットとの兼ね合いで既製品とさほどコストが変わらないこともある。

● 照明プランナー
照明器具のデザインではなく、部屋や現場で照明のセッティング作業を行う

特注照明の制作

相談する相手

欲しいイメージの
器具が
見つからない…

そんなときは

- 付き合いのあるメーカーの担当者
- 小規模な器具制作会社
- 照明デザイナー

などに特注照明の相談する

特注器具を制作するときは、メーカーに相談し、既製品の塗装色や仕上材だけを特注にする場合や、器具制作会社や照明デザイナーなどに全面的に依頼し、思い通りの器具を設計段階からつくってもらう場合などがある

コスト

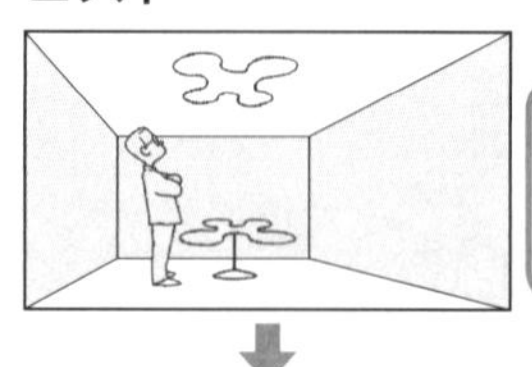

住宅などの小規模な施設で、少量だと割高だが…

大規模な施設で大量に制作すると、割安になることも

照明計画の依頼

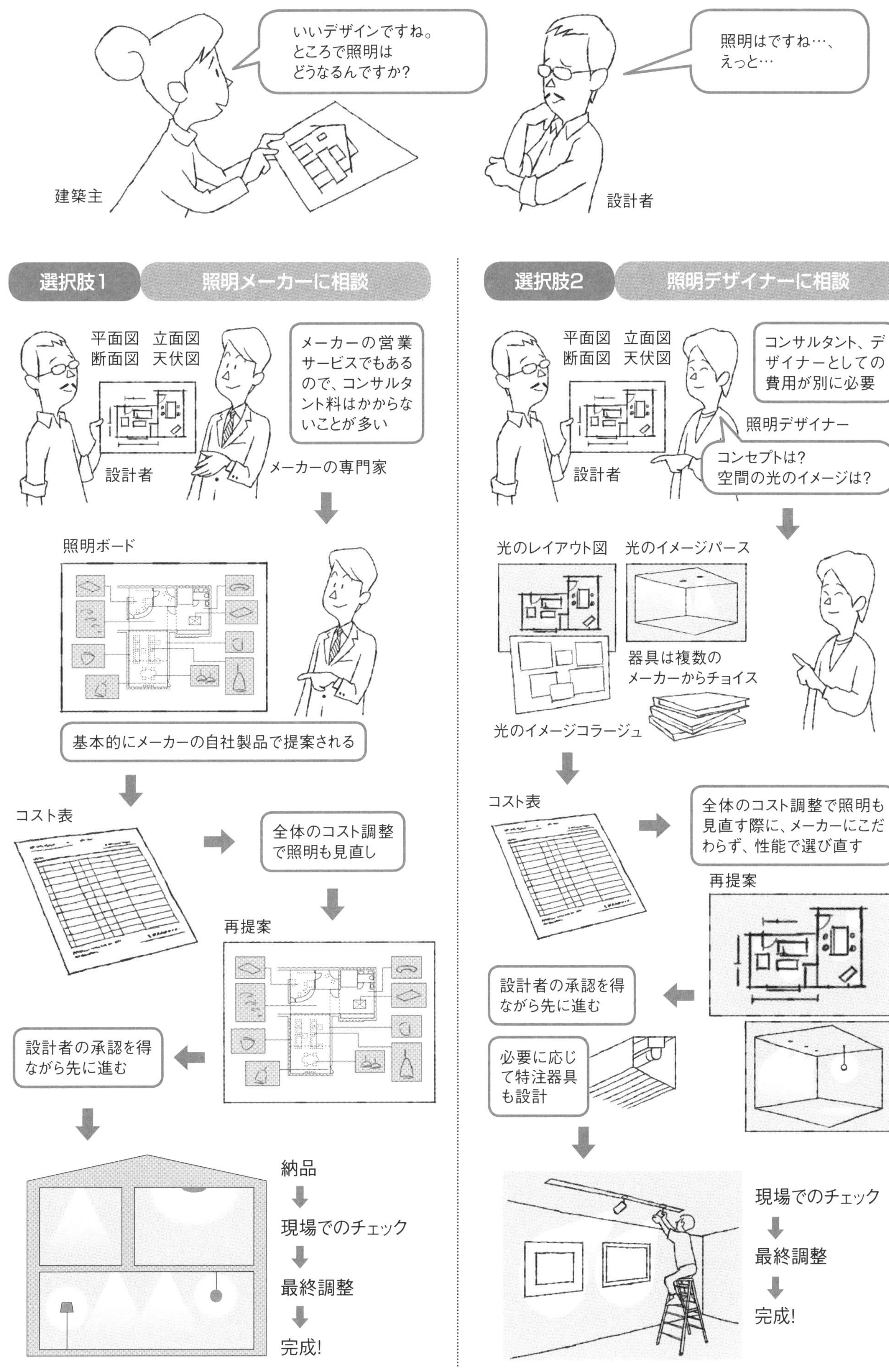

いいデザインですね。
ところで照明は
どうなるんですか?
建築主
照明はですね…、
えっと…
設計者
選択肢1 照明メーカーに相談
平面図 立面図
断面図 天伏図
設計者
メーカーの専門家
メーカーの営業サービスでもあるので、コンサルタント料はかからないことが多い
照明ボード
基本的にメーカーの自社製品で提案される
コスト表
全体のコスト調整で照明も見直し
再提案
設計者の承認を得ながら先に進む
納品
現場でのチェック
最終調整
完成!
選択肢2 照明デザイナーに相談
平面図 立面図
断面図 天伏図
設計者
コンサルタント、デザイナーとしての費用が別に必要
照明デザイナー
コンセプトは?
空間の光のイメージは?
光のレイアウト図
光のイメージパース
器具は複数のメーカーからチョイス
光のイメージコラージュ
コスト表
全体のコスト調整で照明も見直す際に、メーカーにこだわらず、性能で選び直す
再提案
設計者の承認を得ながら先に進む
必要に応じて特注器具も設計
現場でのチェック
最終調整
完成!

照明の安全チェックシート

安全で快適な光環境を維持するためには、年に一度は照明器具の点検を行うようにする

安全チェックシート(住宅用照明器具)

●安全のために1年に1回は点検をおすすめいたします。
●下欄の安全点検項目について点検し、該当する場合は点検結果欄に✓印を記入し、処置手順に従ってください。

LED器具	白熱・蛍光灯	安全点検項目	点検結果			処置手順
		点検年月	／	／	／	
□	□	A1. スイッチを入れても、時々点灯しないときがある。				✓印がある場合は危険な状態になっています。事故防止のため直ちに使用を中止し、新しい器具にお取り替えください。
□	□	A2. プラグ、コード、又は本体を動かすと点滅する。				
□	□	A3. プラグ、コードなどが異常に熱い。				
□	□	A4. こげくさい臭いがする。				
□	□	A5. 点灯時にブレーカが動作することがある。				
□	□	A6. コード、ソケット及び配線部品に傷み、ひび割れ、又は変形がある。				
□	□	B1. 購入後、10年以上経過している。				✓印がある場合は危険な状態になっていることがあります。事故防止のため速やかに新しい器具にお取り替えください。 ※ランプ使用器具の場合は、ランプを交換して、ご確認ください。
□	□	B2. 点灯するまで時間がかかる。※				
□	□	B3. 極端に明るさが低下している。※				
□	□	B4. ちらつきが頻繁に生じる。※				
□	□	B5. カバー、パネルなどに変色、変形、ひび割れなどがある。				
□	□	B6. 塗装面にふくれ又はひび割れがある、もしくはさびが出ている。				
□	□	B7. 器具取付け部及びランプ取り付け部に変形、ガタツキ、ゆるみなどがある。※				
□		B8. 点灯しているLED の色味が変化してきた。※				
	□	C1. ランプの端部が極端に黒化している。				✓印のものは新しいものに交換してください。
	□	C2. グロースタータ(点灯管)が点滅を繰り返す。				
□	□	D1. 照明器具の近傍に燃えやすいものがある。				✓印がある場合は直ちに取り除いてください。

安全チェックシート（施設用照明器具）

●安全のために1年に1回は点検をおすすめいたします。
●下欄の安全点検項目について点検し、該当する場合は点検結果欄に✓印を記入し、処置手順に従ってください。

LED器具	LED以外	安全点検項目		点検結果					処置手順
			点検年月	／	／	／	／	／	
□	□	A1. 累積点灯時間が40,000 時間以上である。							✓印がある場合は危険な状態になっています。事故防止のため直ちに使用を中止し、新しい照明器具にお取り替えください。
□	□	A2. 使用期間が15年以上である。							
□	□	A3. こげくさい臭いがする。							
□	□	A4. 照明器具に発煙、油漏れなどの形跡がある。							
□	□	A5. 電線類に変色、硬化、ひび割れ、心線露出などがある。							
□	□	A6. 配線部品などに変色、変形、ひび割れ、ガタツキ、破損などがある。 ・LED 照明器具でランプへ電源給電コネクタがある場合、その部位も確認。							
□	□	B1. 使用期間が10年以上である。							✓印がある場合は危険な状態になっていることがあります。事故防止のため速やかに、新しい照明器具にお取り替えください。 詳細版によるチェックをお勧めします。 ※指定のランプにお取り替えください。
□	□	B2. ランプを交換しても他のランプより極端に早く寿命になる。 ・蛍光灯器具の場合、黒化についても確認。							
□	□	B3. ランプを交換しても点灯までに時間が長くかかる。 ・蛍光灯器具の場合、グロースタータも交換して確認。							
□	□	B4. ランプを交換してもちらつきが止まらないものがある。 ・蛍光灯器具の場合、グロースタータも交換して確認。							
□	□	B5. 他のランプより極端に暗いものや色味の変化がある。 ・蛍光灯器具の場合、ランプも交換して確認。 ・LED照明器具の場合、光源の一部又は全体に暗い部分や色味の変化があるかを確認。							
□	□	B6. 点灯時にブレーカが動作することがある。							
□	□	B7. 可動部分（開閉箇所，調節箇所など）の動きが鈍い。							
□	□	B8. 器具取付け部及びランプ取付け部に変形、ガタツキ、ゆるみなどがある。							
□	□	B9. ここ2、3年、故障による取替台数が増えている。							
□	□	B10. 本体、反射板などに極端な汚れ、又は変色がある。							
□	□	B11. カバー・パネルなどに変色、変形、ひび割れなどがある。							
□	□	B12. 塗装面にふくれ、ひび割れがある、又はさびが出ている。							
□	□	B13. ねじなどに変色、さび、ひび割れ、破損などがある。							
□	□	B14. 指定外のランプを使用している。※							
／	□	C1. ランプの端部が極端に黒化している。							✓印のものは、新しいものに交換してください。
／	□	C2. グロースタータ（点灯管）が点滅を繰り返す。							
□	□	D1. 照明器具の近傍に燃えやすいものがある。							✓印がある場合は直ちに取り除いてください。

出典）一般財団法人　日本照明工業会HP

照明計画に関連する法規

各省庁は、省エネに関して多様な措置を実施している。また、誘導灯や非常灯は、定期点検の義務がある

誘導灯、非常用照明器具の保守点検に関する関連法令

消防法の改正(平成14年)、建築基準法の改正(平成16年)により立入検査や罰則等が強化されました

2021年3月1日現在

		誘導灯 消防法および関連法令	非常灯 建築基準法および関連法令
設備の設置維持義務		防火対象物の関係者＊は政令が定める基準に従った消防用設備等を設置し、維持しなければならない。 (消防法第17条第1項) ＊:所有者、管理者、占有者がこれに相当する。	建築物の所有者、管理者又は占有者は、その建築物の敷地、構造及び建築設備を常時適法な状態に維持するように努めなければならない。 (建築基準法第8条第1項)
設備の設置届出および検査		特定防火対象物の関係者は政令・条例が定める基準に従って消防用設備等を設置したときは、その旨を届け出て検査を受けなければならない。 (法第17条の3の2)	
設備の点検および報告義務		防火対象物の関係者は消防用設備等について総務省令の定めるところにより定期的に点検し、その結果を報告しなければならない。 (法第17条の3の3)	建築物の所有者、管理者又は占有者は、その建築物の昇降機以外の建築設備について、定期に、資格を有する者に検査(当該建築設備についての損傷、腐食その他の劣化の状況の点検を含む)をさせて、その結果を報告しなければならない。 (法第12条第3項)
点検資格者		消防設備士 消防設備点検資格者(法第17条3の3)	一級又は二級建築士、建築基準適合判定資格者 建築設備検査資格者 (法第12条第3項)
定期点検		機器点検:6カ月に1回 (昭和50年消防庁告示第2号)	6カ月から1年の間隔で特定行政庁が定める時期 (施行規則第6条)
定期報告		特定防火対象物:1年に1回 その他の防火対象物:3年に1回 (施行規則第31条の6)	
届出先及び報告先		消防長又は消防署長 (施行規則第31条の6)	特定行政庁 (法第12条第3項)
勧告・措置・是正・改善命令など		立ち入り検査の後に有り 消防設備等に対する措置命令 (法第17条の4)	保安上危険な建築物等に対する措置 (法第10条)
点検報告義務違反	管理者	関係者:30万円以下の罰金(法第44条) 法人:30万円(法第45条)	50万円以下の罰金(法第101条)
是正・改善命令違反	違反者	関係者:30万円以下の罰金(法第44条) 法人:30万円(法第45条)	懲役1年以下・罰金300万円以下 法人:300万円以下の罰金(法第98条)
命令内容の公表		有り(法第5条)	有り(法第10条)
非常点灯確認		20分間又は60分間(各階ごとに1/10の台数以下とならない範囲で)	30分間又は60分間

注)非常用照明器具とは非常用の照明装置及び非常用の照明器具のことをいう
消防設備等に対しての点検・報告義務があり、誘導灯のみの点検報告ではない
建築設備等に対しての点検・報告義務があり、非常用照明器具のみの点検報告ではない

照明機具に関する省エネ・安全・環境関連法の概要

温暖化ガスの排出削減、環境改善、安全確保を目的に、各省庁では下記のような行政措置を実施

2021年3月1日現在

法規制(任意規制を含む)		規制の概要	対象品目
経済産業省	「省エネ法」(工場・事業場)	・特定基準の改正　工場・事業場単位から事業者単位へ ・特定連鎖化事業者が新たに対象に追加 ・報告等の提出単位の変更 ・エネルギー管理統括者等の創設	・照明設備
	「省エネ法」(特定機器) (トップランナー方式) 1999.4月施行	・6カテゴリーに区分し2012年度目標基準(lm/W)を設定 ★2009年度以降に新基準が設定される予定	・蛍光灯器具 ・電球形蛍光ランプ
	「省エネラベリング制度」 JIS C 9901(2000.8月) (省エネ性マーク◔●)	・省エネ基準達成率(%) ・エネルギー消費効率(lm/W) ・省エネ性マークを表示(●=達成、◔=未達成)	・家庭用蛍光灯器具
	小売事業者表示制度 「統一省エネラベル」	・店頭陳列商品に多段階評価や電気料金などを表示	・家庭用蛍光灯器具
	省エネ性能カタログ	・畳数別に分けて各社の代表商品を掲載	・家庭用蛍光灯器具
環境省	「グリーン購入法」 (2001.4月施行)	・特定調達物品を指定、品目及び判断の基準を制定 ・品目ごとの「判断基準」「配慮事項」を満たすこと	・照明器具　蛍光灯照明器具 LED照明器 LED光源の表示灯 ・ランプ　蛍光ランプ(40形) 電球形状のランプ ・公共工事　環境配慮型道路照明 照明制御システム
	「商品環境情報提供システム」 (2005.6月 試験運用) (2007.2月 使用再開)	・LCAの観点から環境情報を開示 ・地球温暖化、資源消費、有害物質の3軸で評価 ・各社の比較が可能	・蛍光ランプ
	グリーン購入ネットワーク (GPN)	「照明」購入のガイドライン ・照明計画　照度、昼光、センサ、調光、制御システムなどの導入 ・照明器具　Hf器具、調光、初期照度補正、センサ、高輝度誘導灯、高効率ランプ使用+リサイクル容易、有害物質少	・照明器具 (グリーン購入法適合品)
国土交通省	「NETIS」 新技術情報提供システム	・民間における技術開発の促進や、優れた新技術の活用による公共工事の品質の確保、コスト縮減等のための情報提供システム	・道路照明器具など
	省エネ法(住宅・建築物) 「CEC/L」(性能基準) 「ポイント法」(仕様基準)	・大規模な住宅・建物に係る担保措置の強化(対象:床面積2,000㎡以上の建築主) ・一定の中小規模の住宅・建築物も届出義務の対象に追加(対象:床面積300㎡以上2,000㎡未満の建築主) ・住宅を建築し販売する事業者に対し省エネルギー性能向上を促す措置を導入(対象:年間150戸以上の戸建建売住宅を供給する事業主) ・住宅・建築物の省エネルギー性能の表示などを推進(すべての住宅)	・照明設備
	CASBEE 建築物総合環境性能評価システム	・国交省支援のもと産官学共同で開発した評価システム ・名古屋・大阪・横浜などでは届出を義務付けるとともに評価結果を公表 ・照明関係では、光害防止や昼光利用などが含まれている	・照明全般
その他	エネ革税制	・対象設備を取得した場合に特別控除ができる制度	・照明設備(規定の項目を満たす場合に限る)
	電気用品安全法	・国による電気用品の安全規制(PSEマーク制度)	・照明設備
	消費生活用製品安全法	・国による消費生活用製品の安全規制	・照明器具
	東京都省エネ促進税制	・中小企業が導入推奨機器・設備を導入した場合に適用	・Hf照明器具

出典)『照明器具リニューアルのおすすめ』((社)日本照明器具工業会)

Column

照明の適正交換時期

ランプ交換すればずっと使えるわけではない

ランプに寿命があるように照明器具にも寿命がある。器具を交換せずにランプ交換だけで済ますと、明るさも低下していく。照明器具の省エネ率も今と昔では大きく異なるので、照明器具を交換することで大きな省エネ効果が得られる。また10年を過ぎると器具の故障率が急に増える。10年の適正交換時期を守る必要がある。

故障率と器具交換イメージ

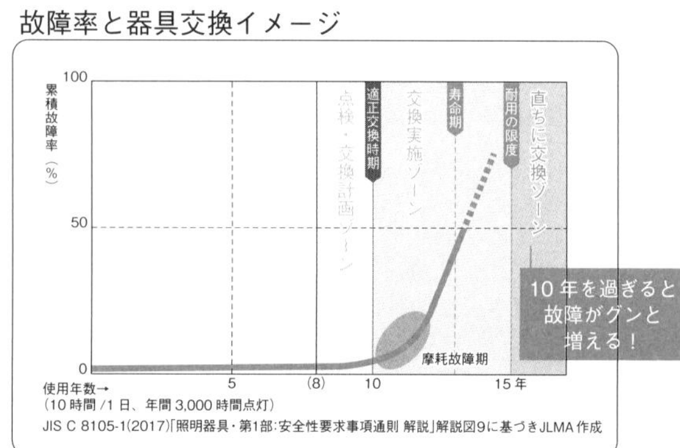

JIS C 8105-1(2017)「照明器具・第1部:安全性要求事項通則 解説」解説図9に基づきJLMA作成

使用年数と明るさの変化メージ

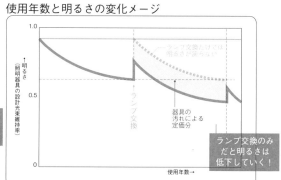

明るさ（照明器具の設計光束維持率）
1.0
0.5
0
ランプ交換だけでは明るさが戻らない
ランプ交換
器具の汚れによる定価分
ランプ交換のみだと明るさは低下していく！
使用年数→

照明器具の消費電力の推移

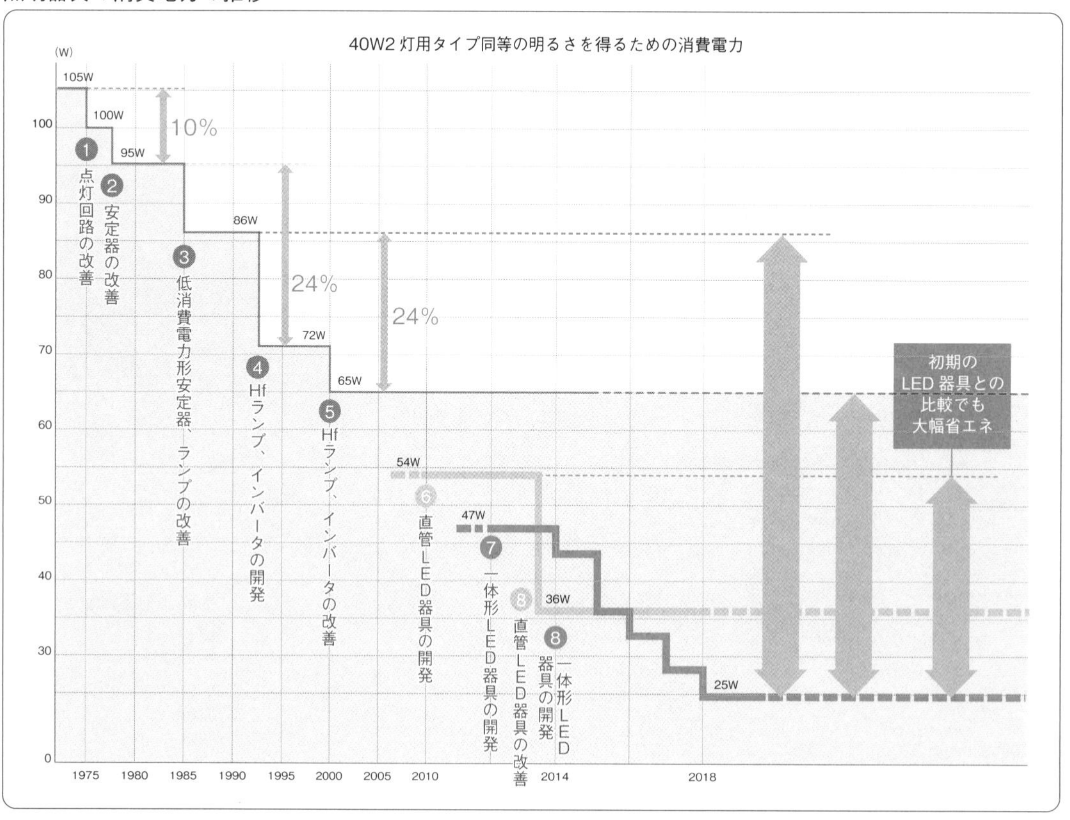

日本照明工業会　照明器具カエルbook2020より

CHAPTER 3

住空間の照明計画

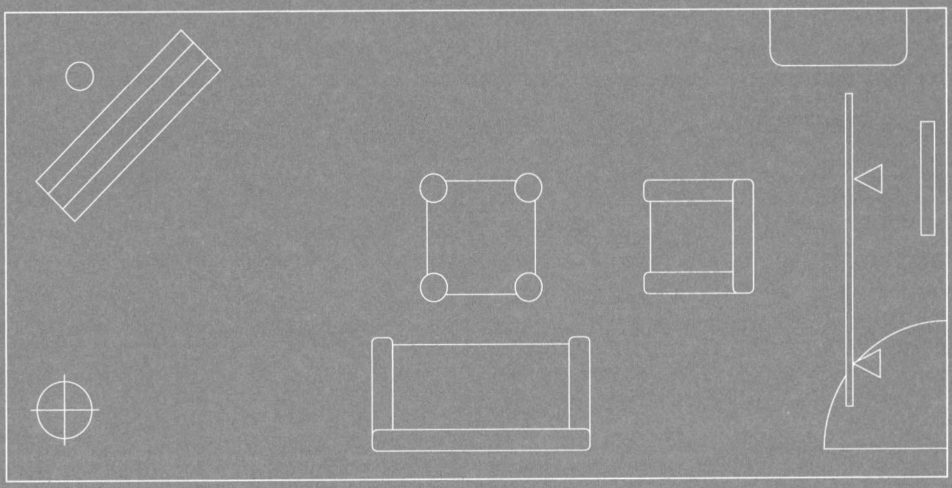

住まう人への事前ヒアリング

家族が好む明るさ、照明の使い方、ライフスタイルなど幅広くヒアリングすることで方向性が見える

家族へのヒアリングでデザインの方向性を考える

住宅の照明計画で設計者の独りよがりや思い込みから生じやすいクレームに「暗い」というものがある。このクレームは致命的だが、回避するのは比較的容易で、明るすぎるくらい多めに照明器具をつけておけばよい。しかし、単に「明るい」部屋をつくることは簡単だが、建築やインテリア、家具などにこだわりながら、一方で照明にこだわりなく無難に済ませれば、生活空間をトータルな意味でよりよいものするという目的からは逸れることになる。

住宅の照明計画は、そこで生活する家族の好みやライフスタイルによって、コンセプトや方法などが左右される。計画を進める際は、まず家族の明るさの好みや照明の使い方、照明に対する期待、経済性の考え方、機能性重視か、雰囲気重視か、など、幅広い内容についてヒアリングをすることが重要だ。

また、外構や庭の照明計画が必要な場合は、周辺環境の確認も必要となる。あかりが隣家にどう影響するか、外構照明の効果を軽減させる障害物はないかなど、建物図面では見えないものを調査する。このような事前調査をしたうえでデザインの方針を立て、それをしっかりとクライアントに説明していく。

設計者側の勉強も欠かせない

照明というものは、ほかの建築仕上げ材料とは異なり、器具の写真だけから光の状態や明るさなどを判断するのは難しい。仮にカタログを提示して同意を得たとしても、クライアントとともにメーカーのショールームなどに行って実物を確認し、同時にメーカーの担当者にも話を聞くほうがよい。

しかし、それでも室内の仕上げや色、広さや天井の高さなどで光の印象は違う。設計者は普段から数多くの器具を見て、空間の体験として光の状態を記憶し、器具と光のストックを自分のなかにつくっておくべきである。

現地調査で必要なこと

周辺の敷地や環境などの現地調査によって、

- あかりがもれることで、隣家や通行人にグレアが起きないか
- 外構のライトアップはどこが効果的か
- 外灯などとの兼ね合いはどうするべきか

などを確認・検討する

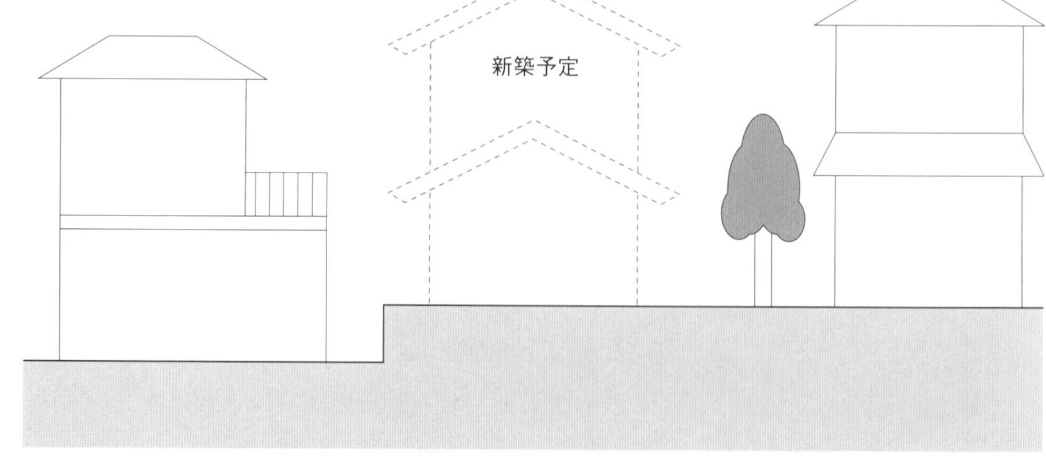

照明計画ヒアリングシート

項目	目的	ヒアリング内容
家族構成	必要なあかりの見極め	■家族構成（　　　　　　　　　　　　　　　　　　　　　　） 年齢、性格、好みなども含めて家族構成を確認する
職業	主な生活環境のあかりの把握 （家族の各人について）	□青みがかった昼白色の蛍光灯で照明された環境 □温かみのある白熱電球の光色で照明された環境 □自然光が降り注ぐ環境 □その他（　　　　　　　　　　　　　　　　　　　　　　）
趣味・好み	生活パターンの把握	■家族の趣味・好み（　　　　　　　　　　　　　　　　　　　　） 建築主が居心地がよいと感じた場所や、憧れをもっている場所を具体的に聞くなど、共通認識を深められる例を探すとよい
用途	用途に適した あかりの検討	■建物全体の用途の確認（　　　　　　　　　　　　　　　　　　） 家族のあかりの好みだけでなく、住宅なのか、住宅と職場を兼ねているのか、別荘として使用したいのかなど、建物の用途により照明の全体計画を検討する
各室の使い方	用途に適した あかりの検討	■リビング □団らん　□読書　□テレビを見る　□音楽を聴く　□子供が遊ぶ □食事をする　□パーティー　□趣味　□仕事　□勉強　□飾る □その他（　　　　　　　　　　　　　　　　　　　　　） ■ダイニング □団らん　□読書　□テレビを見る　□音楽を聴く　□子供が遊ぶ □食事をする　□パーティー　□趣味　□仕事　□勉強　□飾る □その他（　　　　　　　　　　　　　　　　　　　　　） ■キッチン □料理　□趣味　□仕事　□食事　□収納 □その他（　　　　　　　　　　　　　　　　　　　　　） ■寝室 □寝る　□読書　□趣味　□仕事　□勉強　□収納　□装う　□飾る □その他（　　　　　　　　　　　　　　　　　　　　　） ■和室 □団らん　□読書　□テレビを見る　□音楽を聴く　□子供が遊ぶ □食事をする　□趣味　□仕事　□勉強　□寝る　□収納　□飾る □その他（　　　　　　　　　　　　　　　　　　　　　） ■その他の部屋 □寝る　□読書　□趣味　□仕事　□勉強　□収納　□装う　□子供が遊ぶ □飾る　□テレビを見る □その他（　　　　　　　　　　　　　　　　　　　　　） ■バス・サニタリー □洗濯　□着替え　□趣味 □その他（　　　　　　　　　　　　　　　　　　　　　） ■廊下・階段 □飾る　□収納 □その他（　　　　　　　　　　　　　　　　　　　　　） ■玄関・アプローチ □飾る　□収納　□駐車　□駐輪 □その他（　　　　　　　　　　　　　　　　　　　　　） ■庭・テラス・バルコニー □遊ぶ　□趣味　□食事　□パーティー　□くつろぐ □その他（　　　　　　　　　　　　　　　　　　　　　）
あかりの好み	あかりの好みの把握	□全体に明るい空間がよい　□明暗のある空間がよい □白熱電球のような温かみのある光がよい □蛍光灯のような白っぽい（青っぽい）光がよい □その他（　　　　　　　　　　　　　　　　　　　　　　）
照明に 期待すること	優先順位の確認	□ともかく明るいこと　□機能的に十分なあかりを優先し、それ以外はこだわらない □機能性とともに、雰囲気を高めてくれるあかりがよい □建築やインテリアに合っていて、デザインがよいことが優先 □その他（　　　　　　　　　　　　　　　　　　　　　　）
照明で 優先すること	優先順位の確認	□器具や電球の価格 □ランニングコスト（省エネ）　□デザイン　□光のもたらす雰囲気 □扱いが容易であること □その他（　　　　　　　　　　　　　　　　　　　　　　）

照明計画のポイント

人の行動に合わせ、あかりの要素を少しずつ足していく「足し算の照明計画」を考える

6つの基本ポイント

住宅の照明は、建築基準法の集団規定的のようなものはなく、単体でも法レベルの規制はない。ガイドとなるJISの照度基準を押さえて、次の基本ポイントを考えるとよい。

①**必要な明るさ**　部屋の用途や時間、生活する人の活動に則して明るさを取る。

②**省エネ**　新築物件では現在ほぼ全ての照明がLEDとなっており省エネに関しては調光やつけっぱなしを避ける程度の工夫で良い。以前からの器具を使用している住宅においてもLEDランプに取り替えられるケースが多いので省エネ対応はしやすい状況であるが、元々の器具が調光回路かどうかなどは要注意である。

③**雰囲気**　器具から発せられる光の性質や、器具の配置、明るさのバランス、光の色味を調整する。

④**メンテナンス**　ランプ交換、器具の清掃などのメンテナンスがしやすいように納め方に配慮し、取付け高さにも注意する。

⑤**高齢者に配慮**　視力の衰えた高齢者は若年者の2～3倍の明るさを必要とする。高齢者の部屋は、部屋全体の明るさをアップし、必要に応じて部分照明などを使う。

⑥**防犯**　外部の照明では、センサーやフラッシュ付きのものを選ぶ。留守時のときでも、タイマーで点灯させると、防犯性が高まる。

照明の演出は足し算方式で

住宅では、各部屋での行動を想定してあかりを足す、足し算の照明計画がよい。最初はフルスペックで計画せず、必要に応じて追加を考える。その際、積極的な照明演出をしたいなら、まずはリビングやダイニングを中心に手を加えよう。ただし、足しすぎた場合は優先順位を見直してさらに整理するとよい。

● LED
→巻頭参照

● 調光
室内の照明の明るさをコントロールすること。雰囲気づくりに役立つ

JISによる住宅照明の照度基準

照度[lx]	居間	書斎 子供室	和室 座敷	ダイニング キッチン	寝室	浴室 脱衣室	便所	廊下 階段	納戸 物置	玄関（内部）	エントランス（外部）	車庫	庭
2,000													
1,500	手芸 裁縫												
1,000													
750		勉強 読書											
500	読書	VDT作業〔※1〕			読書 化粧					鏡			
300			座卓、床の間	食卓 調理台 流し台		ひげそり〔※2〕 化粧〔※2〕 洗面							
200	団らん、娯楽〔※3〕	遊び、コンピュータゲーム				洗濯				靴脱ぎ飾り棚			
150													
100		全般	全般	全般		全般				全般			パーティ 食卓
75							全般						
50	全般							全般				全般	
30													
20					全般				全般		表札 郵便受け インターホン		テラス 全般
10													
5											通路		通路
2													
1					深夜			深夜			防犯		防犯

※1 VDT:Visual Display Terminals　※2 主として人物に対する鉛直面照度　※3 軽い読書は娯楽とみなす

出典）JIS Z 9110-2010より抜粋

照明計画の基本ポイント

1 必要な明るさ

用途や時間などにより必要な明るさは異なる

2 省エネ

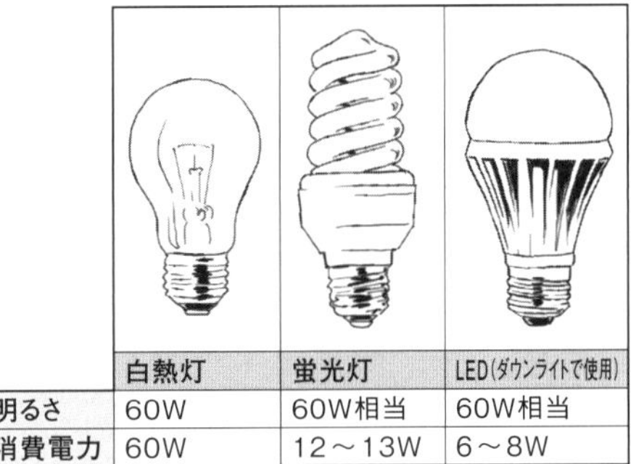

	白熱灯	蛍光灯	LED(ダウンライトで使用)
明るさ	60W	60W相当	60W相当
消費電力	60W	12～13W	6～8W

省エネはランニングコストの削減にもつながる

3 雰囲気

光の性質や器具の配置などにより、望ましい雰囲気をつくりだせる

4 メンテナンス

交換しやすい高さに設置することが大事

5 高齢者に配慮

若年者の2～3倍の明るさが必要

6 防犯

センサーやフラッシュ付きの照明を設置することで防犯性が高まる

雰囲気の演出

照らされた場所が際立つ落ち着いた雰囲気になる

華やかになる

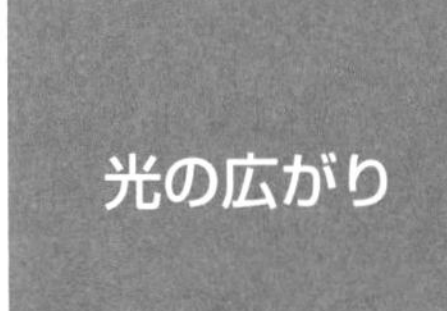

コントラストが強くなり、ドラマチックな雰囲気になる

空間に一体感と安心感を与える

リラックスした、安らぎのある雰囲気

上方への開放感がある非日常的な雰囲気になる

メンテナンスしやすい照明

照明器具は電球交換が容易に行えるよう、設置する位置に配慮する

ランプ交換を容易にする

住宅照明の場合、メンテナンスの作業で一番多いのは電球交換であり、すべての照明器具は、電球交換が容易なつくりのものを選び、取付け位置や設置高さも無理のないようにする。また、シェード付きの器具などは定期的な清掃が必要になるので、やはり、容易に手が届く位置に取り付ける。

メンテナンスの考え方は、建築主の家族構成や趣味嗜好、DIYへの関心などによって異なり、器具選定や設置方法を決める手がかりとなる。たとえば、高齢者中心の家であれば、脚立に上る必要がないように気を配る。

ランプ寿命が長いLED

現在はメンテナンスの面からもLEDが優れている。LEDを使うメリットの1つはランプ寿命が長いことで、現在は4万時間程度とされている。これは白熱電球の1,000時間と比べて圧倒的に長く、蛍光灯の1万時間と比べても4倍の長さがある。LED照明は電球を交換して使用するタイプもあるが、器具と一体化している製品も多く、故障などはあり得るので、交換や工事のしやすさは考慮しておく必要があるだろう。

主照明にLEDを考える

住宅の主照明は長らく白熱灯と蛍光灯が基本であったが、近年のLEDの急速な品質向上と低価格化により、現在の新築物件ではLEDを主照明に採用することが基本となっている。通常の使用においては従来の器具と遜色のない製品が幅広く販売されており、器具選択の幅も十分と言える。ペンダント照明やスタンド照明においても、LEDならではの特性が生かされた新しい形状のものも増えている。

ランプの取り替え時期の目安(1日5～6時間点灯した場合)

使用条件・環境によって多少の差が出る

ランプの種類		取り替え時期の目安	寿命
白熱電球	一般電球	6カ月	1,000時間(6カ月)
	ボール電球	1年	2,000時間(1年)
	ミニクリプトン電球		
	ハロゲン電球	1年6カ月	3,000時間(1年6カ月)
蛍光ランプ	電球形蛍光ランプ	2年6カ月	6,000時間(3年)
	コンパクト形蛍光ランプ		
	環形蛍光ランプ		
	直管形蛍光ランプ	3年6カ月	8,500時間(4年6カ月)
	Hf環形蛍光ランプ	5年3カ月	12,000時間(6年)
	Hf二重環形蛍光ランプ		
LED	各種タイプ	10年～15年(ランプよりも器具としての故障が多くなるため)	40,000時間(20年)

メンテナンスを考慮した照明器具の設置位置

設置高さ

×
×
×
○
○
3m
ランプの高さが3m以上の場合、電動昇降装置を使えば、スイッチひとつで器具の上げ下げができる
ランプの高さが3m以下であれば、脚立などを使って電球交換ができる
●3mの高さに器具をつけるときは、6尺(1,800㎜)以上の脚立が必要
●身長150～170㎝の人は、3m以下の高さなら電球にさわれる
1,800～2,100㎜
1,200㎜
1,800㎜
3,000㎜程度

間接照明の場合

天井
蛍光灯器具
150
～200㎜以上
150
～200㎜以上
手を入れて目視できる
天井
50㎜以上
50～200㎜
LED
LEDはかなり小さいスペースでも取り付けられる
500㎜以下
固定台
200㎜以上
蛍光灯器具
または白熱灯
●手を入れて届き、目視できる
●台のつくりによって取付け位置と設置高さが変わる
●この方向では難しい場合でも、別の方向からメンテナンスできればよい

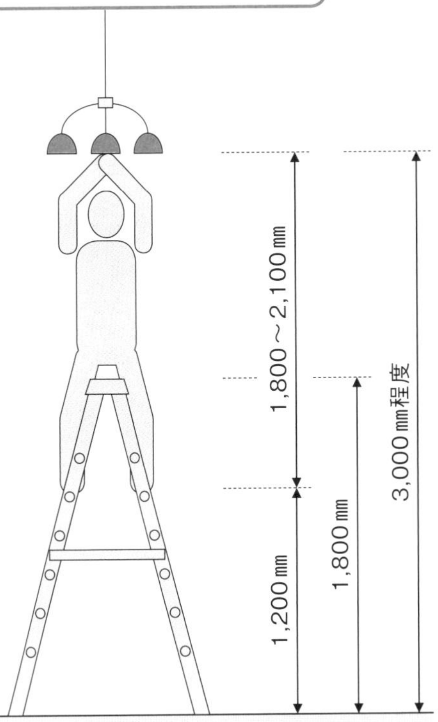

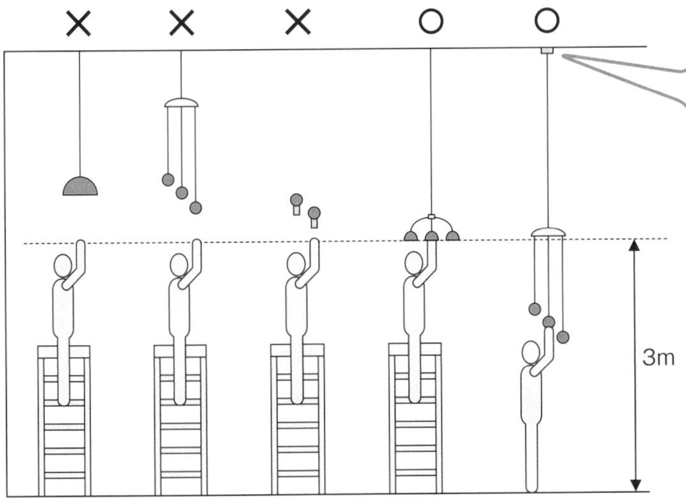

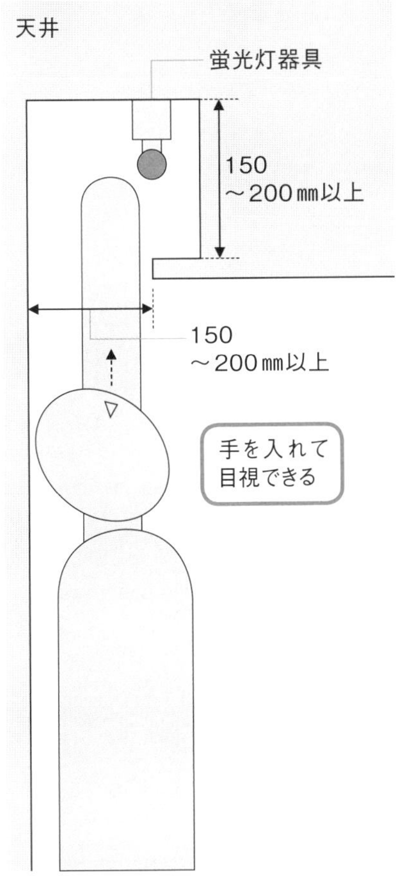

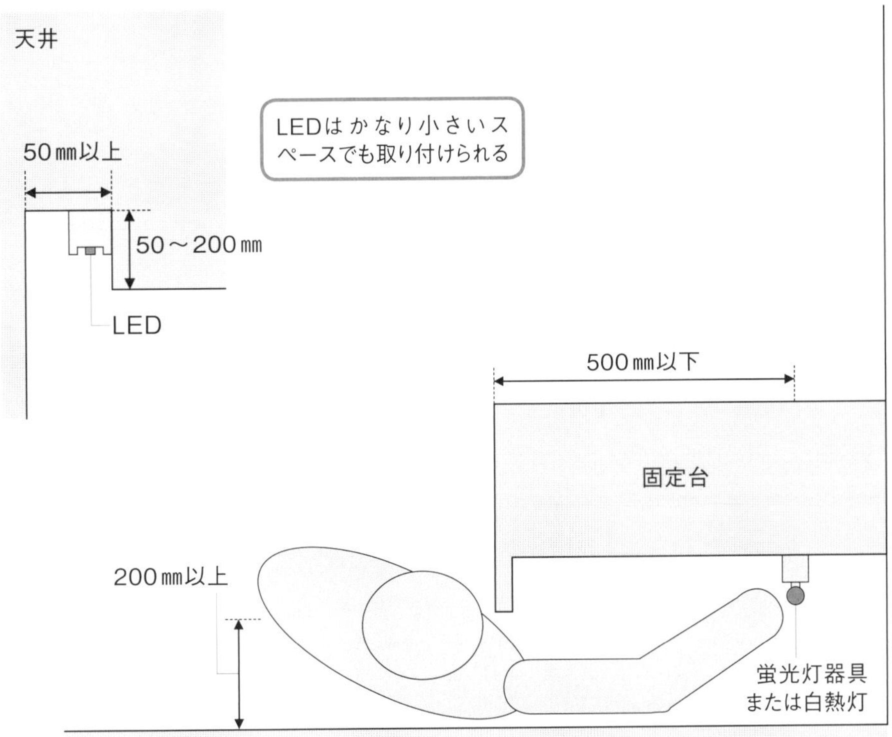

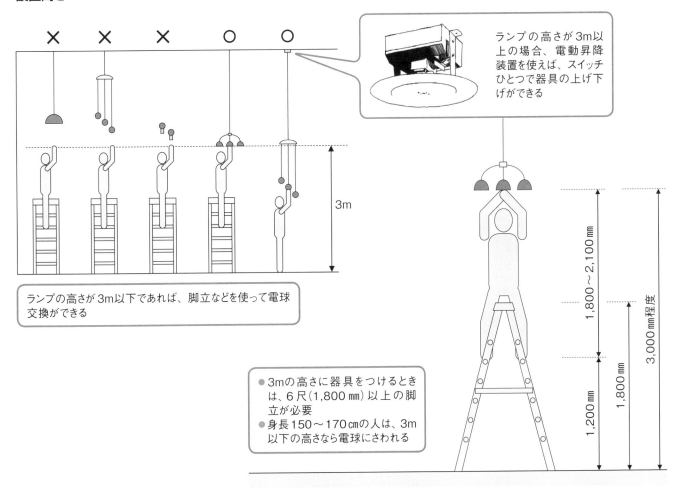

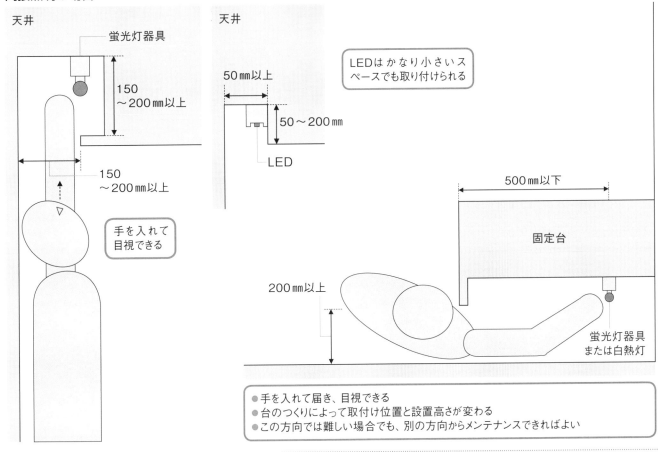

リビングの照明

回路はエリアごとに分け、点灯・消灯の組み合わせを複数つくる。吹抜けは、上方に光を配するよう配慮する

リビングは多様性をもたせる

リビングは複数の機能や使われ方が交錯するスペースで、照明計画が最も難しいが、演出のやりがいもある。リビングで行われる多様な行為に対して、複数の異なったあかりを配し、器具の種類も用途に合わせて複数選ぶ。スイッチはエリアごとに回路を分け、点灯・消灯の組み合わせパターンは複数つくる。また、調光スイッチも設置したい。

リビングは、天井がフラットな四角い部屋ではない場合も多い。吹抜けが部屋の一部や全部にある場合もある。また、吹抜け部が2階とつながっていることもある。

吹抜けがある場合は、空間の高さを楽しめるように、吹抜け部の天井や壁の上方に光を配し、視覚的な誘導を図り、空間の大きさを強調したい。方法としては、スポットライト、ブラケット、スタンド、ペンダントやシャンデリアを使う。

吹抜けが2階のスペースとつながっている場合は、器具の見え方にも配慮する。特に間接照明は、1階からだけでなく2階からの見え方にも気を付ける。また、上向きの照明は、設置場所によってはまぶしく見えることもあるので注意が必要である。

家族の行動を足し算で考える

リビングの照明計画は、人の行為に合わせた足し算の照明配置で考える。家族の加齢と成長に伴う、使い方の変化を考慮し、変化しにくい場所や要素に対しては照明も固定させ、変わっていく場所にはスタンドを配置するなど柔軟に対応する。また、狭い部屋の場合は天井や壁を照らして、空間を大きく見せ、広い部屋の場合は家具配置に対応して、いくつかのコーナーに分かれるように光だまりを分け、奥行きと落ち着きをつくりだす。

照明は調光ができることや、**色温度**や**演色性**についても雰囲気を良くすることを大切にし、光の質にもこだわりたい。LED照明でもそれらに十分対応できるし、調光調色に関しては容易に柔軟なコントロールを可能とする器具も増えている。

● 色温度
光の色を数値で表したもの
→p.26参照

● 演色性
光源によって照らされたとき、その物の色の見え方を決める光源の性質
→p.28参照

リビングの吹抜けの照明

ペンダントやシャンデリアを吊るす

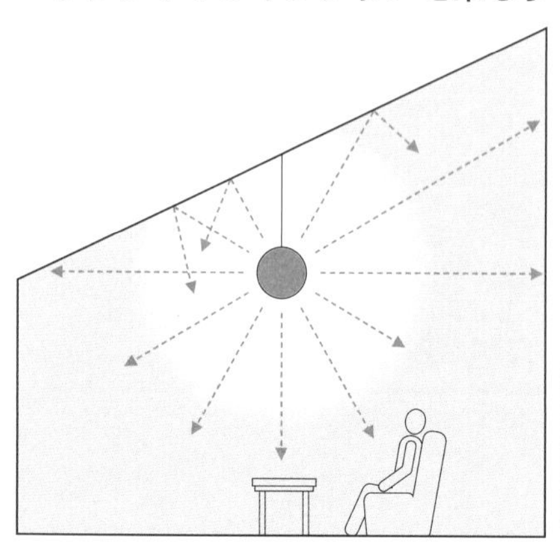

空間全体を明るくする。天井面や壁の上のほうにも光をある程度当てる

間接照明で天井面を明るくする

床やテーブルを照らすために、別にスタンドなどを使う

足し算の照明配置

①中心部にダウンライトを設置

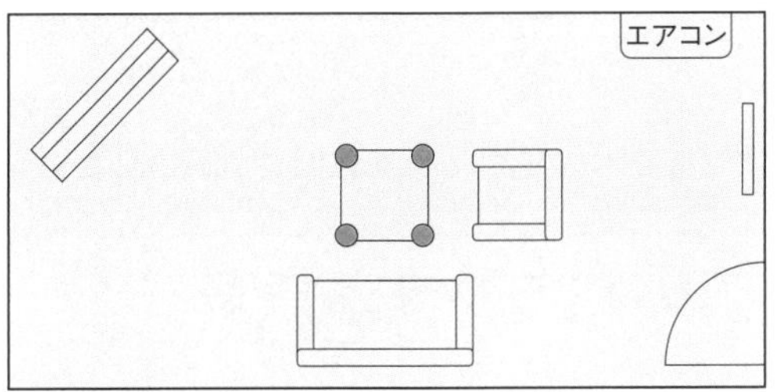

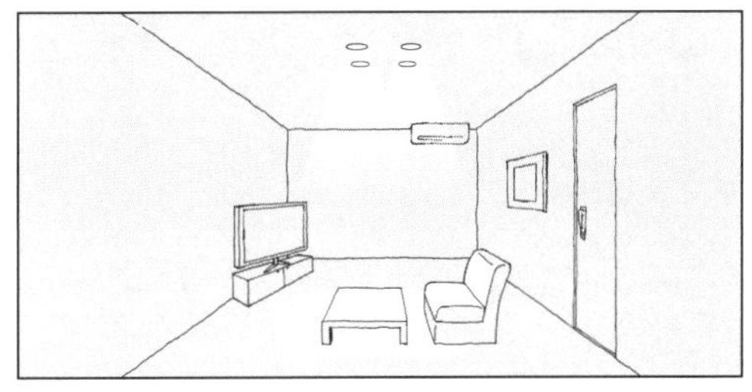

リビングの場合、家具が中心に配置されることが多いため、主照明として有効

＋

②配線ダクトを設置

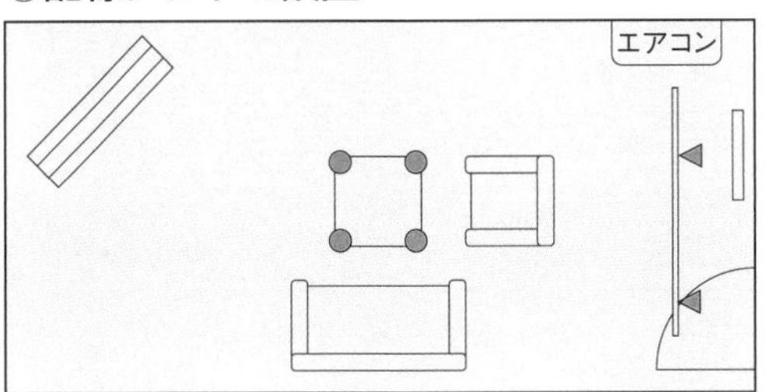

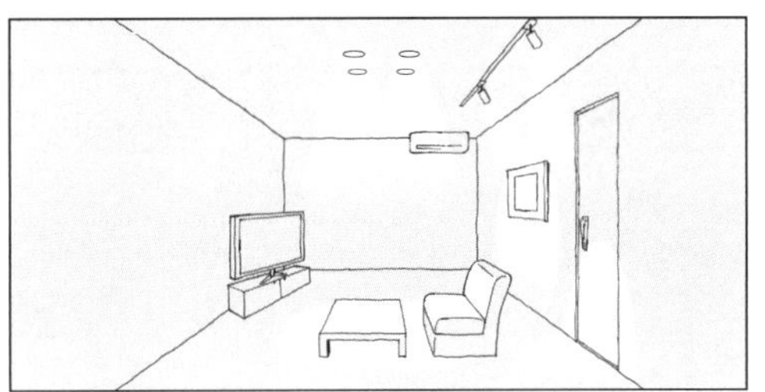

スポットライトを増減したり、移動して使える

＋

③テレビの後ろにミニスタンドを設置

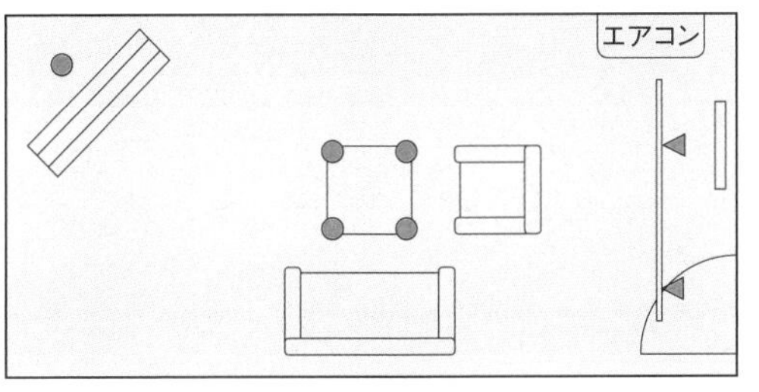

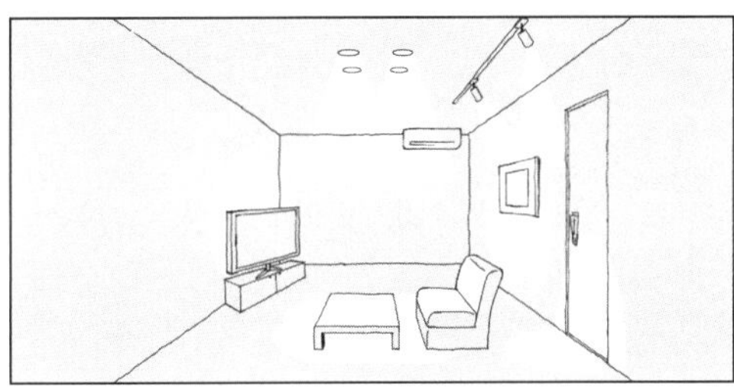

目にやさしい間接照明となる

＋

④フロアスタンドを設置

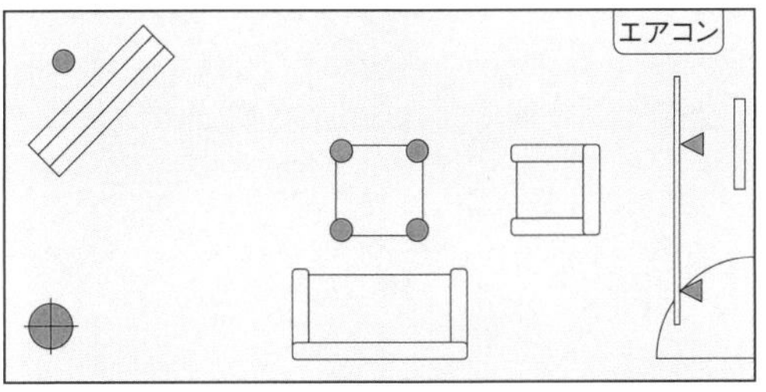

コーナーが暗く見えるときなどにスタンドを設置する

- 固定の器具は少なめにし、増減できる器具をうまく利用する
- 器具のまとまりごとに回路を分け、調光スイッチを付ける

ブラケットで天井や壁の上部を照らす

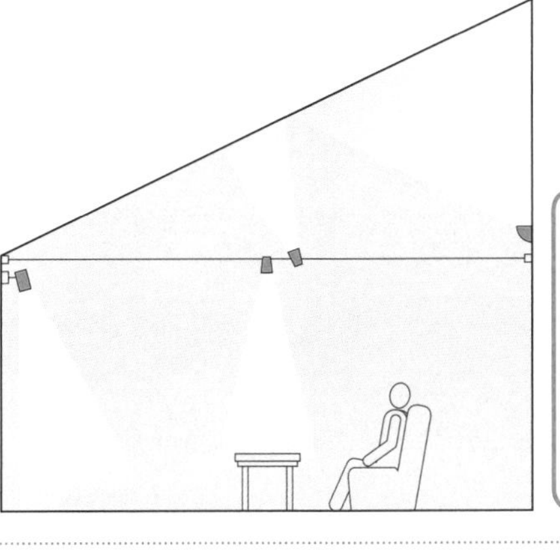

壁に近いエリアは、壁付きスポットライトを使って明るくする。吹抜け中央部の床面は、ワイヤー照明やペンダント、スタンドなどを使って照らす

これはNG！

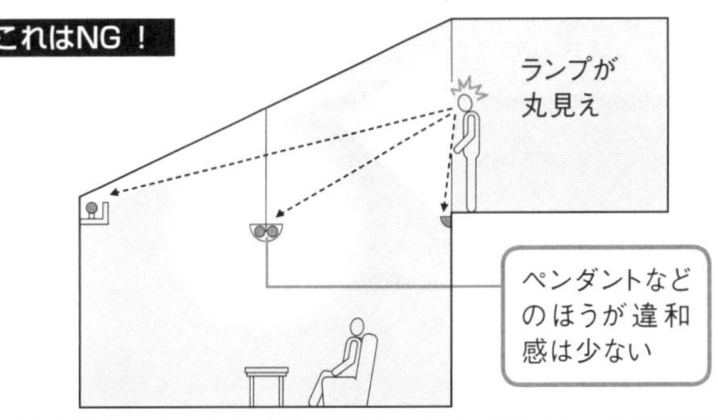

ペンダントなどのほうが違和感は少ない

2階から見下ろせる場合、2階から器具がどのように見えるかに注意し、まぶしくないか、格好悪くないかを確認。特に間接照明は、電球が見えると格好悪いので気を付ける

ダイニングの照明

ダイニングではテーブルの位置や大きさと照明のバランスが重要

ダイニング照明に必要なこと

食事のための空間となるダイニングの照明は、食べ物や飲み物や、テーブルを囲む人の顔がきれいに見えることが重要で、白熱球などの演色性に優れた電球が適している。LED照明の場合でもなるべく演色性(Raの数値)の優れたものを選びたい。

ダイニングテーブルでは新聞や本を読んだり、勉強をしたりすることもあるため、団らんの場と機能性を兼ねた演出が必要だ。ただし、機能性だけを求め、シーリングライトなどで部屋全体を明るくしてしまうと、食卓が引き立たず、食事の演出がしにくい。一般的な手法としては、ダイニングテーブルの上にペンダント照明を吊るす方法がある。その場合でも、明るい状態だけではなく親密な雰囲気も演出できるように調光で好みの明るさにできるように計画するとよいだろう。

また、ダイニングは、キッチンやリビングなどのエリアと一体化していることも多い。そのような場合は、ほかのエリアからのあかりの干渉を考慮しながら、空間全体の統一感やバランスも考える必要がある(p.118参照)。

テーブルとの関係が重要

ダイニングの照明は、テーブルとの位置関係が重要であるから、建築設計の段階で、テーブルの位置をある程度想定しておく必要がある。また、テーブルとシェードの大きさのバランスや、ペンダントとテーブルとの距離にも注意する。

ダイニングテーブルを照らすための器具としてはペンダントを1～3台程度、テーブルの大きさに合わせて吊るす方法のほか、ダウンライトやスポットライトで天井からテーブルを照らす方法もある。ペンダントは、部屋の広さによっては圧迫感が出ることもあるので、その場合は、ダウンライトやスポットライトを使うほうがよいだろう。ダイニングの空間がさほど広くない場合は、テーブル面を照らす光だけで演出としても十分である。

ダイニング照明の悪い例

ランプは暖色系を選び、明るすぎたり、まぶしすぎたりしないように注意する

白色光のシーリングライトなどで部屋全体を明るくしてしまうと、食卓が引き立たない

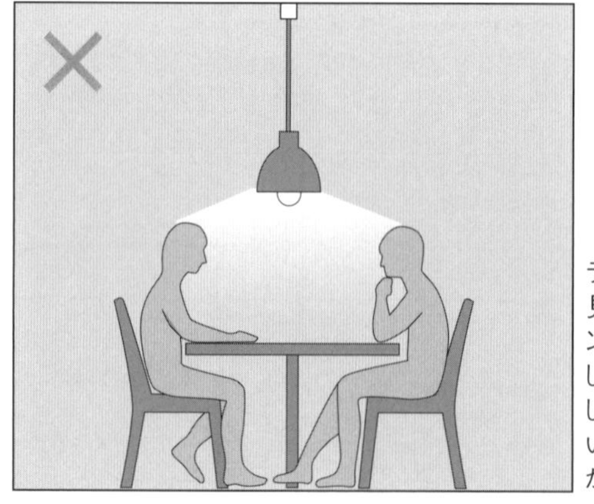

ランプそのものが見えにくいデザインの器具を選定し、ランプのまぶしさを直接与えないようにすることが重要

参考)勝浦哲夫「感じ方の色色—光の味覚、時間感覚に及ぼす影響」(照明学会誌 第91巻第10号、2007年)

照明とダイニングテーブルの関係

一般的な4人掛けテーブルの場合

ダイニングテーブルの上に、ペンダントを吊るす。座った状態で、お互いの顔がよく見える高さは700～800㎜程度。中途半端な高さだと、あかりも中途半端な印象になる

テーブルが大きい場合

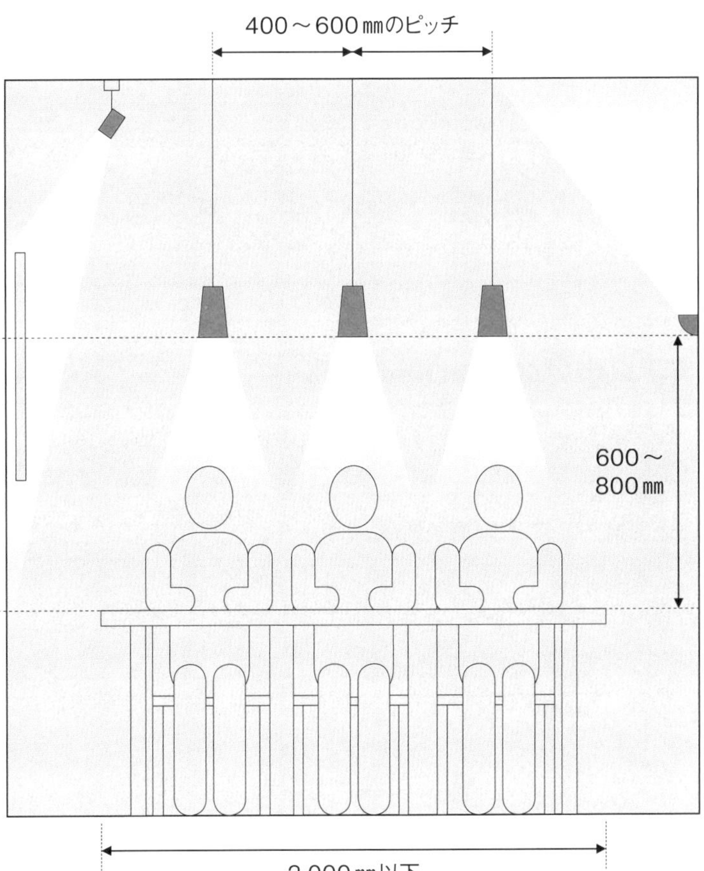

テーブルの大きさや器具の大きさに合わせて器具の台数を変えたり、スポットライトやブラケット、スタンドを併用する。部屋の明るさ感を得るために、スタンドやダウンライトを併用してもよい

天井が低く、部屋が狭い場合

ペンダントだと圧迫感が出る場合があるので、スポットライトやダウンライトを使う

テーブルの位置が決まっていない場合

ペンダントを固定すると、テーブルの位置の移動に対応しづらいので、配線ダクトレール型のスポットライトを使う

キッチンの照明

全般照明や作業灯を使い、十分な明るさと色の見え方のよさを確保する

作業に十分なあかりを考える

キッチンは、住宅のなかで最も作業の多い空間であるため、十分な明るさと食材や食器の色の見え方のよさ（演色性）が求められる。

明るさについては、部屋全体のほか、棚のなかの物が確認しやすいように、天井やその付近に全般照明を設ける。器具としては、ダウンライトや、全般照明用のライン型ベース照明器具などを使う。一方、作業を行うシンクやコンロ、作業台に不必要な影が生じないように、ダウンライトやライン型器具を使って、作業灯（キッチンライト）を設ける。全般照明、手元の作業灯ともに、明るい光源が直接視界に入ると、グレアによって不快感につながることがあるので避けるようにする。

ダイニングやリビングとの関係性にも配慮する

キッチンはダイニングやリビングといった空間と連続していたり、一体になっている場合も多い。そのため光に関しても、ダイニングやリビングと、ある程度、光源や色温度をそろえたほうが、空間としてより統一感を出すことができる（p.118参照）。

オープンキッチンの場合は、キッチンまわりの照明もスペースの雰囲気づくりにかかわっていると考え、機能性だけを満たすことで終わらず、光のデザインとしても魅力的になるように計画する。キッチンに取り付ける器具がダイニングやリビングからも見える場合は、器具自体のデザインにも配慮が必要である。

キッチンとダイニングの間にオープンカウンターを設ける場合は、カウンタートップが明るく照らせるように、カウンター上にダウンライトなどを設置するとよい。

なお、キッチンの照明は、ダイニングの照明とは別にスイッチを設けて点滅ができるようにしておく。

● グレア
光によって不快さを感じる状態
→p.24参照

キッチンの基本照明

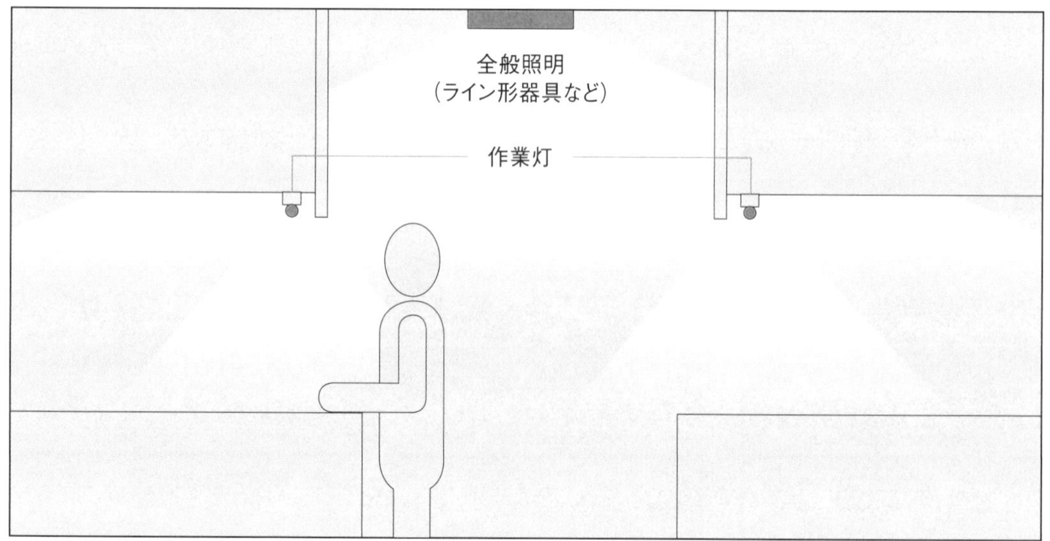

キッチン中央の天井に全般照明を配置し、手元には作業灯を配置するのが基本

オープンキッチンの場合

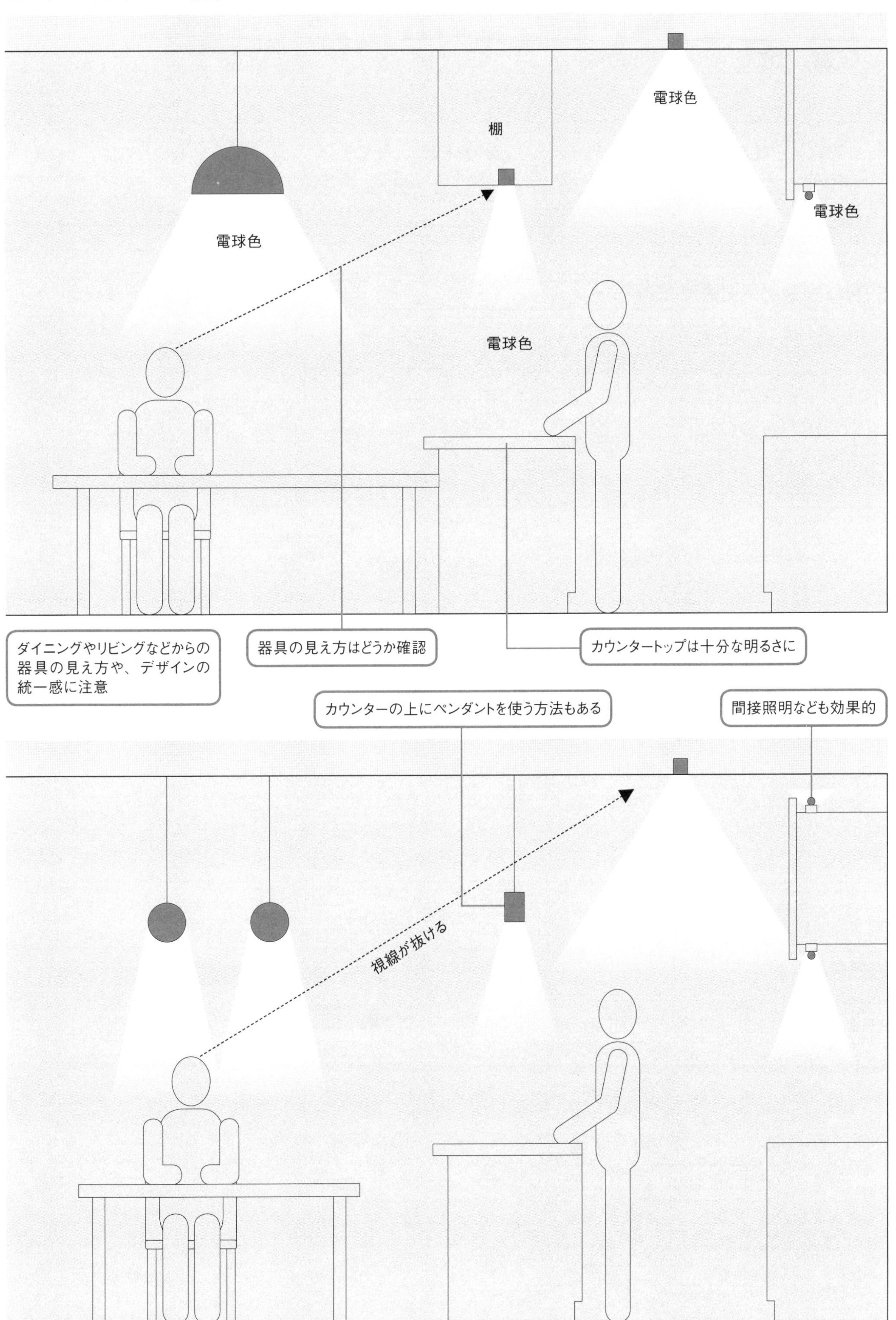
電球色
棚
電球色
電球色
電球色
ダイニングやリビングなどからの器具の見え方や、デザインの統一感に注意
器具の見え方はどうか確認
カウンタートップは十分な明るさに
カウンターの上にペンダントを使う方法もある
間接照明なども効果的
視線が抜ける

寝室・クローゼットの照明

寝室は電球のまぶしい光源が直接目に入らないように注意する。クローゼットは収納物を確認しやすい明るさを確保

快適な睡眠と目覚めに配慮

寝室は休息のための部屋なので、照明を使ってリラックスできる雰囲気にする。横になったときや、上半身を起こしたときに、電球のまぶしい光源が直接目に入らないように器具や設置方法を考える。

一方で、朝の起床時に、やや暗い早朝でも快適に目覚められるような明るさが得られるようにする。特に直接の外光が期待できない場合は、あかりを足すことも検討する。

調光と手元スイッチが基本

寝室では、すべてのあかりが調光できるのが望ましい。全般照明には、ダウンライトやシーリングライトだけでなく、壁付けブラケット照明などの間接照明を使うのもよい。

夜中に起きるときのために、足元だけを照すフットライトがあれば、まぶしい光にさらされるのを防げる。LED照明はフットライトに適し、常夜灯のように使用できる。

全般照明以外に、ベッドサイドの照明を設置すると便利である。すべての照明スイッチの点滅ができるように、部屋の入り口脇のスイッチと3路になったベッドサイドのスイッチを取り付けるとよい。最近ではリモコン機能のついたLED電球が発売されており、電球を取り替えるだけでベッドの中から点滅、調光、調色などのコントロールが可能である（巻頭ページ参照）。

収納空間の照明

納戸・クローゼットの照明は、収納されているものを確認できることが前提となる。そのために、衣服の紺と黒の違いもよく分かる、4,000Kなどの白色の電球がお薦めである。

基本は部屋の中央部に、広さに応じた本数を設置する。ダウンライトでもよいが、その場合は配光が広い器具を選ぶ。押入れのように奥まっている収納の場合は、スペースや棚の段ごとに小型のものの設置もよい。また、人感センサー付きであれば消し忘れを防げる。

全般照明
全体を均一に照らす照明方式
→p.100参照

人感センサー
赤外線で周囲の温度変化を感知して動作する仕組みになっている

寝室の基本照明

電球や光源が視界に入らない。ベッドからあかりの調整ができる

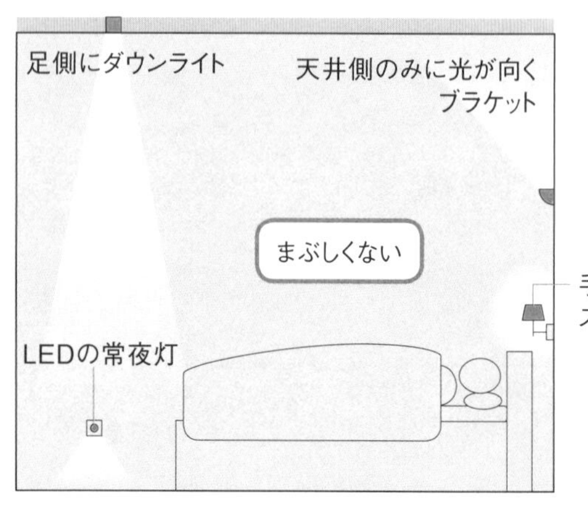

寝室の照明の配置例

悪い例 横になったとき、電球や明るい光源が視界に入ると、まぶしくて眠りを妨げる

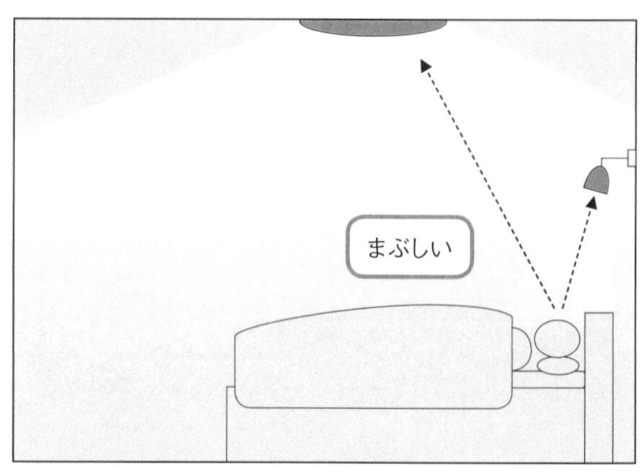

ランプ交換のみ工事なしでスマホからリモートでオンオフや調光調色のコントロールができる

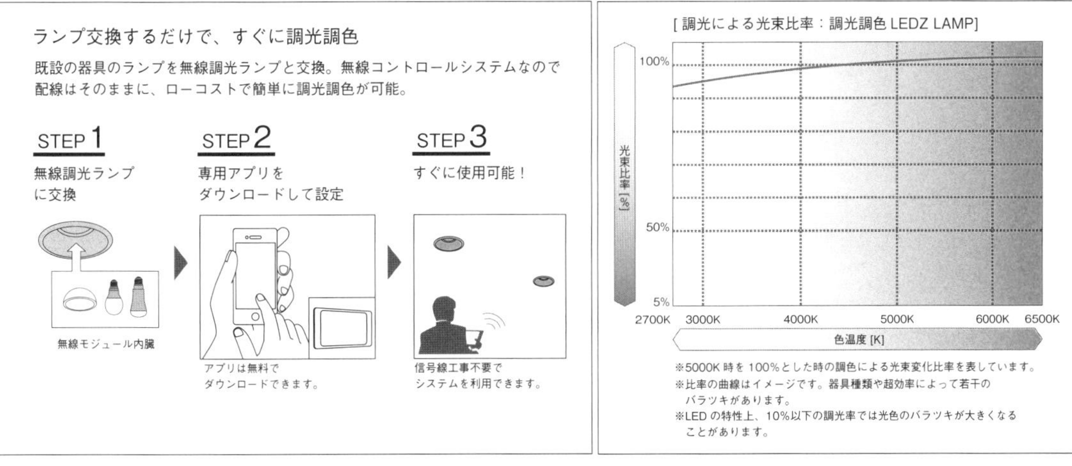

ランプ交換するだけで、すぐに調光調色
既設の器具のランプを無線調光ランプと交換。無線コントロールシステムなので配線はそのままに、ローコストで簡単に調光調色が可能。
STEP 1
無線調光ランプに交換
無線モジュール内臓
STEP 2
専用アプリをダウンロードして設定
アプリは無料でダウンロードできます。
STEP 3
すぐに使用可能！
信号線工事不要でシステムを利用できます。
[調光による光束比率：調光調色 LEDZ LAMP]
光束比率[%]
100%
50%
5%
2700K
3000K
4000K
5000K
6000K
6500K
色温度[K]
※5000K 時を100％とした時の調色による光束変化比率を表しています。
※比率の曲線はイメージです。器具種類や超効率によって若干のバラツキがあります。
※LED の特性上、10％以下の調光率では光色のバラツキが大きくなることがあります。

良い例

足元灯（明るさセンサー付）

明るさがもっとほしいときはスタンドを追加する

ダウンライト

足元灯（明るさセンサー付）

スイッチ

調光スイッチ

ダウンライトが複数ある場合は回路を分けたほうがよい。ベッドの上のダウンライトは、その場で消せるように別回路とするか、なくてもよい

上向きブラケット

スタンドまたはブラケット

上向きブラケット

クローゼットスイッチ

クローゼット

棚

棚

ドアの脇にすべての照明のオン／オフができるスイッチを付けるとともに、ベッドサイドにもすべてのオン／オフができる調光スイッチを付けて3路とする

クローゼットは、明るく照らせるライン型照明器具など。センサー付きにしてもよい

ホテルの客室の照明配置を参考にするとよい

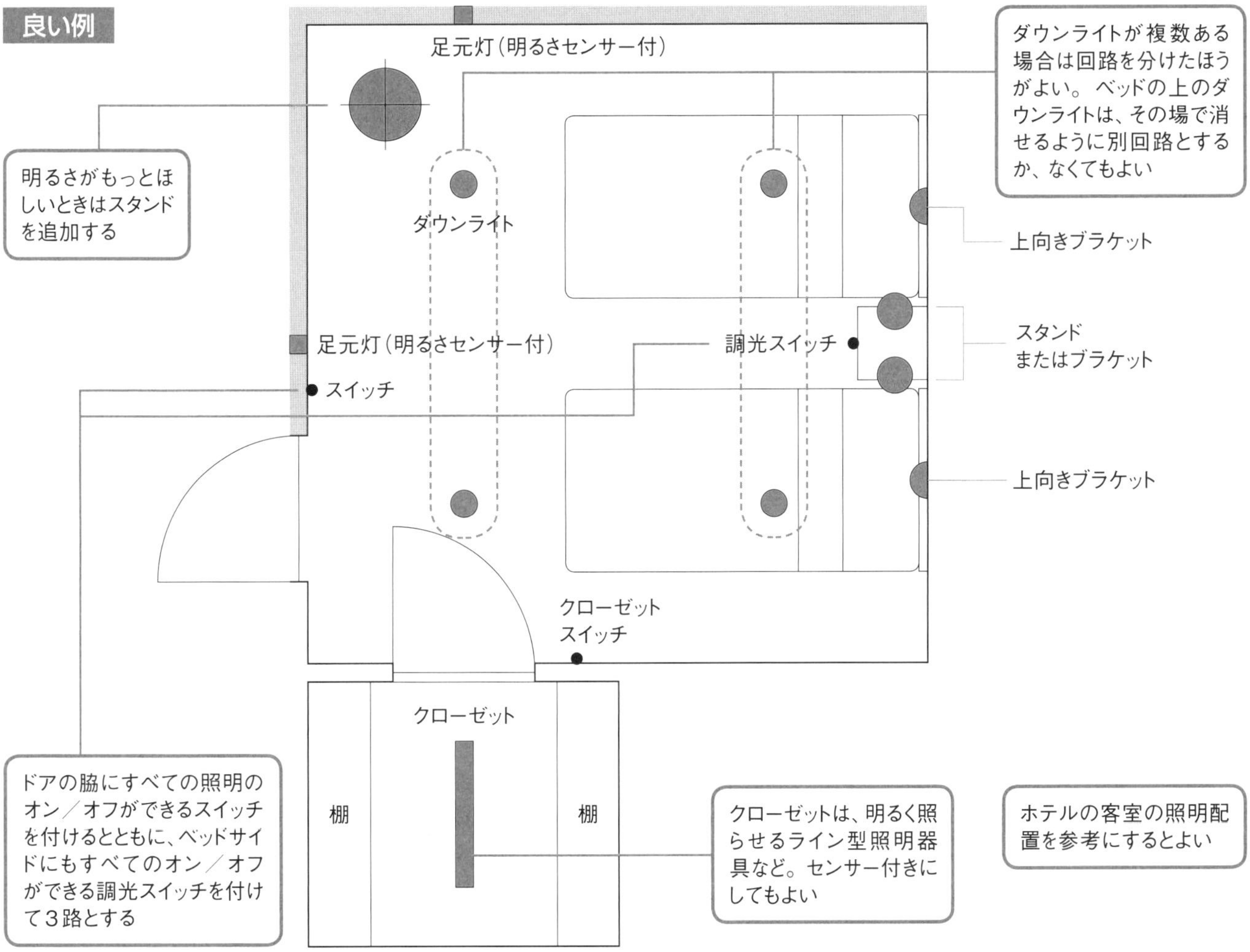

納戸・クローゼットの照明の配置例

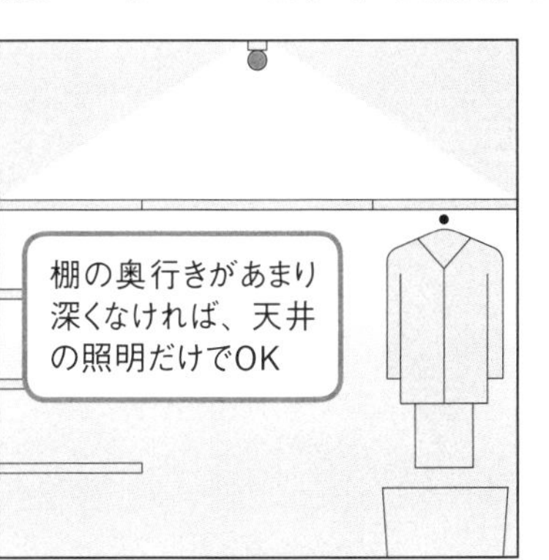

棚の奥行きがあまり深くなければ、天井の照明だけでOK

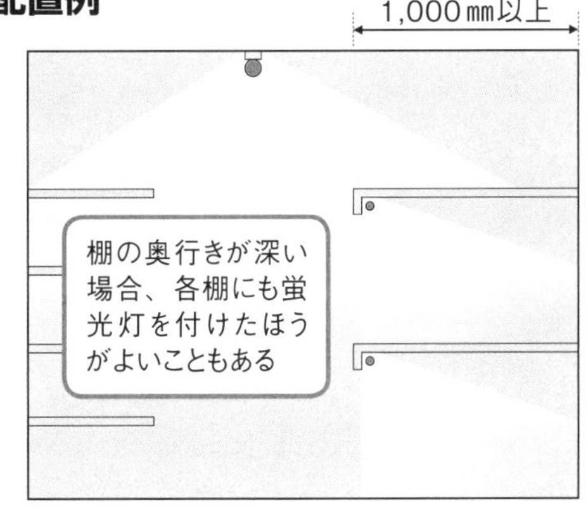

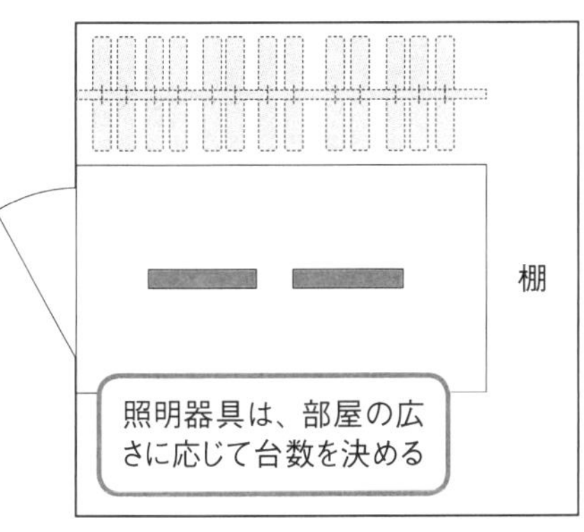

書斎・子ども部屋の照明

子ども部屋は部屋全体をくまなく明るくする

タスク照明を活用する

書斎の照明は、天井に全般照明を設置し、デスクでの作業用に**タスク照明**を設けるのが基本となる。タスク照明には、デスクスタンドを置くか、デスク上に棚がある場合は棚下照明などを取り付ける。

設置の際は、手元スイッチで点滅できるようにし、デスク上が十分明るく、かつ視界に光源が入らないつくりや納まりに配慮する。さらに、パソコンを使うときに、全般照明やタスク照明の光源がモニターに反射し、モニターが見づらくなる（反射グレア）ことがあるため、器具のつくりや、設置の位置関係に気をつける。

本棚など背の高い家具がある場合は、天板を利用した間接照明(p.124参照)で、音楽鑑賞などに有効なリッラクスした雰囲気をつくれる。また、本棚に収納した本がよく見えるように棚自体を照らすなどの工夫も必要だ。

子ども部屋の照明のポイント

子どもは、部屋のあちこちでさまざまな動きをとり、大人と違って行動に予測がつかない。また、小学校に入学する前とそれ以降とでは、部屋の役割や目的が変わってくる。そのため、基本的には、部屋全体をくまなく明るくできるように主照明にダウンライトやシーリングライトを使用する。そのうえで、勉強や読書のためにデスクスタンドを設置し、目的に合わせて使い分けられるようにしておくとよい。

寝室を兼ねている場合は、ベッドサイドにスイッチを設置するか、リモコン式の照明器具などを使用する。

子ども部屋の場合は､ランプのタイプはLEDで光色は、活気のある白色寄りにするか、くつろいだ雰囲気を重視して電球色寄りにするか、好みに応じて選ぶことができる。調光調色が簡単にできる器具を選ぶのも良い。

● タスク照明
必要な部分に局所的に光を当てる照明方式
→p.100参照

書斎の照明

基本の照明

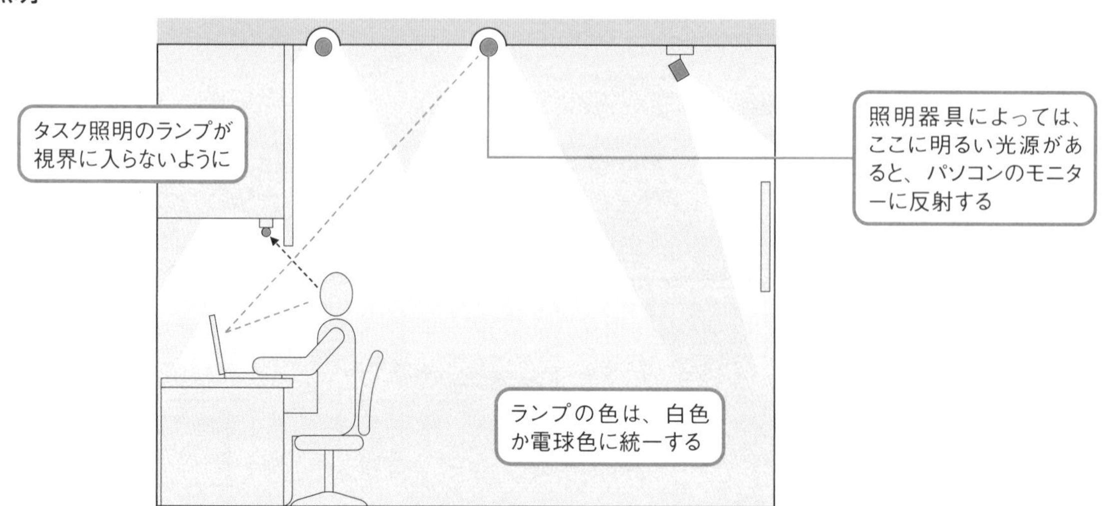

タスク照明のランプが視界に入らないように
照明器具によっては、ここに明るい光源があると、パソコンのモニターに反射する
ランプの色は、白色か電球色に統一する

子ども部屋の照明

基本の照明

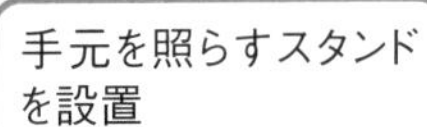

ダウンライトやシーリングライトの全般照明で、全体を明るくする

寝室も兼ねている場合は、間接照明なども用意するとよい

就学前の子どもの部屋

寝室も兼ねる場合は、リモコンで調光できるシーリングライトで、常夜灯が付いているものを選ぶ

スイッチはベッドサイド付近に設置するか、リモコンを導入して、寝ながらでも点滅制御が行えるようにする

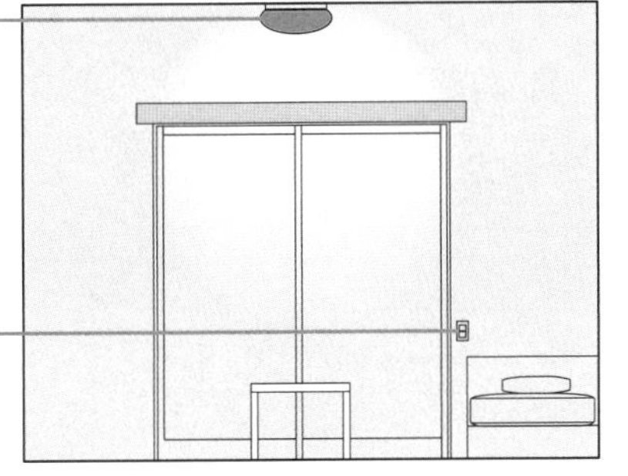

ダウンライトの場合は、横になったときに光が目に入らないよう配慮する

カーテンボックスに直管形蛍光ランプまたはLEDライン照明を内蔵させて天井面を明るくし、部屋全体に柔らかな光が廻るようにする

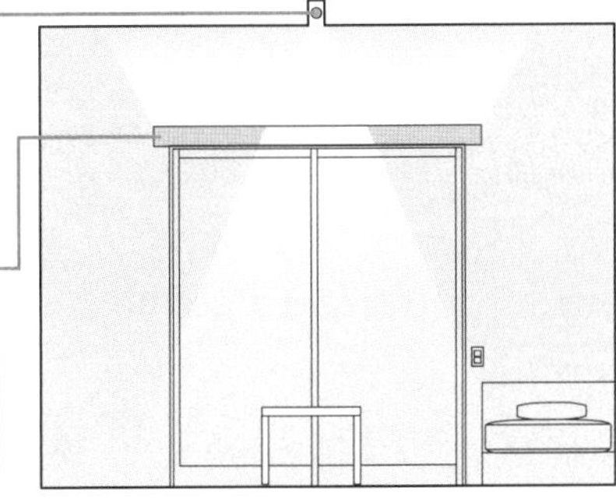

小学生以上の子どもの部屋

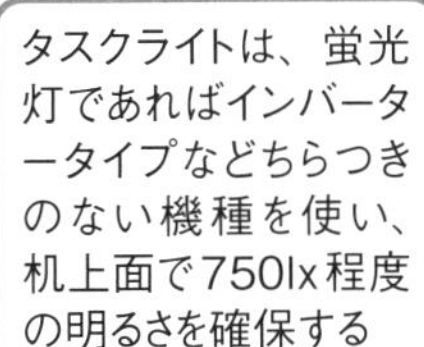

タスクライトは、蛍光灯であればインバータータイプなどちらつきのない機種を使い、机上面で750lx程度の明るさを確保する

眠るときは暖色光のほうがよいので、ダウンライトは電球色として、調光できるようにしておく

机に棚を設置する場合は、棚下にLEDライン照明を取り付けて、机上面の明るさを確保してもよい

参考）山口真美「視覚世界の謎に迫る-脳と視覚の実験心理学」（講談社、2005年）

本棚がある書斎

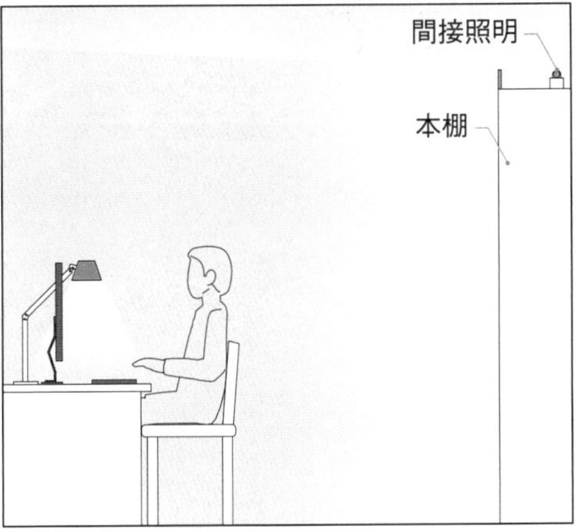

天井の仕上げが明るい場合は、背の高い家具の天板を利用した間接照明で全般の明るさを確保できる

バランス照明を設置する場合は、下から光源が直接見えないように乳白アクリルなどでカバーする

本棚がある場合は、ダウンライトなどで、本棚の本が見えるように鉛直面を明るくする

和室の照明

和紙使用の器具にこだわらず、ダウンライトやスポットライトで演出するとよい

部屋の用途を確認する

和室の用途は多様であり、リビングのコーナーに団らんスペースとして設ける場合、独立した客間とする場合、高齢者などの生活の中心として使用する場合など、さまざまである。そのため和室の照明計画は、その部屋がどのような位置づけで使用されるかによってケース・バイ・ケースで考える。

洋風リビングのコーナーにある和室は、生活の中心的なスペースに準じるものと考えられるので、リビングの照明計画(p.76参照)と同様に考え、洋風リビングとの一体感が出るようにする。

和風テイストにこだわらない

和室には、白色光源ランプの入った和紙貼り調のペンダントやシーリングライトが取り付けられることがよくある。しかし、和室には照明と相性のよい素材が多いので、ダウンライトやスポットライトを使って演出するのも1つの方法である。和のテイストにこだわる必要はない。ペンダント型の器具を取り付けるときは立った人の頭にぶつからない高さに吊るすことに気をつける。

なお、ダウンライトやスポットライトでは天井面の明るさが得られないので、天井面の木目を美しく照らしたい場合は、低いスタンドなどを併用するとよい。

床の間は、電球型かライン型のLED間接照明により、上から下にかけて、グラデーションの光で照らす。また、床板の上に花器などが置かれている場合は、垂れ壁の背後にナロータイプのLEDスポットライトなどを取り付け、花器だけに光を当てることで、床の間が本来もつギャラリー的な性質を強調できる。

- 垂れ壁
  開口部の上にあり、天井から垂れて下がったような壁。鴨居の上の小さな壁などを指す。防煙区画としても重要
- ナロータイプ
  光の広がりであるビーム角が狭角のタイプ。広角のものはワイドタイプという

和室の基本照明

平天井+シーリングライト

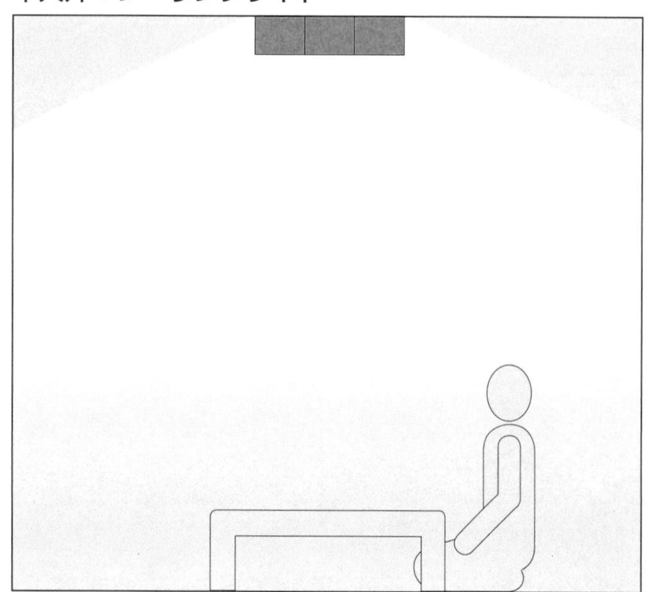

格子天井+ペンダント

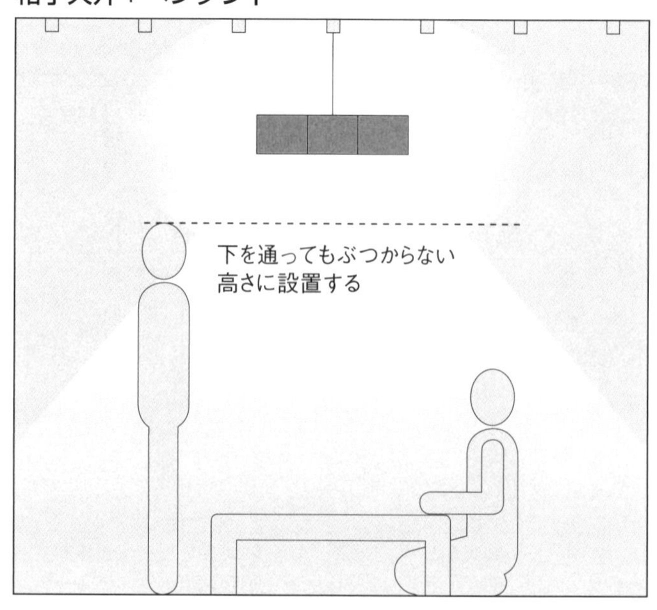

天井のスタイル別の器具選び

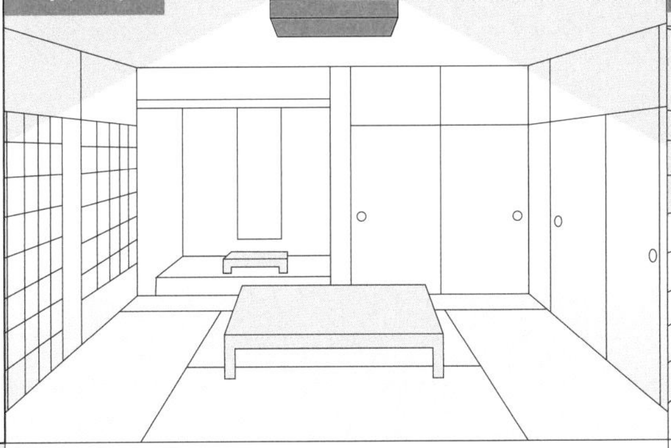

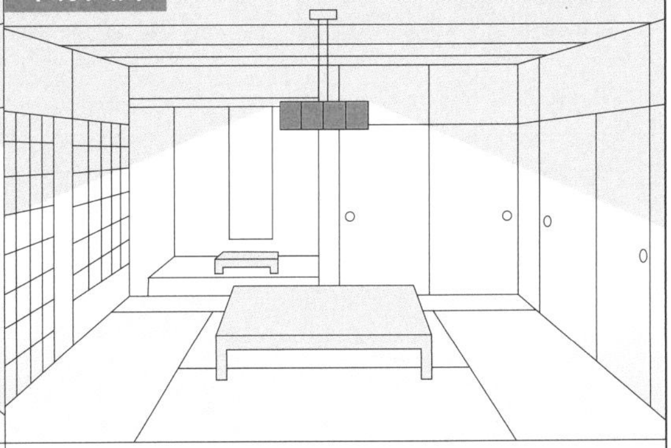

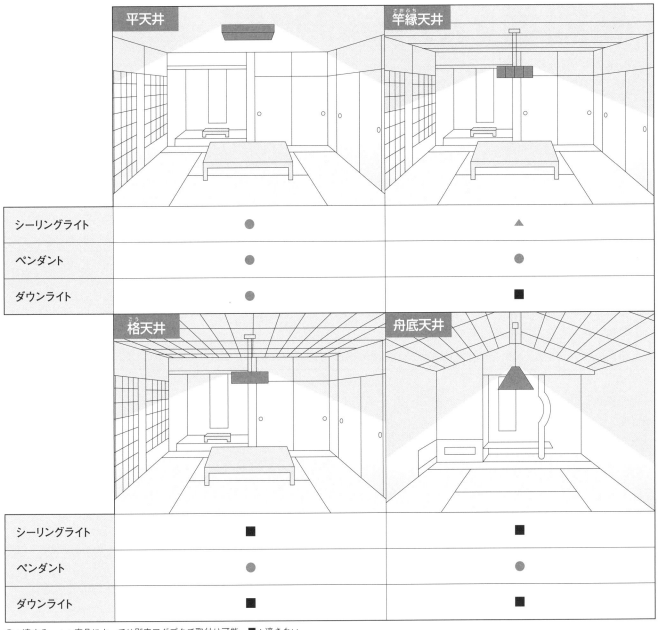

	平天井	竿縁天井
シーリングライト	●	▲
ペンダント	●	●
ダウンライト	●	■

	格天井	舟底天井
シーリングライト	■	■
ペンダント	●	●
ダウンライト	■	■

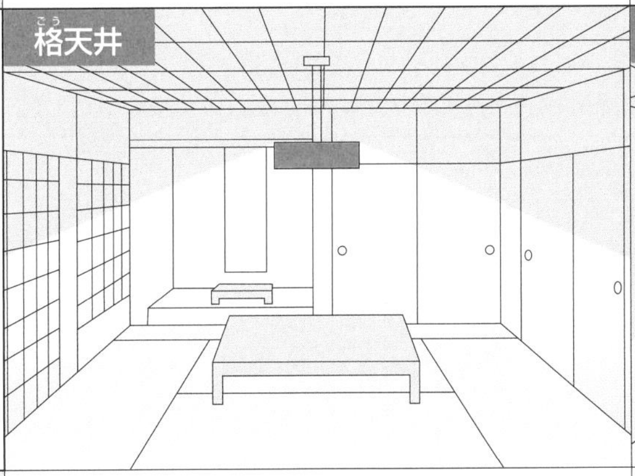

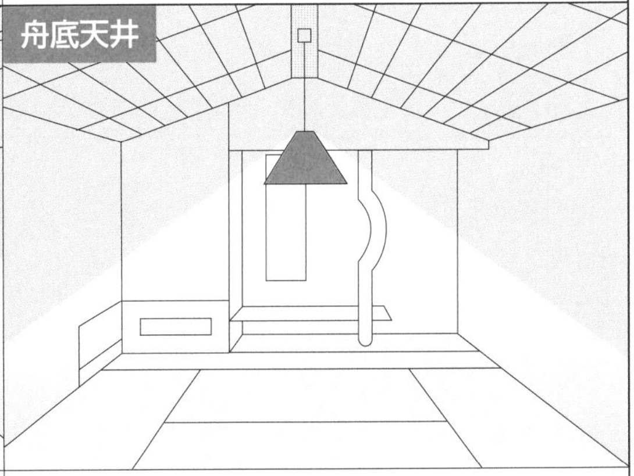

●：適する　▲：商品によっては別売アダプタで取付け可能　■：適さない

床の間の照明

洋風の器具を使用した場合

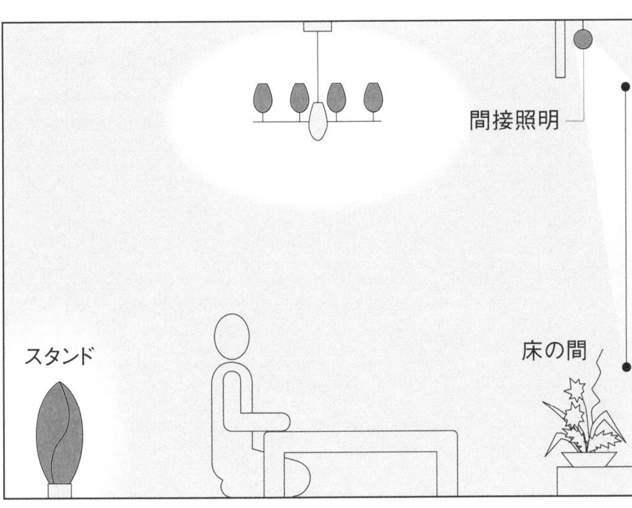

ダウンライトやスポットライトを使用した場合

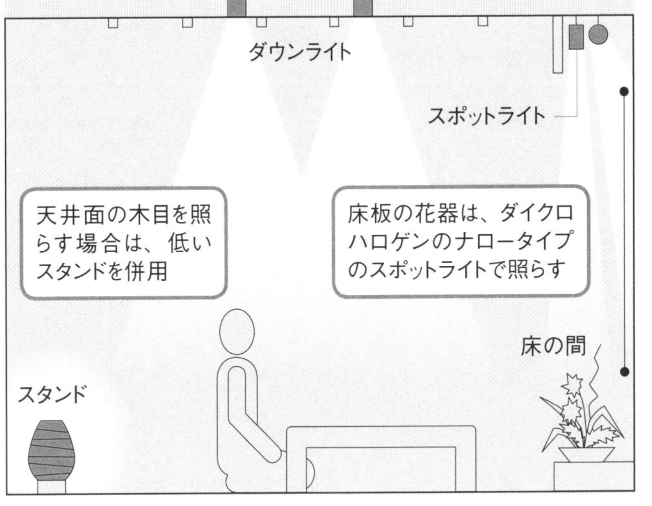

高齢者のための照明

高齢者の光環境では、明るさの確保、光環境の質の向上、不快グレアの防止などが重要になる

高齢者の目の特性

高齢者の光環境で大切なのは、加齢による視覚特性の変化を知ることである。視力や焦点調節力、色識別力など、視覚特性の低下は20代後半から始まり、40代後半からは高齢者の範疇に属する。したがって、高齢者の照明というより、通常の光環境の延長としてとらえたほうがよい。

高齢者の視覚特性の例を挙げると、一般に視野内に輝度の高い光源がある場合、その光が眼球内で散乱するが、高齢者になるほどその散乱が大きくなる。そして、物が見えにくくなったり、不快に感じる度合いが大きくなる。また、高齢者になるほど、低い輝度でも不快なまぶしさを感じるといわれる。

高齢者が和室を使用する場合は、部屋全体が明るめになるように主照明を設置する。また、天井や壁は茶色やベージュなどが多いので、白い部屋に設置するのと同程度に想定すると、暗くなってしまうので注意する。

高齢者に適した光環境

高齢者に適した光環境を作るポイントは次のとおりである。

①明るさの確保　高齢者の居住空間ではJISの照度基準を高めに設定する。食卓や書斎は基準の約2倍、居間などの全般照明は約3倍、夜間の廊下や寝室では約5倍が目安。

②光環境の質の向上　光色や演色性が優れた光源で、人の顔色が明るく健康的に見え、食事がおいしそうに見えるようにする。

③不快グレアを防止　高輝度の光源や器具を視界から除去し、グレアを除去する。光源の色温度は低いほうが不快感が少ない。

④安全・安心の確保　明るい場所から暗い場所へ急に移ると、目が順応しにくく危険なため、できるだけ明暗の差を出さない。

⑤操作性や維持管理に配慮　日常生活で動きやすい位置に照明器具やスイッチを設置する。また、ランプ交換や清掃などのとき、不安定な姿勢にならなくてもよい器具を選ぶ。

高齢者が和室を使用する場合

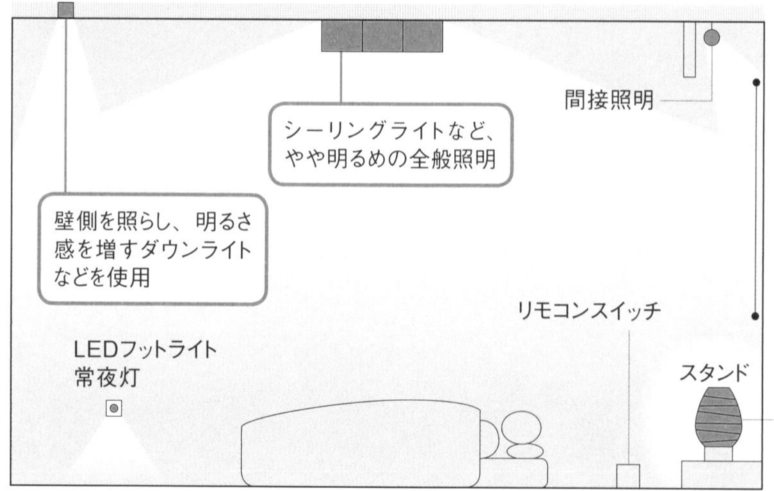

高齢者が和室を使用する場合は、多目的に使う寝室として考える

あかりのオン／オフは、壁のスイッチとリモコンスイッチを併用

スタンドは寝る前のあかりにもなる

高齢者と若者との光環境の比較

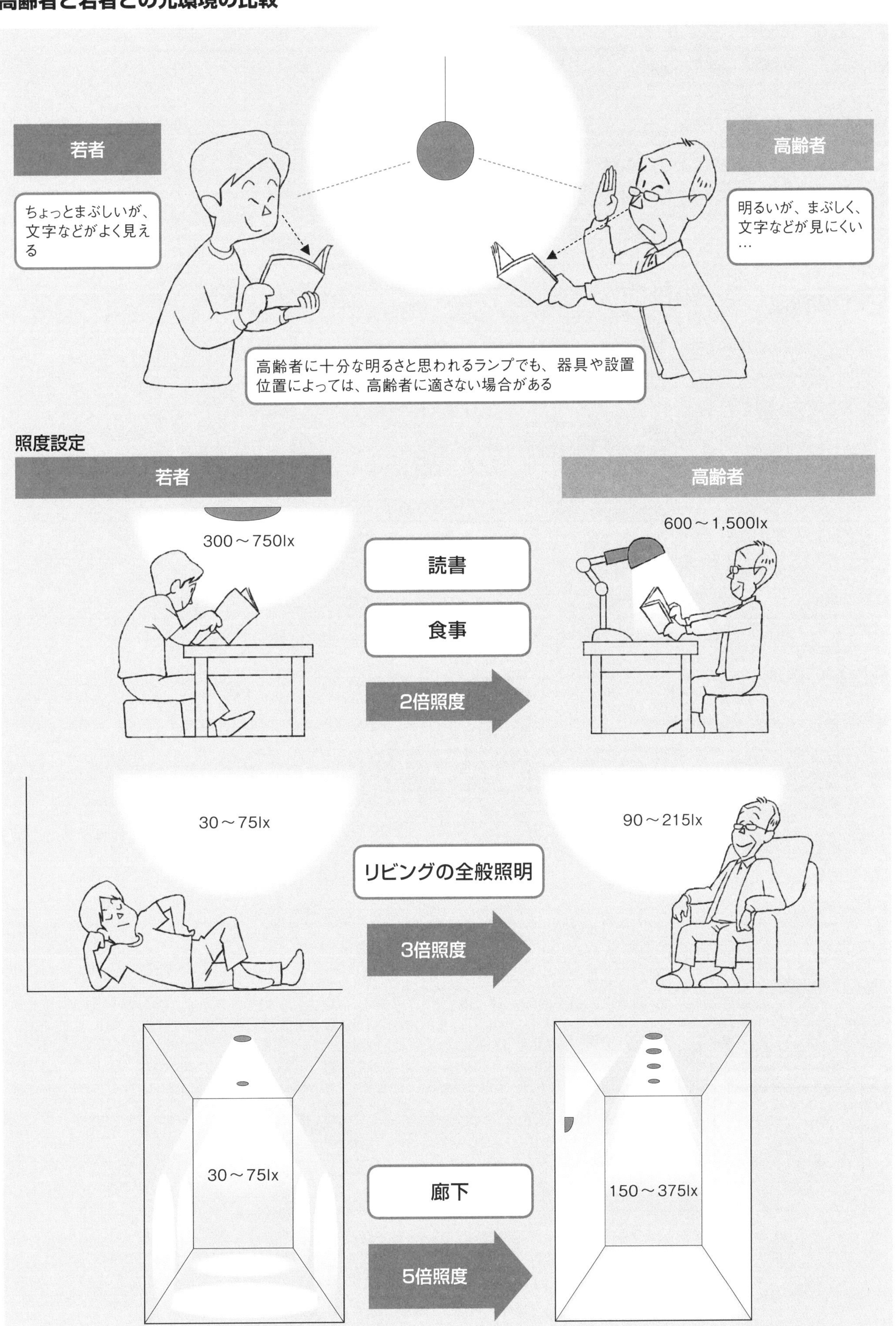

サニタリーの照明

人の出入りごとに点滅するトイレは、白熱灯かLEDが適切。洗面室のランプは演色性の高さで選ぶ

トイレの照明

トイレの照明は、人の出入りごとに点滅を繰り返すので白熱灯かLEDが適切である。また、消し忘れを防ぐためにはセンサー付きも有効となる。器具はダウンライト、ミニシーリングライト、ブラケットなどを使い、通常は１台で足りる。

設置位置は部屋の中心部にして、部屋全体を明るくする。内部に手洗い器がある場合、その上部にナロー配光のダウンライトなどを追加すると、演出効果が高められる。

洗面室の照明

洗面室の照明は、洗面台とミラーのセットが中心となる。洗面室は健康管理や、化粧などの使用にかかわるので、顔色がよく見え、顔の陰影があまり強く出ないよう、ミラーの上部か左右に、顔を照らすブラケットなどのあかりを設置するとよい。

ランプは演色性の高いものを選ぶ。部屋の大きさによっては、それだけでも十分な明るさを確保できる。

さらに、洗面台のシンクの真上に１台、ナローかミディアム配光のダウンライトかスポットライトを設置すると、洗面器が輝くようになり、下からの反射光も見込まれ、雰囲気がグレードアップする。また、洗面室には洗濯機が設置されることも多く、その位置も考慮したほうがよいこともある。その場合、部屋の大きさに応じて、天井に主照明としてダウンライトなどを設置する。

浴室の照明

浴室の照明は、部屋全体を明るく、清潔に見えるようにする。器具は必ず防湿型以上の耐水性をもったものを使用する。ダウンライト、シーリングライト、ブラケットが一般的である。浴室内にミラーがある場合は、ミラー廻りが十分明るくなるようにする。

浴室でも間接照明や調光スイッチを設置したりして、雰囲気のある光をつくるとよい。

トイレの照明

部屋の中央、または便器の鼻先にダウンライトやシーリングライトを設置。やや広い配光にする
ハロゲンランプなどのダウンライト

手洗い器の真上に、狭角配光のハロゲンランプを設置することで雰囲気がグレードアップ。広いトイレなら、間接照明などを設けてもよい

トイレに吊り戸棚がある場合

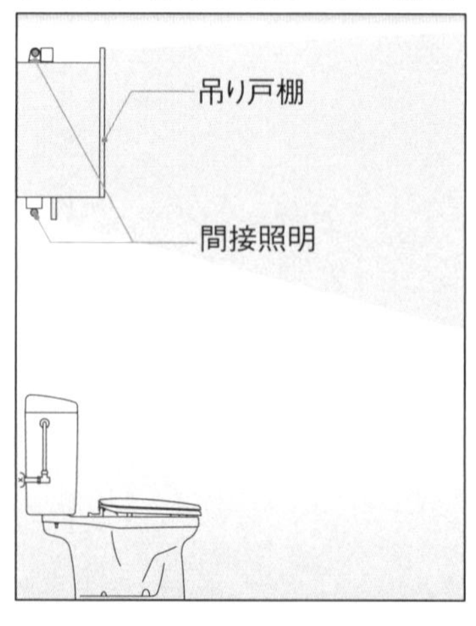
吊り戸棚
間接照明

トイレ内に吊り戸棚を設置する場合は、棚の上下を間接照明にすると、店舗のような雰囲気が演出できる

洗面室の照明

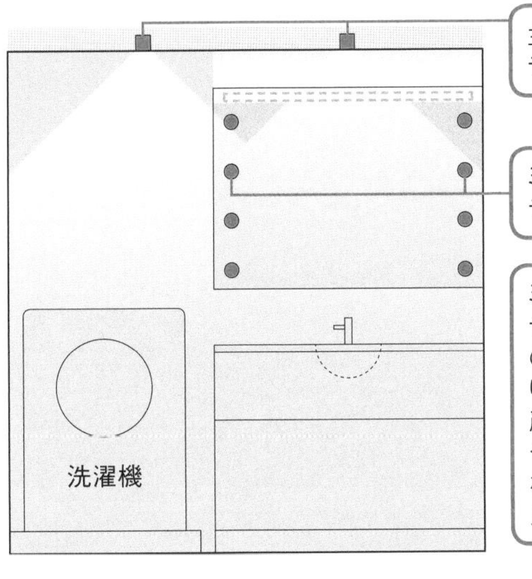
主照明はダウンライトなどを使用
ミラー左右にブラケット
ミラー左右のブラケットと、上部の間接照明により、ミラーに映る顔に不自然な影や強すぎる影がなくなり、よりよく見える
洗濯機

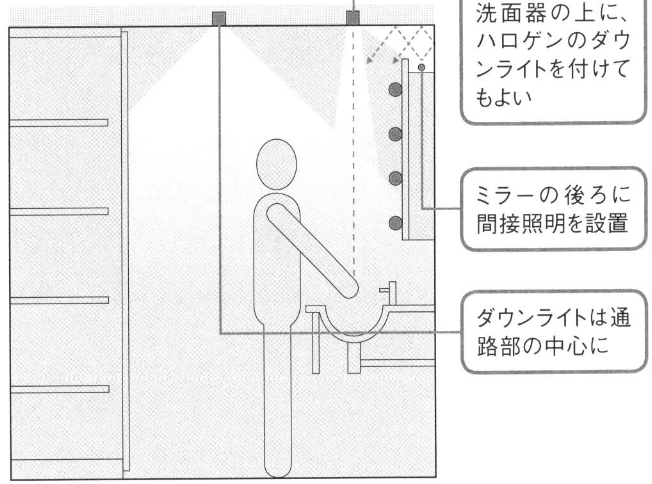
洗面器の上に、ハロゲンのダウンライトを付けてもよい
ミラーの後ろに間接照明を設置
ダウンライトは通路部の中心に

洗面室のブラケットのバリエーション

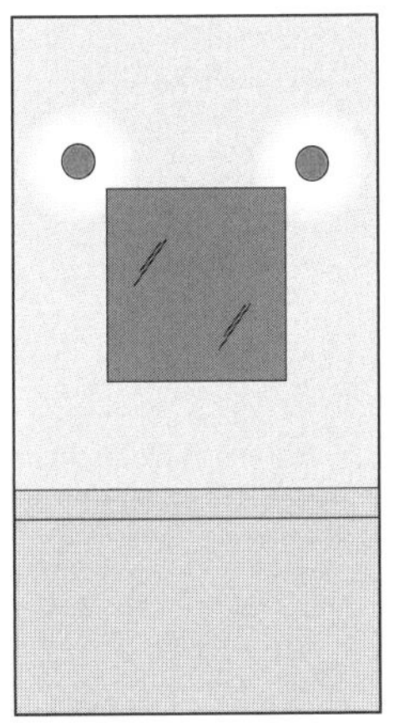

鏡廻りのブラケットは、顔の上部と両側から光を当てるのが一般的

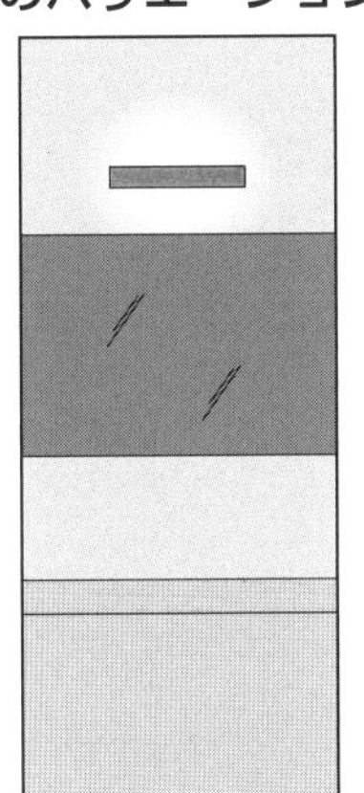

鏡の両側に設置スペースがない場合は、上部に横長のブラケットをつける

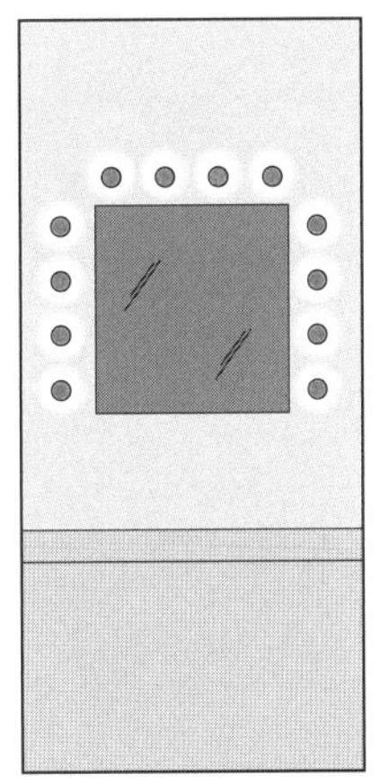

小さなフロストの光源を鏡の周囲に設置する「ブロードウェイライティング」は、顔の見え方が最もよいといわれている照明

洗面室の間接照明

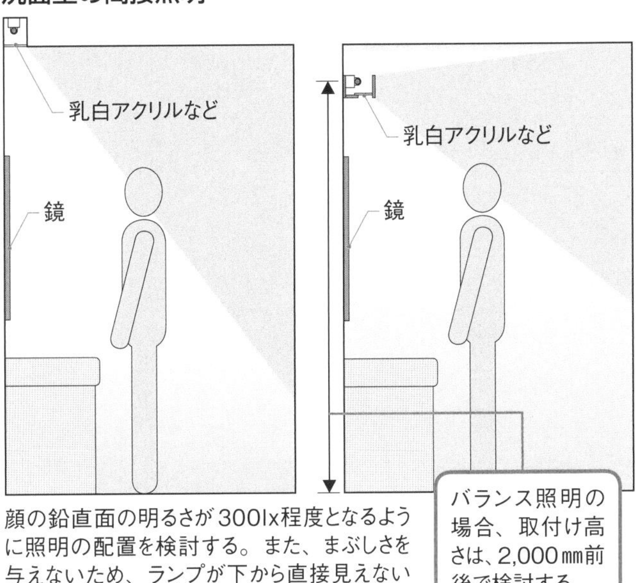
乳白アクリルなど
鏡
乳白アクリルなど
鏡
バランス照明の場合、取付け高さは、2,000㎜前後で検討する

顔の鉛直面の明るさが300lx程度となるように照明の配置を検討する。また、まぶしさを与えないため、ランプが下から直接見えないように乳白アクリルなどでカバーする

浴室の照明

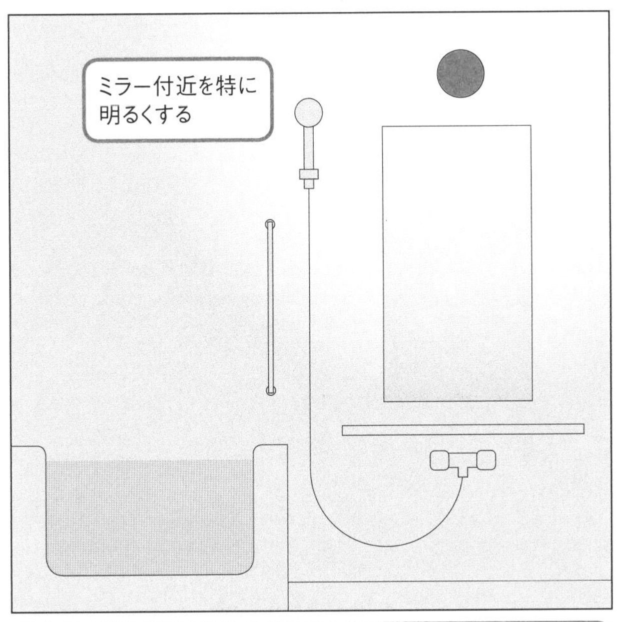
ミラー付近を特に明るくする

器具は防湿型以上の耐水性があるものを使用する

浴室のダウンライト

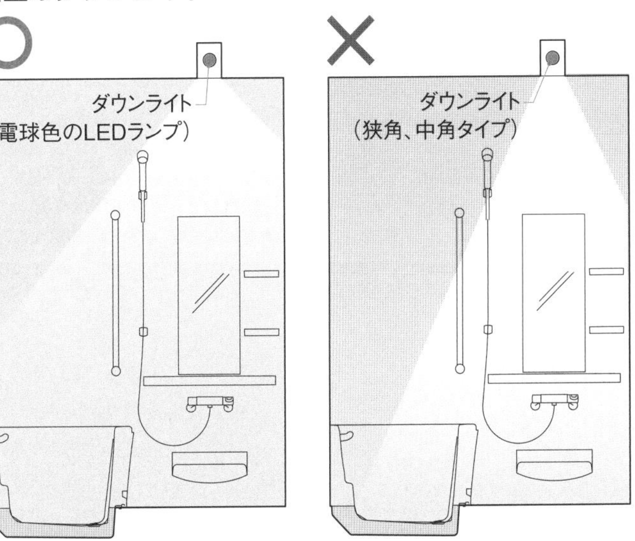
○
ダウンライト
(電球色のLEDランプ)
×
ダウンライト
(狭角、中角タイプ)

狭角、中角のダウンライトは、陰影が強すぎて高齢者には目が疲れやすくなるおそれがある。ランプ交換もしにくい場所なので、一般住宅では配光が広い電球色のLEDランプを使うとよい

廊下・階段の照明

階段では上下階の移動があるので、光源の見え方や設置位置に気を付ける

廊下の照明

廊下の照明は、省エネにも配慮し、スイッチの位置やセンサーの利用などで消し忘れを防ぐ工夫が必要である。廊下は幅が狭いので、少ない照明で足りる。廊下が長い場合は、両端でそれぞれ点滅できるように3路スイッチを用意し、また人感センサー付きにして人がいるときのみ点灯させる。

廊下に本棚やデスクコーナー、収納などがある場合は、必要に応じてそれぞれの場所にあかりを追加する。これらは別の点滅スイッチにするほうが使いやすい。

ブラケット照明を設置するときは、廊下の幅がせまいことを考慮し、出っ張りの小さいものを選ぶ。やや上方に取り付けて通行の障害にならないようにする。廊下の壁に絵などを飾るときは、ダウンライトを壁よりに設置するとよい。また、深夜のトイレなどのためのあかりは、LEDなど暗めのフットライトを別に用意する。

階段の照明

階段の照明は、段差がよく見えるように、十分な明るさが必要である。また、段の上り下りによる視線の高さの変化で、あかりの光源の見える位置関係が変わってくる。視界に近いところに明るい光源がある場合、明るさに目がくらんで足元が見えにくくなるため、踏みはずしの事故が起こらないように、光源の見え方、設置位置に十分気を付ける。

電球交換などのメンテナンスも、行いにくいので注意する。ブラケット照明は比較的低い位置に付けられるので、メンテナンス上はよいが、まぶしく見えないか、邪魔にならないかなどをチェックする。また、階段室の天井からペンダントなどを吊るす場合は、上下階からのまぶしさも確認する。吹抜けにはダウンライトは不向きである。深夜の歩行用には、廊下と同様にLEDのフットライトなどを別に設置する。階段照明の主要なあかりをフットライトにすれば、演出効果も高い。

3路スイッチ
ひとつの照明器具のスイッチを2カ所に設置し、どちらからでもオン、オフができるもの

フットライト
足元から照らす照明のことで、舞台の床の前縁に取り付けて照らす、いわゆる脚光

廊下の照明

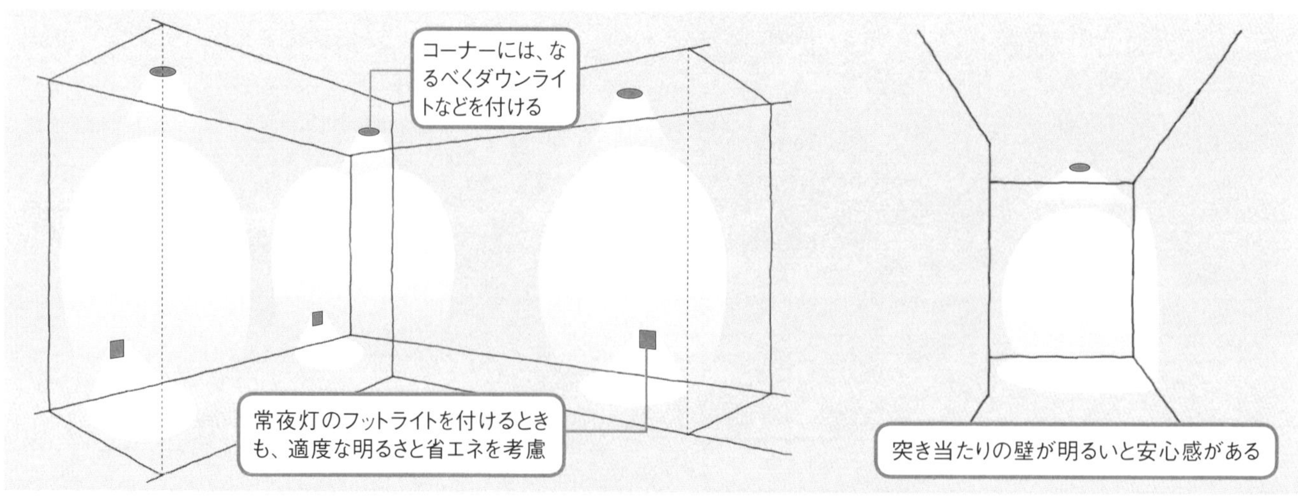
コーナーには、なるべくダウンライトなどを付ける
常夜灯のフットライトを付けるときも、適度な明るさと省エネを考慮
突き当たりの壁が明るいと安心感がある

階段の照明

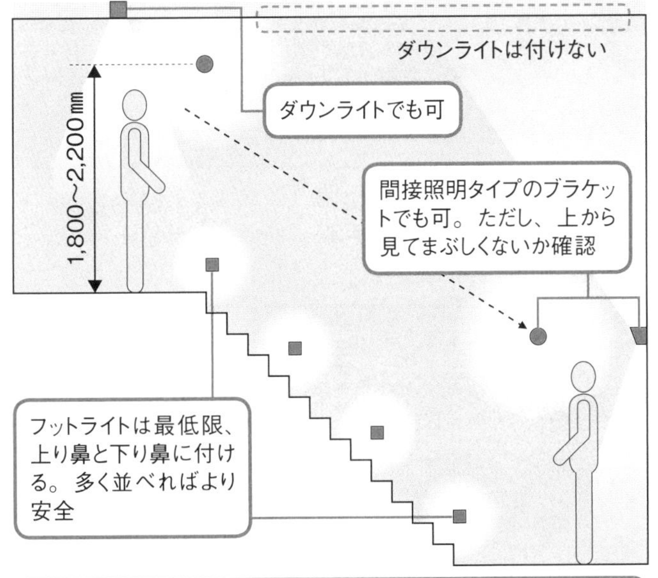

ダウンライトは付けない
ダウンライトでも可
1,800～2,200㎜
間接照明タイプのブラケットでも可。ただし、上から見てまぶしくないか確認
フットライトは最低限、上り鼻と下り鼻に付ける。多く並べればより安全

ブラケットはメンテナンスしやすい位置に取り付け、出っ張りが小さいものを選ぶ

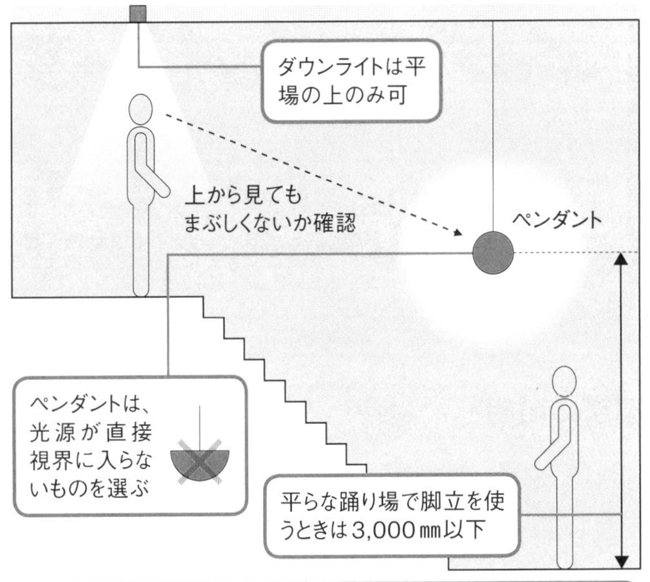

電動の昇降装置付きの場合は、ペンダントやシーリングライトなどを自由に付けられる

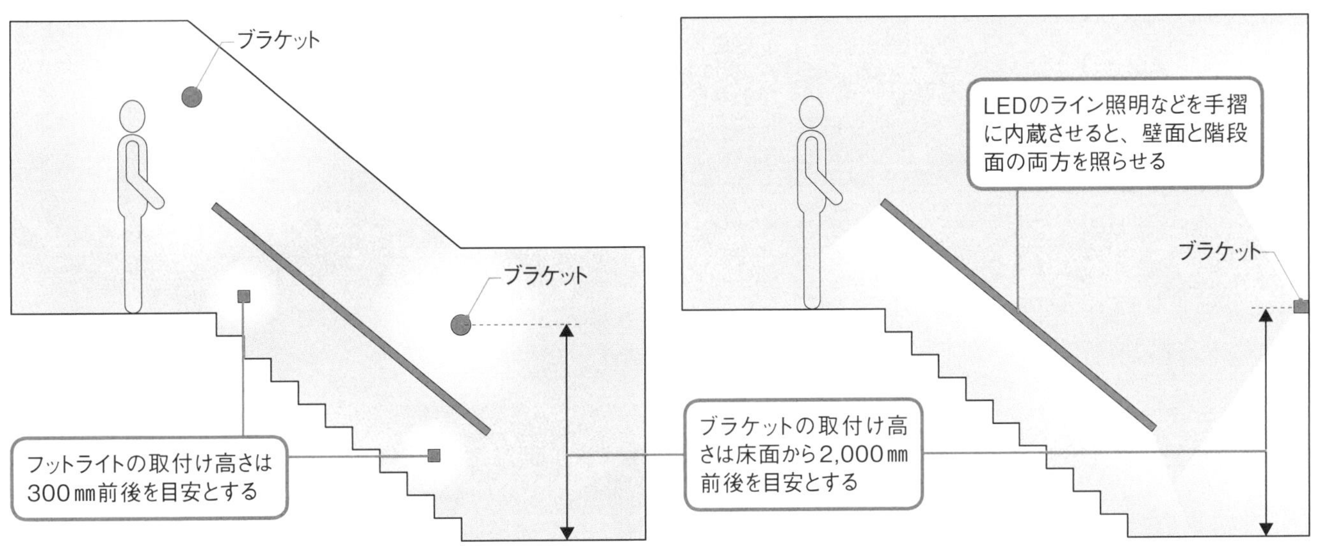

ブラケットを設置する場合は、上から見てもランプのまぶしさが目に入らない器具を選ぶ。トイレへの動線の途中に階段がある場合は、フットライトを併設するとよい（ダウンライトを使う場合も同様）

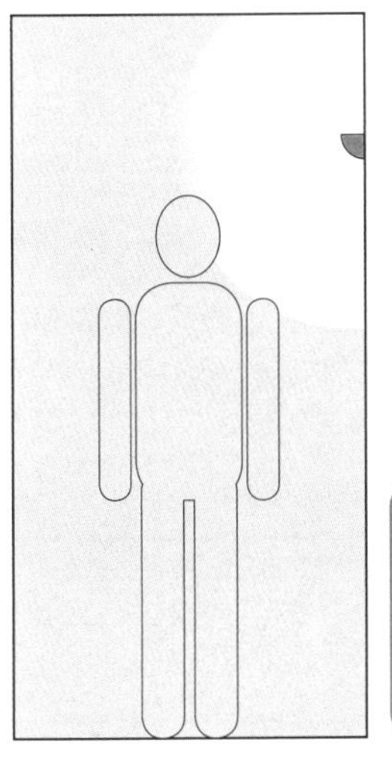

廊下が狭い場合、ブラケットは小ぶりのものを、頭より少し上の高さに付ける

絵画を照らすダウンライト

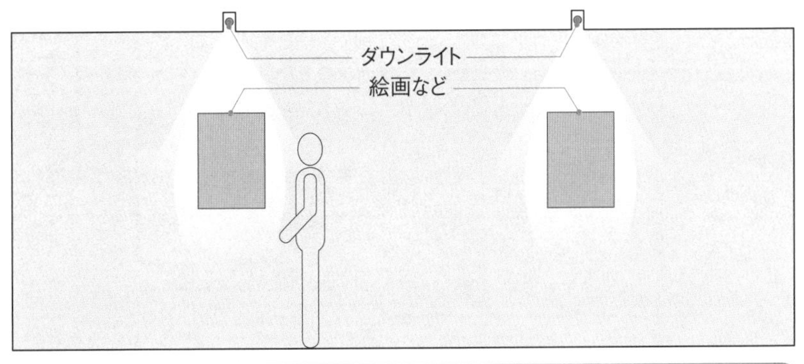

廊下に絵などを飾る場合は、ダウンライトを壁寄りに設置して壁に光が当たるようにすると、ギャラリーのような雰囲気を演出できる

玄関・アプローチの照明

玄関の照明は、人が顔を確認できる位置に設置する。アプローチは防湿型または防雨型以上の器具を選ぶ

玄関の照明

玄関は居住者が家に戻ったとき、安心する場所であるとともに、訪問客を迎える場所でもある。そのため照明は一定以上の明るさを確保し、入ってきた人と、迎える人の双方が顔を確認できる位置にダウンライトやシーリングライト、ブラケットなどを設置する。

玄関に入って、その奥の正面に壁がある場合、その壁が暗いと、玄関は暗い印象を与える。このような場合は、正面の壁も明るく照らし、スペースを広く感じさせて、第一印象をよくする。あかりの光色は白色よりは電球色のほうが暖かい印象を与える。また、玄関の照明のスイッチは帰宅時に点灯しやすいように、なるべくドアのそばに設ける。さらに、室内側にもう1つスイッチを設けて、3路スイッチにすると、さらに使い勝手がよくなる。

アプローチの照明

アプローチは、訪問客に対して、その家の第一印象を決める場所である。照明には、ドアの脇に取り付けるブラケットやスポットライト、軒下に取り付けるダウンライトやシーリングライトなどがあり、必ず防湿型か防雨型以上の性能をもつ器具を選ぶ。デザインや広さにより、低いポール型照明や、床に埋込むアッパーライトなどで演出効果を高める。

ブラケットやスポットライトを1台のみドアの脇に設置する場合は、必ずドアの開き側に取り付ける。ヒンジ側だと、ドアを開けたとき訪問者が暗がりにいることになるので注意する。また、照明の点滅は防犯と省エネを兼ねて、人感センサーや明るさセンサー、タイマーなどを組み込む。門がある場合は、敷地全体の広さなどを検討し、防犯や安全な歩行に必要な部分に照明の設置を検討する。

● アプローチ
道路や広場、また門扉など敷地の入口から玄関など出入り口へと導く通路

玄関の照明

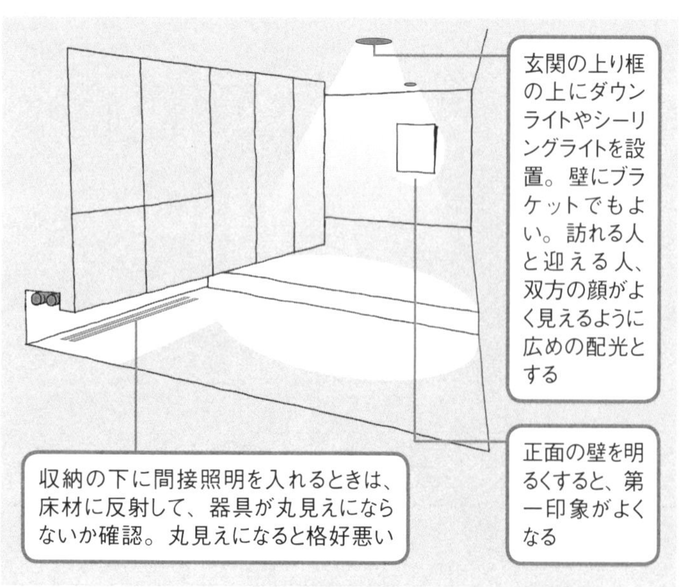

玄関の上り框の上にダウンライトやシーリングライトを設置。壁にブラケットでもよい。訪れる人と迎える人、双方の顔がよく見えるように広めの配光とする
正面の壁を明るくすると、第一印象がよくなる
収納の下に間接照明を入れるときは、床材に反射して、器具が丸見えにならないか確認。丸見えになると格好悪い

鏡がある場合

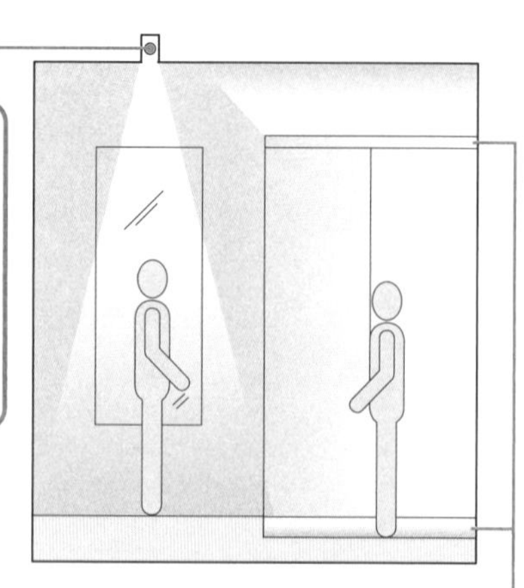

玄関に鏡を設置する場合は、顔色や洋服などの色を確認できるように、鏡の前を局部的に明るくする。明るさは500lx程度を目安にする
玄関収納の上下に照明器具を設置して間接照明を行うことも可能。ただし、床面がタイルや御影石の磨き仕上げなど、光沢がある仕上げの場合はランプが映り込んでしまうので、事前に素材との組み合わせを検討しておく

アプローチの照明

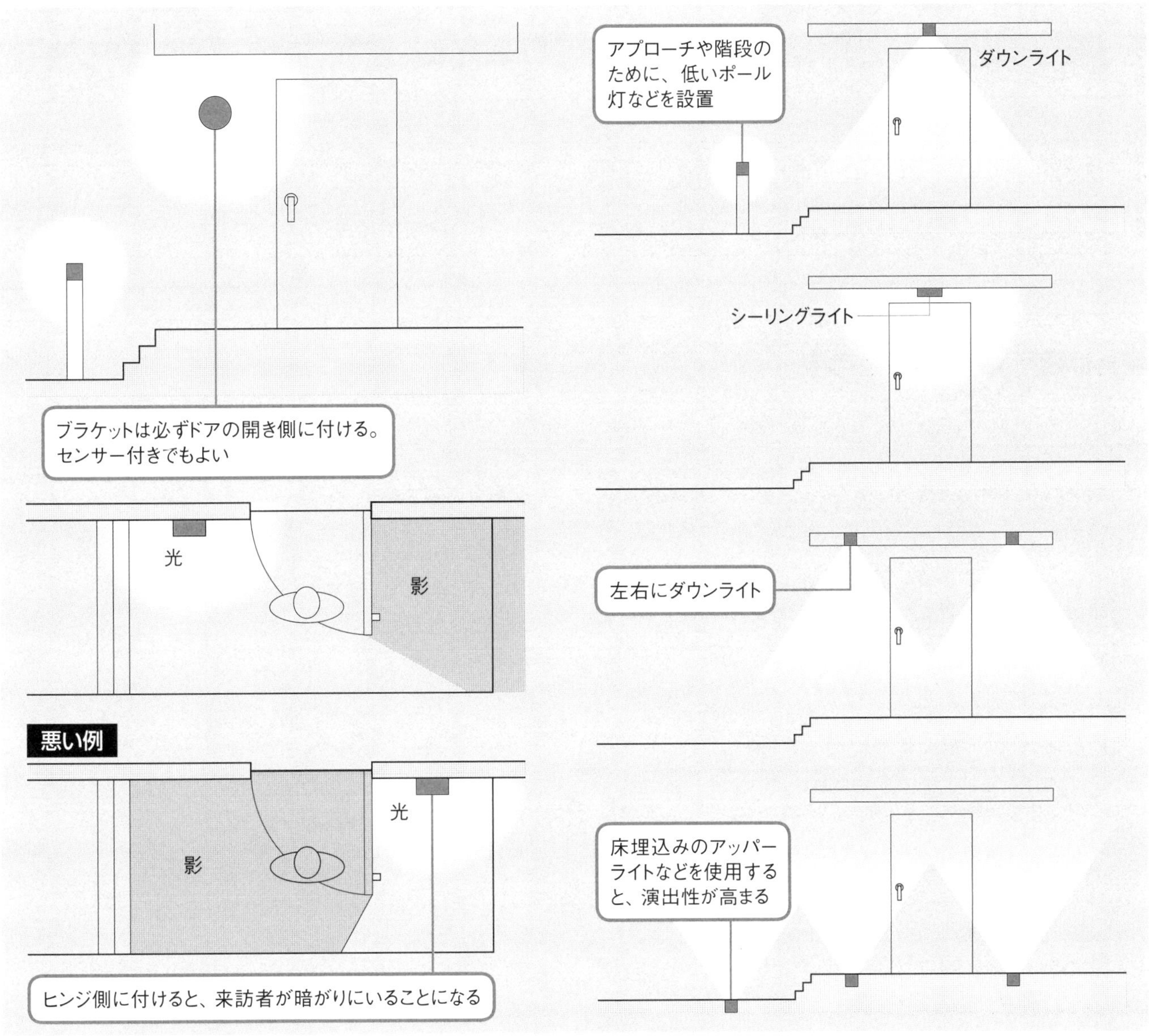

ブラケットは必ずドアの開き側に付ける。センサー付きでもよい

光

影

悪い例

影

光

ヒンジ側に付けると、来訪者が暗がりにいることになる

アプローチや階段のために、低いポール灯などを設置

ダウンライト

シーリングライト

左右にダウンライト

床埋込みのアッパーライトなどを使用すると、演出性が高まる

人感センサー付きの照明

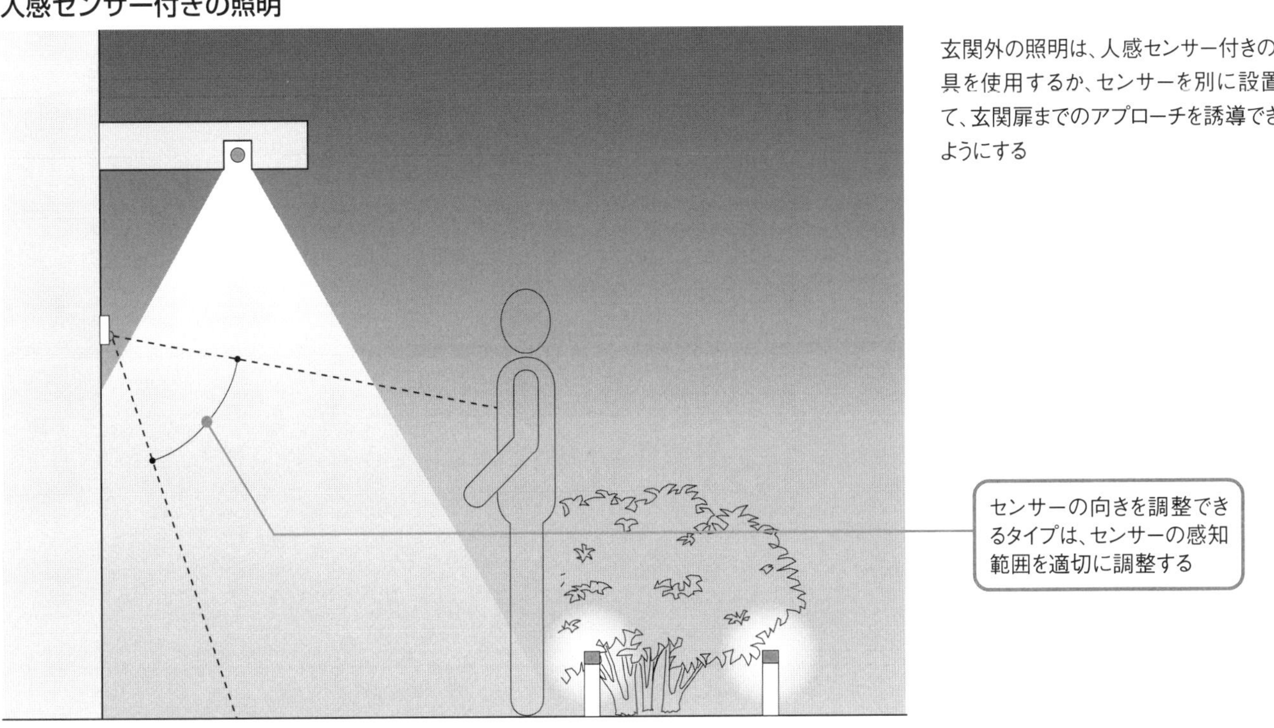

センサーの向きを調整できるタイプは、センサーの感知範囲を適切に調整する

玄関外の照明は、人感センサー付きの器具を使用するか、センサーを別に設置して、玄関扉までのアプローチを誘導できるようにする

庭・テラス・バルコニーの照明

あかりは、1カ所集中よりも、分散させて立体的にする。配線は地中内に埋設し、室内側からコントロールする

屋外は随所に小さなあかりを

庭・テラス・バルコニーなど屋外の照明は、植栽や樹木を地面や床から照らし上げたり、フェンスや壁に光を当てて奥行きを見せたり、地面を照らして歩行の安心感と広がりを強調したりする。1カ所を集中的に照らすより、小さなあかりを分散させて、奥行きや広さを見せることが大切である。

器具は防雨型か防水型を選び、あかりはセンサーやタイマーで点滅させ、防犯上のポイントには人感センサーを使う。光源は、LEDが主流となっている。設置の際は、近隣や通行人に配慮し、あかりを照らす向きに気をつける。イルミネーションなどはイベントの華やかさを演出することもできる。

室内との連続性を考慮する

室内から見える庭やテラスは、適切に照明を配置することで、夜間でも室内との連続性をつくり、空間を豊かに演出できる。

室内と屋外の連続性には、明るさのバランスに気を配ることが第一である。窓ガラスを完全に開放することができるのは、1年を通じてもそう多くはない。したがって、ガラスで隔てられる状態が多いが、このとき屋外に比べて室内が明るいと、ガラス面がミラーのようになり、室内の光がガラス面に反射し、視覚的な外への広がりは閉ざされてしまう。外への広がりを感じられるようにするには、調光スイッチなどを使い、室内に比べて屋外がやや明るくなるように、明るさのバランスを保つ(p.118参照)。

方法としては、窓に近い屋外の床に光のたまりをつくることが有効である。ベランダやバルコニーがあまり広くない場合は、手摺の低い部分や、植栽のポットやガーデンのオブジェなどに光を当てるとよい。

屋外用の照明

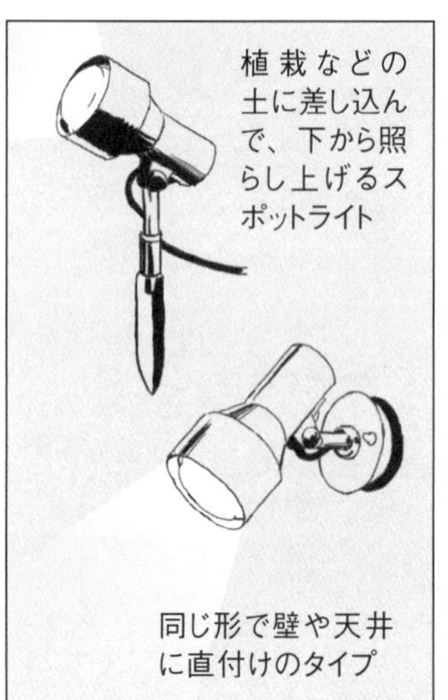
植栽などの土に差し込んで、下から照らし上げるスポットライト

同じ形で壁や天井に直付けのタイプ

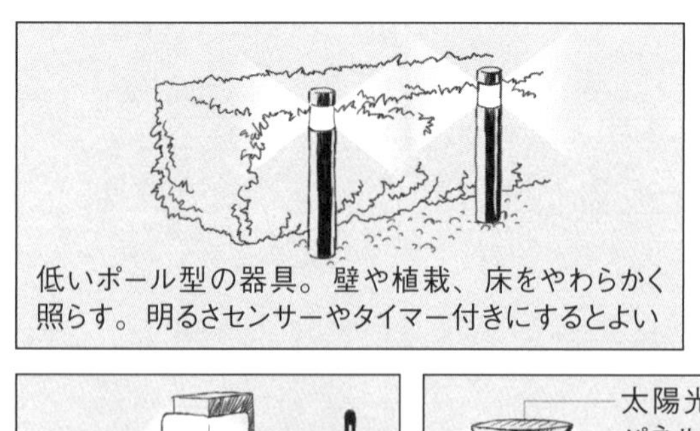
低いポール型の器具。壁や植栽、床をやわらかく照らす。明るさセンサーやタイマー付きにするとよい

壁付きのブラケット。さまざまなデザインのものがある

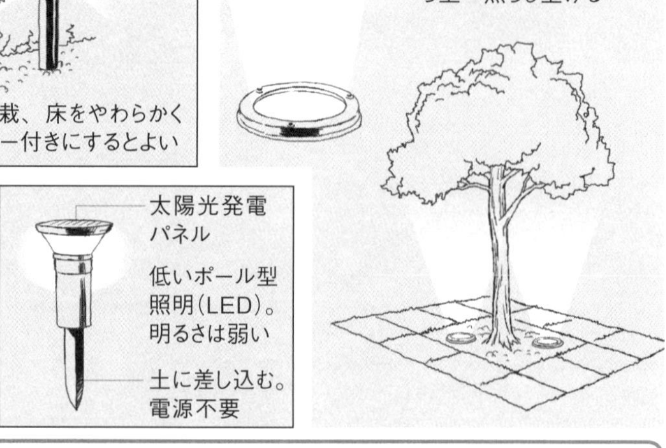
太陽光発電パネル
低いポール型照明(LED)。明るさは弱い
土に差し込む。電源不要

床に埋め込んで、下から上へ照らし上げる

庭など外部用の照明器具は、室内用とは防水性能が異なるので、専用のものを選ぶ

庭の照明の配置例

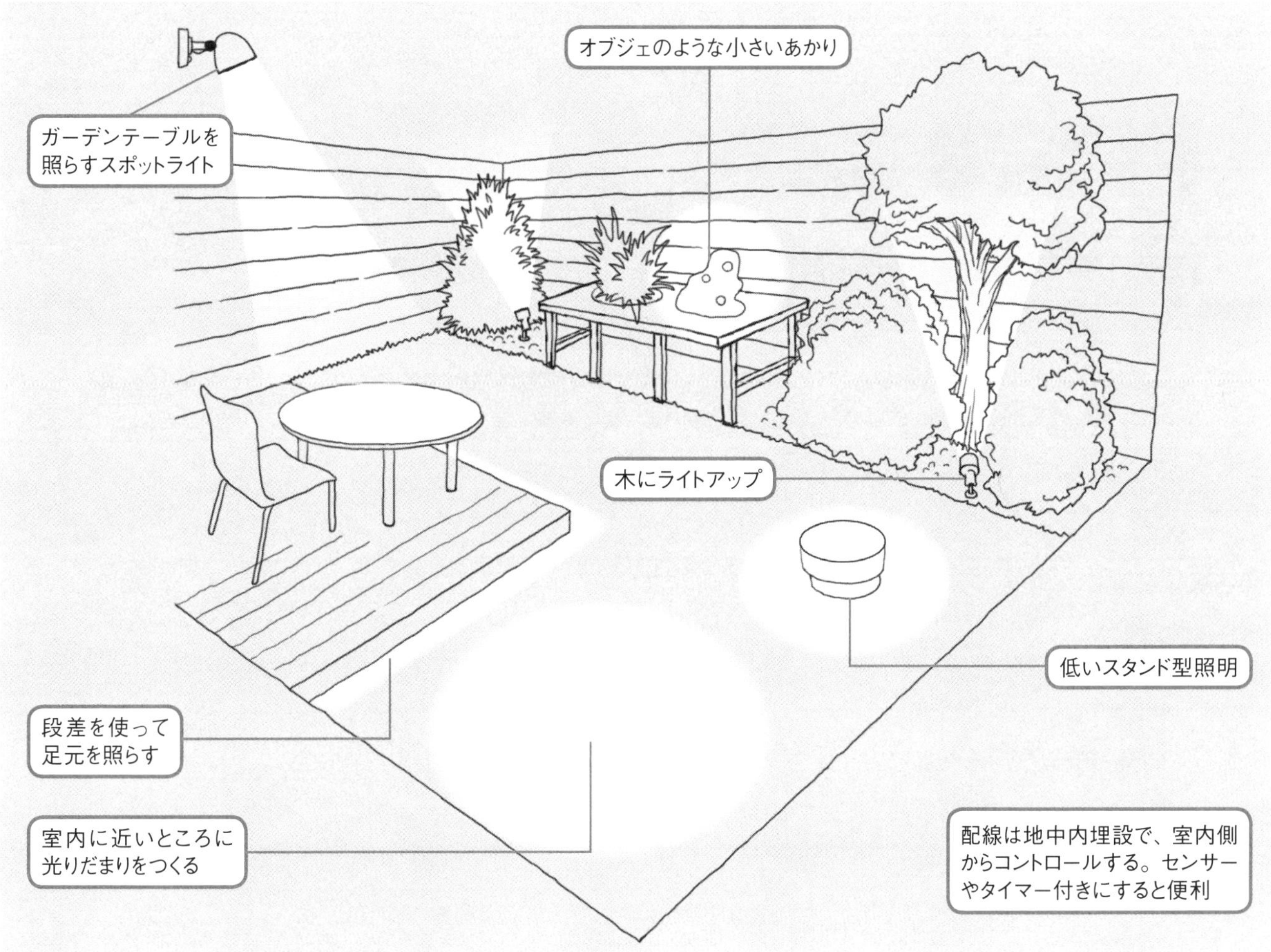

オブジェのような小さいあかり

ガーデンテーブルを照らすスポットライト

木にライトアップ

低いスタンド型照明

段差を使って足元を照らす

室内に近いところに光りだまりをつくる

配線は地中内埋設で、室内側からコントロールする。センサーやタイマー付きにすると便利

テラス・バルコニーの基本照明

軒がある場合

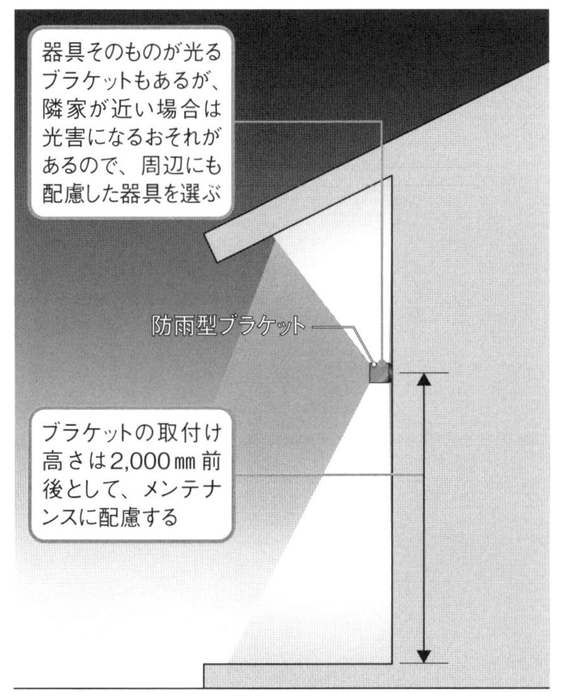

器具そのものが光るブラケットもあるが、隣家が近い場合は光害になるおそれがあるので、周辺にも配慮した器具を選ぶ
防雨型ブラケット
ブラケットの取付け高さは2,000㎜前後として、メンテナンスに配慮する

軒下に天井が張られていない場合は、外壁に防雨型のブラケットまたはスポットライトなどを設置する。軒が出ている場合は、上下配光のブラケットを設置すると間接光も得られ、足元の明るさを確保できる

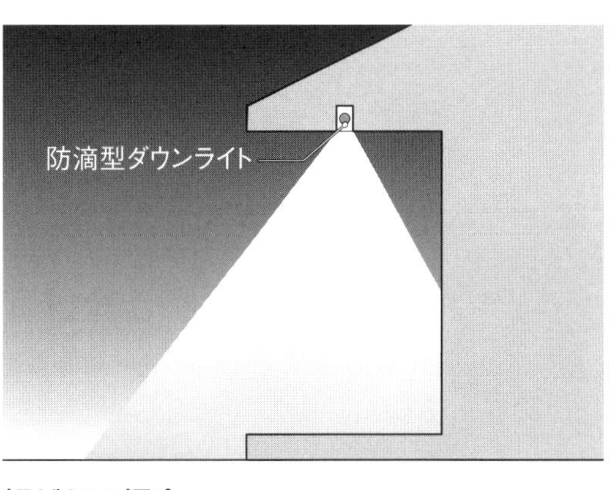

軒下に器具が取り付けられる場合は、明るくしたい場所や出入口付近に軒下用の防滴型ダウンライトを選ぶ。人感センサー付きの器具なら、使い勝手もよく、防犯効果もある

軒がない場合

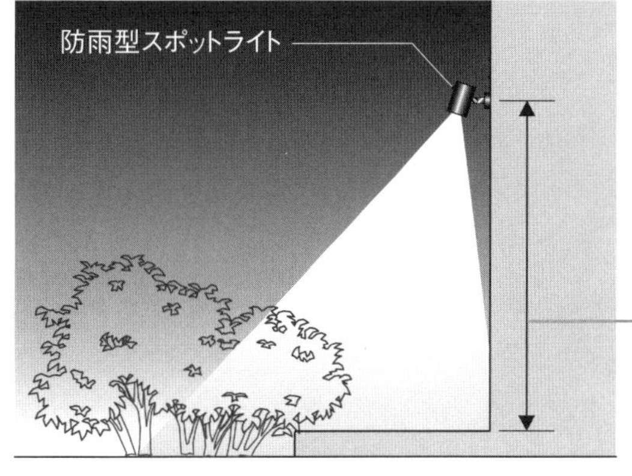

スポットライトで樹木などを照らすと、室内から夜景を楽しめる。人感センサー付きで、光を強くフラッシュさせる防犯タイプもある

スポットライトの取付け高さは2,000㎜前後として、メンテナンスに配慮する

Column

屋外で使う照明器具

屋外照明器具はIPコードを確認し、防水性・防塵性を優先する

屋外で使用される器具の種類は幅広く、軒下のダウンライトなどの全般照明器具、スポットライト、ブラケット、足元照明、階段のステップライト、ポール照明、植栽用のスポットライト、樹木や建物を照らし上げる床埋込み照明、床に埋込むインジケーター照明、街路灯、投光照明などがある。また、これらとは別にプールや池で使う水中照明もある。

光源は、ランプ交換が手間になる場合が多いので、蛍光灯やHIDランプ、LEDなどランプ寿命が長いものを使うことが一般的である。最近ではほぼLED器具で対応できる。

このような屋外照明器具は、雨に直接さらされるなど、室内よりも厳しい環境で使用することになる。そのため、器具を選ぶ際には、防水性や防塵性が優先されるが、その性能を示す国際基準として「IPコード」が設けられている。IPコードは、2つの数字の組み合わせで推奨値が定められ、数字が大きいほど高い性能となる。

また、屋外照明器具は人や物が上に乗ることがあるため、それに耐えられる堅牢さも求められる。さらに、太陽光線や気温の変化も製品の劣化を促し、海に近いエリアでは塩害も考慮しなければならない。

屋外照明器具のIPコードの例

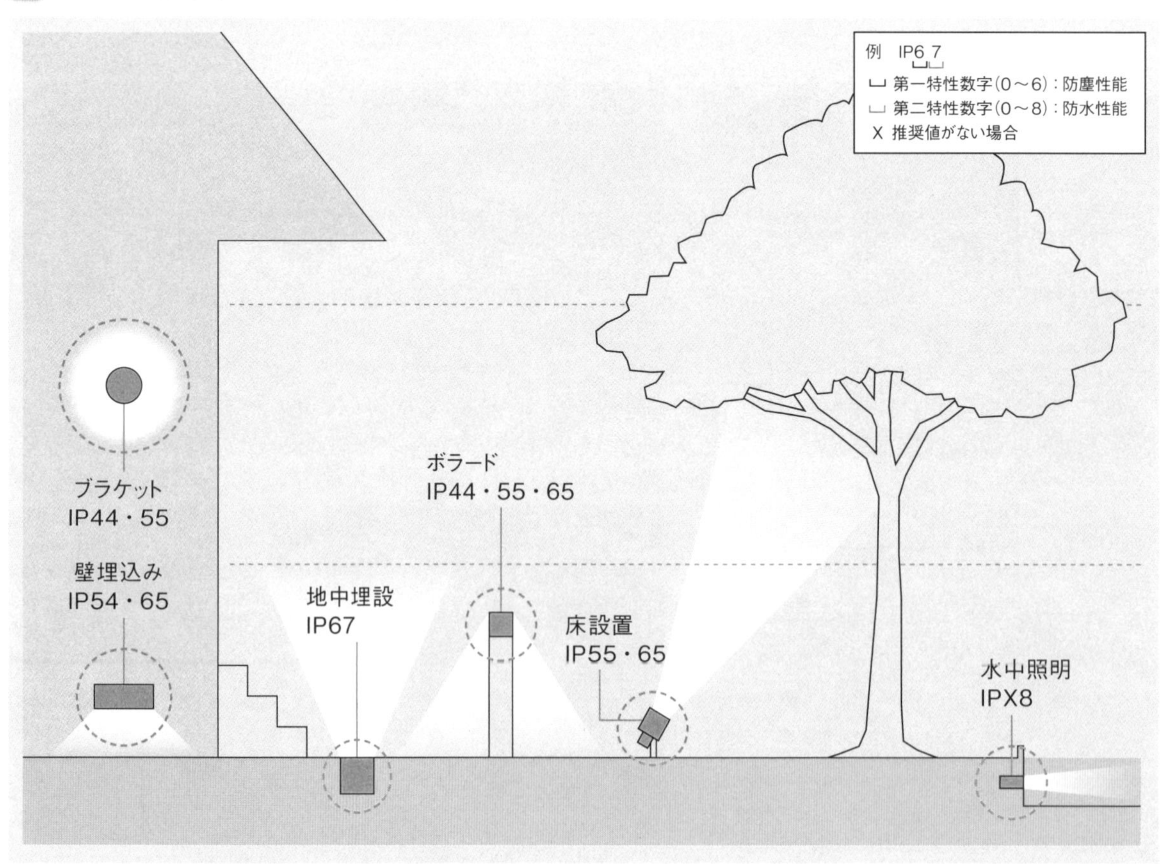

CHAPTER 4

器具の配置と光の効果

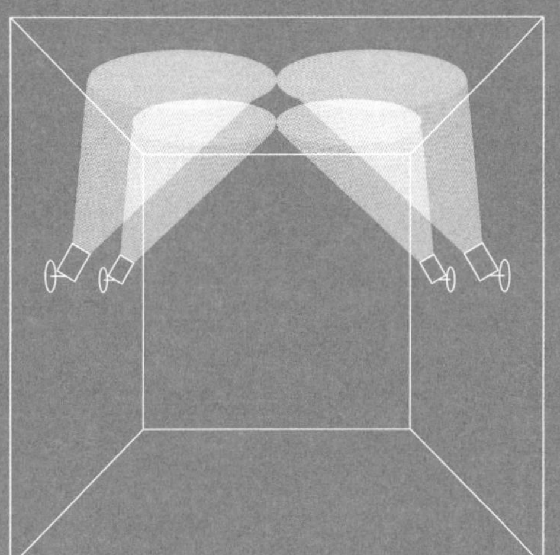

照明方式の種類

照明方式の種類には、配置で分ける「全般照明」「局部照明」と、あかりの見せ方で分ける「投光照明」「建築化照明」がある

全般照明と局部照明

全般照明は、目的とする範囲全体をほぼ均一に照らす方式であり、ベース照明とも呼ばれている。部屋のどこにいても同じ光環境が求められるオフィスや学校、大規模商業施設などで採用されることが多い。一方、小規模の店舗などでは商品を照らすなど演出目的のあかりが優先される。

局部照明は、作業や目的に応じて限定された狭い範囲とそのごく周辺のみを照らす方式である。局部的に高い照度が必要な場合に採用する。デスクスタンドや読書灯、スポットライト、スポット型のダウンライト、キッチンの作業灯などがある。また作業だけでなく壁の絵に当てる光なども局部照明といえる。

局部照明と全般照明を併用した方式は局部全般照明と呼ばれ、デスクやキッチン台の上など、作業する場所を局部照明で効率よく照らし、その他の場所はこれより低い照度で全体を照らす方式だ。その代表的な方式としてタスク・アンビエント照明がある。オフィスや図書館の閲覧室などでの採用が多く、照明の省エネ対策として効果的な手法の1つだ。

投光照明と建築化照明

投光照明は、スポットライトやダウンライトを使ったディスプレイの照明など、機能的であると同時に雰囲気づくりに採用される照明方式である。

建築化照明は、天井や壁に照明を組み込み、天井や壁、床を照らす光のみを見せる照明方式である。代表的な手法としてはコーブ照明、コーニス照明、バランス照明、光天井、光壁、光床などが挙げられる。

建築やインテリアと照明の関係を考えたとき1つの部屋に多種類の照明器具があると雑多に見えてしまうことがある。また建築化照明でありながら器具やランプがある角度・位置から見えたり、半透過の仕上材の後ろに光源が透けて見えたりする状態も好ましくない。十分な明るさを得ながらすっきりとした空間にするなら、器具や光源が表面に現れない建築化照明の採用が有効である。

● タスク・アンビエント照明
局部全般照明の一種。作業面を局部照明するタスクライトと、タスクライトの1/2から1/3の全般照度を得るために全般照明を併用した方式

全般照明と局部照明

ダウンライトの場合

全般照明

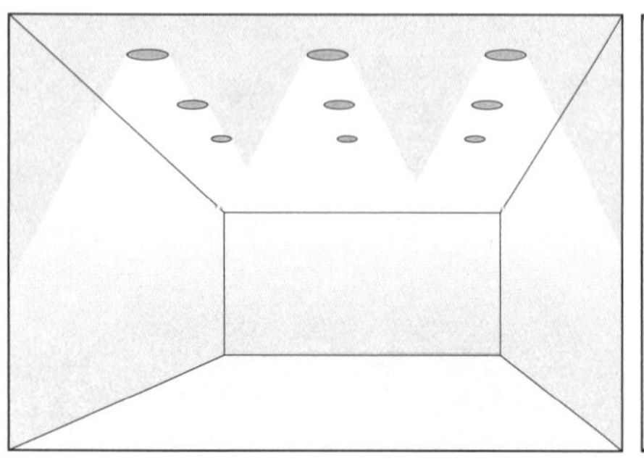

局部照明

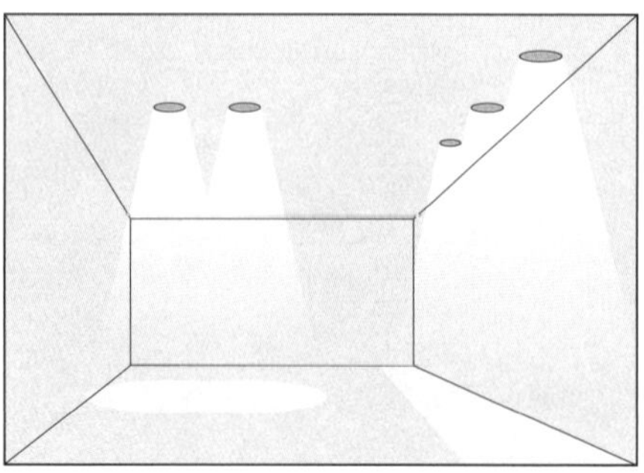

オフィスなどの場合

全般照明

目的とする範囲全体をほぼ均一に照らす

投光照明と建築化照明

投光照明

スポットライトやダウンライトを使ったディスプレイの照明など、雰囲気づくりに幅広く採用される

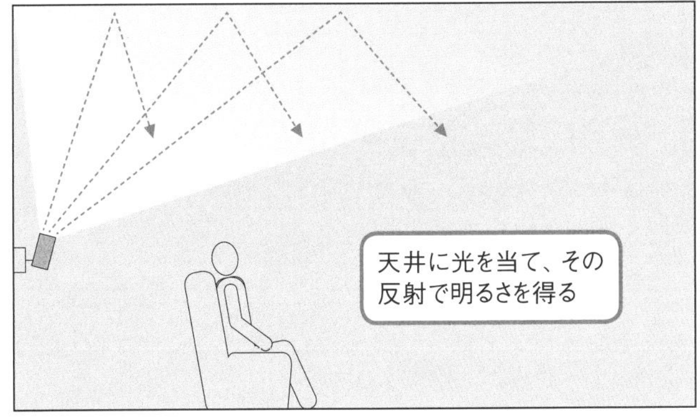

建築化照明

天井や壁に照明を組み込み、器具やランプが見えないようにして、建築やインテリアのデザイン性を生かす

コーブ照明

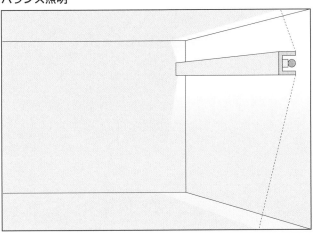

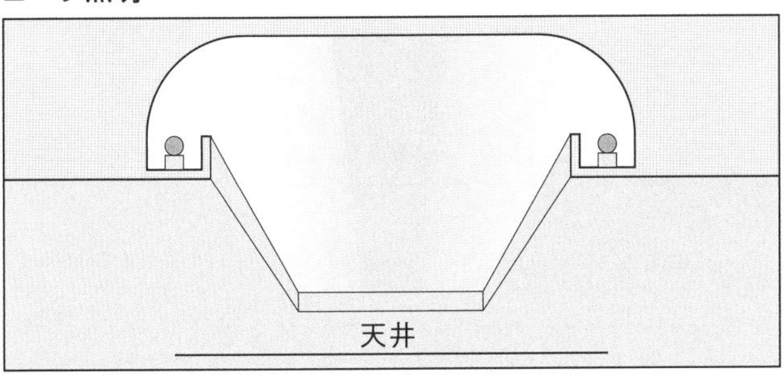

コーニス照明

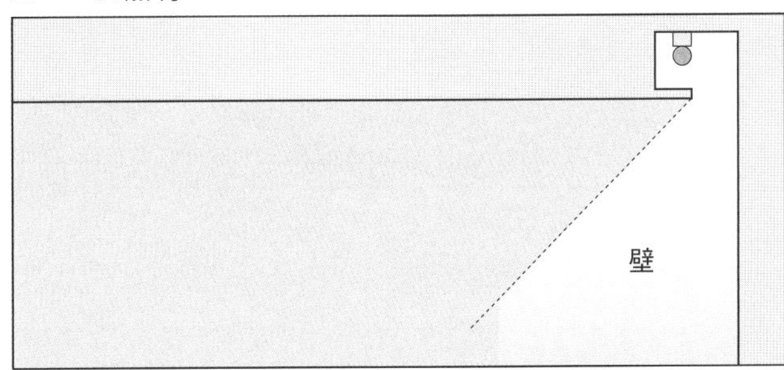

バランス照明

光天井

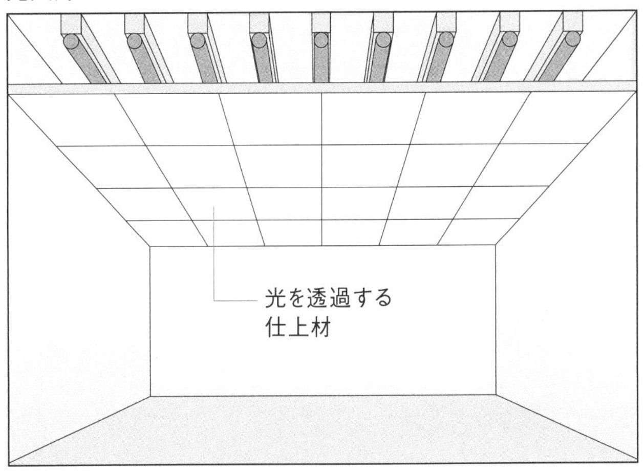

局部照明

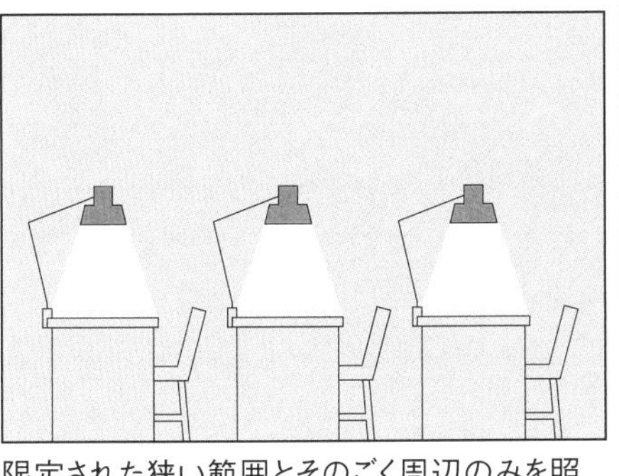

限定された狭い範囲とそのごく周辺のみを照らす

局部全般照明（タスク・アンビエント照明）

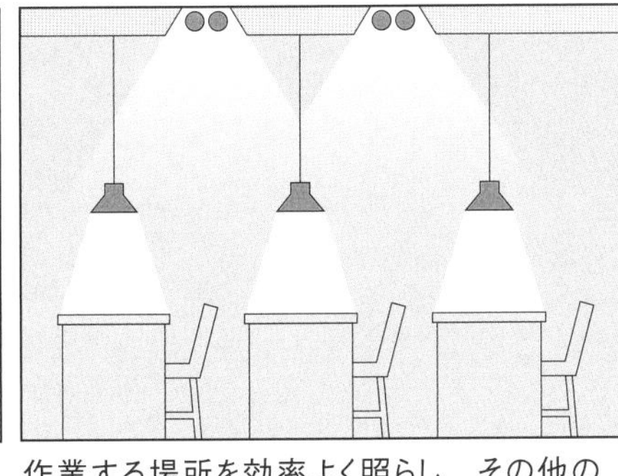

作業する場所を効率よく照らし、その他の場所は低い照度で全体を照らす

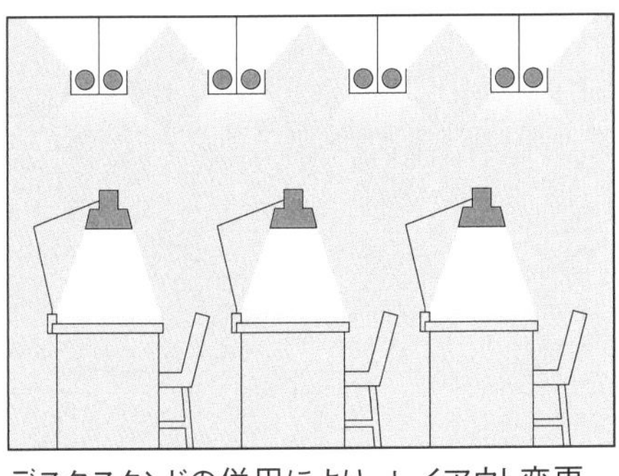

デスクスタンドの併用により、レイアウト変更に対応しやすい

天井面を照らすコーブ照明

反射光により空間の明るさを得ながら、「上方への空間の広がり」を強調する

代表的な建築化照明

コーブ照明は、天井面を明るく照らして視線を誘導し、上方への空間の広がりを強調する照明方式である。そのため設置計画時には光の広がりを重視し、光の連続性が途切れないように器具を配置することが大切である。たとえば器具と器具の間に隙間を開けて配置すると暗がりになる部分ができ光の連続性が途切れる。現在は間接照明用のLED器具が様々なバリエーションで各社から出ており、器具の端から端まで発光するタイプの器具を使って、隙間なく突き合わせて配置することで光をきれいに連続させることができる。

天井が高く、広い部屋に最適

コーブ照明は、やや広い面積の部屋や細長い部屋、天井高のある部屋など、距離が強調できる部屋に採用すると効果的である。天井が低くて狭い部屋の場合、人の視線は天井より壁に向かうためコーブ照明は逆にうるさい印象を与えてしまうことがある。

また、天井の照らされる範囲には、ほかに何も設置しないくらいの思い切った設計を行うべきであろう。シンプルな天井面をコーブ照明がより美しく演出する。

コーブ照明のランプ

コーブ照明に使われるランプは、現在では間接照明用のLED器具を採用することが最も効果的である。間接照明は高い天井などメンテナンスがしづらい設置場所の場合もあり、器具寿命の長さからも最適である。

明るさの最適なバランスをとることが好ましいので、できれば調光タイプの器具を選びたい。また、光源付近が明るすぎたり、光のムラが強くなったりしないよう、納まり寸法に注意する。

LED
Light Emitting Diode（発光ダイオード）。電気を通すことで光を放つ半導体。照明器具として使われることが多い
→p.173参照

コーブ照明のイメージ

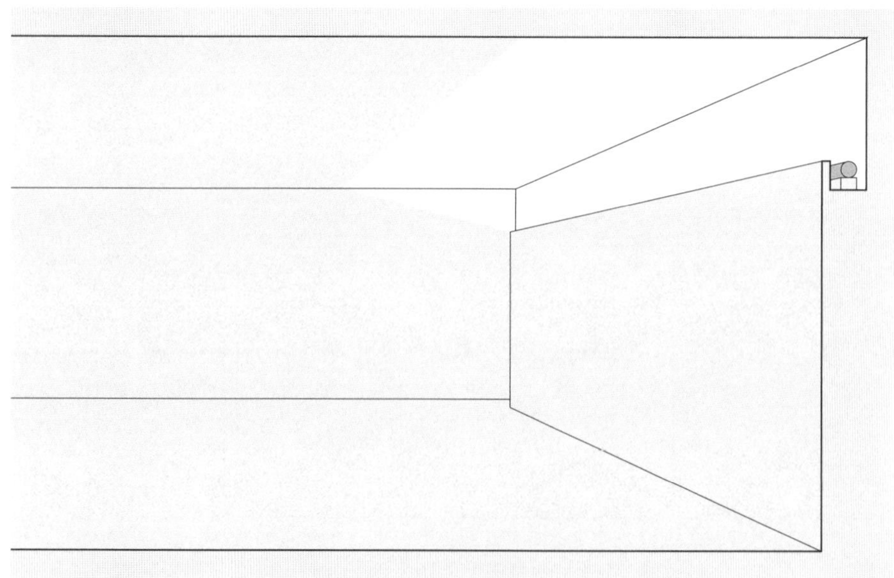

コーブ照明の器具の配置

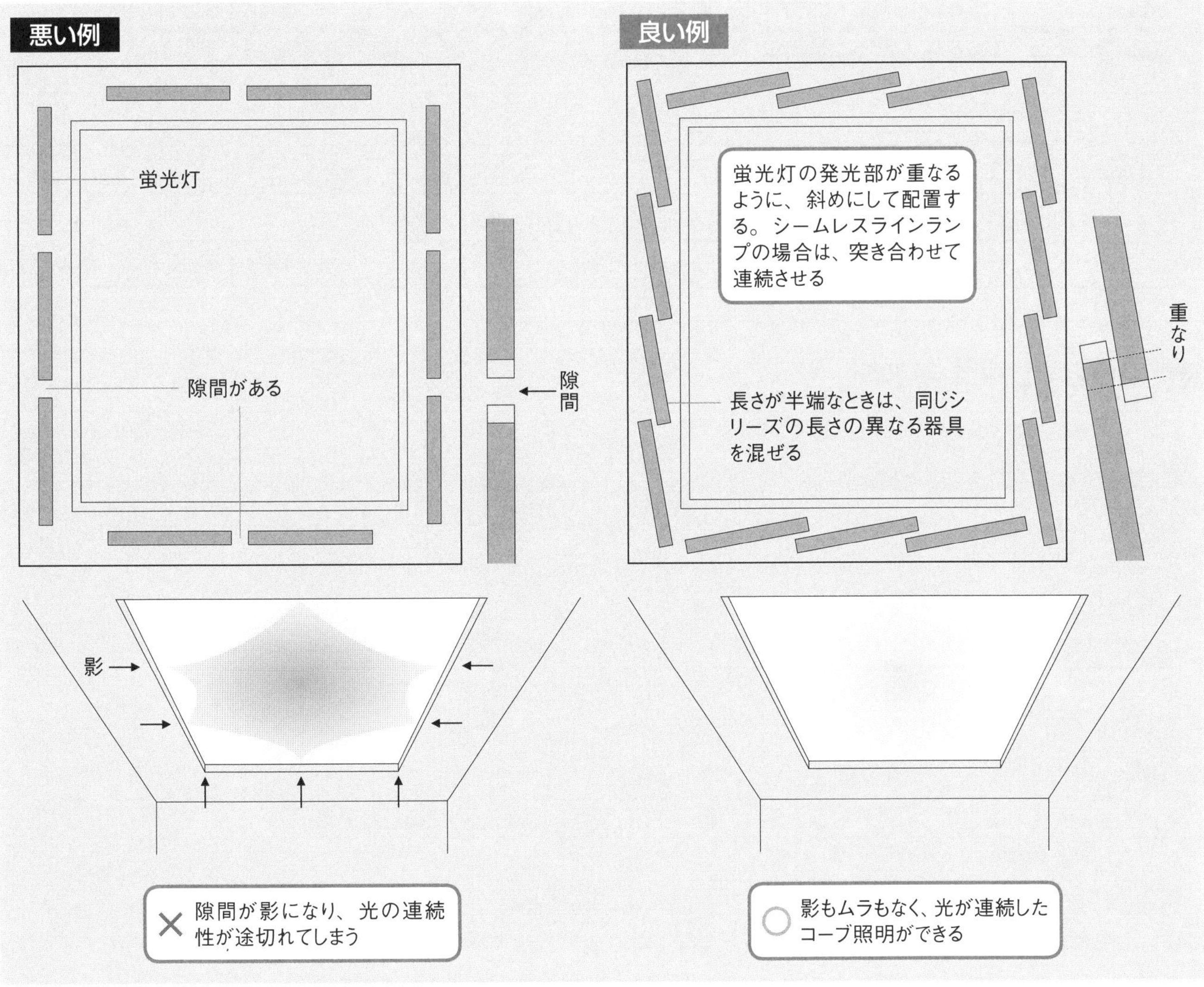

悪い例

蛍光灯

隙間がある

隙間

影

✕ 隙間が影になり、光の連続性が途切れてしまう

良い例

蛍光灯の発光部が重なるように、斜めにして配置する。シームレスラインランプの場合は、突き合わせて連続させる

重なり

長さが半端なときは、同じシリーズの長さの異なる器具を混ぜる

○ 影もムラもなく、光が連続したコーブ照明ができる

納まりによる光の広がり方の違い

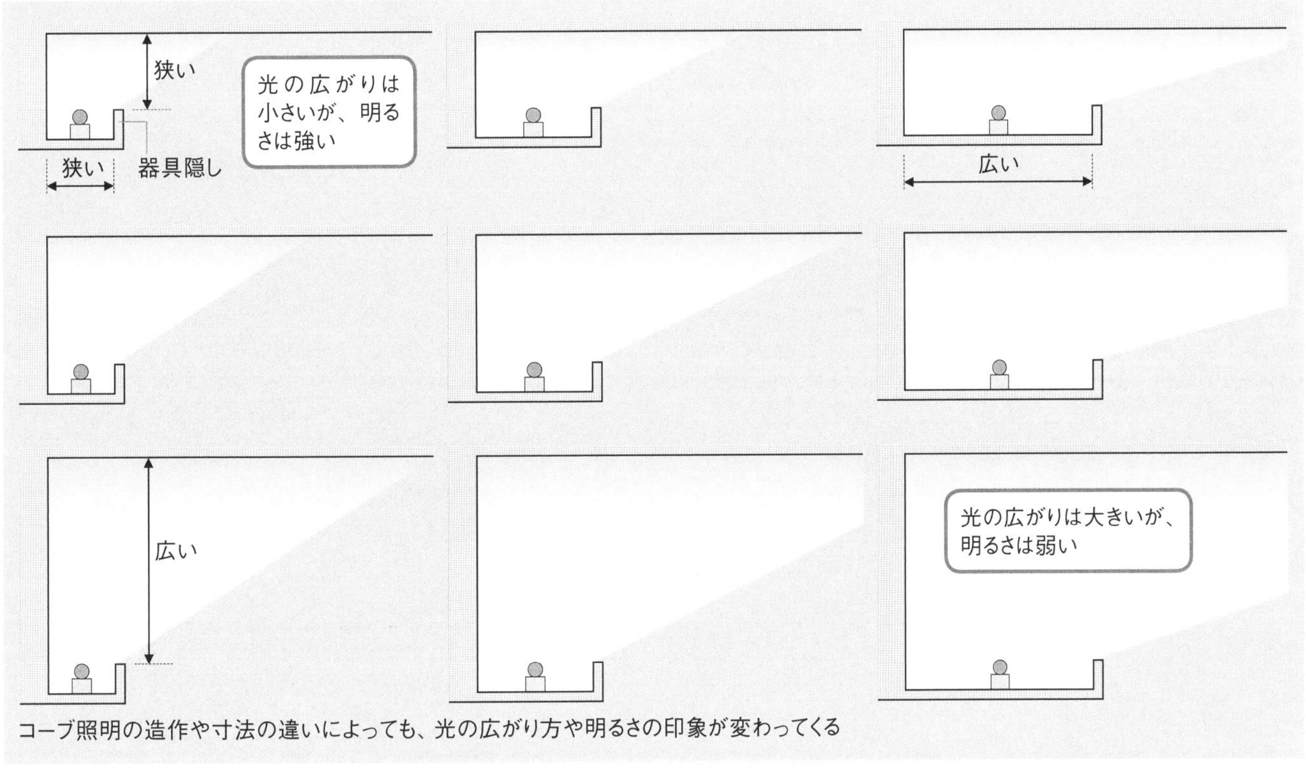

狭い
狭い
器具隠し
光の広がりは小さいが、明るさは強い
広い
広い
光の広がりは大きいが、明るさは弱い

コーブ照明の造作や寸法の違いによっても、光の広がり方や明るさの印象が変わってくる

コーニス照明とバランス照明

コーニス照明は壁面を照らす。バランス照明は、壁と天井も照らし、コーブ照明とコーニス照明を併せた効果を生む

壁面を照らすコーニス照明

コーニス照明は、コーブ照明と並び建築化照明の代表的な方式である。壁面を照らしその反射光で空間の明るさを得るとともに壁面に視線を向けさせ、視覚的な明るさ感や水平方向の空間の広がりを強調する。

照明器具は、壁面と天井面の接する部分に器具やランプを造作などで隠すように取り付ける。設置方法によっては直接光で遠くまで照らせるが、カットオフラインの位置によっては光のグラデーションが途切れてしまうことがあるので配慮する。

照らす壁面はフラットでシンプルな素材よりは、凹凸やザラザラ感のある素材のほうがテクスチュアや素材感をより印象的に強調・演出できる。カーテンボックスに仕込んでカーテンを照らすといった手法もある。

バランス照明とは

バランス照明は、壁面を照らした反射光で明るさを得ながら天井面も照らす方式である。上下に光が放たれるためコーブ照明やコーニス照明よりも比較的明るい。

照明器具は、壁面に光源を隠すための幕板を設け、その上下から光が出るようにする。幕板と器具を取り付ける高さは人が立ったときの視線よりやや上にする。ほかの建築化照明と同様に器具が見えないような工夫が必要である。なおバランス照明で照らす壁面や天井面は、コーブ照明やコーニス照明と同様光沢のある仕上げではなく、マットな仕上げやテクスチュアのある仕上げのほうが効果的である。

光源は、現在ではLED照明器具の採用が主流である。シームレスタイプの間接照明用器具で調光ができるものを選ぶと光の連続性を保ちやすくなる。

また、幕板の付いたバランス照明用の既製品があり、造作をつくらなくてもバランス照明を容易に実現することができる。

● カットオフライン
カットオフとは、光源が直接見えないように隠す技法のこと。ただし、設計や施工が不備だと、光源だけでなく照射面の光もカットされてしまうことがある。このとき照射面にできる光の境目をカットオフラインという

バランス照明のイメージ

1つの光源から、幕板の上と下の両方に光を出して、天井側と壁側を照らす
ランプや器具が見えないように、人が立ったときの視線より、やや上に取り付ける

コーニス照明のイメージ

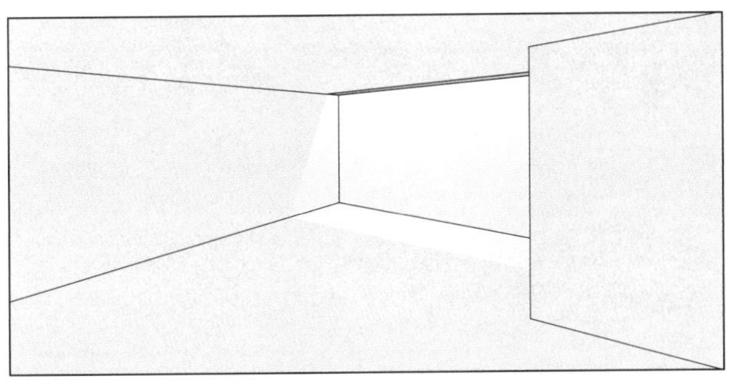

水平方向の空間の広がりを強調

◆器具取付けのバリエーション

直接光中心

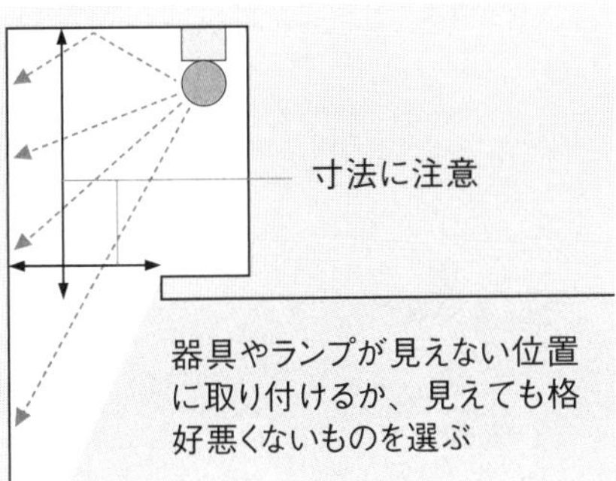

間接光中心

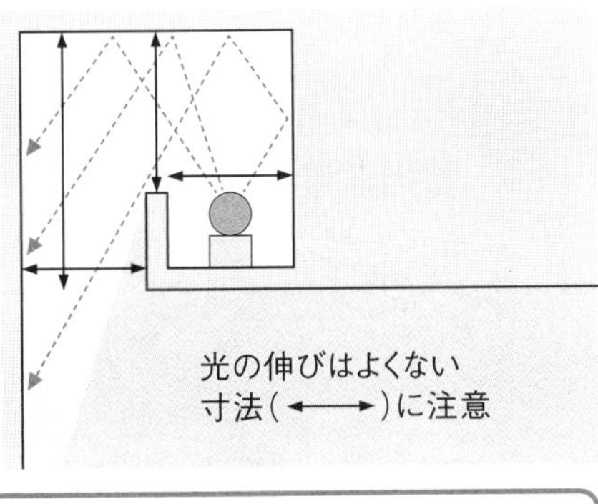

カーテンボックス内

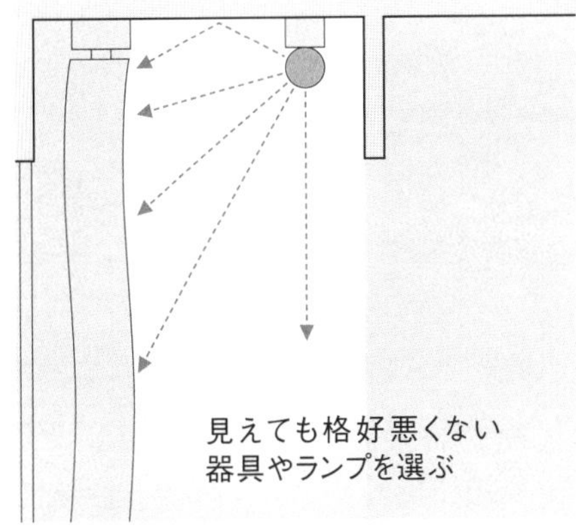

見えても格好悪くない器具やランプを選ぶ

ランプ交換ができるか、施工ができるかに注意し、寸法を決める

◆カットオフライン

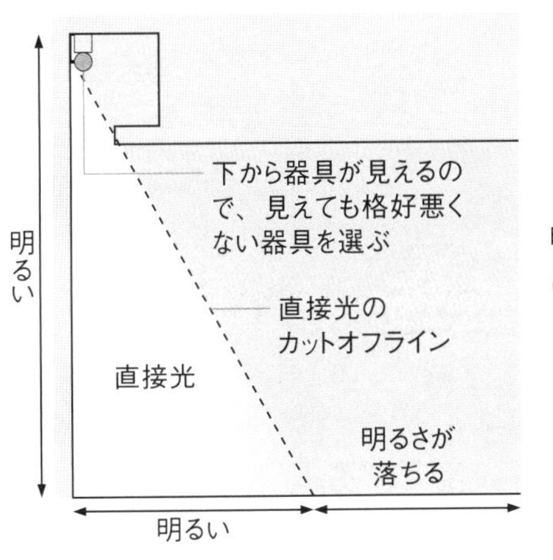

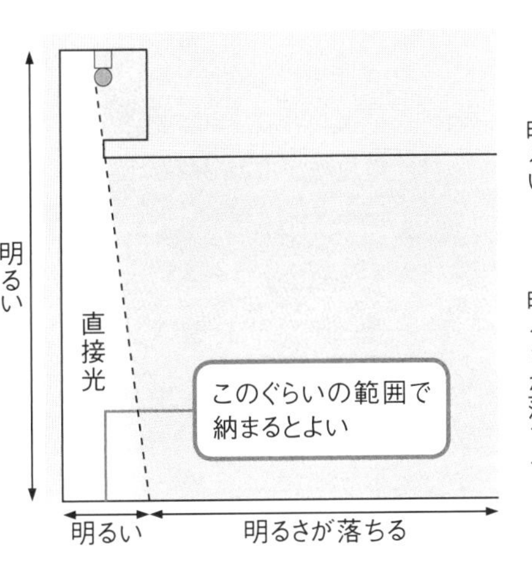

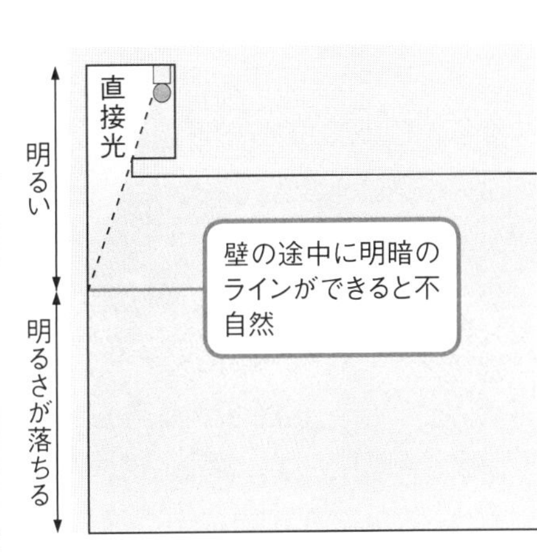

◆光源の隠し方

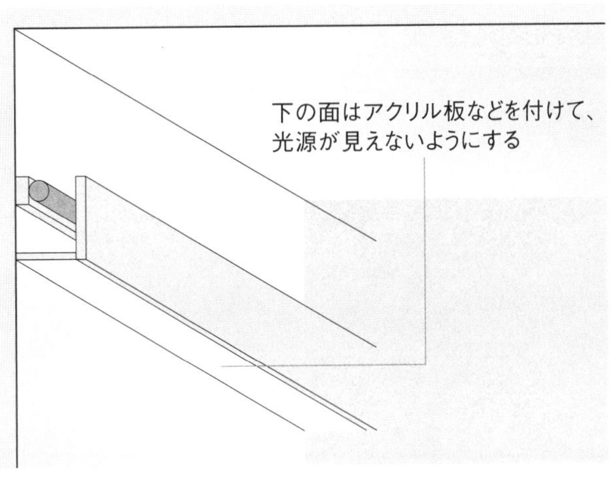

下の面はアクリル板などを付けて、光源が見えないようにする

◆シームレスタイプのランプ

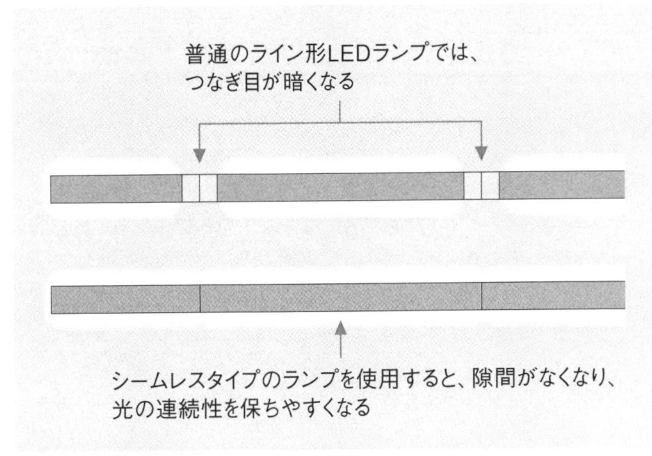

効果的な間接照明のポイント

照明器具やランプが丸見えにならないように設置し、エアコンや窓などを意味なく照らさないように気を配る

落ち着きと非日常感の演出

最近よく使われる建築化照明の手法に、空間の重心を下げて落ち着いた雰囲気をつくりだす、足元の間接照明がある。段差を利用して設置すれば、雰囲気づくりのほか段差歩行の安全性も向上する。

設置の際はメンテナンスを考えて納まり寸法や取付け位置を検討する。床面の素材感も重要で、光を反射しやすい素材だとランプが丸見えになってしまう。どうしても反射してしまう床材の場合は、乳白色のアクリル板でカバーするなどして工夫する。またやや暗めのほうが雰囲気を演出できるので、調光できる器具を選び**色温度**も電球色より低い暖かみのあるものを選ぶ。

玄関の靴箱の下や、上がり框の段差に間接照明を取り付けている住宅をよく見かけるが、明るすぎたり色温度が高すぎたりする場合がある。玄関では、外光が入るときは全般照明のみとし、日が暮れてから間接照明を点灯するほうがよい。その場合、色温度、照度ともに抑えるのが好ましい。その他の空間でも明るさや点灯する時間帯を意識し、生活に合ったあかりをつくるように心がける。

間接照明の注意点

間接照明の悪い例として最も多いのは、照明器具やランプが丸見えになっているケースである。たとえば1階からは見えなくても、階段の途中の高さからは見えてしまうなど、設置位置や納め方が十分に検討されていないケースが多い。

また、天井や壁を照らす場合、器具やランプそのものは隠していても光源の姿が天井面や壁面に映り込んでいることがある。これでは隠した意味がなくなってしまうため、天井や壁面はマットな仕上げや、テクスチュアのある仕上げが望ましい。また、光を照らす位置に埋込みタイプのエアコンや換気口などがあるとその部分を目立たせてしまうことがある。これではせっかくの間接照明も台無しである。照らす範囲には、ほかに何もないくらいの思い切った設計をしたほうがよい。

● 色温度
電球や蛍光灯などの色味。K（ケルビン）が高いものほど青っぽくなり、低いほど赤味を帯びた色になる
→p.26参照

間接照明の悪い例

階段の途中から見える

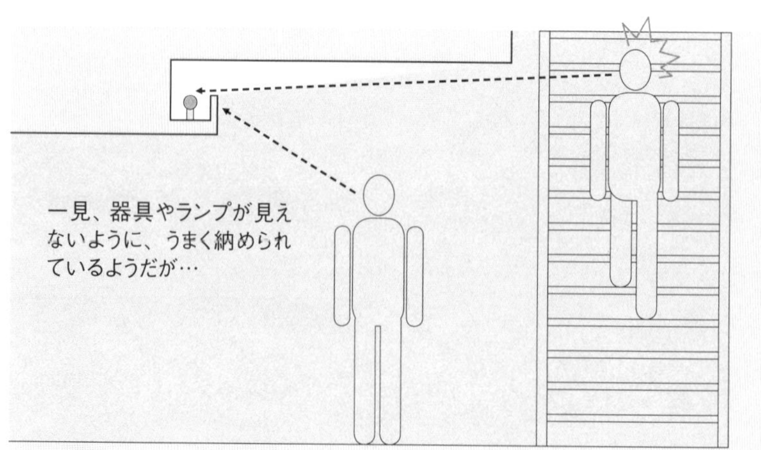

一見、器具やランプが見えないように、うまく納められているようだが…
× 階段を上ると、ある高さからは器具やランプが丸見えに!

足元の間接照明の例

リビング

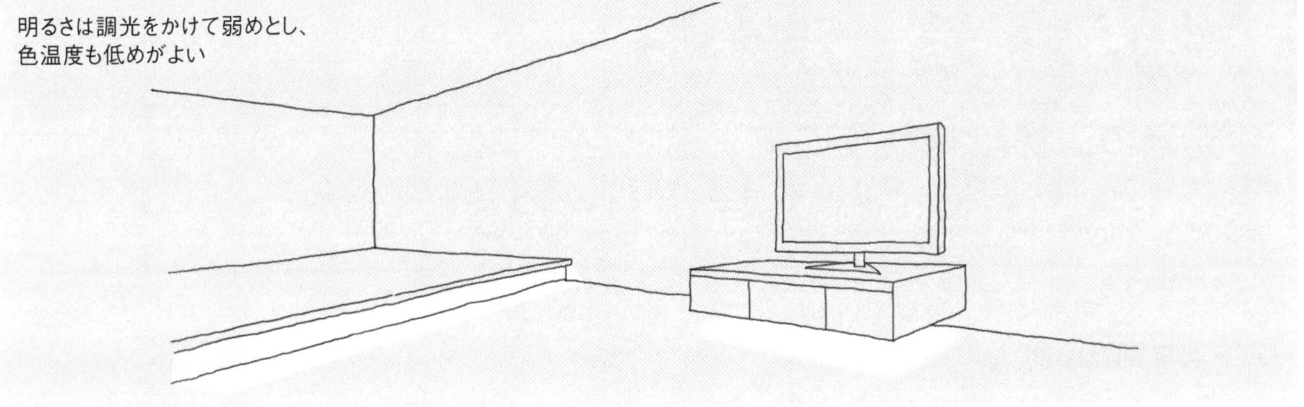

階段

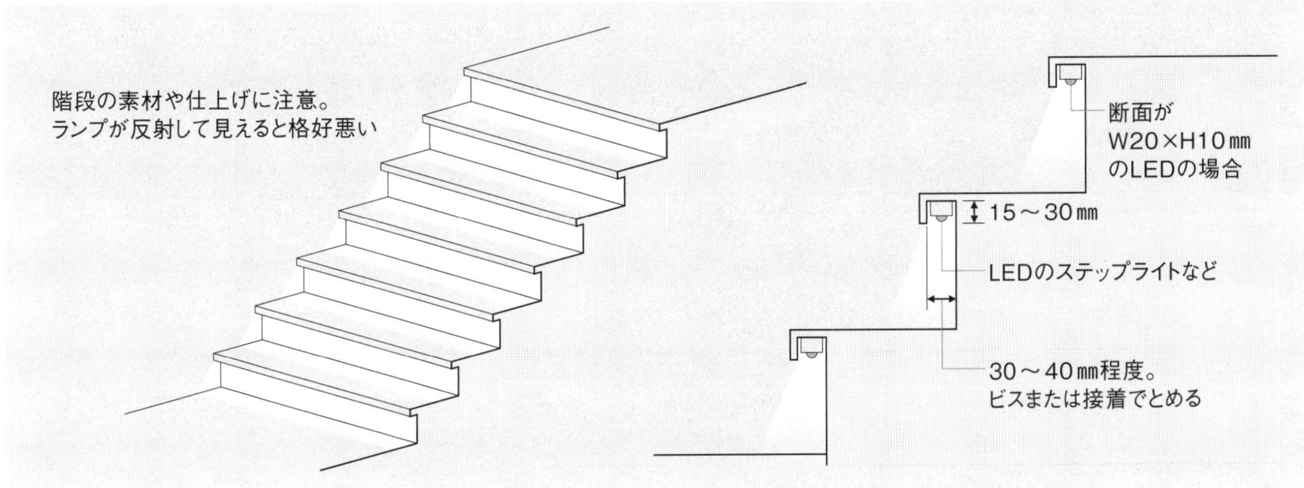

玄関

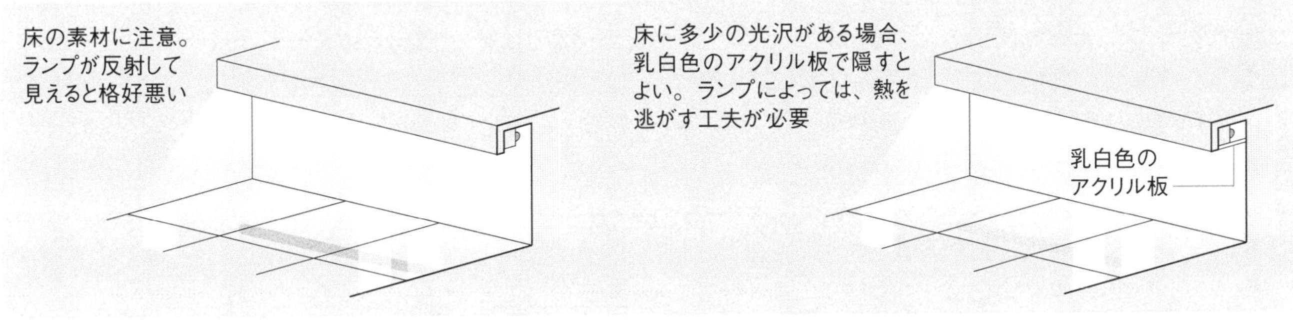

光源の姿が映り込む

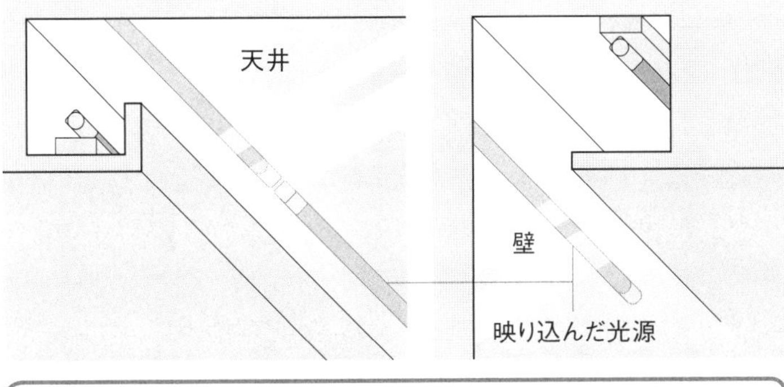

✕ 天井や壁が光沢のある素材では、光源の姿が映り込み、格好悪い!

エアコンなどを意味なく照らす

✕ せっかく綺麗に照らした天井なのに、エアコンや点検口、照明器具などを目立たせてしまった!

半透過素材を用いた発光させる照明

半透過の素材と照明を組み合わせて、天井・壁・柱・床などの「面を発光させる」照明手法

さまざまな発光照明

天井、壁、柱、床自体を発光させる照明を、それぞれ光天井・光壁・光柱・光床という。

光天井は、半透過のガラスやアクリル板、不燃布地などで仕上げた天井の背後に照明を設置する。設置の際は、素材の光の透過率と、その素材と光源の距離、隣り合った光源同士の間隔を考慮する。一般的には「天井の仕上げとランプの距離」と「ランプ同士の距離」が1：1で、背面のスペースがマットな白で塗装されていれば、面全体がムラなく発光して美しい。より正確に計画するには実験用モックアップを制作するとよい。

光源は広く明るく照らす必要があることと、メンテナンスの手間を考慮すると、光源は寿命の長いライン状のLED器具が適する。器具高さ寸法が小さく配光の広い器具であれば発光面から器具設置面の距離を少なくしコンパクトに納めることもできる。色温度の適切なものを選び、調光できるようにしたい。

光壁・光柱・光床とは

光壁・光柱は、半透過素材で仕上げた壁や柱の背後に照明を設置し、壁や柱自体を発光させる手法である。耐久性の面からガラスを使用することが多い。光源は仕上材の真後ろに設置するほか、床付近や天井付近のみに設置して、光のグラデーションをつくることもできる。この場合は、ライン状の器具だけでなく、ナロースポットライトタイプのLED器具なども使える。より遠くまで光を到達させるには、これらのランプを反射板と組み合わせて使うとよい。

光床は、人が歩き什器なども置かれるため、光床の素材は強化ガラスを使うことが多い。設置の際は、床に液体をこぼしたときにガラス下にまで影響を与えることも想定する。

モックアップ
実物とほぼ同様につくられた模型のこと

発光照明のランプの取付け寸法

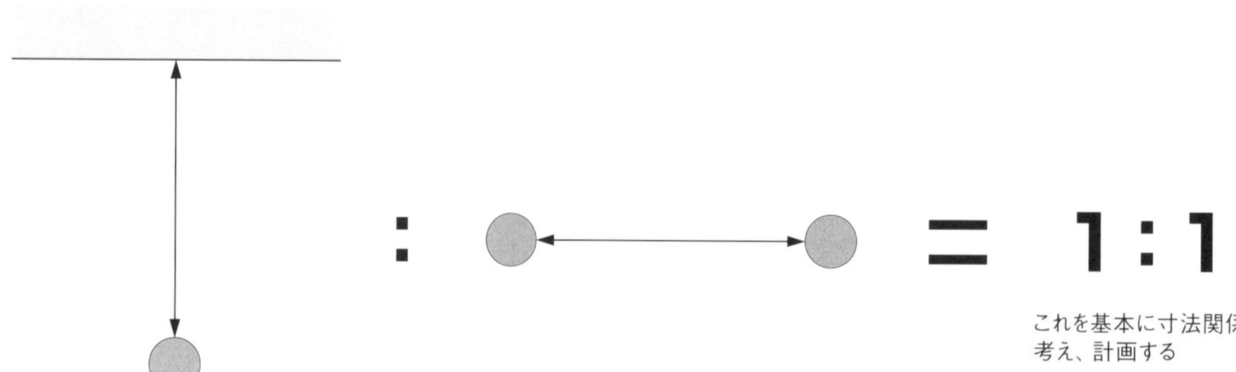

さまざまな発光照明

光天井

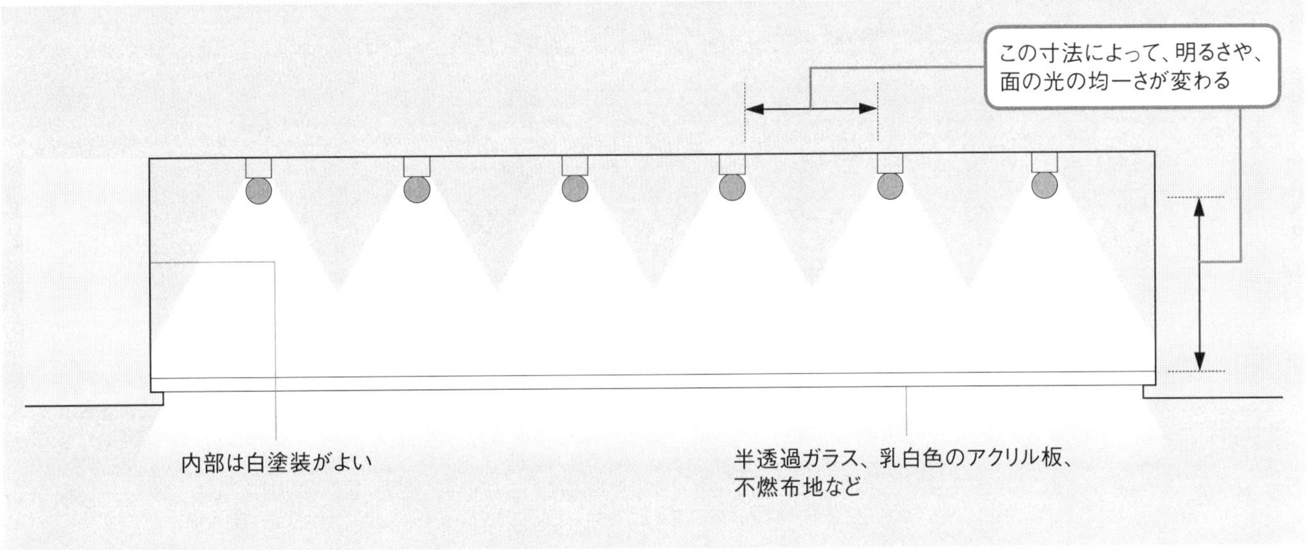

光壁

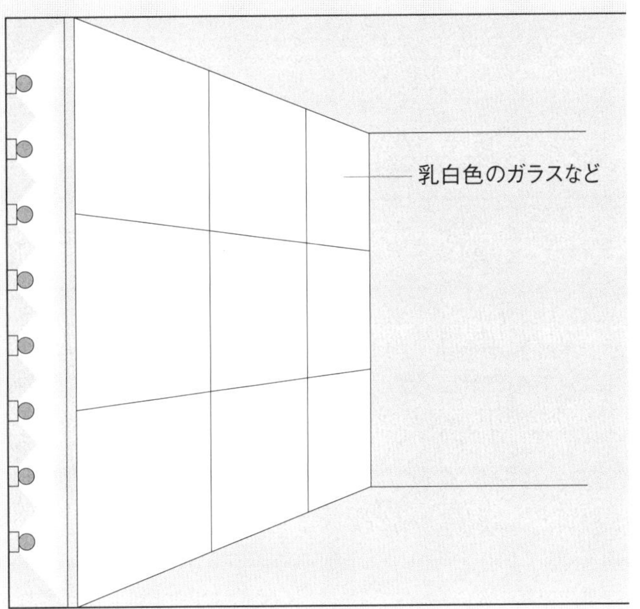

- サインやグラフィックなどの演出にも使われる
- 光源は、蛍光灯やLEDなど

- 床や天井側のみに器具を取り付け、光のグラデーションをつくることもある
- 光源は、スポットライト器具、LEDなど

光床

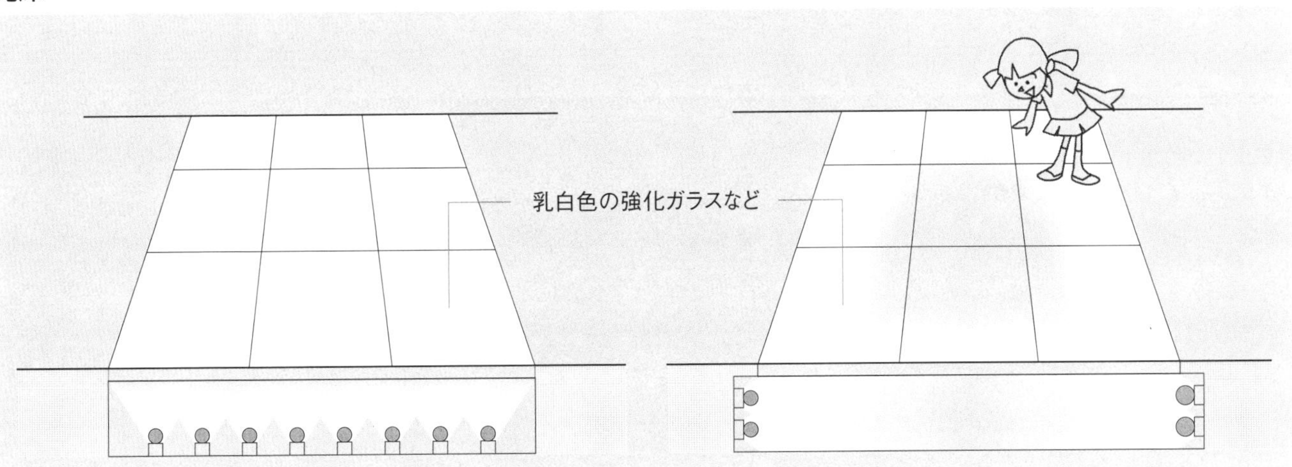

器具配置と空間の見え方

器具は視覚的に気にならないようにするため、インテリアの主役となるもの以外は、存在感が出ないよう配置する

空間に統一感をもたせる

建築やインテリアには、デザインが考慮された仕上材以外にも、エアコンや換気口、煙感知器、コンセント、スイッチなど、さまざまな設備機器の表面が現れる。これらは空間の印象を雑然とさせることが多い。そこで、機器の色や形、素材感、配置の仕方などに統一感をもたせたり、バリエーションを少なくしたりしてすっきりと見せる必要がある。

器具配置のポイント

照明器具を配置する際は、ペンダントやスタンドなどインテリアの主役となるもの以外は、視覚的に気にならないほうがよい。具体的には次の５つが重要である。

①照明器具が天井や壁に溶け込み、目立ちにくいものを選ぶ
②器具の見た目に統一感をもたせ、１つの空間につき、2種類内のバリエーションとする
③散満にならないように、規則性をもたせるなどしてすっきり見える配置とする
④照明以外の設備要素や、ドア、窓、家具の配置との兼ね合いも確認する
⑤平面図や天井伏図のみではなく、必ず立体の空間の見え方を想像し検討する

①の目立ちにくい器具とは基本的にダウンライトと考えてよい。なかでも**グレアカット**の深い、鏡面反射板タイプかピンホールタイプが目立ちにくい。ただし光源や器具を限ってしまうと選択肢が絞られる。目立つ器具でも、むしろ明るさ感が増したり、デザインとして成立することもあるため、クライアントの要望に合わせて判断するとよい。②については、同メーカーの同シリーズの器具を採用する。③④については、配置の工夫で印象が大きく異なる。⑤は忘れがちだが、とても重要な作業である。

● グレアカット
露出した光源が目に入るときの不快なまぶしさをカットすること。蛍光灯にルーバー、ハロゲン球にはキャップなどを使用して、まぶしさを取り除いたり、やわらげたりする
→p.24参照

照明器具の配置のポイント

器具を選ぶ

- 照明器具が天井や壁に溶け込み、目立ちにくいものを選ぶ。基本的にはダウンライトが目立ちにくい器具である
- 器具の見た目に統一感をもたせ、1つの空間につき、2種類以内のバリエーションとする。同じシリーズでそろえると統一感が出る

配置する

- 散満にならないように、規則性をもたせるなどして、すっきり見える配置とする
- 照明以外の設備要素や、ドア、窓、家具の配置との兼ね合いも確認する
- 平面図や天井伏図のみではなく、必ず立体の空間の見え方を想像して検討する

照明メーカーのカタログを見たり、ショールームに行けば、ありとあらゆる器具がそろっている

照明器具の配置例

平面配置図

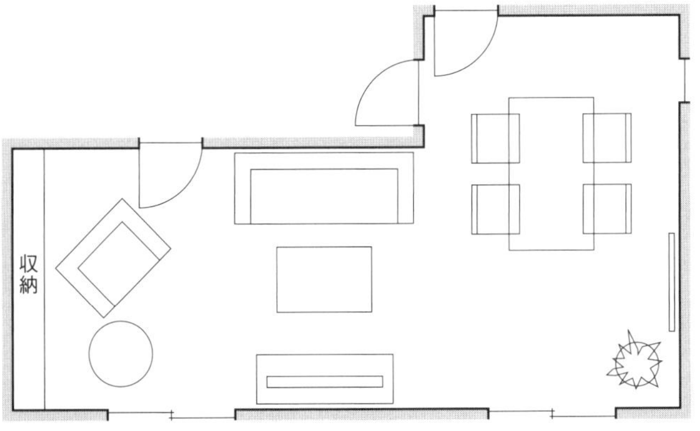

プラン1 △

賃貸住宅や建売住宅によくあるパターン。室内の家具配置と関係なく、天井伏図のみで作成

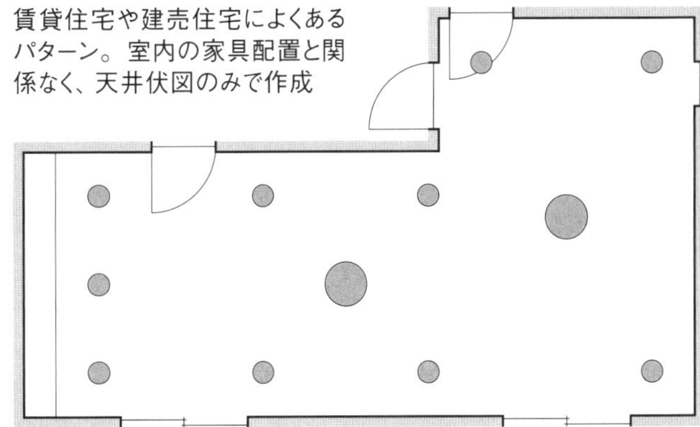

プラン2 ○

家具配置に従い、使い勝手を考慮しているが、天井配置はバラバラで散満

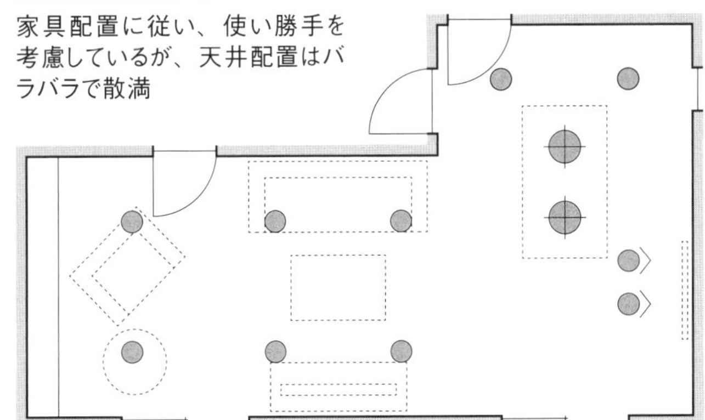

プラン3 ◎

家具配置に従い、天井照明に規則性をもたせて配置。明るさが足りない部分はスタンドを使用

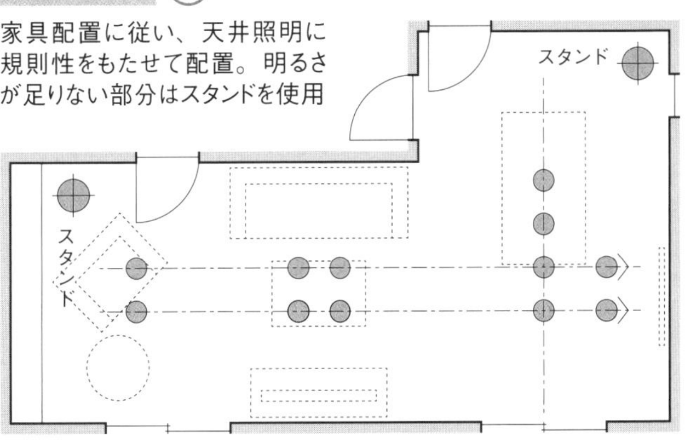

立体図

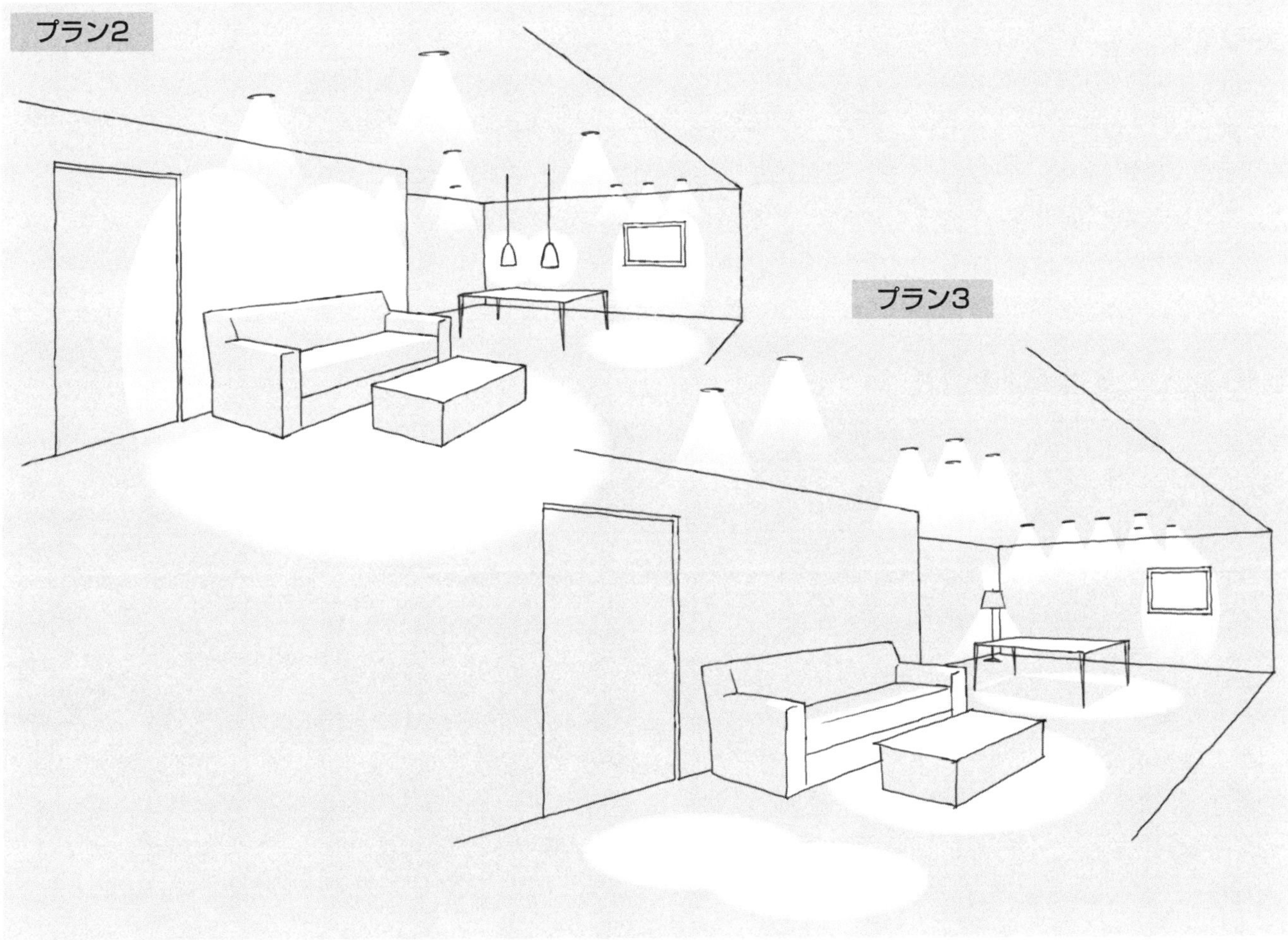

プラン2

プラン3

天井を照らす

コーブ照明やその他のライトなどで天井に光を当てることで視線を誘導し、広々とした印象を強調する

天井の演出手法

建築やインテリアの設計によって、吹抜け空間など、天井の高さのあるスペースができることがある。住宅ではリビングなどに多く、施設ではエントランスホールやラウンジスペースなどに多い。高い天井では、照明によって空間の広がりをより強調し、快適さを演出することができる。床付近に家具や物が多く雑然としている部屋でも、天井や部屋の上方はすっきりしている場合がある。このような場合も天井側に光を当てて視線を誘導することで、広々とした印象を強調できる。

手法としては、シンプルな天井の場合は**コーブ照明**などを採用し、器具が目立たないようにする。ブラケットやスポットライトで天井側を照らす場合は、インテリアに合ったデザインの器具を選ぶ。デザインが個性的な器具や大型の器具を使うと、天井よりもその器具自体が目立つ。シンプルな裸電球のような器具を使うと空間のほうがよく見えてくる。

住宅以外の天井の演出

オフィスでは、高い天井に**タスク・アンビエント照明**を採用することがある。新幹線や飛行機ではすっきりとした天井を間接照明で照らし、床はその反射光と下向きの直接光で明るさをとっている。

教会などでは、凝った装飾が高い天井を覆っていることがある。この場合は構造や装飾がつくる造形を照らし上げ、光と影の演出によって立体感を際立たせることで、見る者にドラマチックな印象を与えることができる。手法としては、スポットライトやスタンド、コーブ照明などの間接照明を使用する。光源はメンテナンスなどを考慮してやはり長寿命であるLED器具が適切である。色温度の統一や調光による明るさのバランスをとって効果的な演出にしたい。

● コーブ照明
→p.102参照

● タスク・アンビエント照明
→p.100参照

空間の広さと天井照明の関係

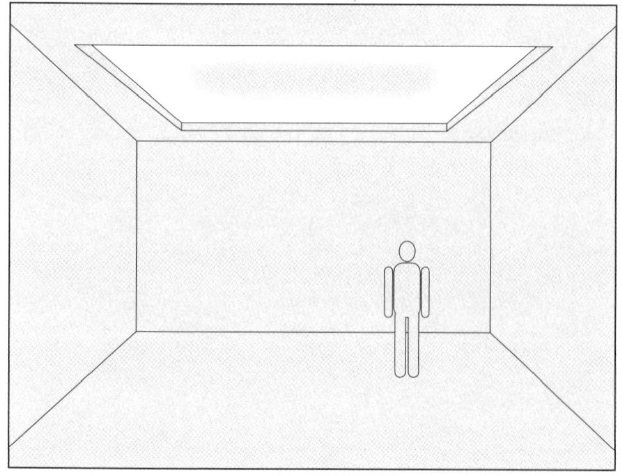

天井が高く、広いスペースは、照明によって空間をグレードアップできる

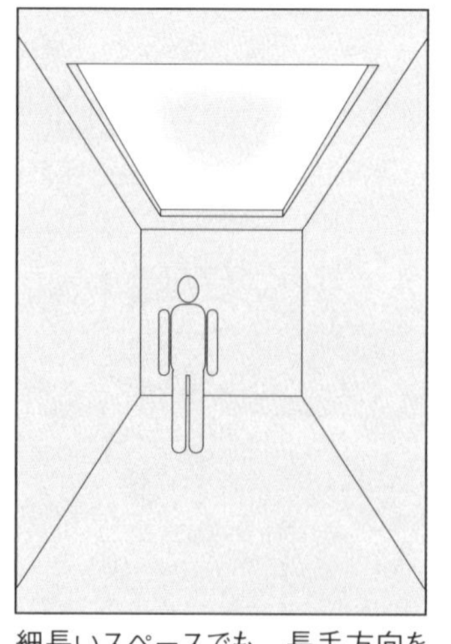

細長いスペースでも、長手方向を強調すると、広がりを強調できる

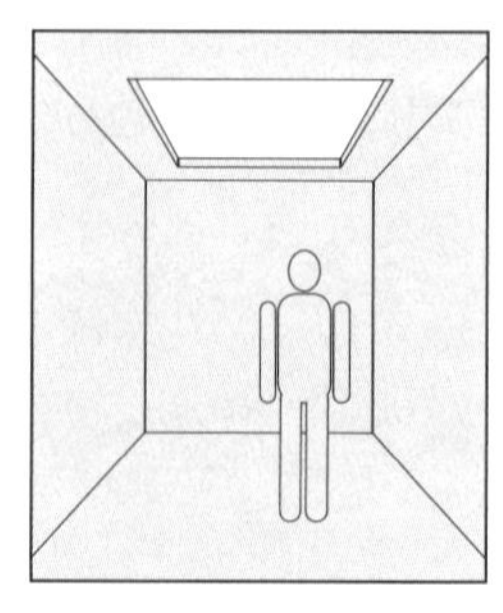

天井が低く、狭いスペースでは、視線が上に向きにくい

天井を照らす手法

照明器具	使い方
スポットライト	光の向きを変えられるので上向きに設置する
フロアスタンド	光が上向きになるアッパーフロアスタンドを選ぶ
ペンダント	空間の上部を照らすことで天井が明るくなる
ブラケット	光が上向きになるブラケットを選ぶ
コーブ照明	天井全体を照らすことができる
床埋込照明	部屋のコーナーなどに設置し、天井と壁を照らす
間接照明	家具や間仕切りの上面に設置し、天井と壁を照らす

スポットライトを使用

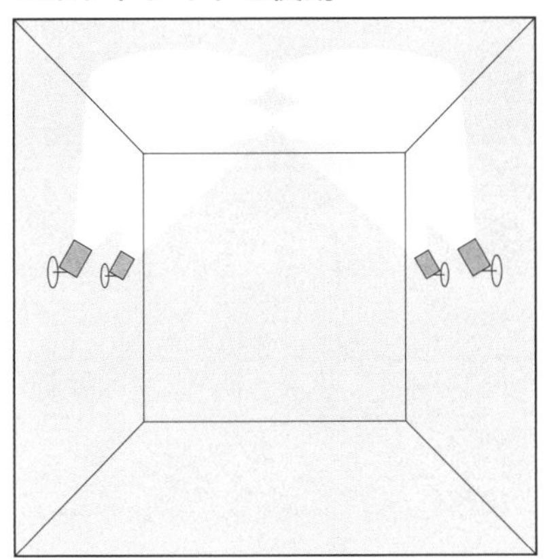

インテリアに合った器具を選ぶ

スタンドを使用

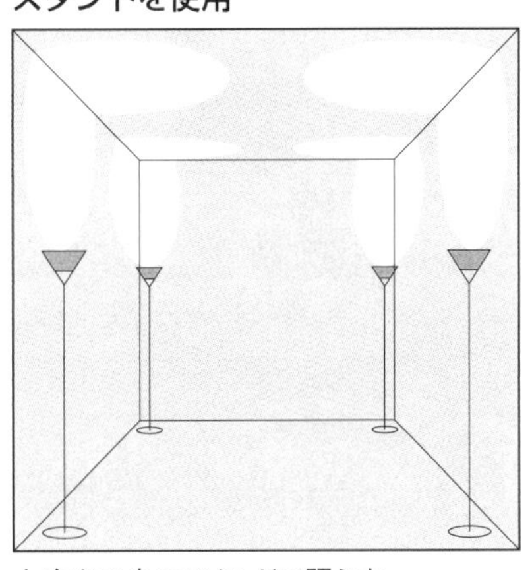

上向きの光のスタンドで照らす

ペンダントなどを使用

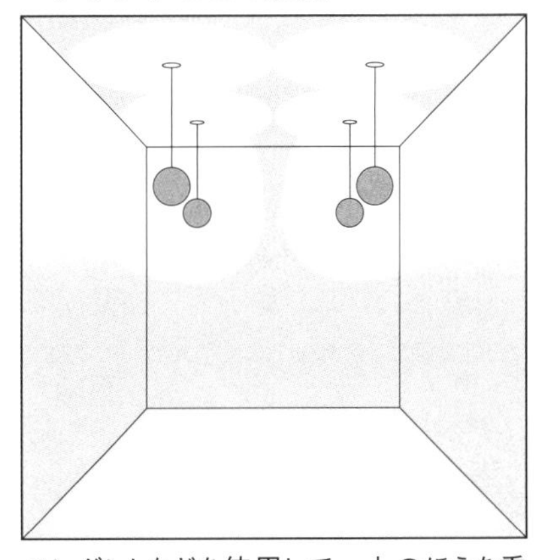

ペンダントなどを使用して、上のほうを重点的に照らすことができる

新幹線の照明

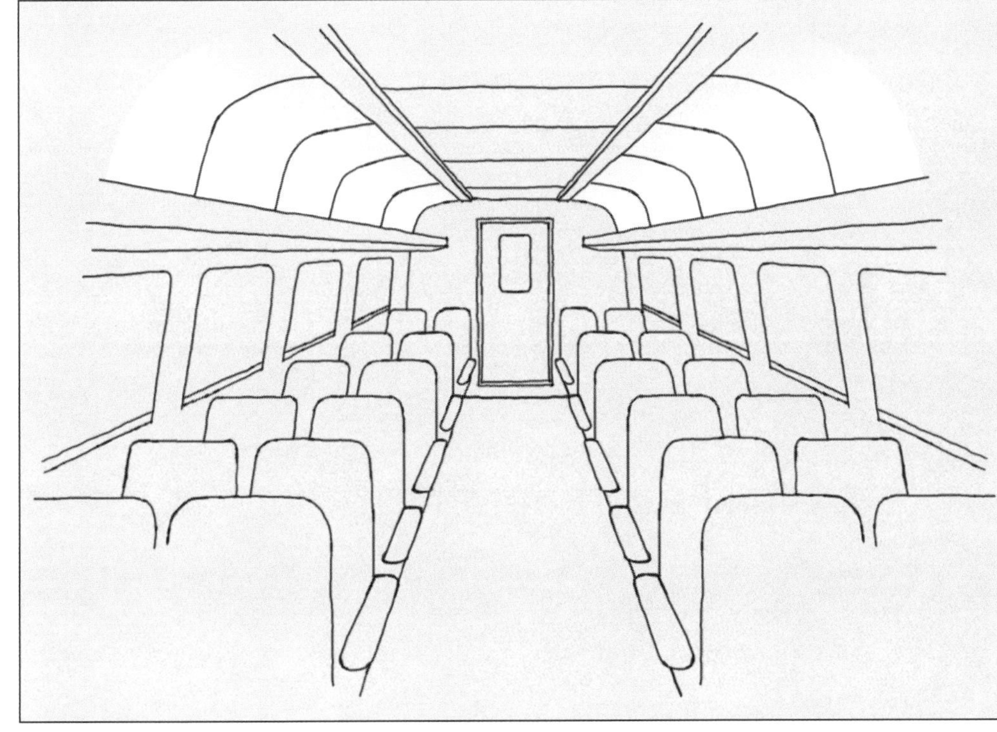

- 天井のほうのすっきりとした部分を強調しつつ、間接照明のやわらかいあかりで照らす
- 下のほうは物がたくさんあり、ゴチャゴチャしているが、間接照明のおかげで全体的にすっきりと格好よく見える

天井の形状を生かした照明

片流れ天井は、斜面を生かした照明計画を立てる。切り妻天井は、妻側と軒側で方向性が異なるので、それを生かした照明にする

片流れ天井の照明

片流れ天井の照明は、斜めに流れていく形状を生かした照明計画を立てる。手法としてはコーブ照明のほか、ブラケットやスポットライトの使用、デザインの優れたペンダントを傾斜部分に吊るすことなどが挙げられる。斜面を美しく見せるには天井自体に器具を取り付けないことが大切であり、どうしても取り付けなければならない場合は、メンテナンスできる低い側に設置し、雑多な印象を与えないよう器具の数を抑える。

傾斜のどこに取り付けるにしても、明るさの想定が必要になるため、器具とその数量による明るさ感をシミュレーションしておく。低い側にコーブ照明を付ける場合は、窓やエアコン、換気口などとの関係を考慮し、納まり寸法を確保できるかを検討する。一方、高い側に取り付ける場合は、ドアや開口、2階へのつながりとの関係を考慮して、照明の中が丸見えになるポイントがないか確認する。

切り妻天井の照明

切り妻天井は、妻側と軒側とで異なる方向性を生かすような照明計画を考える。手法としてはダウンライトやコーブ照明、デザインの優れたペンダントを天井の中央部に吊るすといった方法がある。片流れ天井と同様に、家具の配置、窓やドア、エアコンなど設備機器との関係を考慮する。軒側の両方にコーブ照明やブラケットを付けると、落ち着きがよくすっきりまとめることができる。

梁や小屋組みが露しとなっている場合は、角度が調整できるスポットライトが有効である。多数を付けてもうるさくならず、小屋組み部分はほかの部分と切り離して考えることで、より象徴的に演出できる。

なお妻側の壁は、器具の取付け位置を決めるのが難しい。ブラケットやスポットライトは付けやすいが、その場合でも、開口部や設備などほかの要素との位置関係と、それに伴う光の広がり方など、検討事項は多い。

● 切り妻
屋根形状の1つ。最頂部から地上に向かって2つの傾斜面があり、山形の形状をしているものの妻側端のこと。建物の両端の、短辺側の三角形の壁面

● 露し
屋根の裏側など通常は見えない部分が露出し、室内から見えるような構造になっているもの

ダウンライトを設置する場合

①片流れ天井

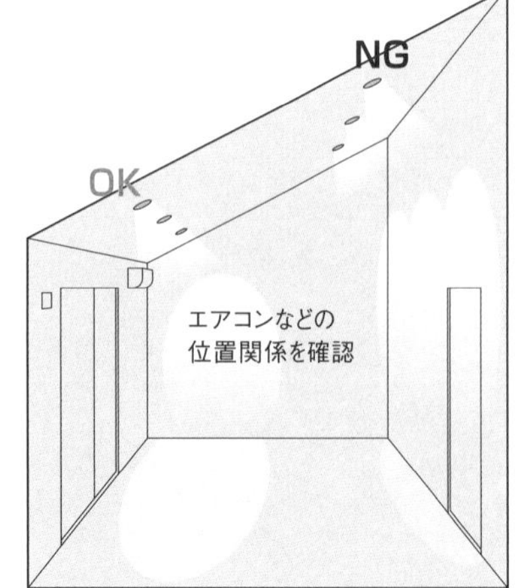

✕ 傾斜天井の高い側はNG
◯ 傾斜天井の低い側はOK

②切り妻天井

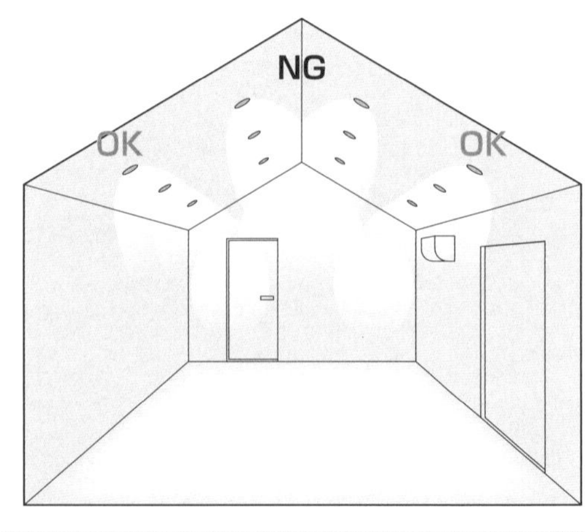

傾斜の高い側に付けるのはNG。数も極力抑え、器具が多い印象を与えないようにする

片流れ天井の照明

コーブ照明を設置する場合

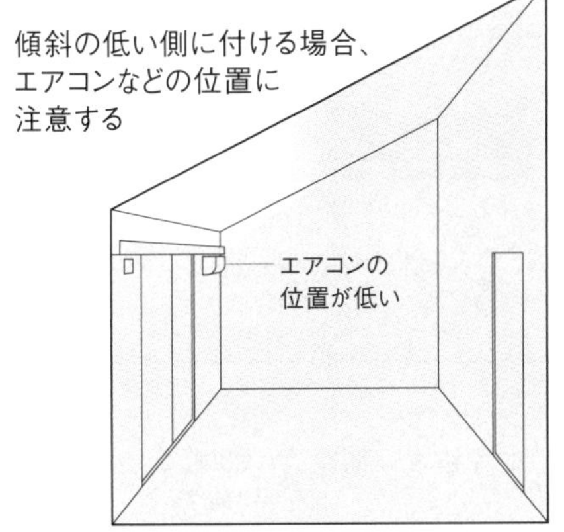

傾斜の低い側に付ける場合、
エアコンなどの位置に
注意する

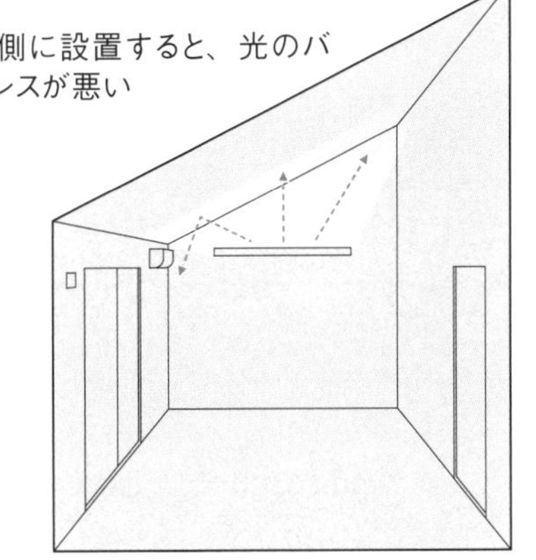

妻側に設置すると、光のバ
ランスが悪い

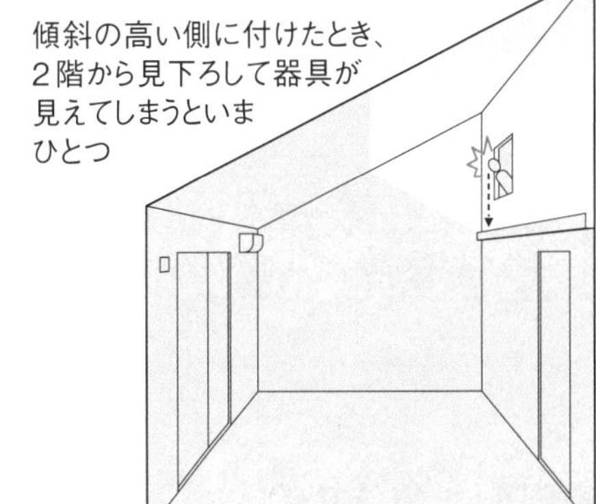

傾斜の高い側に付けたとき、
2階から見下ろして器具が
見えてしまうといま
ひとつ

傾斜の高い側にブラケット照明を設置する場合

一見、よいようだが…

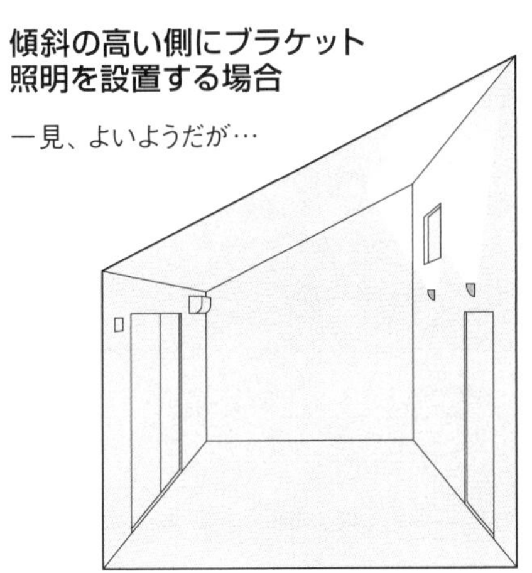

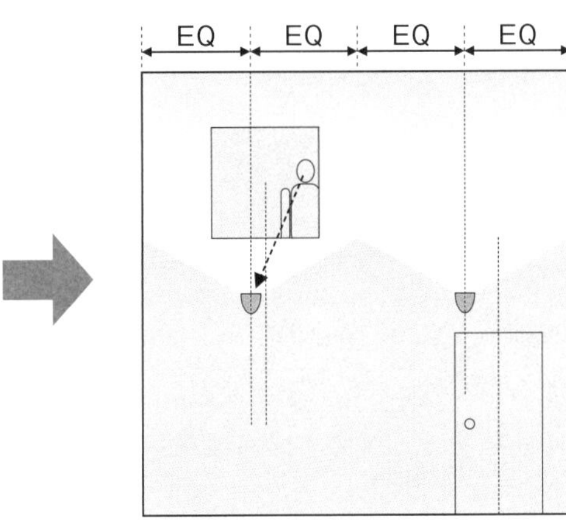

●ドアや開口部との位置関係に注意。
軸がバラバラだと美しくない
●ランプが上から丸見えはNG

切り妻天井の照明

梁や小屋組みが露しの場合

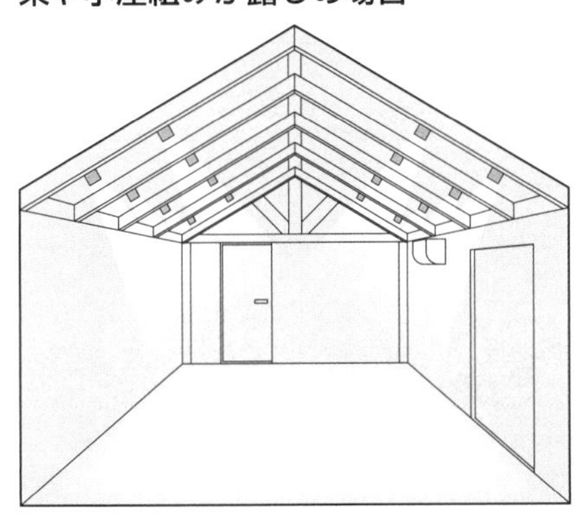

梁や小屋組みをスポットライトで強調するなどの演出が可能

軒側をコーブ照明とした場合

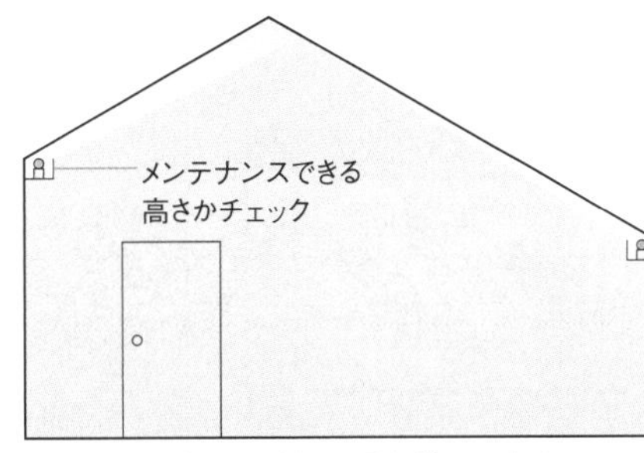

軒側の両方に間接照明を付けるときれいにまとまる

妻側にブラケットを付けた場合

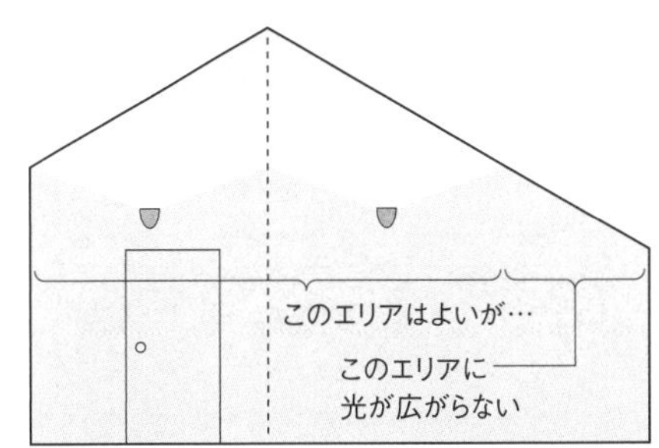

妻側の壁は、器具の取付け位置を決めるのが難しい

コーブ照明を設置する場合

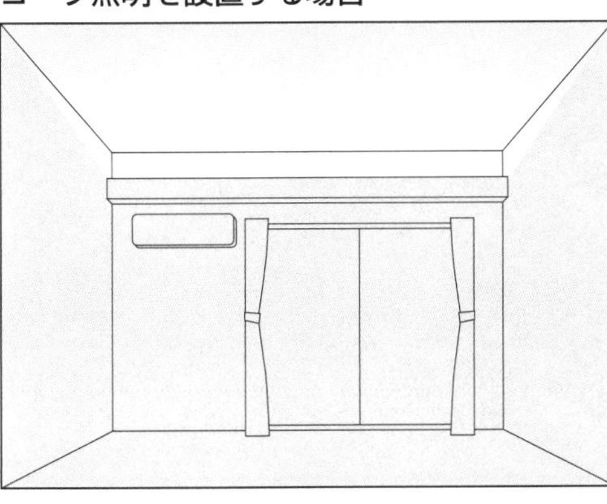

窓やエアコン
がじゃまにならなければ、軒側にコーブ照明を付けると、傾斜をきれいに照らせる

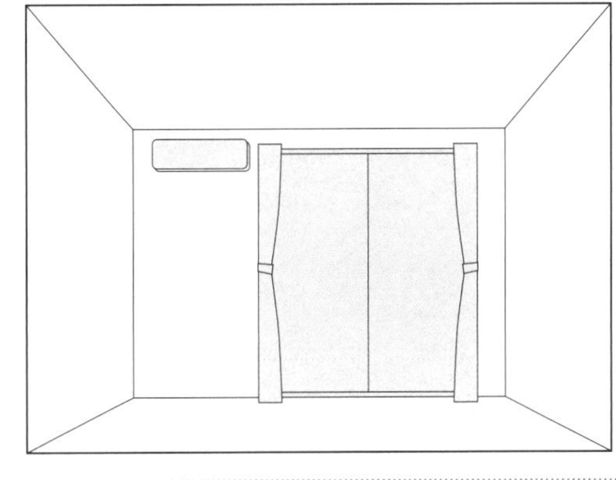

開口部のせいが高く、エアコンもじゃましていると、コーブ照明は付けられない

壁・柱を照らす

部屋全体をまんべんなく照らすより、垂直面を効果的に照らすほうが「洗練された空間」をつくれる

垂直面を照らす効果

人間は横になっているとき以外は、垂直方向の壁や柱、家具のほうが、水平の床や天井などよりも視界に入る。そのため部屋全体をまんべんなく照らすより、垂直面を照らすことを意識したほうが空間の演出への効果は大きくなる。

狭いスペースは、壁面を明るめに照らすだけで全般照明よりも印象的で明るい感じを与えてくれる。広さや奥行きのあるスペースでは、奥の壁を照らして中間部の床の明るさを抑えたり、長い壁面を**コーニス照明**やウォールウォッシャ照明で連続的に照らしたりすることで、広さや奥行きを強調できる。

壁に凝った仕上げや、テクスチュアがあるときは、コーニス照明や**ウォールウォッシャ照明**でその特徴を際立たせるとよい。壁の絵画をスポットライトで照らし、部屋のなかで視線を集める核にすることができる。照らす対象が目立つことが大切なので、なるべくすっきりとしたデザインの器具を選ぶ。

カーテンの演出

窓のカーテンは、昼間は開けてガラス窓越しに外の風景の広がりを室内に取り込むことができる。しかし夜にカーテンを閉めると閉塞感が出てしまう。この印象を変えるには、たとえばカーテンをコーブ照明やダウンライトなどで照らし、空間に広がりを与えながら、カーテンの色や柄、襞の織り成す陰影を美しく見せることが有効である。

- コーニス照明 →p.104参照
- ウォールウォッシャ照明 →p.147参照
- 視線を集める核
  自然に視線が集中するポイント。和室なら床の間や掛け軸、洋間なら暖炉、絵画など。フォーカスポイントともいう

壁を照らす手法

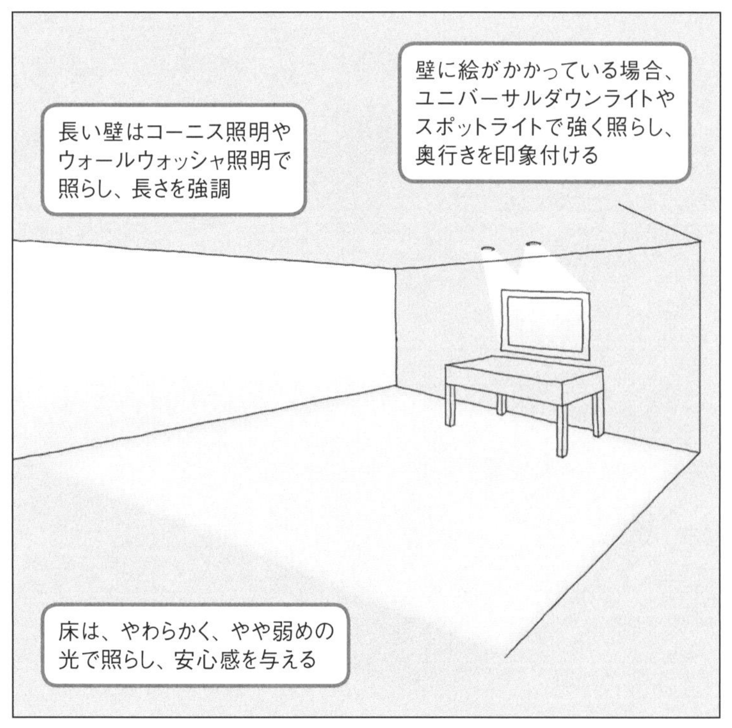

長い壁はコーニス照明やウォールウォッシャ照明で照らし、長さを強調
壁に絵がかかっている場合、ユニバーサルダウンライトやスポットライトで強く照らし、奥行きを印象付ける
床は、やわらかく、やや弱めの光で照らし、安心感を与える

カーテンの演出

昼は、窓の外への広がりが感じられる
夜は、カーテンを閉じると、閉鎖された雰囲気に…
夜にカーテンを照らすことで、広がりと安心感を与えることができる

水平面を照らす

床、机上、壁、天井を個々に照らす発想をもつと、
人の行動や時間帯に合わせ、あかりのシーンを組み立てられる

個別に照らす発想をもつ

部屋を明るくするときは、全般照明で空間全体を照らすだけでなく、床やテーブルのみを重点的に明るくする方法もある。

全般照明として使われる照明器具は配光が広く、細かく個別に照らすには適さない。床、机上、壁、天井というようにそれぞれ個々に照らす発想をもつと、人の行動や時間帯に合わせてあかりのシーンを組み立てることができる。

水平面を照らす手法

床やテーブルなど水平面を重点的に照らすには、光の方向性を絞れる器具やランプを選び、壁や天井など周囲に余計な光を漏らさないようにする。ダウンライト、スポットライトなどで光の広がり（配光）や光の向きをコントロールできる器具は、光の欲しい場所ごとに照らすのに向いている。光源はLED器具の中でCOBタイプのものから、空間の広さや天井の高さを考慮して十分な明るさが得られる器具を選ぶ。

やや弱い、ハロゲンランプ50W相当などの器具で配光の狭いものを複数組み合わせて使用すると多様で柔軟な使用が可能になる。調光はできるようにしたい。

シェード付きの器具も有効

床やテーブル面を照らすもう1つの手法として、上向きや横向きに光が漏れないシェードなどが付いた器具を使うことがある。デスクスタンドが、その代表的なものである。また、ペンダントや間接照明でも同様の効果が得られる。

● 配光
光の広がり。光源からの光を空間的に配分すること。配光パターンに変化をつけることにより部屋全体の雰囲気が変わる

水平面を照らす手法

配光の広い
全般照明用ダウンライト

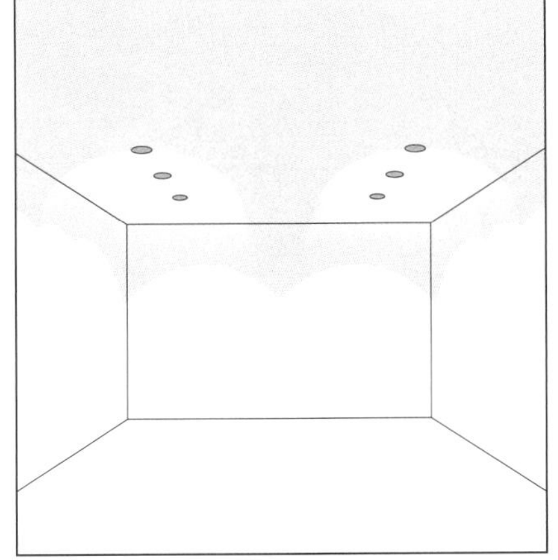

住宅で最もよく使われる、配光の広いダウンライト。光は床だけでなく、壁のほうにも広がり、部屋全体を明るくする

ビーム角の小さいタイプの
ダウンライト

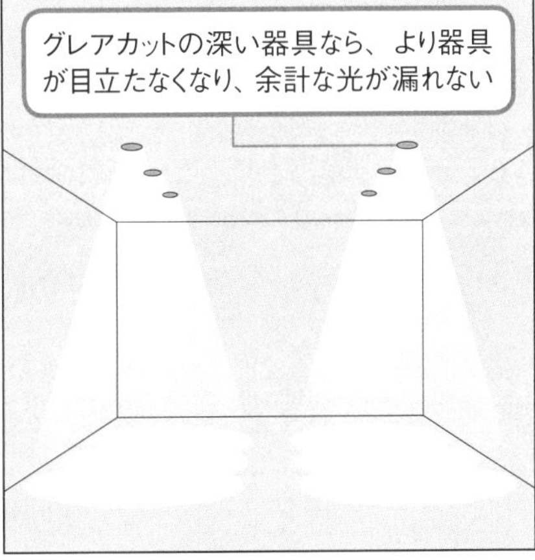

グレアカットの深い器具なら、より器具が目立たなくなり、余計な光が漏れない

ダイクロハロゲンランプなど、ビーム角の小さいダウンライトを使用すると、光のビームが狭い範囲のみを照らし、ほかの部分にあまり影響を与えない

ペンダント

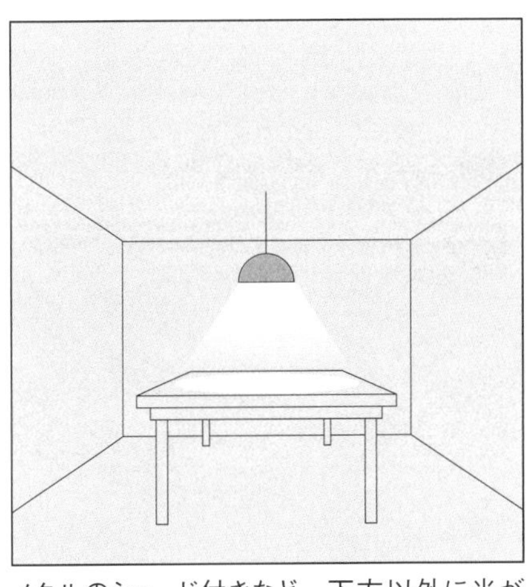

メタルのシェード付きなど、下方以外に光が漏れない器具なら、テーブル面のみを照らすことができる

異なる空間への連続性を考える

空間が水平につながるLDKと天井吹抜け空間とは、配慮すべき点が異なる。また、屋外との連続性についても考える

全体の統一感が重要

異なるスペースが連続して一体となっている場合は、照明器具の種類は2、3種類にそろえて空間の連続性を損なわない工夫が必要だ。さらに同時に点灯する光の種類を少なくすることが重要である。

あかりは、用途やシーンに合わせて点灯するものとしないものに分け、光の色温度はなるべく1種類に統一する。店舗などでは天井にスリットなどを設けて器具を集約したり、3連型の器具を使用したりして、光源の数が多くてもすっきりと見せるようにする。

吹抜けは上下の連続性を意識

吹抜けは、空間的な広がりに加え、縦方向への動きによって空間のダイナミックさを印象づけられる。2階の天井に光を当てて高さを強調したり、コーニス照明やスタンドなどで壁を照らし、水平方向の広がりを強調したりするのも有効である。

吹抜けの梁部分にスポットライトやブラケットを付ける場合は、まぶしさや器具の中身が見えるときの見栄えにも気を配る。これはペンダントやシャンデリアを吊り下げるときも同様である。コーブ照明やコーニス照明、バランス照明などは、器具の中身の光源が見えるようであれば採用しないほうがよい。中身を隠すのが難しいときは、全体に半透過のカバー付照明の方が良い。

外部との連続性

リビングなどに面した庭が塀で囲われているなどして防犯の条件がよければ、外部との連続性を考えてもよい。夜、室内と屋外を仕切る窓ガラスは光を反射させるミラーのようになるが、シーリングライトなどの大型光源は消し床を光を制御したダウンライトで照らせば、ガラス面への反射が抑えられ、外部への連続性をもたせられる。

最近は浴室をテラスに隣接させたり、坪庭を設けたりするなど、屋外との連続性をもたせた設計が増えている。その場合も、室内はやや暗くして屋外はやや明るい状態にし、美しく広がりのある浴室のデザインを照明の演出でサポートすることができる。

●吹抜け
2階以上の建物で、階をまたいで上下に連続している空間。玄関やリビング、階段部などに設けられる

●坪庭
建物と建物との間などにある、あまり大きくない庭。もともとは町屋における主屋と離れのとの間にある庭園を指した

連続したLDKの照明

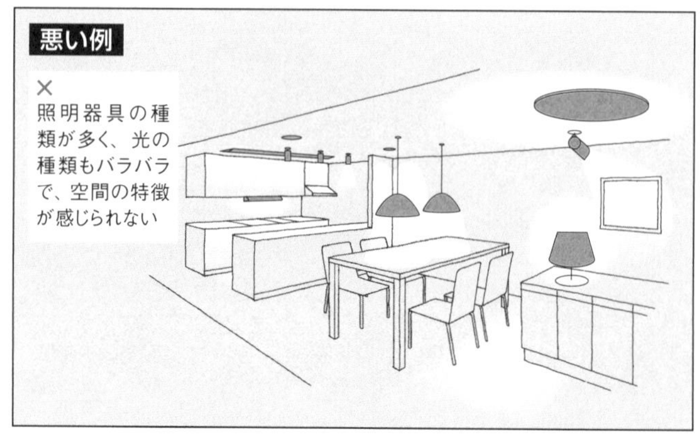

悪い例
×
照明器具の種類が多く、光の種類もバラバラで、空間の特徴が感じられない

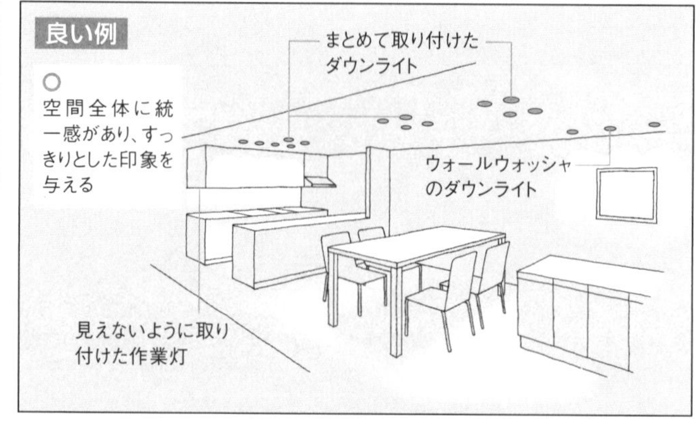

吹抜け空間の照明

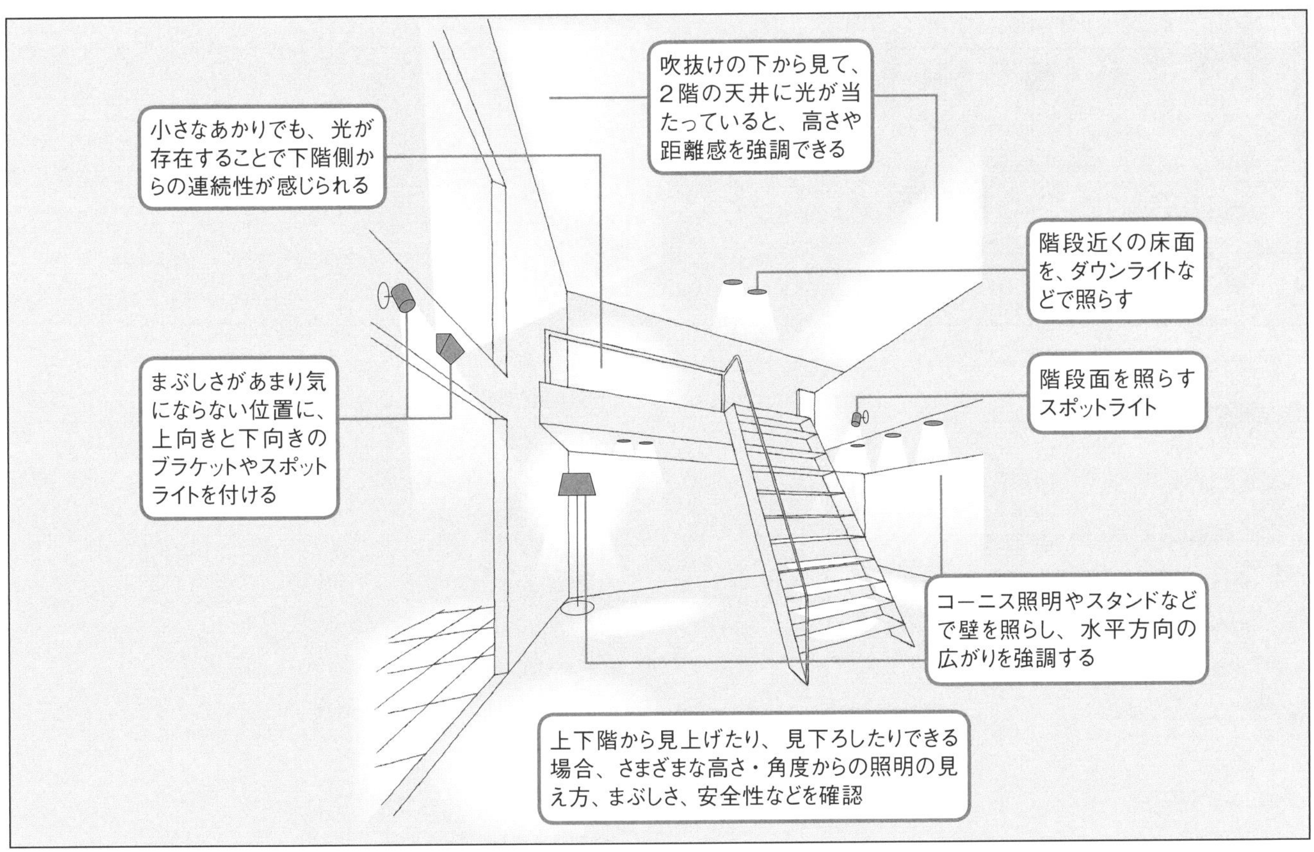

吹抜けの下から見て、2階の天井に光が当たっていると、高さや距離感を強調できる
小さなあかりでも、光が存在することで下階側からの連続性が感じられる
階段近くの床面を、ダウンライトなどで照らす
まぶしさがあまり気にならない位置に、上向きと下向きのブラケットやスポットライトを付ける
階段面を照らすスポットライト
コーニス照明やスタンドなどで壁を照らし、水平方向の広がりを強調する
上下階から見上げたり、見下ろしたりできる場合、さまざまな高さ・角度からの照明の見え方、まぶしさ、安全性などを確認

外部との連続性を考えた照明

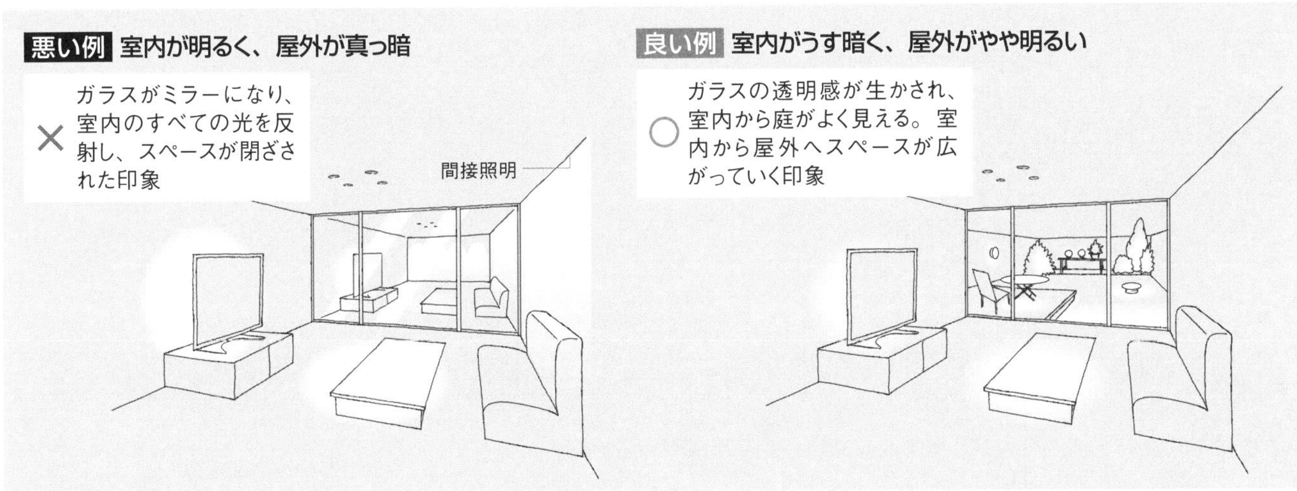

悪い例 室内が明るく、屋外が真っ暗
× ガラスがミラーになり、室内のすべての光を反射し、スペースが閉ざされた印象
間接照明
良い例 室内がうす暗く、屋外がやや明るい
○ ガラスの透明感が生かされ、室内から庭がよく見える。室内から屋外へスペースが広がっていく印象

浴室との連続性を考えた照明

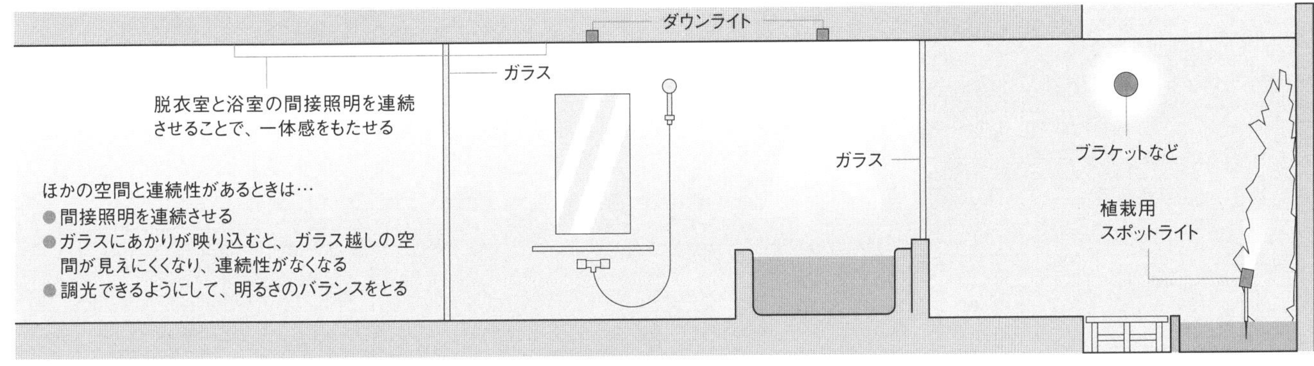

裸電球を使う

製造中止となる裸電球の替わりになるのは「LEDクリア電球」

裸電球は照明の原点

建築の原点を追い求めて設計していくと、照明も裸電球に行き着くことがある。デザインがシンプルで、凝った照明器具より安価なことも魅力の1つだろう。省エネの流れから、日本で最も普及していたE26口金の白熱電球は国内最大手のメーカーからは生産されないが、中小メーカー製品や輸入品などで入手は可能であろう。

裸電球の種類

最も一般的な裸電球は、白いガラスの普通電球(シリカ電球)である。白く加工されたガラスの表面で光が拡散するため、光色はやや白っぽい。次に一般的なクリアガラスの普通電球(クリア電球)は、光色がフィラメント部の発光の色そのままで、多少オレンジがかって見える。シリカ電球に比べ、きらめきを感じる。どちらもそのまま見えると、かなりまぶしく感じられる場合があるので、調光できるようにする。

シルバーランプ(ミラー電球)は、クリア電球の約半分の位置まで、ガラス内部の球側にアルミの反射鏡が蒸着されている。直接目に入るまぶしさをカットしながら、鏡面反射により間接照明のように使用できる。

裸電球を設置する際は、レセップで天井に取り付けたり、ペンダントとして天井から数灯を吊り下げる。また、レセップを天井や壁に埋め込み、電球を露出させることもできる。

現在はLED電球のクリアタイプも増え、フィラメントの発光をイメージしたレトロな雰囲気の裸電球として、白熱電球の代わりに使えるLED電球もある。

● レセップ
つばが付いており、直接ネジなどで取り付けられるソケットのこと

シルバーランプの特徴

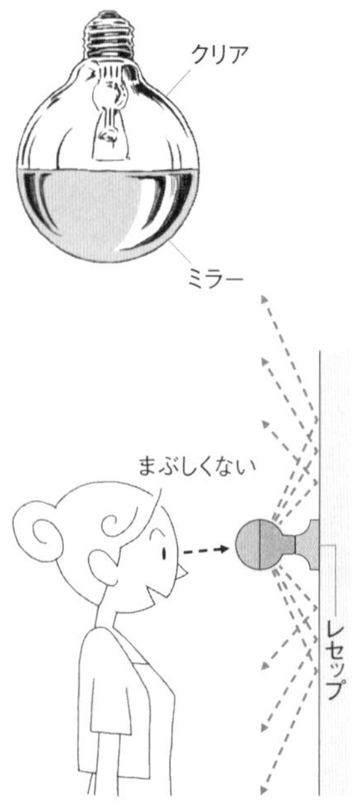
クリア
ミラー
まぶしくない
レセップ

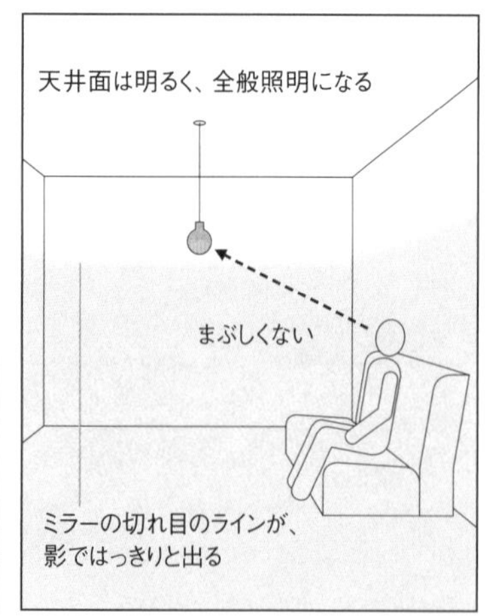
天井面は明るく、全般照明になる
まぶしくない
ミラーの切れ目のラインが、影ではっきりと出る

シルバーランプを使うと、簡単に間接照明がつくれる。現在はLEDでも同様の製品がある

裸電球の設置方法

レセップで直付けする

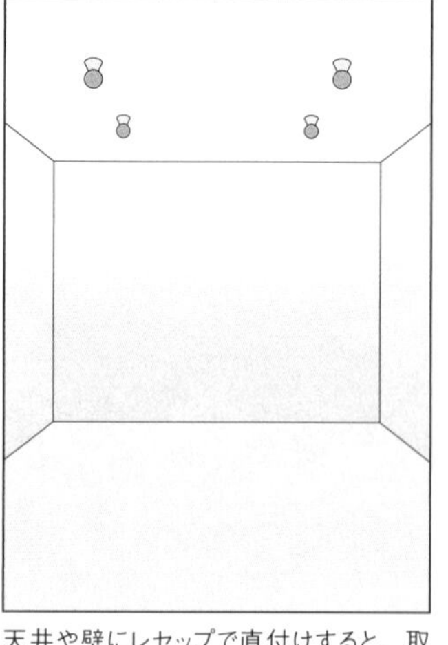

天井や壁にレセップで直付けすると、取り付けた面が一番明るくなる。天井面などをあえて輝かせたいとき有効

ペンダントにする

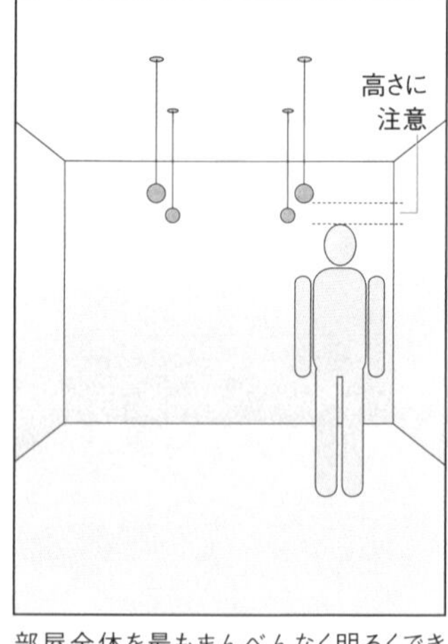
高さに注意

部屋全体を最もまんべんなく明るくできる。エアコンの風によって、裸電球がゆらゆら揺れないかを確認する

どちらの場合も、光源を見てまぶしく感じることが多いので、調光できるようにする

ダイクロハロゲンランプを使う

ビーム角のバリエーションがあるランプなので、「狭角」「中角」「広角」を組み合わせた演出もできる

光の広がる角度

ダイクロハロゲンランプは、**ビーム角**によって効果が異なる。LEDタイプも同様のビーム角バリエーションが用意されている。

ビーム角が10度の狭角（集光）ランプは、光と影のコントラストがはっきりと出るため、スポットライトで印象的に照らしたいときなどに使う。

20度の中角ランプは、天井が高いなど光源から対象物まで距離があるときに適している。近い距離で使用すると、10度のランプと同様にコントラストの強い光になる。

30度の広角（拡散光）ランプは、2,500㎜程度の天井高のとき、全般照明のようにテーブルや床を照らしたり、幅広く絵などを照らすときに効果的である。壁際に何灯かを等間隔で並べ、ウォールウォッシャ照明的に使うこともできる。

LEDタイプのものはダイクロハロゲンランプよりはビーム角が全体に広めに作られていることが多い。ダイクロハロゲンランプの良さは調光時の照度を落とした時の繊細な薄暗さと色温度の赤みだが、LEDでは調光調色タイプの製品もあるがダイクロハロゲンランプほどのギリギリの暗さは表現できない。

商業施設や住宅でもダイクロハロゲンランプは多用されており、LEDに切り替えることで、器具本体は今後も使用し続けることができる。

器具の種類

各メーカーから数多くの製品が出ているが、価格や見た目だけでなく、グレアカットの性能、オプションのバリエーションなども考慮して選ぶ。

● ビーム角
→p.34参照

ダイクロハロゲンランプの使い方

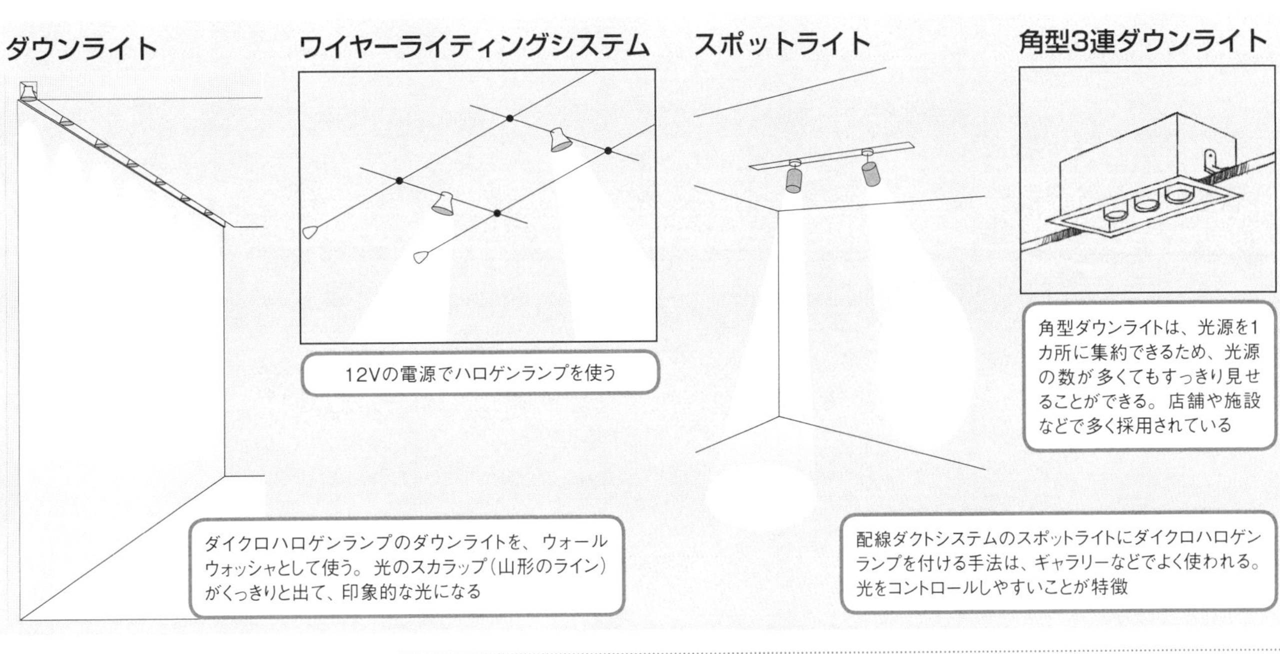

ダウンライト
ワイヤーライティングシステム
スポットライト
角型3連ダウンライト
12Vの電源でハロゲンランプを使う
角型ダウンライトは、光源を1カ所に集約できるため、光源の数が多くてもすっきり見せることができる。店舗や施設などで多く採用されている
ダイクロハロゲンランプのダウンライトを、ウォールウォッシャとして使う。光のスカラップ（山形のライン）がくっきりと出て、印象的な光になる
配線ダクトシステムのスポットライトにダイクロハロゲンランプを付ける手法は、ギャラリーなどでよく使われる。光をコントロールしやすいことが特徴

スタンドを使う

スタンドには調光対応LED電球を使用し、調光リモコンスイッチを付け、「適切な気持ちのよい明るさ」をつくる

間接照明として使う

移動や追加が容易なスタンドは、大きさがさまざまあり、シンプルなものから個性的なものまでデザインも幅広く、たいへん活用しやすい照明器具である。最近は間接照明としてデザインされたスタンドもあり、家具の背後や脇に置くだけで、手軽に間接照明ができる。

クランプやクリップで固定できるデスクスタンドは、明るさや雰囲気がベストな位置に設置することができる。小さなボール型のスタンドなどは、テレビの後ろに置くとテレビ観賞時によい間接照明になる。ソファや植栽の鉢の後ろに置けば、落ち着きと非日常的な雰囲気を併せもつあかりをつくることができる。

調光対応LED電球と調光器を使用

スタンドのあかりには調光対応のLED電球を使用し、調光リモコンスイッチを設置して、その時々で適切な、気持ちのよい明るさをつくれるようにする(p.126、巻頭頁参照)。たとえば、ホテルの客室を思い浮かべると、天井にはほとんど照明が付いておらず、スタンド2、3台とブラケットだけで十分な明るさを得ている例がよくある。それくらい思い切った照明を、住宅に取り入れてもよい。たとえば寝室では、電球を3個ほど使った大型のスタンドを主照明とし、部屋の大きさに応じて小型のスタンドを追加していく。できるだけ部屋の対角線コーナーに設置するようにして、さらに、ベッドサイドの読書灯があるとよい。気に入ったデザインのスタンド器具は、インテリアの要素として置いていくのも楽しい。

調光対応LED電球には調色性能のあるものもある。また専用のアプリをダウンロードしてスマホから電球のオンオフ、調光、調色などを無線コントロールできる製品もある。

- クランプ
  ねじなどで物を締め付けて固定する器具
- ブラケット
  壁面に壁掛けのように取り付けて照明器具などを支えるもの。また、そのように取り付けた照明器具
- 読書灯
  読書する目に優しいあかり。ちらつきが少なく、文字がよく見えることが条件

スタンド照明の種類

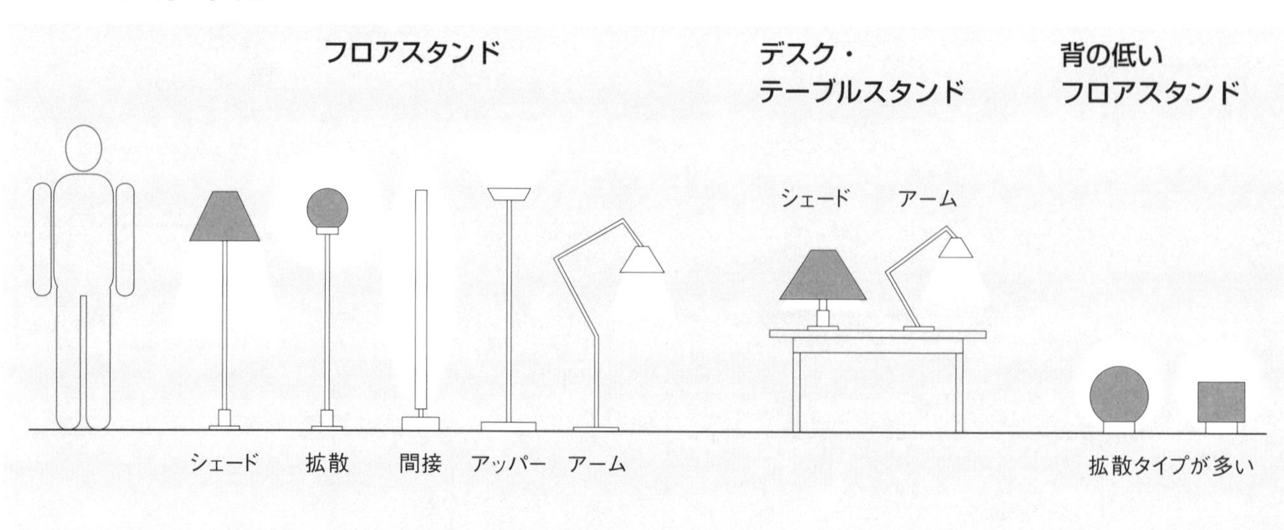

スタンド照明の使用例

間接照明用スタンド／縦型

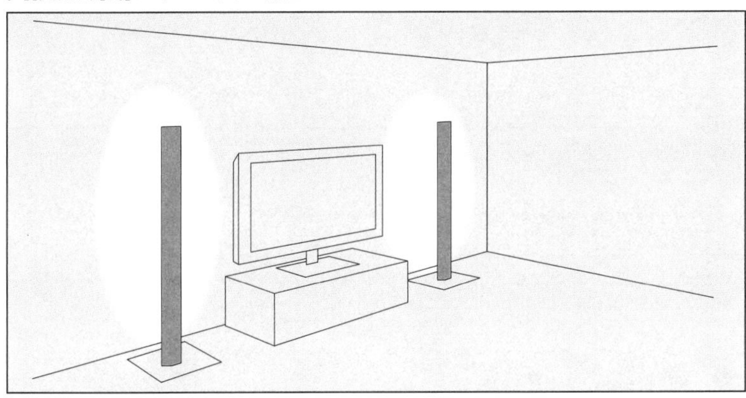

間接照明用スタンド／横型

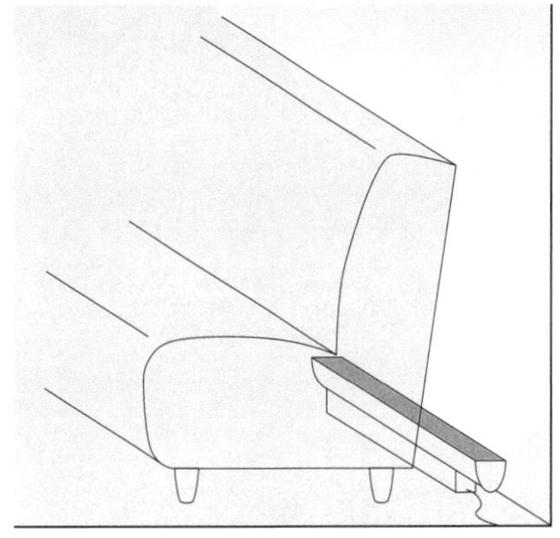

ボール型スタンド

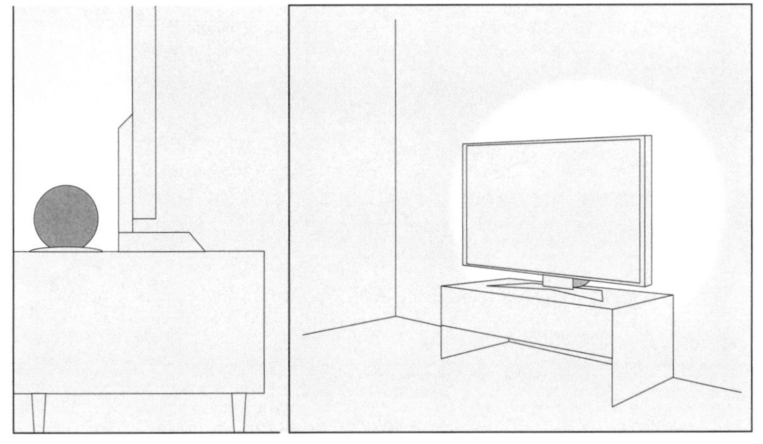

ボール型などのシンプルな小型スタンドも、隠しながら使うことで間接照明になる。テレビの後ろに置くのも効果的。最近のテレビは高輝度なので、周辺を少し明るくすると、コントラストがやわらかくなり、目にやさしい

クリップランプ

本棚にクリップランプを付け、天井を照らしたり、本を照らしたりすることで、間接照明の効果が得られる

ホテルの客室

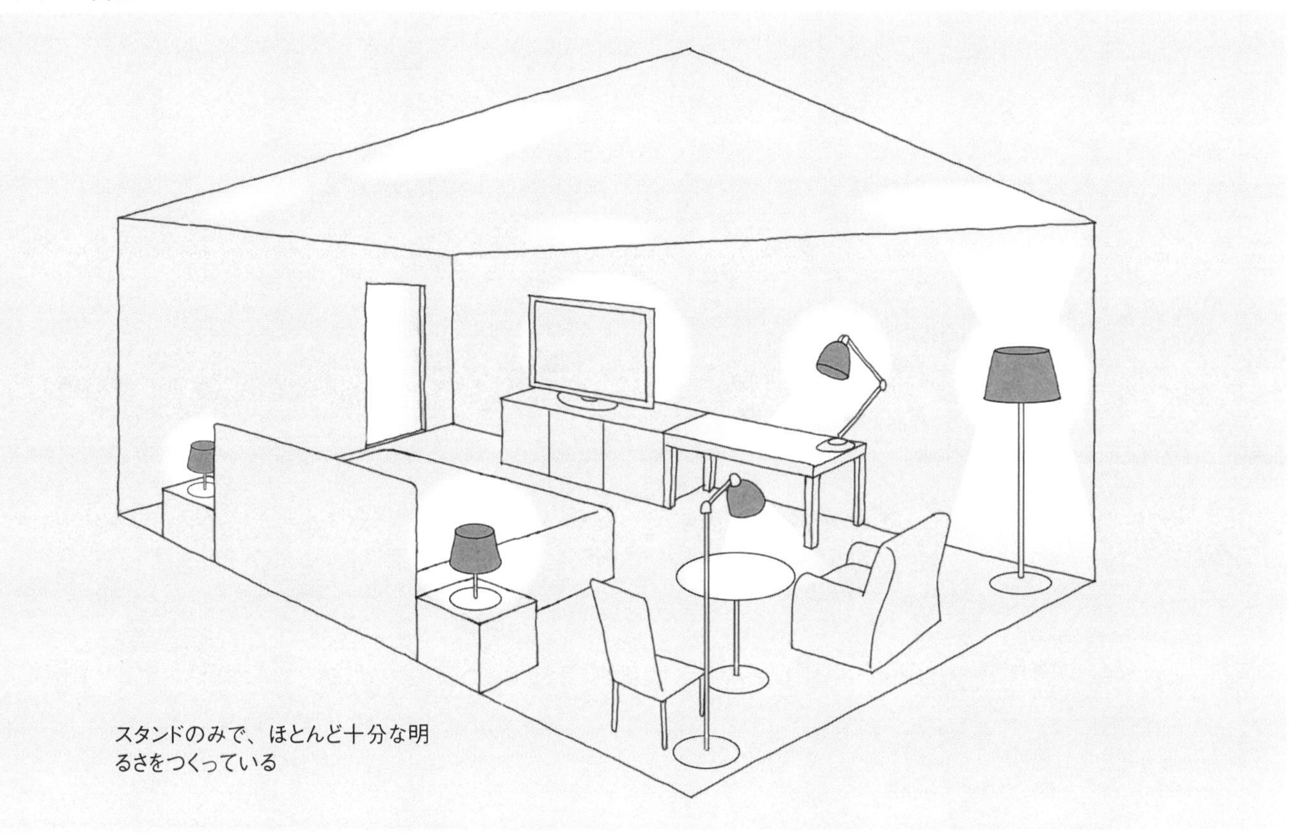

スタンドのみで、ほとんど十分な明るさをつくっている

家具を使った間接照明

造付けの家具や特注の家具に照明の要素を加え、「建築やインテリアに溶け込んだあかり」を演出する

多彩な演出が可能な照明

特注で家具をつくる場合は、造付けや置き型でもそこに照明の要素を加えることで建築化照明や間接照明とすることができる。

上方から光を出して天井面を照らせばコーブ照明のようになり、家具の足元から床を照らすように配置すれば、床の間接照明になる。またローキャビネットの上面の壁際に間接照明を付ければ、上下の光の向きは逆だが、コーニス照明のような演出もできる。

特注の家具に照明器具を仕込むことのよさは、建築の改修工事ほど大げさでなくても建築化照明と同等の、建築やインテリアに溶け込んだあかりをつくれることである。新築時だけでなく改修時にも建築化照明に近いすっきりとした間接照明を実現しやすい。

設置の際は、器具が見えないようにすることと電球交換をしやすくすることに注意し、設計時点で詳細な寸法を決めておくとともに、使用するランプや器具の特性も確認する。

寸法、熱、電源に配慮

家具に間接照明を納める場合寸法的にきついことがある。特に収納家具の場合は、照明のせいで収納力が大きく損なわれることがある。また、器具やランプから出る熱の問題もある。特に木製家具では、照明の熱によって家具が劣化したり破損したりする恐れがないか検討する。ランプによっては高温になるので、やけどの心配や水がかかる可能性がないかなどもチェックしておく。

LEDのように熱の発生が少ない器具でも、密閉した小さなスペースに納めると高温になり器具の破損につながるため、熱抜きの孔などをあけておく必要がある。また、施工や制作、取付け、修理などができないつくりにならないように気を付けて設計する。

家具に照明を付ける場合、電源が必要になることも見逃してはならない。足元のコンセントや、天井の**引っ掛けシーリング**から無理なく電源がとれるかなども確認する。

● 引っ掛けシーリング
照明器具を引っ掛けて吊るすことができる天井用の配線器具。左にねじるとはずれ、右にねじると引っ掛かって固定される
→P.181 参照

照明を設置できる家具

家具		設置方法	照明器具
背の高い家具	本棚・食器棚など	家具の天板と天井の間に空間がある場合は、光が拡散する照明器具を天板におくとコーブ照明に似た効果が得られる	蛍光灯、シームレスライン、LEDライン照明など
背の低い家具	テレビ台・シューズボックスなど	家具の底面と床に空間がある場合は、ライン照明を施すことで、足元が明るい家具に浮遊感が出て、非日常的な雰囲気を演出できる。造作家具では、家具の天板の壁際に照明を設置し、コーニス照明のような効果を出す	
カーテンボックス		小型の照明を取り付け、コーニス照明のような効果を出す。ブラインドやロールスクリーンにも使える	

家具の照明の収まり

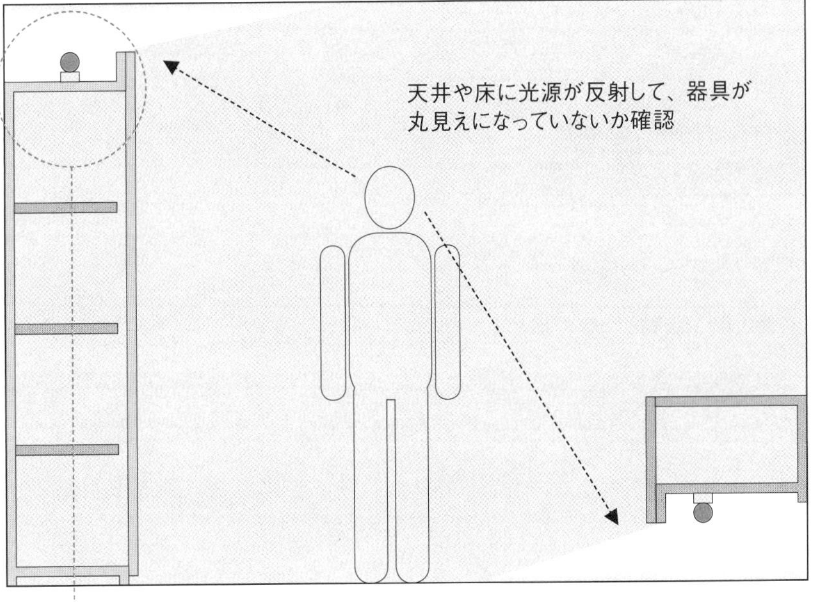
天井や床に光源が反射して、器具が
丸見えになっていないか確認

ローキャビネットの場合

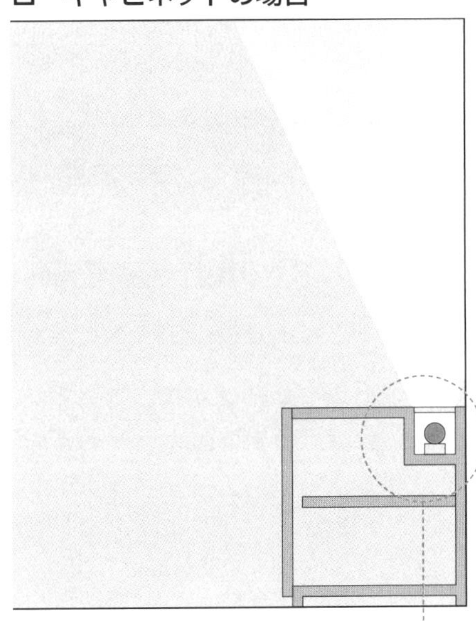

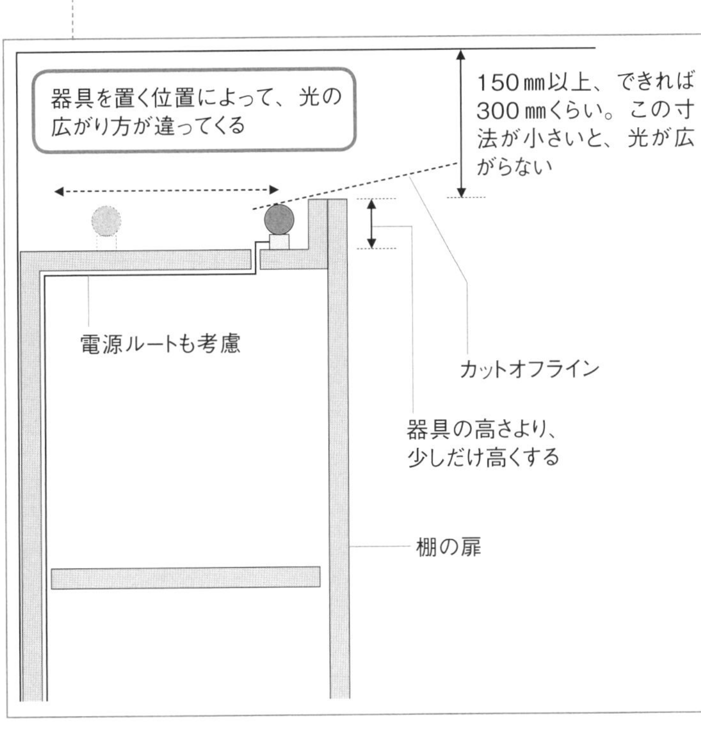
器具を置く位置によって、光の
広がり方が違ってくる
150㎜以上、できれば
300㎜くらい。この寸
法が小さいと、光が広
がらない
電源ルートも考慮
カットオフライン
器具の高さより、
少しだけ高くする
棚の扉

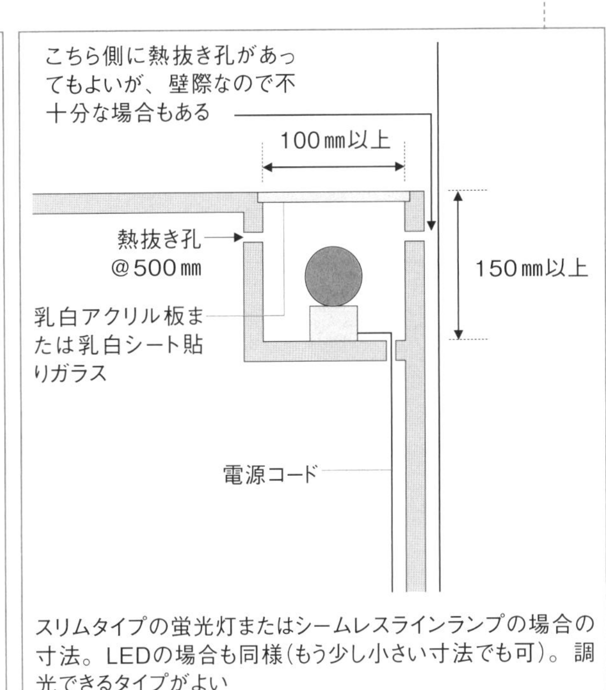
こちら側に熱抜き孔があっ
てもよいが、壁際なので不
十分な場合もある
100㎜以上
熱抜き孔
@500㎜
150㎜以上
乳白アクリル板ま
たは乳白シート貼
りガラス
電源コード
スリムタイプの蛍光灯またはシームレスラインランプの場合の
寸法。LEDの場合も同様（もう少し小さい寸法でも可）。調
光できるタイプがよい

器具の配置と明るさ

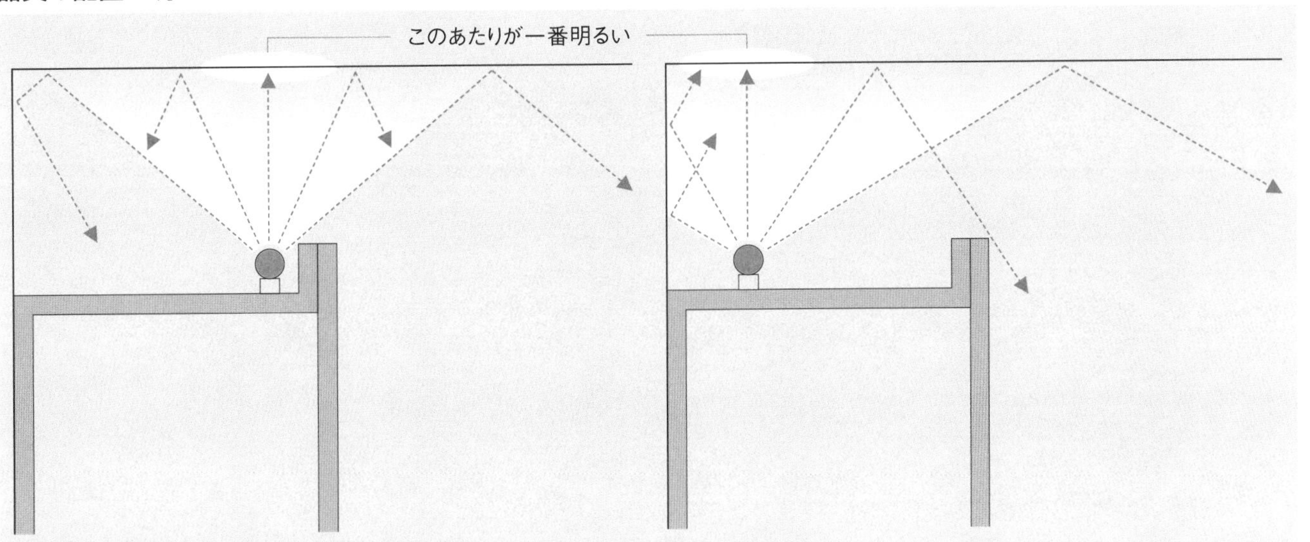
このあたりが一番明るい

Column

電気工事のいらない調光装置

後付けの調光機能で光を自由にコントロールする

調光を行う装置にはさまざまな種類があり、特徴や効果、価格などに大きな幅がある。

最も一般的な調光スイッチは、明るさを調整する回転式のつまみと、点滅のスイッチが付いたスイッチプレートである。もともとは白熱灯用と蛍光灯用があり、現在はLED照明用が主流である。適したものを取り付けるだけで、簡単に間違いのない調光ができる。ただし、１プレートにつき１回路のため、回路数が多いと部屋がスイッチプレートだらけになってしまうので注意する。

また、賃貸住宅などで調光スイッチが付いていない場合でも、調光可能な照明器具を使用することができる。全般照明であれば、天井に付いている引っ掛けシーリングに、引っ掛けシーリング用の調光機能付き配線ダクトレールを取り付けると、リモコンを使って調光対応LEDランプや白熱灯のスポットライトやペンダントを調光できるようになる。スタンドの場合は、器具のコンセントプラグとコンセントの間に挟み込むスタンド用の調光スイッチを使えば、調光対応ランプのついた器具を調光できる。このような器具で、ダイニングや寝室などでも自由に光環境をコントロールすることが可能である。

最近はLEDランプで、スマホを使って個別に無線調光できる電球が作られている。そのランプ用の専用アプリをダウンロードし、いわゆるIoTの環境でタイマー制御や遠隔制御など照明のコントロールをかなり自由に行うことができる。気をつけなければいけないのはこれらのランプはオンオフ回路の器具のみの制御対応で、調光回路で使うと器具が作動しなかったり破損する恐れがあるので注意は必要である（巻頭ページ参照）。

調光装置の種類

引っ掛けシーリング用調光装置

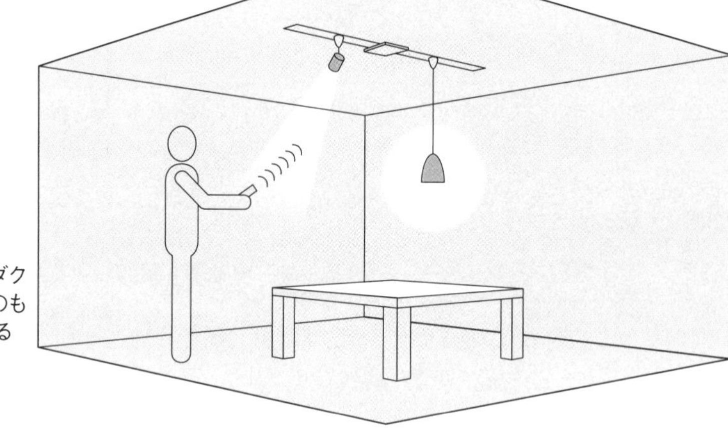

引っ掛けシーリング用の配線ダクトレールには、調光機能付きのものもあり、リモコンで調光できる

スタンド用調光スイッチ

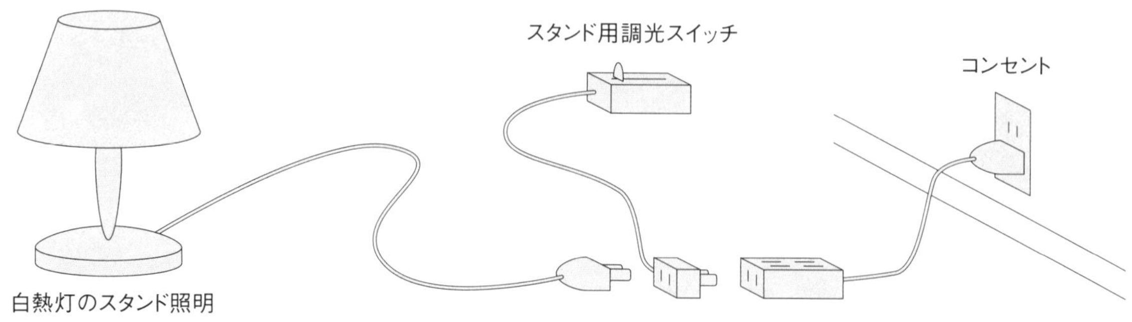

CHAPTER 5

住空間以外の照明計画

オフィスの照明計画

作業しやすい明るさと省エネ・メンテナンスにも配慮。
どこにデスクを置いても一定の明るさを確保する

オフィス照明のコツ

オフィスは仕事場であると同時に長い時間を過ごす居住空間でもあるため、照明計画もその両面の配慮を行う。オフィスビルの場合は、ビル全体の照明の点灯箇所が多く点灯時間も長いことから、省エネやランニングコストなどの検討も重要となる。

オフィス照明で一般的なのは**タスク・アンビエント照明**である。ただしオフィスはレイアウト変更も多いので、**全般照明**はどこにデスクを置いても一定の明るさが得られるように配置する。オフィスで必要な明るさは通常の事務的作業で750lx（ルクス）程度だが、細かい視作業ではスタンドなどを使ってタスク照明とし、高い照度を確保する。パソコン作業では、画面の明るさに比べて周囲が暗いと目が疲れやすいので配慮が必要である。

反射グレアの問題は液晶モニターの増加とともに減少傾向にある。必要な場合は、光源が露出しないように照明器具を天井埋込み型とし、ルーバー付きの器具を選ぶとよい。

メンテナンスへの配慮

照明メンテナンスで一番多いのはランプの交換である。蛍光灯は1万時間以上の寿命をもつものが多く、仮にオフィスで1日12時間点灯すると、27カ月もつ計算となる。現在主流のLEDは蛍光灯の約4倍の寿命をもち、交換回数はさらに大幅に少ない頻度ですむ。蛍光灯を使用している場合、管のみLEDに交換は安全性と省エネ性のどちらも問題が生じうるのでお勧めしない。10年程度の器具の寿命を待って器具ごと最新のLED器具に交換する方が良い。

大きなオフィスビルではエントランスホールなど天井が高い場所が多いため、専門業者が仮設足場を組んだり、高所作業車を使用してメンテナンスを行う。天井裏などへのアクセスルート作る方法もある。小さなオフィスビルでは、オーナーなどが日々のメンテナンスも行うことがあるので、事前に確認したい。

照明器具の劣化については、外観から判断できないので定期的な点検を行う必要がある。

タスク・アンビエント照明
作業を行う領域では必要な照度で照らし、周辺領域はこれより低い照度にする照明方式。省エネ効果が高い。全般照明とタスク灯、アッパーライトを組み合わせるなど、さまざまなパターンがある
→p.100参照

全般照明
全体を均一に照らす手法
→p.100参照

反射グレア
パソコンやテレビの画面などに窓や照明などが映り込み、画面が見づらくなる現象
→p.24参照

オフィスの基本照明

全般照明＋タスク照明

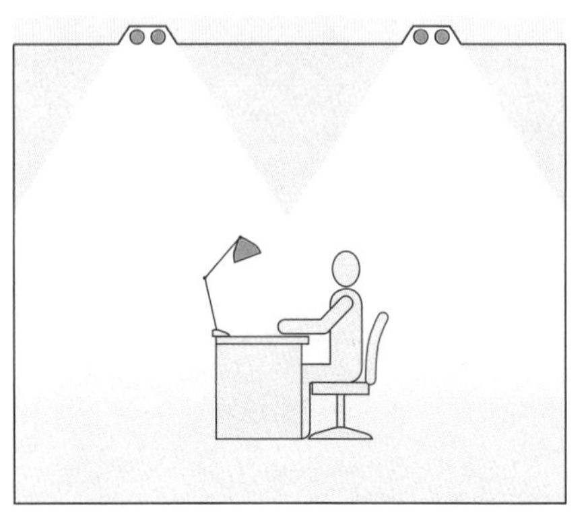

アッパーライト＋タスク照明

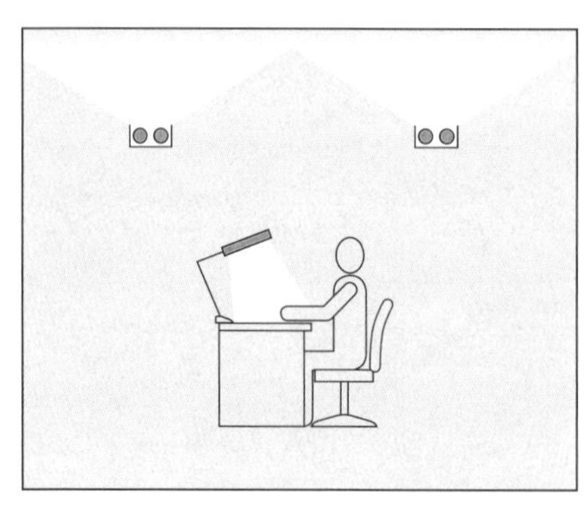

全般照明＋アッパーライト＋タスク照明

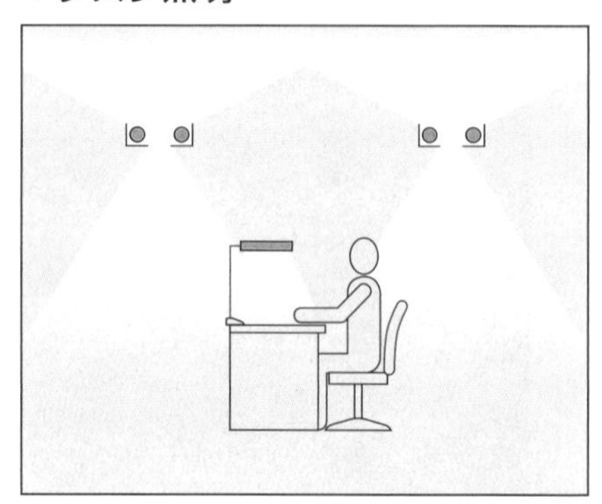

オフィスの照明の配置

オフィスのレイアウトの例(平面図)

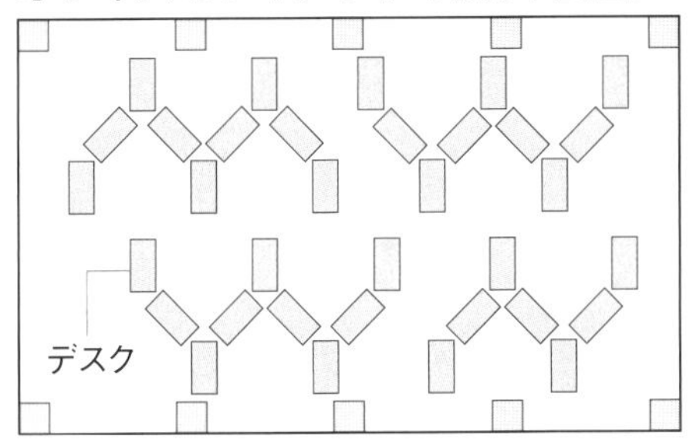

デスクなどの配置変更があることを想定しておく

蛍光灯の配置(天井伏図)

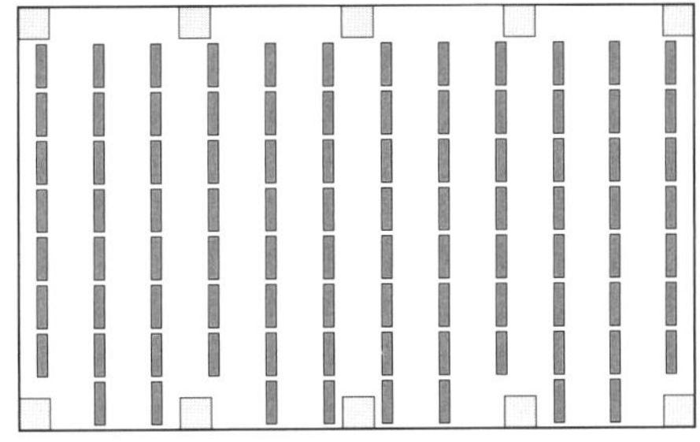

配置変更に対応しやすいように蛍光灯を配置する

◆JISによるオフィスの照度基準

スペース		推奨照度[lx]	光色
事務スペース	事務室	750	中・涼
	設計室・製図室	1,500	中・涼
	研修室・資料室	750	中・涼
コミュニケーションスペース	応接室	500	中・涼
	会議室・打ち合わせコーナー	700	中・涼
休憩スペース	休憩室・休憩コーナー	500	暖・中・涼
	食堂・カフェ	500	暖・中・涼

オフィス照明のメンテナンス例

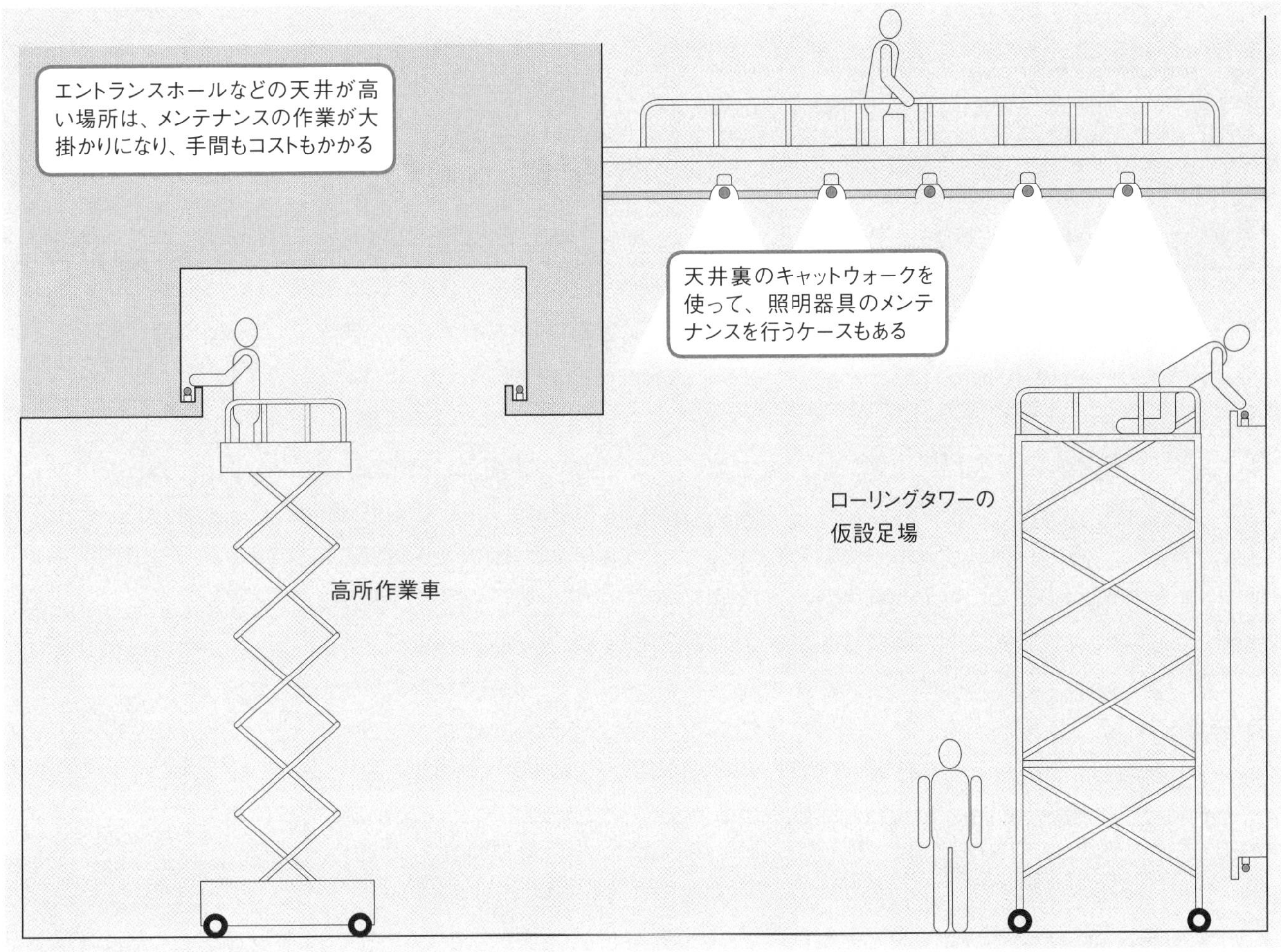

エントランスホールなどの天井が高い場所は、メンテナンスの作業が大掛かりになり、手間もコストもかかる

天井裏のキャットウォークを使って、照明器具のメンテナンスを行うケースもある

高所作業車

ローリングタワーの仮設足場

自動昇降器付き照明器具

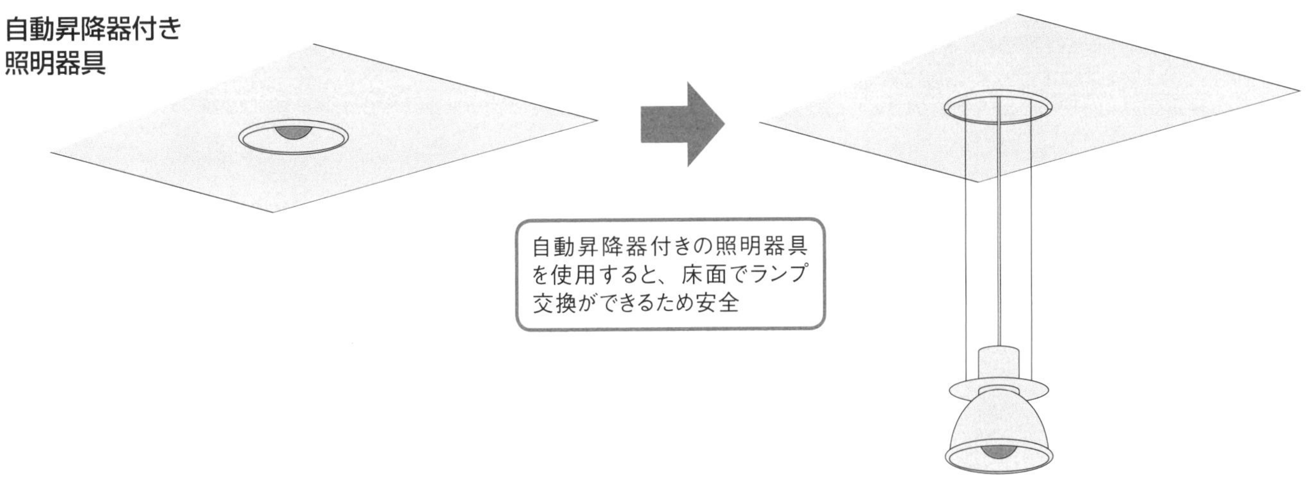

自動昇降器付きの照明器具を使用すると、床面でランプ交換ができるため安全

グリーン購入法と照明

環境負荷の少ない製品を選ぶことを求めたグリーン購入法。照明分野でも、エネルギー効率の高いランプや器具を選ぶ

グリーン購入とは

グリーン購入とは、品質や価格だけでなく環境負荷の少ない製品であることを考慮して製品を選ぶことである。2001年4月に施行された「グリーン購入法(国等による環境物品等の調達の推進等に関する法律)」では、国などの機関にグリーン購入を義務付け、地方公共団体や民間事業者、国民にもグリーン購入に努めることを求めている。法ではあるが罰則のない義務である。制定後何度か改正が行われている。(令和2年2月 閣議決定が最新) グリーン購入の対象となる品目のなかには照明が含まれている。ただし一定の基準をクリアした認定商品のようなものがあるわけでなく、ガイドラインに示されている「環境物品の判断基準」をもとにランプや器具を選ぶことになる。ランプであれば**ランプ効率**が高いことや寿命が長いこと、器具であればエネルギー消費効率が高いことを選定時に確認する。また照明計画では昼光の利用や、照度・人感センサーの導入などが求められている。

各メーカーではこの判断基準をクリアしたものを適合品としてラインナップしていることが多いので、省エネ対策を行う際には参考にするとよい。

グリーン購入の基本的考え方

グリーン購入法の基本方針では、環境負荷の低減に資する物品の役務(以下「環境物品等」という。)の調達推進の基本的考え方として以下の3点が掲げられている。

①価格や品質などに加え、環境負荷の少ない物品等および環境負荷低減に努めている事業者を選択する。物品そのものの環境負荷だけでなく、環境マネジメントや情報公開等の取組にも配慮する②資源採集から廃棄に至る、ライフサイクル全体の環境負荷を考慮した物品等を調達する③環境物品等の調達推進を理由に調達送料が増加しないようにすること、最優先されるべきはリデュース(抑制)に配慮する。

● ランプ効率
ランプの明るさを消費電力で割った数値
→p.36参照

● 環境マネジメント
企業や団体が環境に関する方針や目標を自主的に設定し、その達成に向けて取り組むための体制やしくみのこと。国際規格ISO14001や環境省が策定したエコアクション21などがある

グリーン購入法

国などの公的機関が、環境負荷の低い製品やサービスを率先して利用することで、環境に配慮した製品やサービスの情報提供や利用を推進し、持続的発展が可能な社会の構築を推進することを目指したもの。国などの取り組みのほか、地方公共団体、各種事業者、国民の責務などについても定めている。正式には「国等による環境物品等の調達の推進等に関する法律」

◆グリーン購入法の対象分野

①紙類	⑧家電製品	⑮インテリア・寝装寝具
②文具類	⑨エアコンディショナー等	⑯作業手袋
③オフィス家具等	⑩温水器等	⑰その他繊維製品
④画像機器等	⑪照明	⑱設備
⑤電子計算機等	⑫自動車等	⑲災害備蓄用品
⑥オフィス機器等	⑬消火器	⑳公共工事
⑦移動電話等	⑭制服・作業服等	㉑役務

環境省平成29年2月グリーン購入法パンフレットより

照明のグリーン購入法適合の判断基準

LED照明器具

◆照明器具における環境物品の判断基準

①投光器および防犯灯を除くLED照明器具である場合は、次の要件を満たすこと。

ア.基準１は、固有エネルギー消費効率が表1-1に示された基準を満たすこと、または固有のエネルギー消費効率が表1-2に示された基準を満たし、かつ初期照度補正制御、人勧センサ制御、あかるさセンサ制御、調光制御等の省エネルギー効率の高い機能があること。

イ.基準２は、固有エネルギー消費効率が表２に示された基準を満たすこと。

ウ.演色性は平均演色評価数Raが80以上であること。ただし、ダウンライトおよび高天井器具の場合は、平均演色評価数Raが70以上であること。

②投光器および防犯灯である場合は、次の条件件を満たすこと。

ア.固有エネルギー消費効率が表２に示された基準を満たすこと。　イ.演色性は平均演色評価数Raが70以上であること。

③LEDモジュール寿命は40,000時間以上であること。

④特定の化学物質が含有率基準値を超えないこと。また、当該化学物質の含有情報がウェブサイト等で容易に確認できること。

**表1-1　LED 照明器具にかかわる古流エネルギー消費効率の基準1
（投光器および防犯灯を除く）**

光源色	固有エネルギー消費効率
昼光色・昼白色・白色	144lm ／ W以上
温白色・電球色	102lm ／ W以上

備考

①「光源色」は、JISZ9112（蛍光ランプ・LEDの光源色および演色性による区分）に規定する光源色の区分に準ずるものとする（表1-2および表２において同じ。）。

②昼光色、昼白色、白色、温白色および電球色以外の光を発するものは、本項の「LED照明器具」に含まれないものとする。

③ダウンライトのうち、器具埋込穴寸法が300㎜以下であって、光源色が昼光色、昼白色および白色ものについては、固有エネルギー消費効率の基準を114lm ／ W以上、温白色および電球色のものについては、固有エネルギー消費効率の基準を96lm ／ W以上とする。

④高天井器具のうち、光源色が昼光色、昼白色および白色ものについては、固有エネルギー消費効率の基準を156lm ／ W以上とする。

**表1-2　LED照明器具にかかわる固有エネルギー消費効率の基準2
（投光器および防犯灯を除く）**

光源色	固有エネルギー消費効率
昼光色・昼白色・白色	120lm ／ W以上
温白色・電球色	85lm ／ W以上

備考

①ダウンライトのうち、器具埋込穴寸法が300㎜以下であって、光源色が昼光色、昼白色および白色のものについては、固有エネルギー消費効率の基準を95lm ／ W以上、温白色および電球色のものについては、固有エネルギー消費効率の基準を80lm ／ W以上とする。

②高天井器具のうち、光源色が昼光色、昼白色および白色のものについては、固有エネルギー消費効率の基準を130lm ／ W以上とする。

表2　投光器および防犯灯にかかわる固有エネルギーの消費効率の基準

光源色	固有エネルギー消費効率	
	投光器	防犯灯
昼光色・昼白色・白色	105lm ／ W以上	80lm ／ W以上
温白色・電球色	90lm ／ W以上	対象外

配慮事項

①初期照度補正制御、人感センサ制御、あかるさセンサ制御、調光制御等の省エネルギー効率の高い機能があること。

②分解が用意である等材料の再生利用のための設計上の工夫がなされていること。

③使用される塗料は、有機溶剤および臭気が可能な限り少ないものであること。

④製品の包装または梱包は、可能な限り簡易であって、再生利用の容易さおよび廃棄時の負荷低減に配慮されていること。

⑤包装材料等の回収および再使用または再生利用のためのシステムがあること。

エントランスホールの照明

エントランスホールは“オフィスの顔”ともいえる場所。大空間の特徴を生かし、建築化照明を組み合わせる

エントランスホールの役割

オフィスのエントランスホールは、社員や訪問客など不特定多数の人が毎日出入りする。入居する企業にとっては訪問客に最初に企業イメージを形成させる場であり、社員にとっては自分のテリトリーを感じさせる場でもある。

そのためパブリックスペースとしてデザインされることが多く、吹抜けの高い天井があったり、ガラス張りの開放的な空間になっていたりするほか、受付カウンターがあることも多い。また出社時や昼食時、帰宅時などは集中的に多人数の人が活動するため、動線が重ならない工夫や人の流れをスムーズにする設計が求められる。

空間の特性を活かした照明演出

天井が高いエントランスホールの場合は、空間の特性を生かし**コーブ照明**や**コーニス照明**、**光壁**などの間接照明を採用するとよい。

全般照明と両立させ安全に歩行できる照度を床面に与える必要はあるが、インテリアによってはほとんど間接照明のみで必要な明るさを確保し、すっきりとしたデザインにすることもできる。

ガラス張りの壁や高窓があるエントランスホールでは、自然光を最大限に利用し、昼間と夜間の照明計画を考えれば、空間に開放感を与えるほかランニングコスト削減にもつながる。

照明の点灯は早朝から深夜にまで及ぶことが多いが、主要な箇所はタイマーで制御する。ランプはエネルギー効率や明るさ、ランプ寿命の長さ、色温度の選択幅などの観点から、ここでもLEDが主流である。器具は本体が目立つより建築と一体化するほうが望ましいので、埋込み型やダウンライト器具を使用するとよい。また、案内カウンターの什器に照明器具を仕込んだり、床にLEDのインジケーター照明を付けて動線を誘導することもある。

コーブ照明
間接照明の一種。ランプの下方を遮蔽し、上方を開放することで、天井にやわらかな光を拡散させる手法
→p.102参照

コーニス照明
間接照明の一種。ランプ下方や横方向のみを開放し、壁面を照らす手法。壁面が明るくなり、広がり感が出る
→p.104参照

光壁
間接照明の一種。ガラス・ガラスブロックを通して通路や室内を照らす手法
→p.106参照

インジケーター照明
光により注意を引きつけ、動線を誘導するもの

エントランスホールとは

役割	●住宅にたとえると、玄関やアプローチなど自分のテリトリーを感じる場所 ●仕事への気持ちの切り換え場所
特徴	●不特定多数の人の出入りが多い ●出退社時、昼食時などは集中的に人が活動する ●吹抜けや開放的な空間であることが多い ●受付カウンターなどが設置される
照明に求められるもの	●現代的な雰囲気 ●やや緊張感のある照明 ●クールでパワーのある演出

エントランスホールの照明例

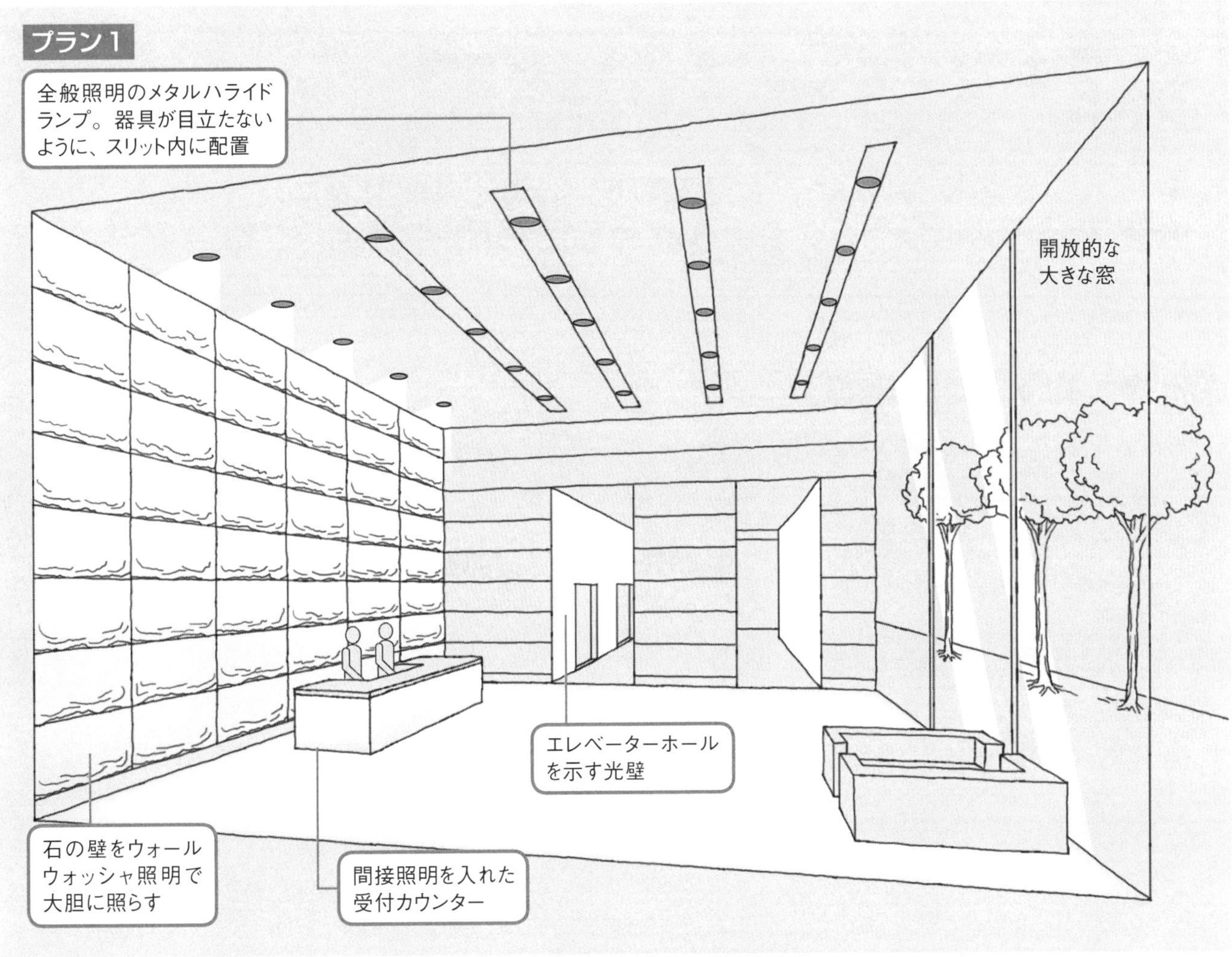

プラン1
全般照明のメタルハライドランプ。器具が目立たないように、スリット内に配置
開放的な大きな窓
エレベーターホールを示す光壁
石の壁をウォールウォッシャ照明で大胆に照らす
間接照明を入れた受付カウンター

プラン2
天井全面を均質に照らす光天井。5,000K以上の高めの色温度だと、外の光のように爽やかになる
奥のスペースへ誘導するコーニス照明
腰壁が光る受付カウンター
動線を示すLEDのインジケーター照明

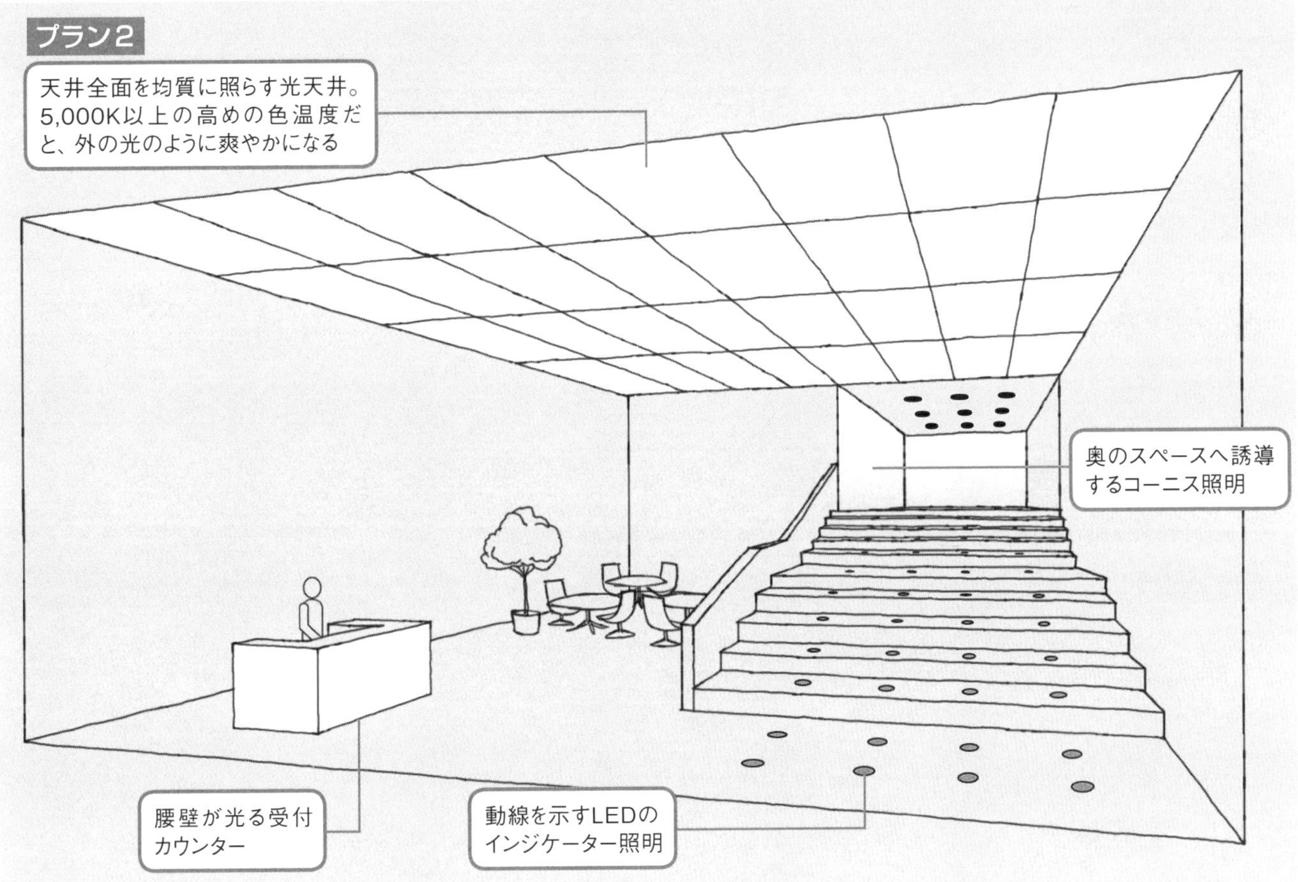

事務スペースと休憩スペースの照明

事務スペースは500～750lxの明るめの照度設定に。休憩スペースはリラックス感を高める間接照明を採用する

事務作業に適した明るさを確保

事務スペースの照明器具は作業環境や経済性などを総合的に判断し、LEDの天井埋込み型器具や天井面に直付けの器具を採用することが多い。最近では照明器具をエアコンなどと組み合わせ、施工性やデザイン性を高めたシステム天井を採用する例も増えている。

事務作業は、朝から夕方までの日中の活動が中心のため、LED照明で色温度が5,000K程度の自然光に近い昼白色を採用し活発で爽やかな空間づくりを行う。また最近では、暖かい色味を好んで3,000K程度の電球色を採用するオフィスも出てきている。いずれにしても書類作成などの視作業では、細かい字を見続けても目が疲れないように、500～750lxの明るめの照度設定をする。

オフィス照明の省エネ対策では、自然光の状況に応じて点灯エリアを決めるゾーニングの考え方が効果的である。そこで、室内に明るさセンサーを取り付け、窓付近が明るければ自動的にあかりを消したり調光で照度を落としたりし、逆に夜には照度を上げる制御システムなどを利用するのも有効だ。さらに人感センサーも連動させ、残業時に数人しかいない場合は、その人の付近のみを明るくし、ほかの場所を消灯することもできる。

休憩スペースは雰囲気を変えて

オフィスの休憩スペースの目的は、仕事の合間にリラックスし再び仕事に戻るための気力を養うことだ。そのため照明も休憩スペースに入った瞬間に直感的に雰囲気が変わるように計画する。

事務スペースは通常照度が高く、**色温度**も高めにするが、休憩スペースは照度をやや落とし色温度も3,000K程度の電球色に近い暖かい色味とする。

社員のクリエイティビティを刺激する休憩スペースには照明による演出が有効だ。たとえばモダンなデザインのブラケットやペンダントライトを取り付けたり、コーニス照明などの間接照明を取り入れれば、カフェのような装飾的な演出ができる。休憩スペースの使用頻度にもよるが、人感センサーでの点滅にしておけば省エネにも有効である。

● システム天井
天井仕上げ板と天井に設置される照明、空調、火災報知機、スプリンクラー、給排気口などを一体化して組み立てたもの。あらかじめ工場生産されるため、施工性に優れ、安定した品質のものが多い

● 色温度
光の色を数値で表したもの
→p.26参照

事務スペースのゾーニング

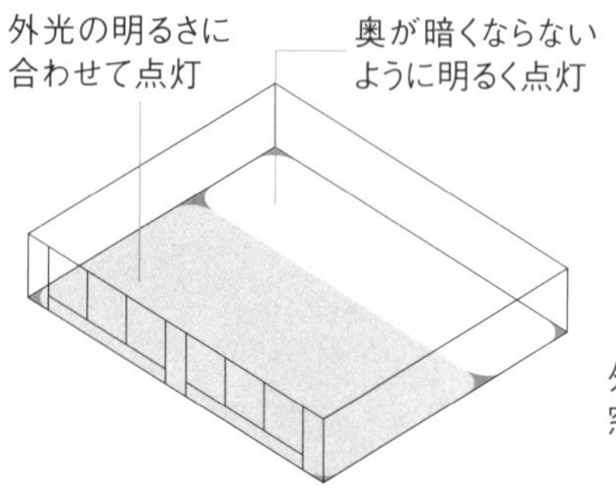
昼(8～18時)
外光の明るさに合わせて点灯
奥が暗くならないように明るく点灯

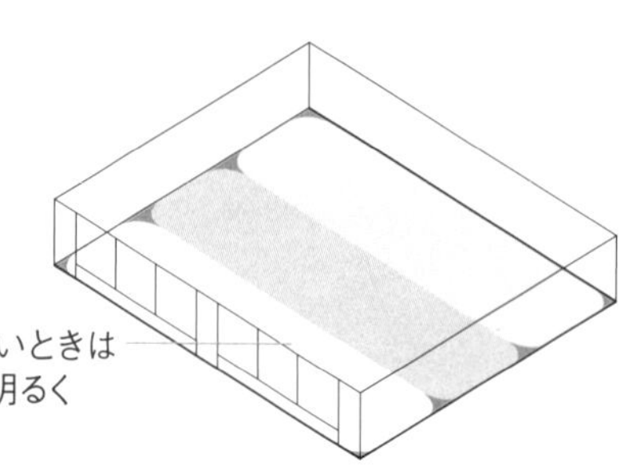
夜・早朝(18～21時・5～8時)
外が暗いときは窓側を明るく

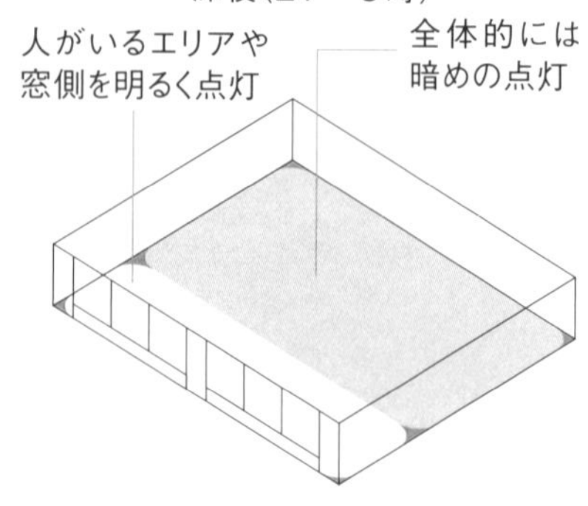
深夜(21～5時)
人がいるエリアや窓側を明るく点灯
全体的には暗めの点灯

時間帯に応じて必要なエリアだけを点灯、または調光して省エネを図る

事務スペースの省エネ照明

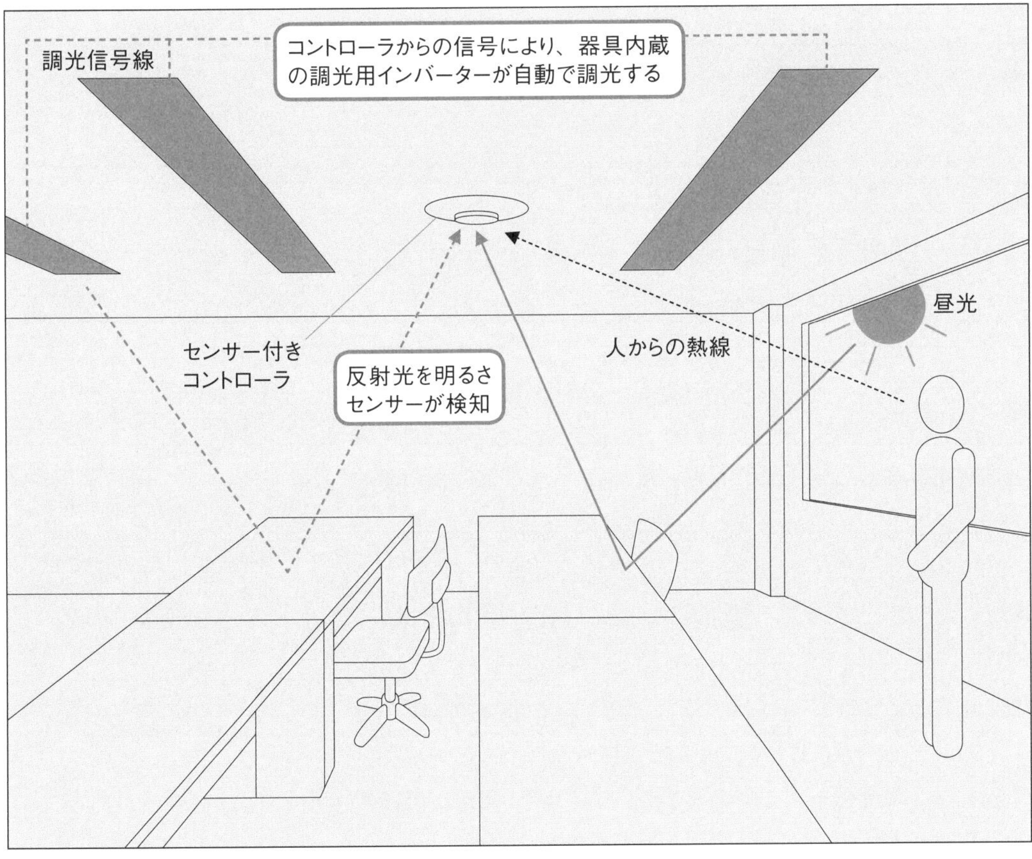
調光信号線
コントローラからの信号により、器具内蔵の調光用インバーターが自動で調光する
昼光
センサー付きコントローラ
反射光を明るさセンサーが検知
人からの熱線

外が明るい昼間は抑えて点灯。机上面は外光と合わせて700lx程度

夕方から夜にかけて外が暗くなると、明るく点灯する

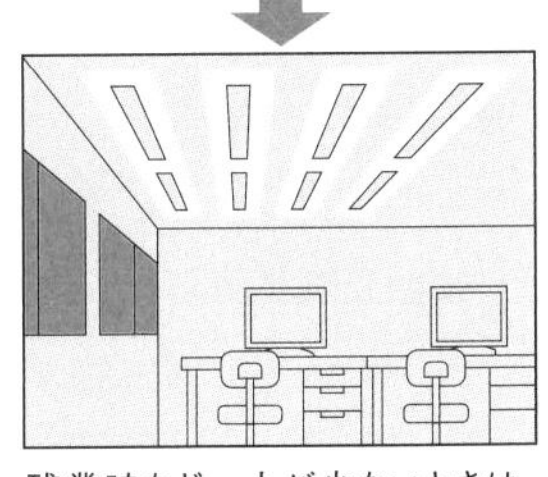

残業時など、人が少ないときは、必要最小限の明るさに調光

休憩スペースの照明例

5,000Kの色温度
3,000K程度の色温度で、暖かい電球色とする
蛍光灯
ダウンライト
カフェのようなつくりで、安らげるスペースになっているオフィスが多い
事務スペース
休憩スペース
このメリハリができるように、照明も変化をつける
仕事モード

くつろぎモード

応接室・会議室の照明

室内には一定以上の均質な明るさを確保。エリアごとに調光・点滅できるよう、回路を分ける

応接室・会議室の役割

オフィスの応接室・会議室は、外部からの訪問客とビジネスの打ち合わせなどを行うスペースである。会議室が応接室を兼ねている場合も多く、社外だけでなく社内の人同士で意見交換などを行う際にも使用する。

部屋の大きさは、数人程度の小さな会議室から、大勢が一堂に会することのできる大会議用の部屋までさまざまだ。窓がない場合も多いが、なかには大きな窓から自然光を相当量採り込めるところや、天井の高い開放的な空間にミーティングスペースを設けているところもある。

プロジェクタ使用などに備える

応接室・会議室の照明は、どのテーブルの上で書類などを読んでもストレスを感じないように一定以上の均質な明るさを確保する。最大点灯時の**照度**が事務スペースと同等になるようにする。

また応接室・会議室では、モニターやプロジェクタなどを使用し、プレゼンテーションやテレビ会議を行うこともある。これに対応するため部屋全体を調光できるようにするとともに、エリアごとに回路を分け、スクリーン側の壁寄りのエリアでも調光や点滅ができるようにするとよい。このほかにスクリーンやパソコンと連動させ明るさのバランスを制御する方法もある。調光・点滅の際は、テーブルの上が真っ暗にならないように、全般照明とは別のあかりでテーブルの上だけを照らせるようにすることも重要である。

さらにプレゼンテーションのインパクトをより強めるため、壁や天井を間接照明にして緊張感を和らげたり、会食やパーティーに対応するため色温度にバリエーションが付けられるようにすることも有効だ。最近は色温度も変化さえることができるLED器具も増えており、それらを採用して、3,000～5,500Kの色温度の幅で調節できるようにすると便利である。

●照度
ある面に照射された光の量
→p.30参照

●プロジェクションスクリーン
プロジェクタの映像を映すスクリーンのこと。大きさは家庭でも使える80インチ程度から、イベントなどで使用する200インチ程度まで、バリエーションに富む。通常、天井から吊り下げ、壁際で使用する

応接室・会議室に求められるもの

役割	●外部からの訪問客とビジネスの打ち合わせなどを行う場所 ●会議室と応接室が兼用の場合は、社内の人同士で意見交換や意思決定などを行う際にも使用するスペース
特徴	●数人がミーティングできるスペース、少人数用のテーブルが数台並ぶ大部屋、大勢が一堂に会することのできる大会議用の部屋までさまざま。フリーアドレスで固定の個人デスクのない会社も増加しており、重要性が高まっている
照明に求められるもの	●テーブルが複数ある場合は、均質な一定以上の明るさを確保する ●パソコンのモニターやプロジェクタなどの使用がある場合は、調光や点滅がスムーズにできるよう配慮する

応接室・会議室の照明例

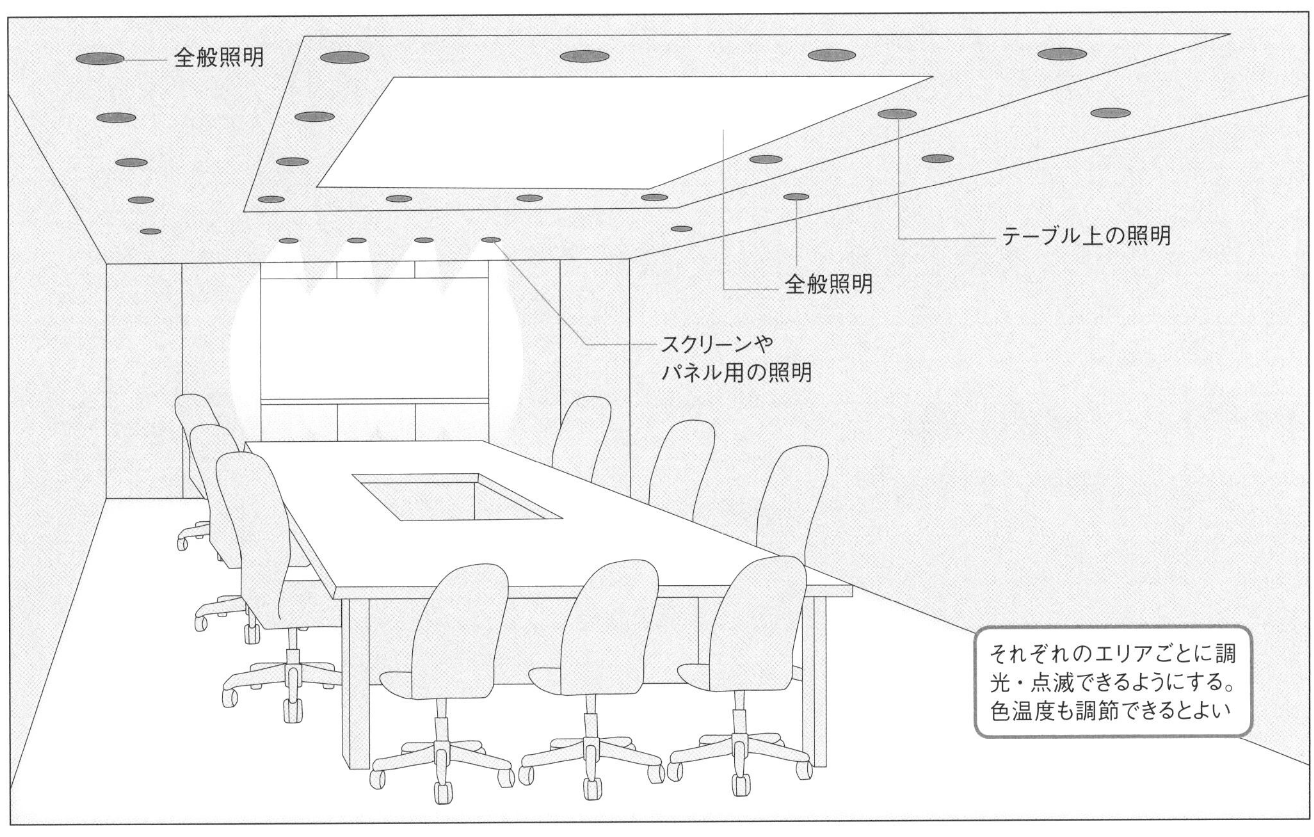

色温度の調節でプラスαの演出を

研修会・勉強会

活動的な雰囲気をつくる

打ち合わせ・会議

爽やかな雰囲気をつくる

プレゼンテーション

落ち着いた雰囲気をつくる

商談

暖かい雰囲気をつくる

応接室・会議室の使用目的に合わせて色温度を変え、最適な雰囲気をつくることができる

オフィスビルの外構照明

外壁、アプローチ、オープンスペースなどをライトアップ。照明デザイン次第で都市景観にも貢献できる

オフィスビルの外構照明の役割

オフィスビルの外構はシンプルであることが多いが、都心部で大通りに面している場合などは、ガラス張りのエントランスホールやそのアプローチが通りや街に対して開かれたデザインになっており、ガラスを通してビルから漏れる光やビルの外構全体が美しい夜景を生み出すこともある。こうしたケースでは、あかりを積極的にデザインすることでオフィスビルの存在感を高め、さらに都市景観にも貢献できる。

特に大規模開発で建設される超高層タワーの場合はランドマークとなる存在のため、都市景観で重要な位置を占める。計画段階で十分なシミュレーションを行い、自治体も含めた各方面のプロジェクト関係者の合意を得ながら進める。

また商業地域では、光のデザインのユニークさを競い合うことが街の活気につながることがある。しかしデザインのポリシーや理念がなく単に目立つだけのあかりでは、光害ともいえる過剰なあかりを増やすだけになってしまうので注意する。

外構を照らすさまざまな手法

敷地に余裕がない場合は、外壁の一部を床埋込み型の照明で照らし上げたり、外壁の素材感を強調する間接照明やライン照明を外壁に設けるなどして華やかさを演出する。

前面道路からエントランスへのアプローチでは、外壁や塀にブラケットや間接照明を設置するほか通路の床には床埋込み型の照明を、植栽の中にはスタンド型のアプローチライトやスポットライトなどを使用し、足元を照らしながら人の流れを誘導するとよい。

ビルの周囲に植栽や樹木を植えたオープンスペースがある場合は、スポットライトなどでそれらを美しく照らすことで間接照明のような役割を果たし、通りを歩く人々にゆとりを感じさせることができる。

こうした演出は、規模によっては都市景観に大きな影響を与えるため、地域のルールなどを確認して計画する。

● ライン照明
ビルの外壁角部などのラインに沿って、LEDや蛍光灯などの照明を配置し、外構ラインの美しさを強調するもの

オフィスビルの外構の主な照明手法

直接投光

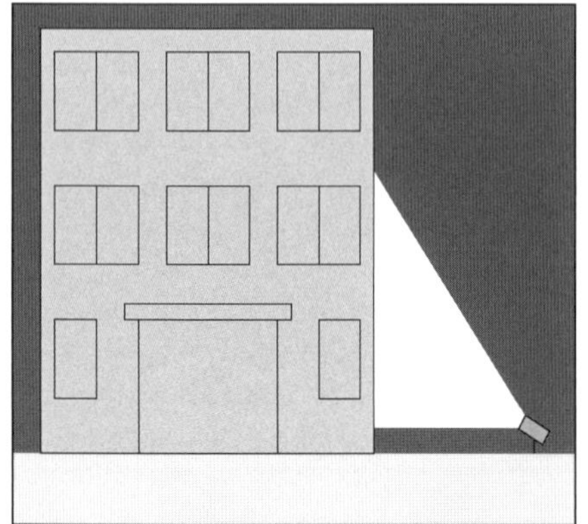

間接照明

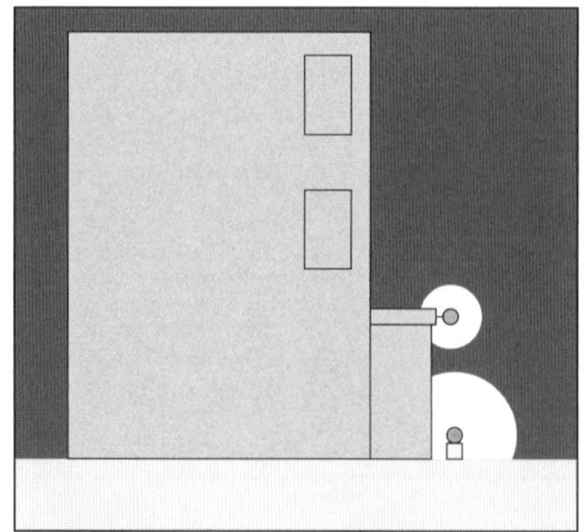

シンボルタワーのイルミネーション

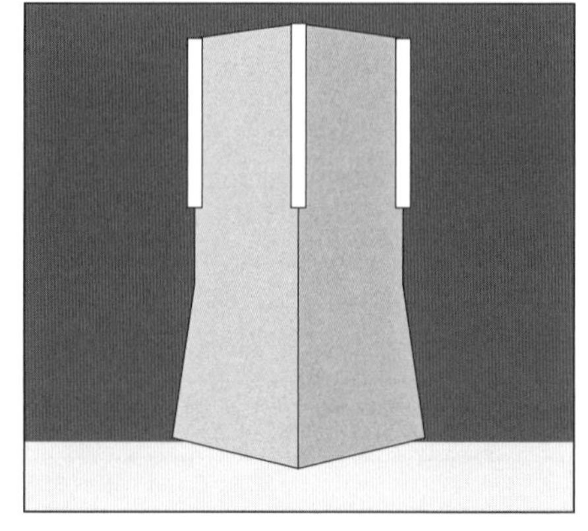

照明手法による効果

直接投光

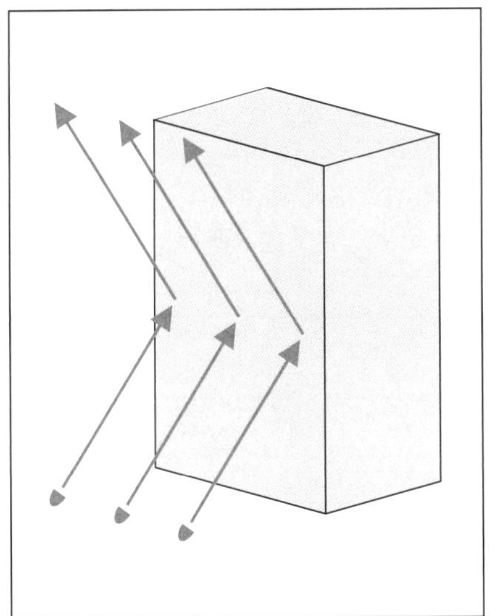

ビルの全体像と陰影を強調できる

発光

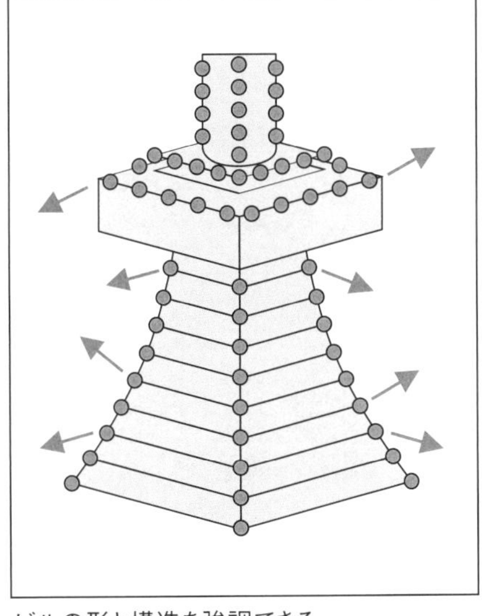

ビルの形と構造を強調できる

透過光

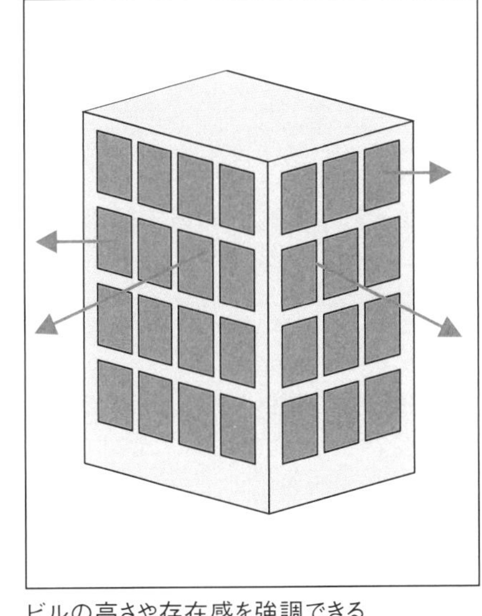

ビルの高さや存在感を強調できる

◆直接投光のバリエーション

地面から投光

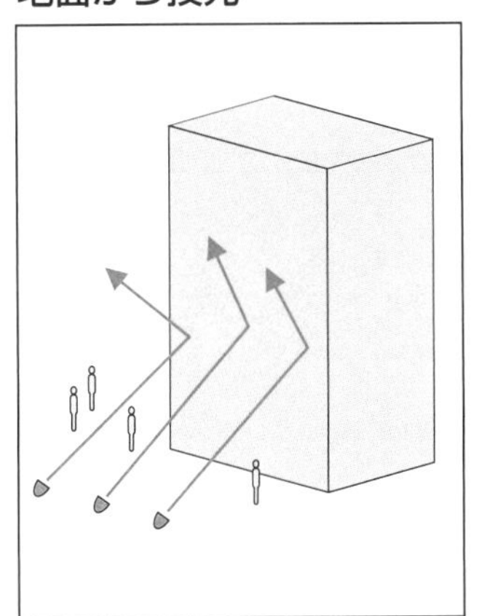

敷地に余裕がある場合に有効

ポール上から投光

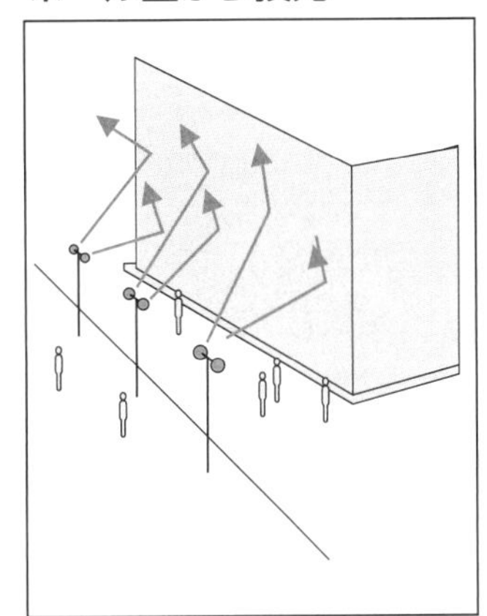

駅ビルなどの場合に、舗道のポールから照らす

建物から直接投光

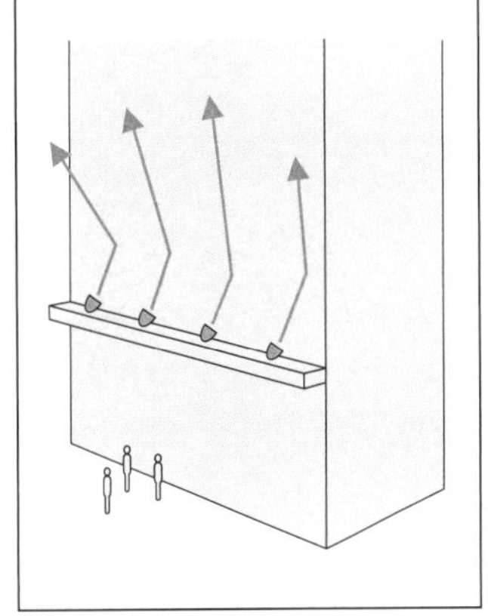

器具の設置位置に制約がある

ほかの建物から投光

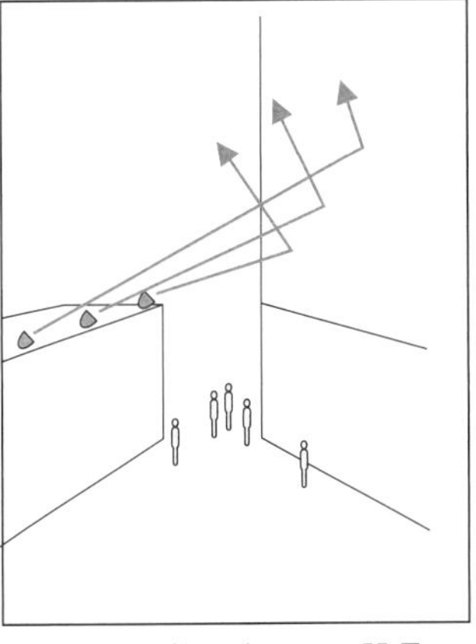

建物との距離に合わせて器具を選ぶ

イルミネーション

外壁灯・庇灯

屋内灯

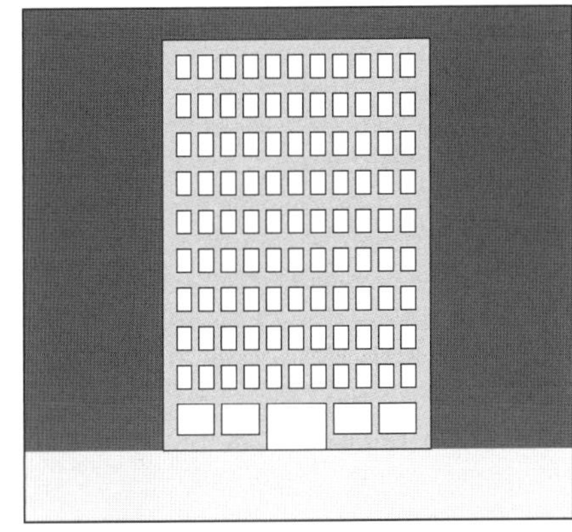

物販店の照明計画

「ベース照明」「アクセント照明」「装飾照明」で構成。商品の色や素材感を表現し、メンテナンスに優れたランプを選ぶ

物販店の照明計画3つの基本

物販店の照明計画は、①店内の基本的な明るさを確保するベース(全般)照明、②商品やディスプレイ、マネキンなどを明るく照らすアクセント(局部)照明、③店舗としての華やかさを演出したり、店名をアピールする装飾照明、の3つを基本に考える。

ベース照明を重視する場合は店内全体を明るめに照らし、空間を単一のイメージにして活気をつくる。スーパーやコンビニ、ディスカウントショップなど、商品を大量に陳列する量販店で採用することが多い。器具は省エネ効率のよいLEDベース照明を使い、特にアピールする商品のディスプレイは、ハイパワーのLEDスポットライトやウォールウォッシャ照明で明るく照らす。

店の個性を強調したい場合はベース照明の比重を減らし、商品やディスプレイのアクセント照明を増やす。アクセント照明の器具はスポットライトが最も使いやすい。小型のスポットライトを多数使うなどの方法も展示に対してのフレキシブルな対応に適している。

演出効果とメンテナンスに配慮

LED器具の性能のレベルとしては商品の色や素材感をきちんと表現できる、**平均演色評価数**がRa80以上のランプを選ぶことが重要である。色を大切にするアパレルや食材に対してはRa97などの高性能の器具が良い。食品販売などで赤や緑を鮮やかに見せたい場合にもその色味をより良く見せてくれるように光の波長を調整したランプがある。

LED照明が主流になってからは長寿命のためメンテナンス性は以前より気にならなくなったが、レールに取り付けるスポットライトなどは脚立などに登って位置や角度を調整する必要があるので、安全な高さを考慮する。

LEDダウンライトもメンテナンス頻度が少なくすむので高所への設置が増えているが、故障などの際には専門業者が高所作業車などを使ってメンテナンスをする必要があり、手間とコストがかかるのでそのことは理解しておく必要がある。

● 平均演色評価数
基準光源による色彩の再現度を表す指数で、100に近いほど演出性が優れているといわれる。ただし、色温度により基準光が異なる
→p.28 参照

物販店の照明手法

蛍光灯(露出)

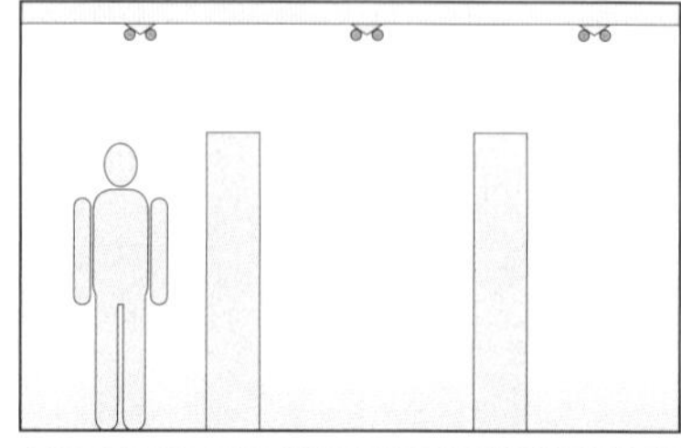

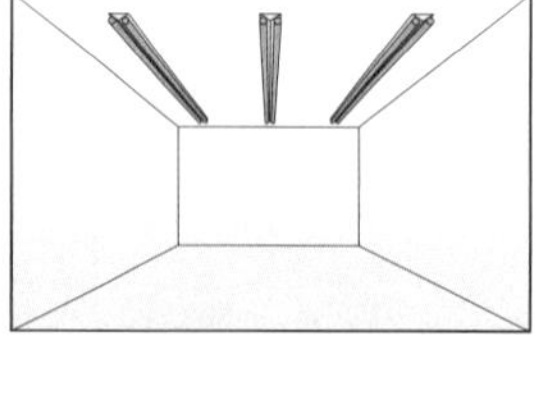

高さのある什器に対応できる
〈採用例〉スーパー、コンビニ、ディスカウントショップなど

蛍光灯(埋込み)

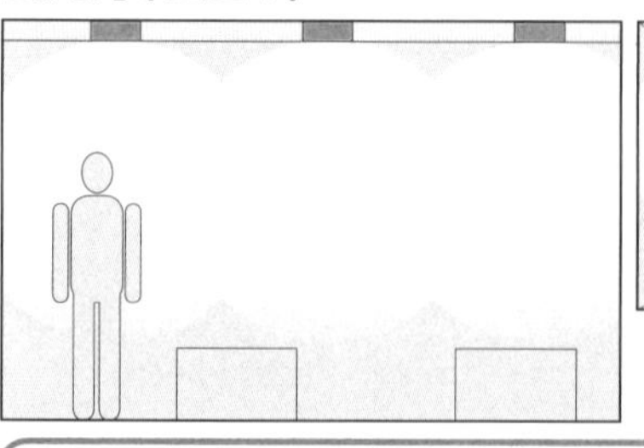

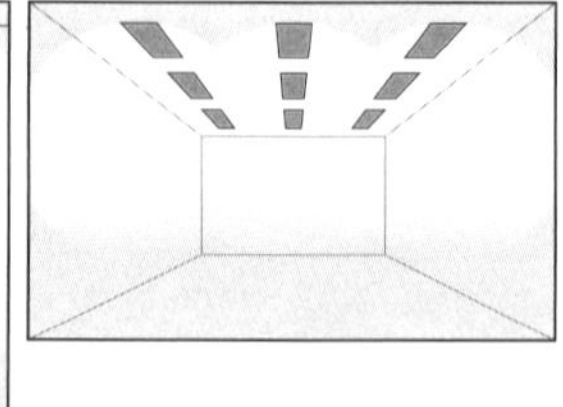

空間全体を明るく照らす
〈採用例〉デパート、スーパー、書店など

商品量が多い=ベース照明中心

ランプと対象物の相性

対象		ミニハロゲン電球: 12Vローボルト小型ハロゲン電球 1灯器具	ミニハロゲン電球: 12Vローボルト小型ハロゲン電球 2灯器具	ミニハロゲン電球: 110V小型ハロゲン電球(赤外線カット形)	白熱電球: 普通電球(シリカ電球)	白熱電球: クリア電球	白熱電球: シールドビーム形電球	白熱電球: リフレクタ電球	メタルハライドランプ: 電球色形 3,000K	メタルハライドランプ: 昼白色形 4,300K	メタルハライドランプ: 昼光色形 6,000K
物品	ガラス	◎	○	○		◎	○			◎	○
	金属(メタリック)	◎	○	○		◎	○			◎	○
	金属(塗装)	◎	○	○		○	○	○		○	
	木(生地)	○	◎	◎	○	○	○	○	○		
	木(塗装)	○	◎	◎		○	○				
	磁器	◎	○	○		◎	○			◎	
アパレル	布	○	◎	◎	○		○	○	○		
	毛糸	○	◎	◎	○		○	○	○		
	皮革	○	◎	◎	○	○	○	○	○		
	毛皮	○	◎	◎	○	○	○	○	○		
食品	緑黄系	○	◎	◎		○	○	○	○	○	
	赤系	○	◎	◎	○	○	○	○	○		
	青系	○	◎	◎		○	○	○	○	○	
	パン	○	◎	◎	○	○	○	○	○		

◎：非常に適している　○：適している

出典)『照明ハンドブック第2版』(オーム社刊)をもとに作成

物販店で使用の多いシールドビーム形とダイクロハロゲン形LEDランプ

名称	器具姿図	色	配光	W数(W)	口金	色温度(K)	平均演色評価数(Ra)	中心光度(cd)	全光束(lm)	lm／W	定格寿命(h)
LEDビームランプ 7.1～11.7W(E26)		昼白色	広角形	7.1	E26	5,000	83	2,100	700	98.5	40,000
		電球色		7.1		2,700	83				
		昼白色		11.7		5,000	83	3,050	1,000	85.4	
		電球色		11.7		2,700	83				
ダイクロハロゲン50W相当LEDランプ		電球色	20°	5.6	E11	2,700	80	1,830	340	60.7	30,000
ダイクロハロゲン75W相当LEDランプ		電球色	18°	5.7	E11	2,700	80	2,980	390	68.4	30,000
ダイクロハロゲン50W相当LEDランプ		電球色	19°	6.3	E11	2,700	80	2,300	440	70.9	30,000

大光電機　D.LIGHTING STYLE 2020-2021カタログから

ダウンライト

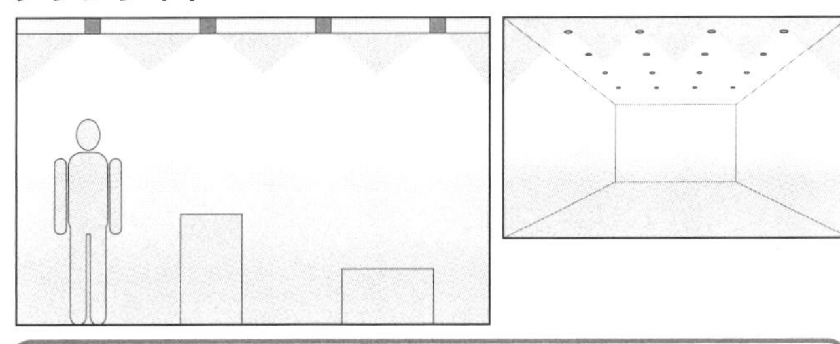

天井がすっきりと見える
〈採用例〉デパート、ブティックなど

ダウンライト＋スポットライト

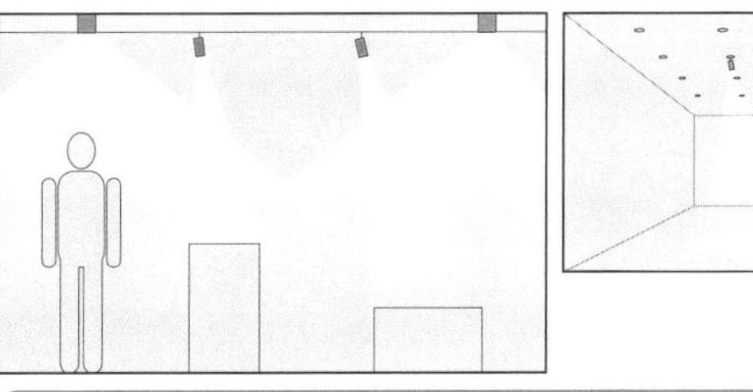

商品に視線を集中させることができる
〈採用例〉高級ブティック、宝石店など

商品量が少ない=アクセント照明中心

商品を照らすための照明

店の内装、ディスプレイの位置、商品の特性に合わせ、商品を目立たせ、魅力的に見せるための工夫をする

客の視線や商品の特性を考える

物販店の商品を魅力的に見せるには、背景よりもひときわ明るいスポットライトを活用し商品を強調する。特に店の中央に位置する島什器のディスプレイは、360度からの視線を意識して存在感を際立たせるように照明を当てる必要がある。

壁際や棚のディスプレイは客の視線の方向が限られるので、よりドラマチックに演出しやすい。ただし凝った演出をしすぎると客が手を触れにくくなる場合もあるので、客層によって演出の方法を考える必要がある。

高級商品の場合はランプが発する**紫外線**や熱の影響に注意する。特に染物は紫外線の影響を受けやすいので、蛍光灯の光にさらされる時間が長いと変色する恐れがある。革製品や毛皮、真珠なども熱放射に反応しやすい。また、生鮮食料品や生花なども熱に弱いため、強い熱線が出ないランプを選ぶ。LED照明はこの点からも優れている。

照明による商品の演出

スポットライトの使用では全般照明とのバランスに注意する。暗い部分があるからこそ明るく照らした部分が際立って見えることを忘れてはならない。明るさの感覚は店の内装の色によっても変わってくる。白が多い店は比較的少ない灯数の照明でも、白色の仕上げからの反射光が多く十分な明るさが得られる。逆に暗めの色づかいの店は、照明の演出も薄暗くシックな雰囲気にするなど、内装と明るさの相性を考えたうえで照明のコンセプトを組み立てるとよい。

明るさだけでなく店のインテリアや商品の色味と色温度の相性もある。モノトーンが多い店では4,000K以上の高めの色温度で構成するほうが、モノトーン特有のクールな印象を強調しやすい。一方ナチュラルな色味や暖色系が多い店の場合は、電球色などの暖かい色温度を中心に構成したほうがよりやわらかな雰囲気になる。

● 島什器
商品をディスプレイする什器のうち、壁に接していないタイプを指す。客が360度からアプローチできる。アイランド什器とも呼ばれる

● 紫外線
目に見えない電磁波の1つで、波長が可視光線より短く、X線より長いもの
→p.26参照

商品を照らす基本の照明

ディスプレイの照度(ベース照明を1とした場合)

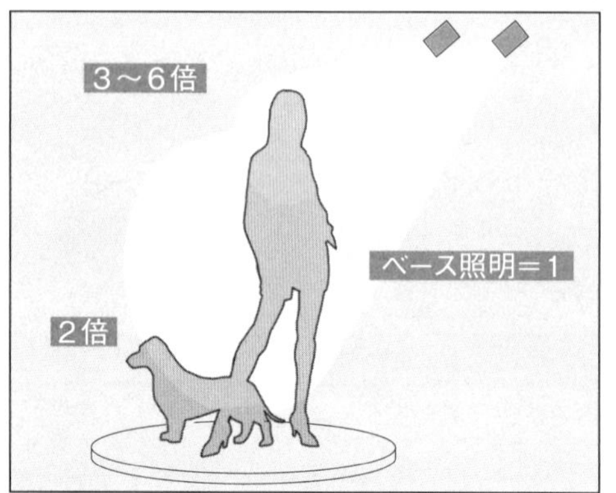

全体の照度を確保したうえで、顔や胸元などのポイントをスポットライトで明るく照らす

暗い色の商品の場合

スーツなどの暗い色の商品は、背景を明るく照らし、シルエットを強調することもある

◆JISによる物販店の照度基準

店内全般	高級専門店(貴金属・衣類・芸術品など)	150～300lx
	趣味レジャー店(カメラ・手芸・花など)	200～500lx
	日用品店(雑貨・食品など)	150～500lx
	ファッション店(衣類・メガネ・時計など)	300～750lx
	文化品店(家電・楽器・書籍など)	500～750lx
	生活別専門店(日曜大工・料理など)	300～750lx
陳列重点	陳列重点	750～1,500lx
	陳列の最重点	1,500～3,000lx

出典)JIS Z 9110-1979抜粋

配光と効果

LEDのスポットライト（ハロゲンランプ100W相当）
（2m離れた地点から照らした場合）

LEDのスポットライト（メタルハライドランプ150W相当）
（2m離れた地点から照らした場合）

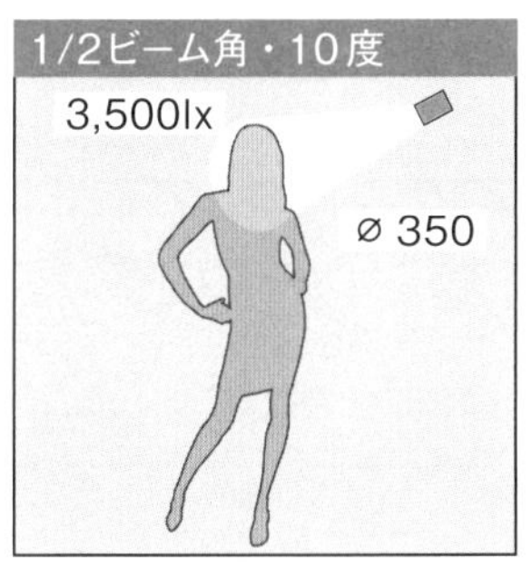

最重点商品をドラマチックに演出できる

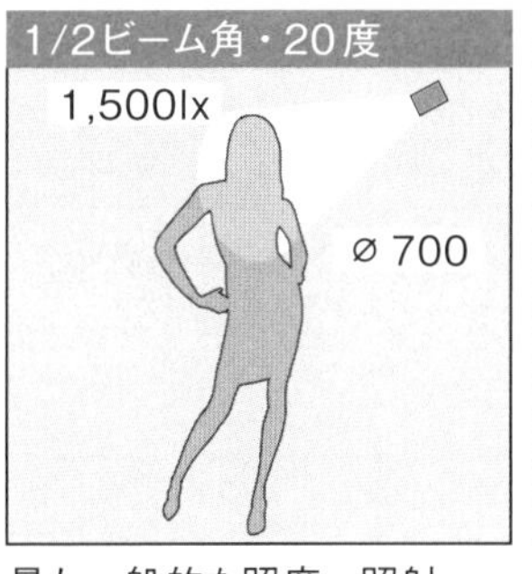

最も一般的な照度・照射範囲で使いやすい

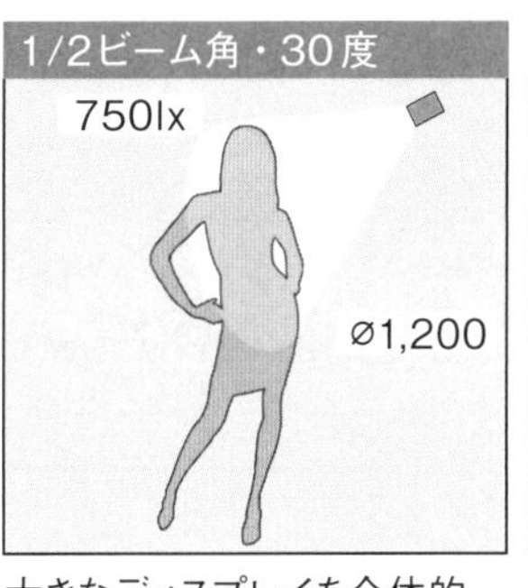

大きなディスプレイを全体的に照らすことができる

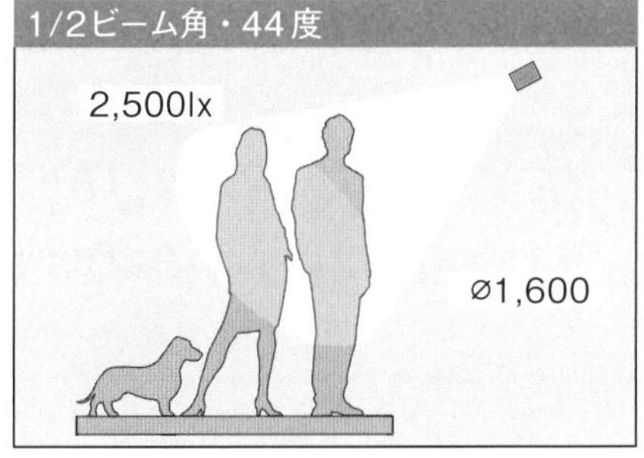

広い範囲を高い照度で照らすときに有効

より魅力的な演出を行うために、適切な配光、光量のスポットライトを使い分ける

出典）『照明基礎講座テキスト』（（社）照明学会）をもとに作成

物販店の3つの明るさ

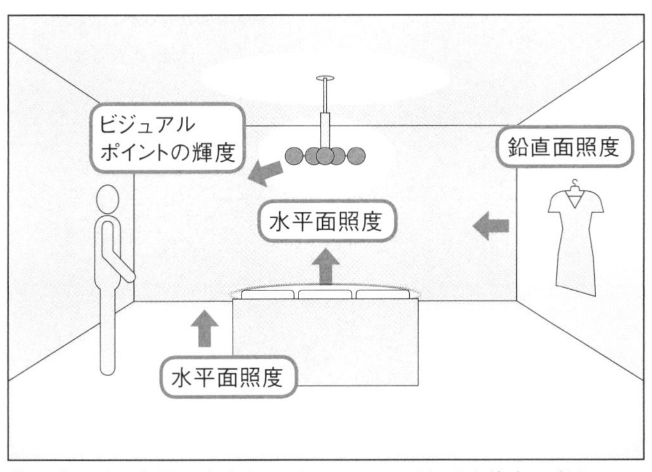

物販店などの空間を演出するときは、3つの明るさを基本に考える

水平面のみ

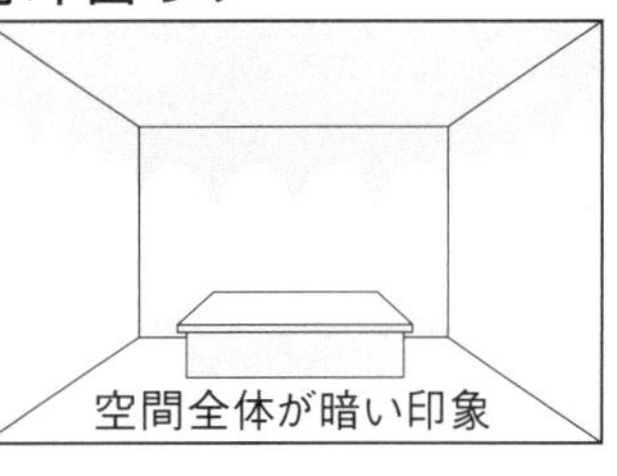

水平面＋鉛直面

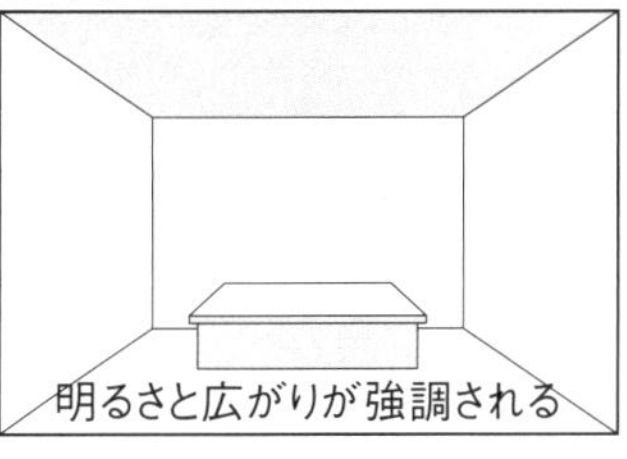

明るさと広がりが強調される

水平面＋鉛直面＋ビジュアルポイント

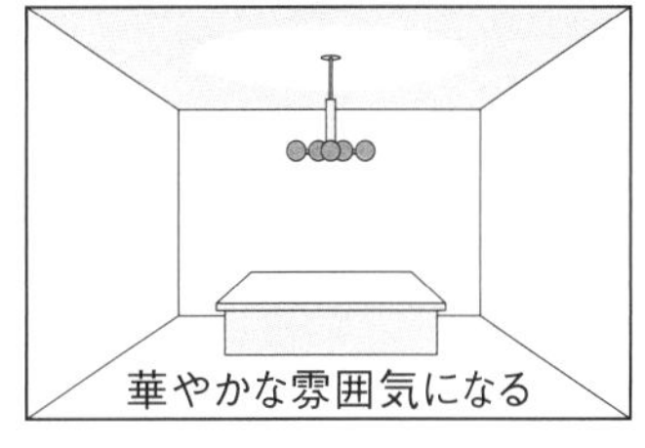

華やかな雰囲気になる

ベース照明のピッチと平均照度

LEDライン形下面開放器具

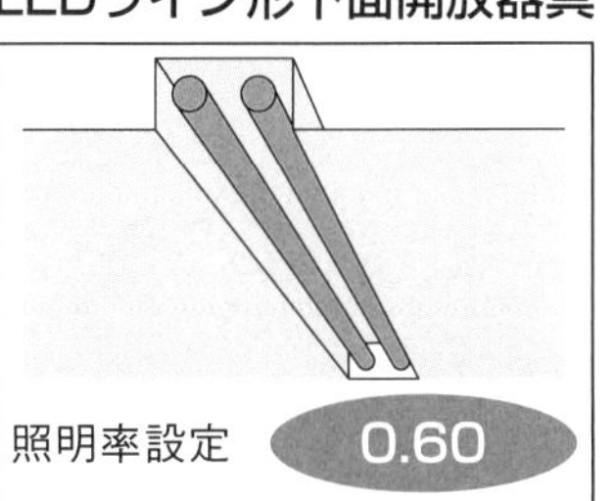

LEDルーバー器具（白）

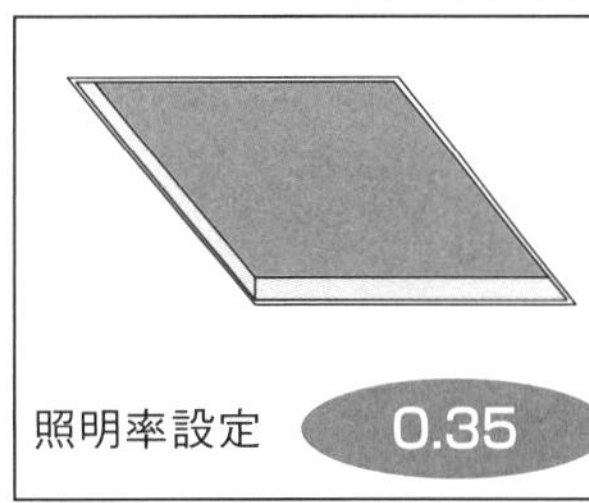

LEDアクリルカバー（乳半）

ダウンライト

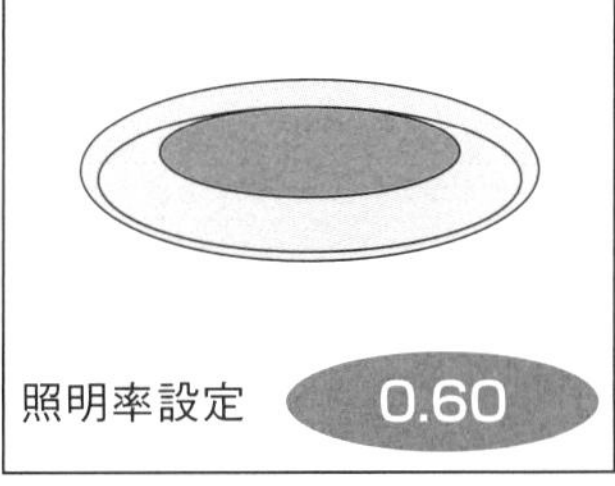

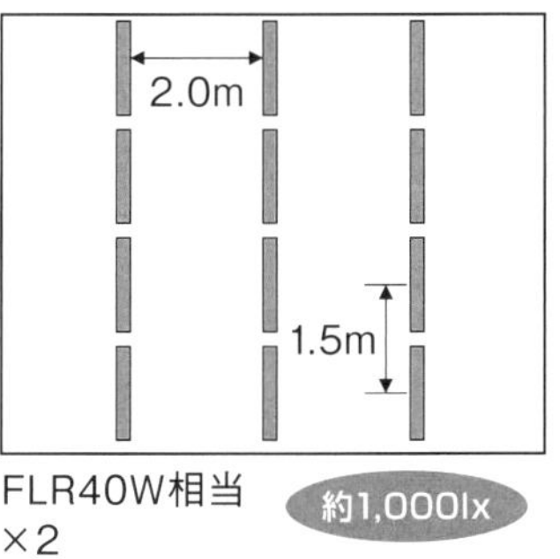

FLR40W相当×2　約1,000lx

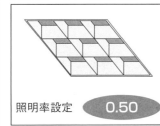

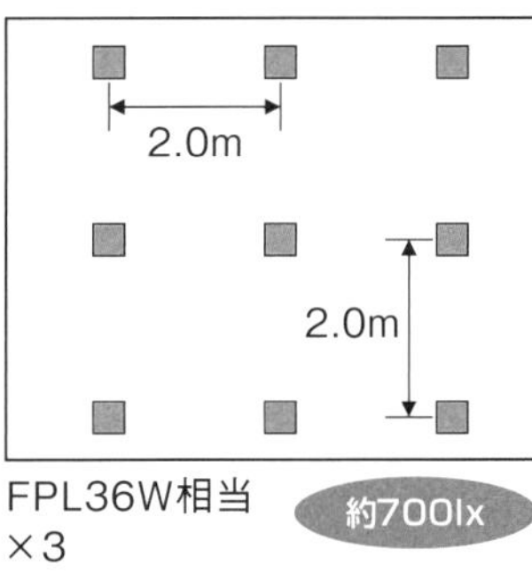

FPL36W相当×3　約700lx

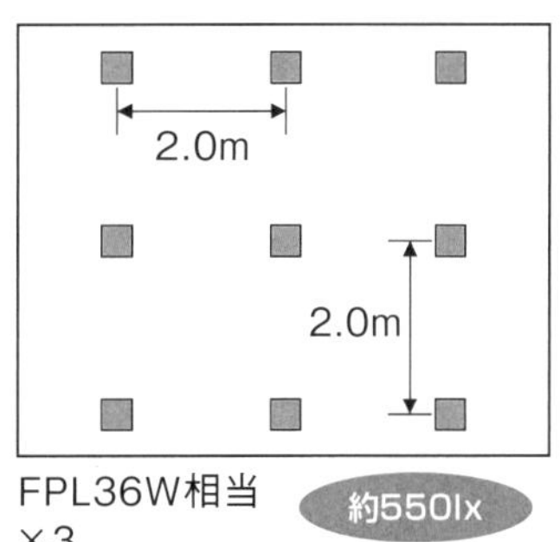

FPL36W相当×3　約550lx

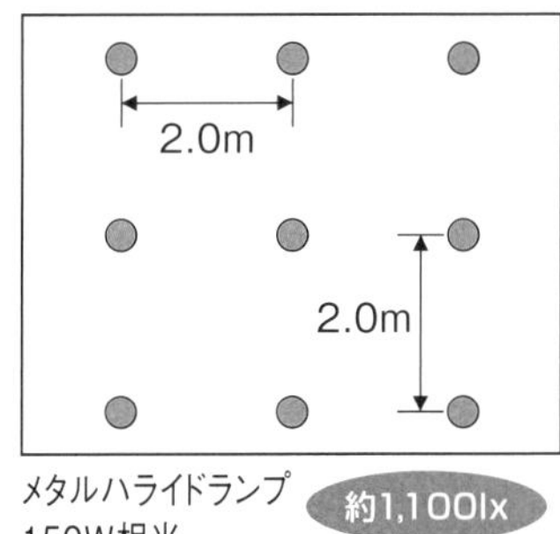

メタルハライドランプ150W相当　約1,100lx

ベース照明は、使用するランプの光量とピッチによって、確保できる照度が変わってくる

●効率を重視
ベース照明が商品照明を兼ねる

●商品と空間の演出を重視
商品を演出する照明と、空間を演出する照明を兼ねる

出典）『照明基礎講座テキスト』（（社）照明学会）をもとに作成

ディスプレイのための照明

照明の台数や取り付け位置を多めに確保できるよう、配線ダクトレールやコンセントを設置する

明るさとフレキシビリティを確保

ショーウィンドウの多くは街路やパブリックな通路に面していて、大きなガラスの奥の箱状のスペースに商品などをディスプレイする。箱状のスペースは完全に閉じていないこともあり、店内がショーウィンドウ越しに見えるつくりになっている場合が多いため、ショーウィンドウの照明計画では、次の2つに注意する。

①ガラス面に外光や向かいの建物のあかりなどが反射し、なかが見えにくくなることがあるため、十分な明るさを確保する。

②ディスプレイの内容は月や季節ごとに変化していくため、フレキシブルな対応ができるようにする。

スポットライトを自在に配置

ショーウィンドウの照明は、天井の窓に近い側に配線ダクトレールや、配線ダクトレールを仕込んだスリットを設け、スポットライトを付けることが基本である。このときスポットライトの台数や取付け位置は、自由に変えられるようにしておく。またディスプレイエリアの広さや奥行きにもよるが、床にもスポットライトを付けられるようにしたり、左右の壁にも配線ダクトレールを用意しておくと、さまざまな位置から光を当てることができディスプレイの幅も広がる。さらに電源コンセントも複数用意しておくと照明を仕込んだオブジェなどのディスプレイにも対応できる。

壁際の商品ディスプレイのあかりは、店の奥に客の視線を誘いつつ商品を魅力的に見せられるように工夫することが大切である。手法としては空間をすっきりと見せるために**建築化照明**を駆使することが多く、什器に照明を組み込んで建築化照明をつくることもある。

スポットライトの光源は今はLED器具が主流である。強い光でインパクトを出すためにはハイパワータイプを選び、配光も選んで集中的に目立たせる箇所を作るなどメリハリをつけていくと効果的である。

● 配線ダクトレール
通電できる照明器具の取付け装置で、レール状になったもの。レールの好きな位置に照明器具を取り付けることができる

● スリット
隙間を意味する言葉で、この場合は配線ダクトレールごと収納できる天井面のくぼみを指す

● 建築化照明
→p.100 参照

ディスプレイの演出

ショーウィンドウ

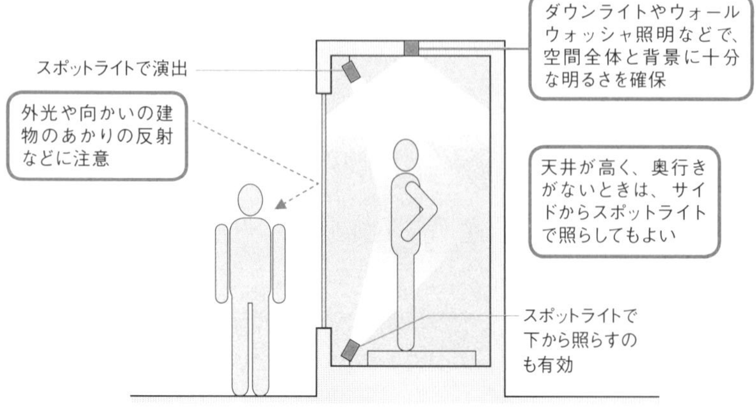
スポットライトで演出
外光や向かいの建物のあかりの反射などに注意
ダウンライトやウォールウォッシャ照明などで、空間全体と背景に十分な明るさを確保
天井が高く、奥行きがないときは、サイドからスポットライトで照らしてもよい
スポットライトで下から照らすのも有効

ガラスショーケース

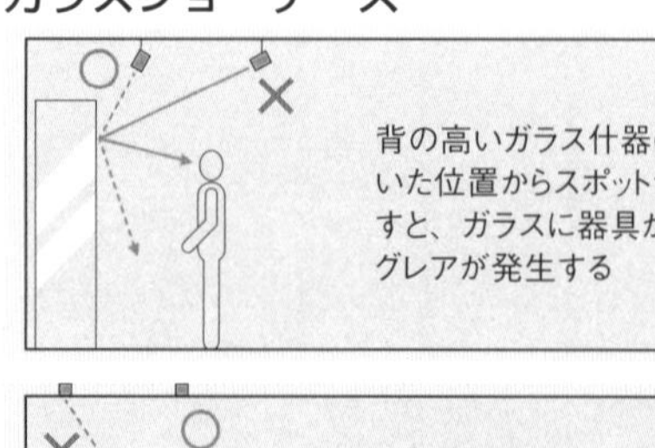
背の高いガラス什器の場合、引いた位置からスポットライトで照らすと、ガラスに器具が映り込み、グレアが発生する

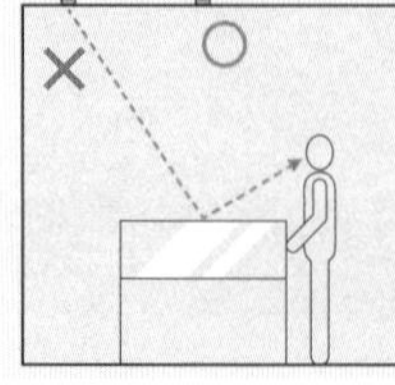
上面がガラス什器の場合、客と反対側の天井から照らすと、ガラスに器具が映り込み、グレアが発生する

ディスプレイの建築化照明

天井折り上げ型

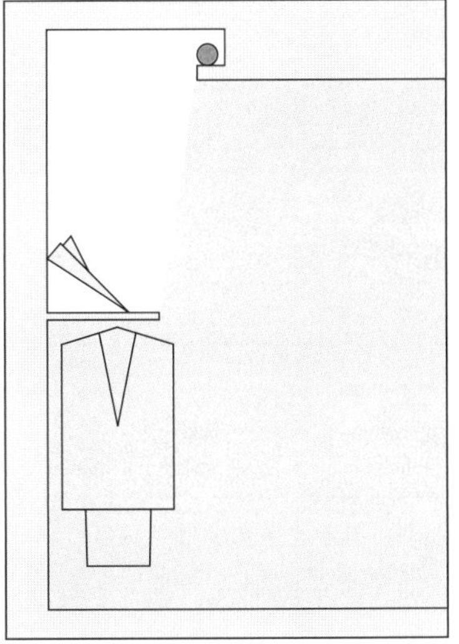

壁の上部を照らすことができる。商品照明は別に必要

コーニス照明型

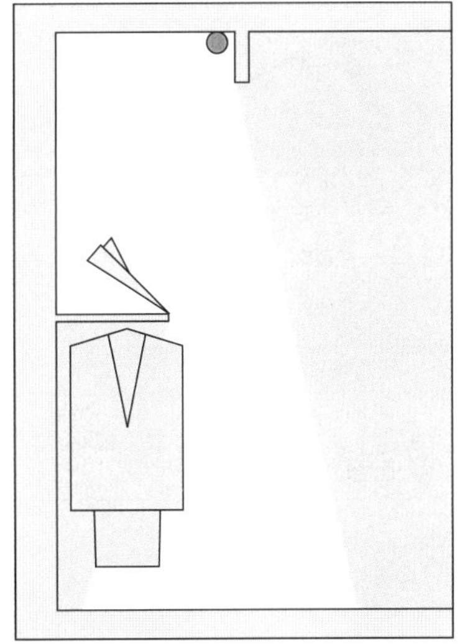

器具を壁から離せば、壁の下のほうも照らすことができる

バランス照明型

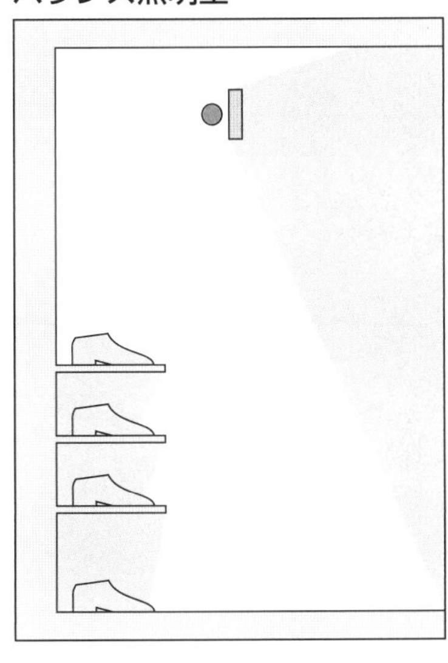

天井と壁を同時に照らすことができる。商品照明は別に必要

アップライト型

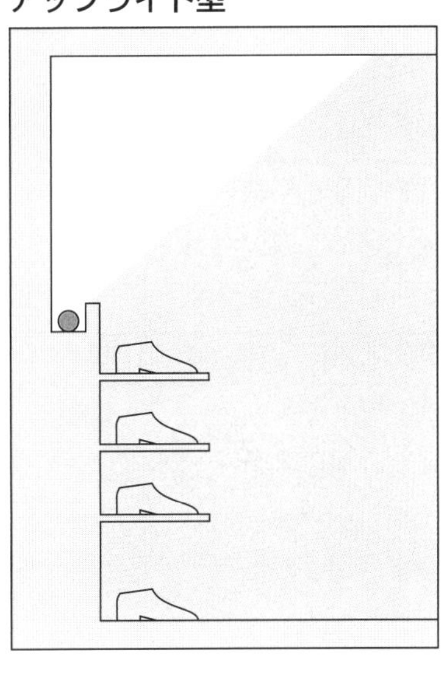

十分な明るさを確保できる。商品照明は別に必要

什器を使用した演出

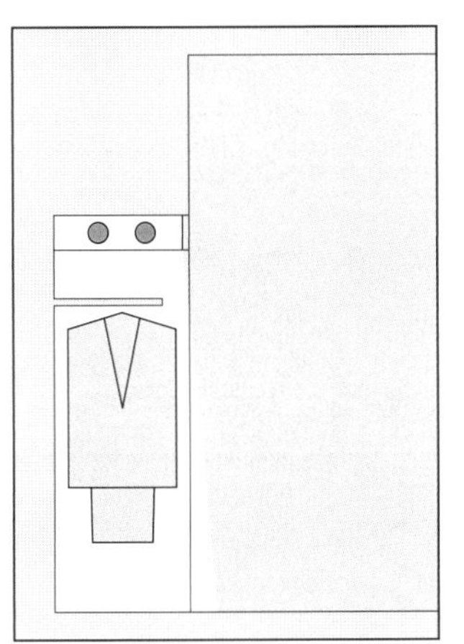

壁面の什器内を十分に明るくする

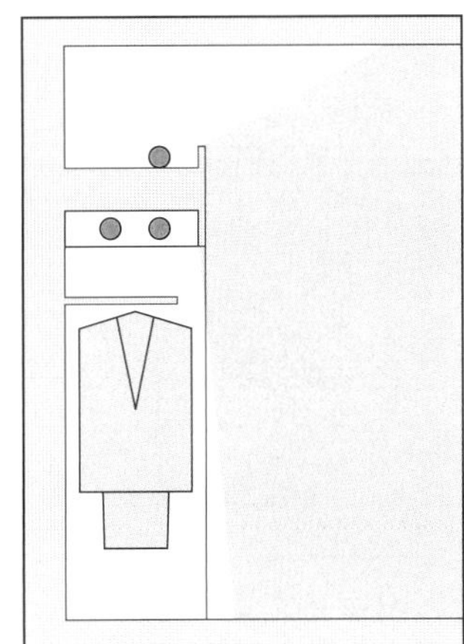

什器の上部を使用し、アップライトで照らす

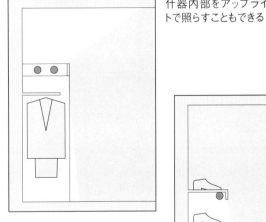

什器内部をアップライトで照らすこともできる

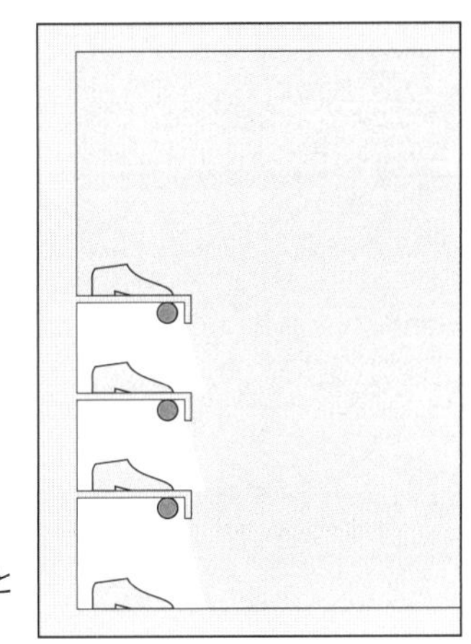

棚の下の照明で、商品と壁面廻りの明るさを得る

出典）『照明基礎講座テキスト』（（社）照明学会）をもとに作成

ショップのテイストに合わせた照明

カジュアル店は、ベース照明で明るさを確保。
高級店は、間接照明とアクセント照明でメリハリをつける

店内の明るさ、清潔感を重視

カジュアルな店は**ベース照明**で店内全体の明るさを確保し、清潔感と活気を演出する。器具は適度な輝度と広い配向をもつタイプを選び、天井面や壁面上部を明るい印象にする。

また商品の量が多く通路が狭いことによる圧迫感を解消するため、天井が高い場合はコーブ照明や上向きの間接照明などによって天井付近を照らすと効果的である。店の商品陳列は人の背の高さ程度のため、上部のオープンな空間を使って演出することで空間の広さや開放感を強調することができる。

店のコンセプトやデザイン、商品の特性に合わせて棚の商品群にスポットライトやウォールウォッシャ照明で光を当て、重点商品を目立たせることもできる。店内全体には角型やライン型のLEDベース照明や広配光のダウンライト型LEDベース照明を使い、規則性を与えて配置する。

色温度は3,000K程度で統一すると暖かい雰囲気、5,000K程度にすると爽やかな雰囲気になる。照度は全体的に明るめとし、強調して目立たせたい部分はスポットライトを集中させ、ほかの倍ぐらいにするとよい。

間接照明や装飾照明で演出

ブランド品や貴金属、宝飾品を扱う高級ショップの照明計画は、商品を美しく見せることに加え、店内のイメージ創出が重要になる。照明器具が見えるように設置する場合はインテリアと統一感をもたせ、配置や見え方をデザインする。また、間接照明を使用する場合は、光の効果のみを美しく見せるため、器具やランプは一切見えないようにする。

ベース照明は必ずしも必要ではなく、商品やディスプレイを照らす照明を基本に考える。これに間接照明、アクセントになる装飾照明、メリハリを利かせた重点照明などを組み合わせる。また、照明を内蔵した什器や、ディスプレイ棚の棚照明などでも、店内に明るさを加えることができる。その際はコントラストを強くしたほうがドラマチックな雰囲気になり、より高級感が高まる。

● ベース照明
エリア全体を照らす照明。全般照明ともいう
→p.100参照

● ウォールウォッシャ照明
壁面を均一に明るくする照明で、天井の高い場所や広い空間においては、空間スケールを強調するために効果的な手法

カジュアルな店の演出

アクセント照明
店のなかに誘導する効果がある

ベース照明
適度な輝度をもつ器具を、規則的に配置

アクセント照明
特定の商品をより際立たせる

柱の上部を照らす
売場面積が広い場合は、鉛直面の照明が重要になる

壁面の上部を照らす
店の奥に誘導すると同時に、空間の広がりを印象づける

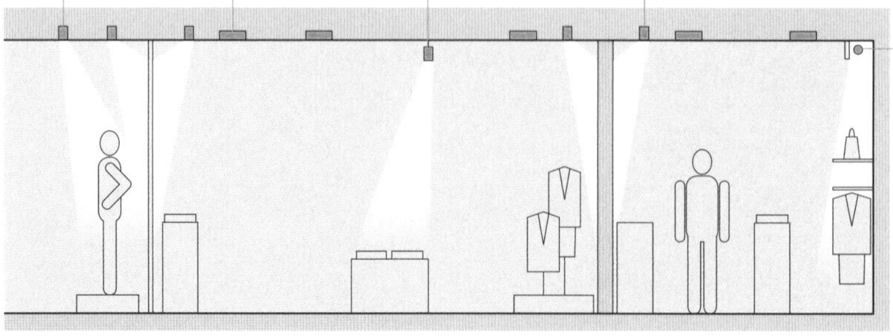

壁際にウォールウォッシャやコーニス照明を設けたり、商品ディスプレイと兼ねてスポットライトなどで演出すると、空間の奥行きを分かりやすく見せることができ、店内に人を誘導する効果がある

ウォールウォッシャ照明のバリエーション

一般的な効果

空間の広がりと開放感が生まれるため、商品の量が多いカジュアルな店に適している

専用型

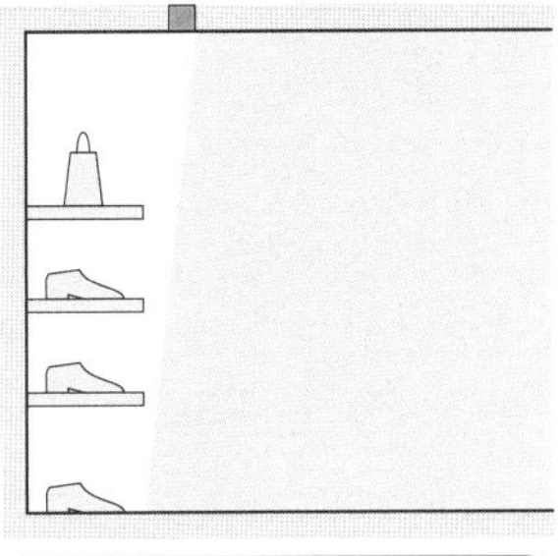

壁面の商品を広い範囲で明るく照らす

ベース照明兼用型

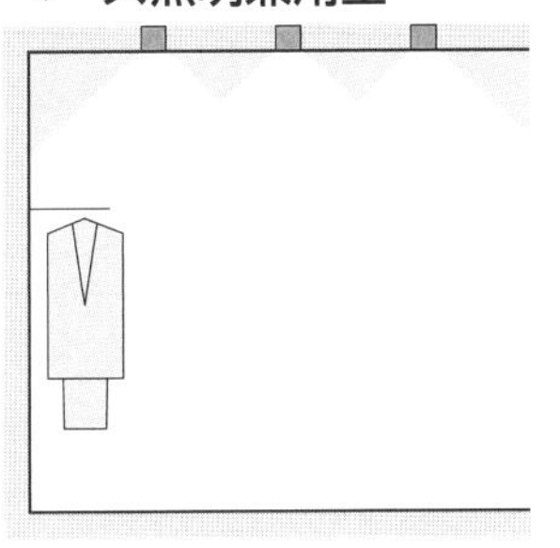

床面を照らしつつ商品や壁面をさりげなく照らす。スポットライトなどを併用するとよい

スポット型

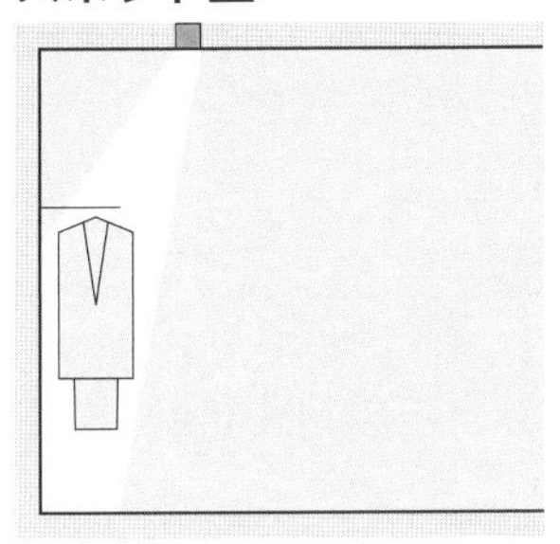

商品などの狭い範囲を明るく照らす。周囲とのメリハリができる

高級品を扱う店の演出

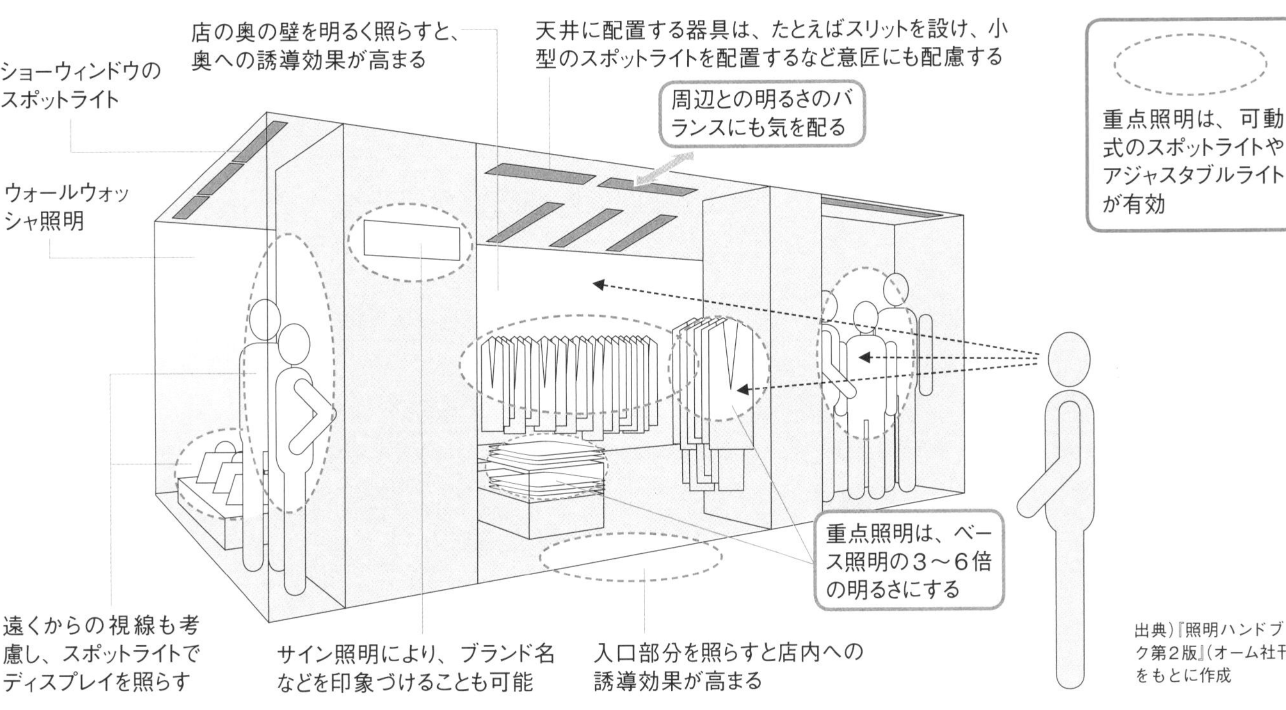

店の奥の壁を明るく照らすと、奥への誘導効果が高まる
天井に配置する器具は、たとえばスリットを設け、小型のスポットライトを配置するなど意匠にも配慮する
ショーウィンドウのスポットライト
周辺との明るさのバランスにも気を配る
ウォールウォッシャ照明
重点照明は、可動式のスポットライトやアジャスタブルライトが有効
重点照明は、ベース照明の3～6倍の明るさにする
遠くからの視線も考慮し、スポットライトでディスプレイを照らす
サイン照明により、ブランド名などを印象づけることも可能
入口部分を照らすと店内への誘導効果が高まる

出典)『照明ハンドブック第2版』(オーム社刊)をもとに作成

天井の照明

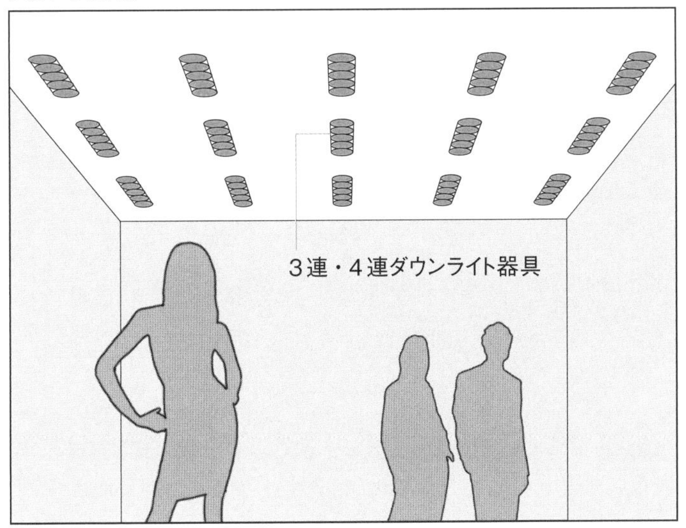

3連・4連ダウンライト器具

高級ブランド店などでは、天井の照明も意匠の一部と考えて計画する

ショーケースの照明

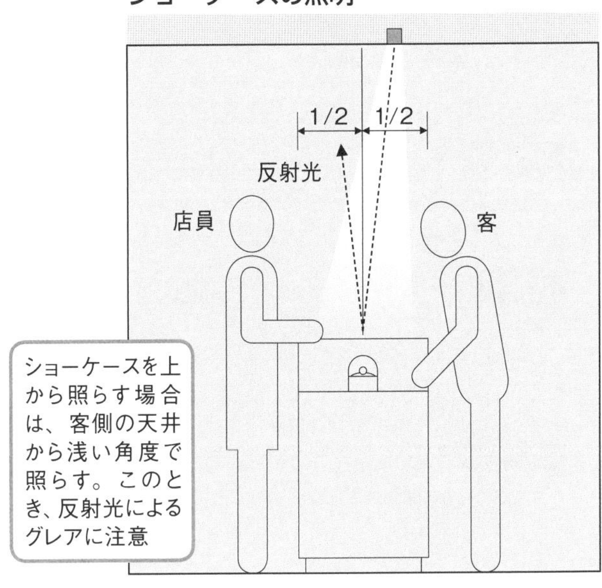

1/2
1/2
反射光
店員
客

ショーケースを上から照らす場合は、客側の天井から浅い角度で照らす。このとき、反射光によるグレアに注意

飲食店の照明計画

料理を引き立てるには、演色性のよいランプを選ぶ。全体計画は店のコンセプトに合わせ、色温度を揃える

料理をおいしく見せる照明

飲食店の照明計画で重要なのは、①食べ物や飲み物がおいしそうに見えること、②テーブルを囲んだ人々の顔がよく見えること、③空間の雰囲気を快適にすること、の3つである。基本的な考え方は、住宅のダイニングと同じだ(p.78参照)。ただし、和食や中華、フレンチ、イタリアンなど、料理の種類によって内装を特徴的に演出することもある。照明も内装に合わせて演出を工夫する。

テーブル上の食事をおいしそうに見せるには、**演色性**のよいランプを選ぶことが基本で、なかでも平均演色評価数がRa100である白熱灯が最も適している。LED器具の場合はなるべく演色性の優れたRa97以上の製品をお勧めする。できれば調光だけでなく連動した調色機能もあり、調光も1%まで絞れる高性能器具を選びたい。

ファストフード店やコーヒーショップでは電球色の採用が増えているが、明るさ・**色温度**・演色性の組み合わせが不自然に見えることも少なくない。

また最近の飲食店は内装や食器などが各国の料理の伝統的な形式にとらわれないことが多く、照明の照らし方や演出方法なども一概にこうあるべきだといえなくなってきている。ただし食事を照らすテーブル上のあかりが最も重要なことは共通している。

低い色温度で落ち着いた印象に

テーブル上のあかり以外は、店のコンセプトに合った演出ができる光源を自由に選ぶとよい。ただし同じスペースにバラバラの色温度の光源が混在しないようにする。

一般に3,000K以下の低い色温度で店内のあかりを構成すると落ち着いた雰囲気になり、客にゆったりとした印象を与えやすい。高級感のある店も低い色温度で構成し、さらに調光をかけて照度を繊細にコントロールすると、非常に居心地のよい雰囲気をつくりだすことができる。

● 演色性
物の色の見え方に関係した特性。自然光で見たときと近い色に見えるものを演色性がよいという
→p.28参照

● 色温度
→p.26参照

飲食店の照明計画のポイント

1 食べ物や飲み物がおいしそうに見えること

POINT! ▶演色性のよいランプを選ぶ。平均演色評価数 Ra100 のハロゲンランプや白熱灯が最適

2 テーブルを囲んだ人の顔がよく見えること

POINT! ▶テーブルの上から600～800㎜程度の高さにペンダントを吊るす。座った状態で、顔がよく見え、また、1つのスペースとして親密さを演出することができる

3 空間の雰囲気を快適にすること

POINT! ▶店のコンセプトにあったあかりを選ぶ。3,000K 以下の色温度で構成すると落ち着いた雰囲気になり、客にゆったりとした印象を与えやすい

店内の演出例

清潔な明るさ
固定テーブルはペンダントも可
サインを照らす
厨房
通路
個室
客席
エントランス
安全な明るさ
テーブル面を明るく照らす
やや明るく照らす

飲食店で使用される器具

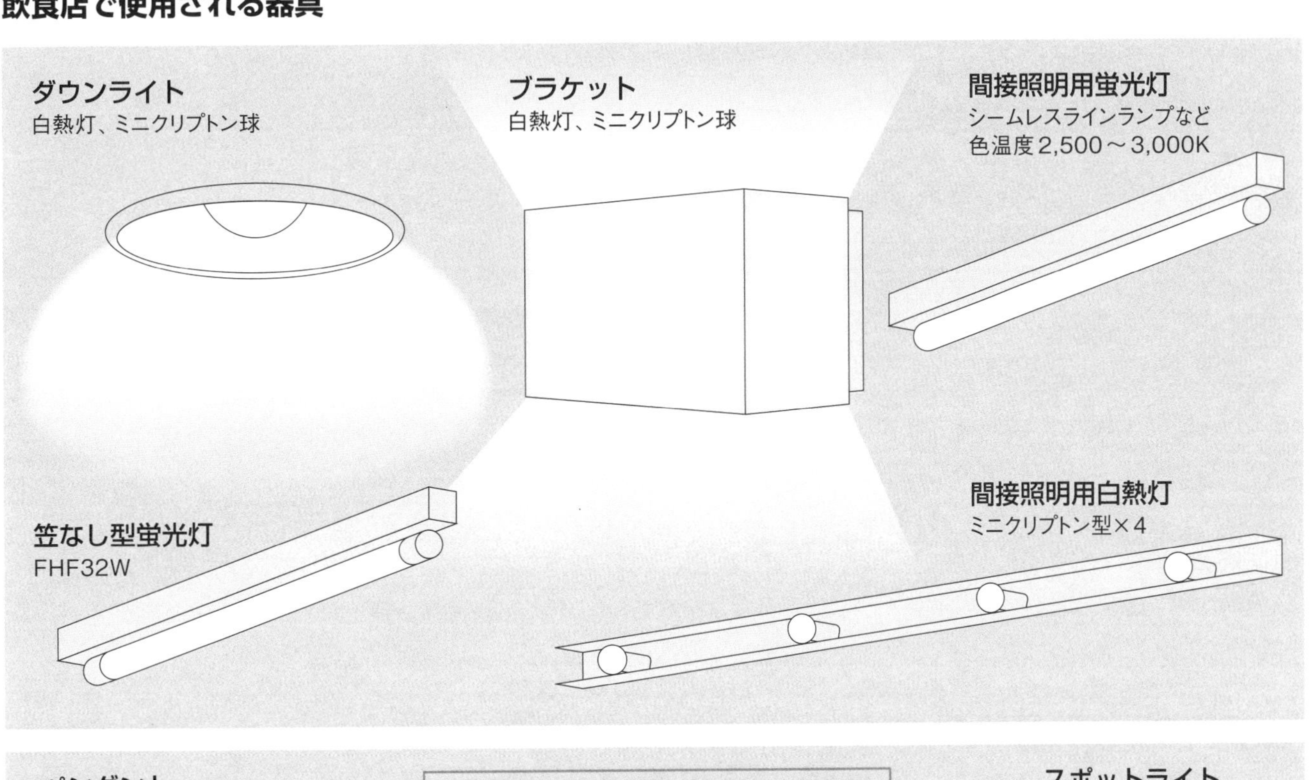
ダウンライト
白熱灯、ミニクリプトン球
ブラケット
白熱灯、ミニクリプトン球
間接照明用蛍光灯
シームレスラインランプなど
色温度2,500～3,000K
笠なし型蛍光灯
FHF32W
間接照明用白熱灯
ミニクリプトン型×4

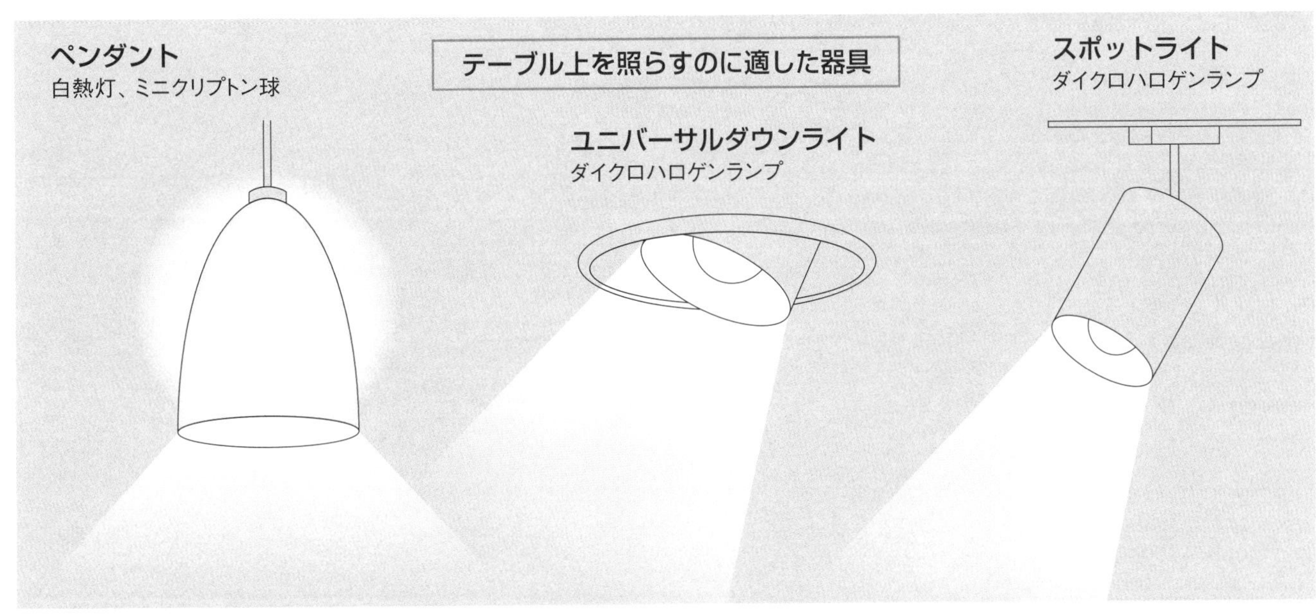
ペンダント
白熱灯、ミニクリプトン球
テーブル上を照らすのに適した器具
スポットライト
ダイクロハロゲンランプ
ユニバーサルダウンライト
ダイクロハロゲンランプ

レストランのための照明

ダウンライトやペンダントでテーブル上を演出。変化のある照明計画で、客に飽きさせない工夫をする

居心地のよさをアピール

レストランは営業の中心が夜になるため、照明も夜のあかりを重視して計画する。照明計画の考え方としては、客の滞在時間が長いので居心地のよい印象をつくるとともに、店内の要所要所に変化をもたせてどこに視線が向いても飽きさせない演出をすることが望ましい。

手法としては、ダウンライトなどでテーブルを照らす場合は、配光の狭い器具のほうが空間演出のメリハリを利かせやすく高級感を感じさせる特別な印象をつくりやすい。またテーブルに当たった光の反射光で、テーブルを囲む人の顔をやわらかく照らすこともできる。一方配光の広いダウンライトを使用すると、全体的に明るい雰囲気でカジュアルな印象になりやすい。

特別な食事の場として親密な雰囲気をつくるときは、テーブルをペンダントで照らすとよい。その場合はテーブル位置の変更がない固定テーブルの上に600～800㎜の高さで取り付ける。テーブル位置の変更があると、ペンダントとテーブルの位置がずれ器具が邪魔になるので注意する。

全般照明は必ずしも必要ではなく、特に落ち着いた雰囲気の店は照度も抑えめなほうが好ましい。テーブル面や壁面、間接照明などのあかりだけでも十分である。またそれぞれの器具を調光できるようにしておくことも重要だ。昼は明るめに、夜は暗めに調節すると、時間の変化に対応しながらより自然な雰囲気の演出ができる。

オープンキッチンの演出

オープンキッチンは客の目を楽しませる舞台のような役割を果たす。そのため照明も明るくしがちだが、店内とかけ離れた明るさにすると、店内の雰囲気とのあいだにギャップが生じる。

食材を魅力的に見せる部分やキッチン内のディスプレイ、作業台の上などのポイントはしっかりと明るく照らしても、全体的な明るさは控えめにするとよい。

● オープンキッチン
レストランにおけるオープンキッチンとは、テーブルから見えるように設計された調理場のこと

レストランの照明計画

照明のポイント	●夜の営業がメインのため、夜のあかりを意識する ●客の滞在時間が長いため、要所要所に変化をもたせ飽きさせない工夫が必要 ●昼と夜の営業で照度を調整できるように調光できるものにする
手法	●全般照明は必ずしも必要ではない。テーブル面、壁面、間接照明のみでもよい ●高級感を出す場合は、配光の狭いダウンライトでメリハリを利かせる ●カジュアルな雰囲気をつくる場合は、配光の広いダウンライトで広い範囲を明るくする ●固定テーブルにペンダントライトを吊るすと、親密な雰囲気のテーブルを演出できる

レストランの照明手法

ベース照明
間接照明のみで計画することもできる

間接照明
明るさ感を確保しながら、高級感も演出できる

テーブル照明
ユニバーサルダウンライトなどを使い、テーブル上に光がしっかり当たるようにする

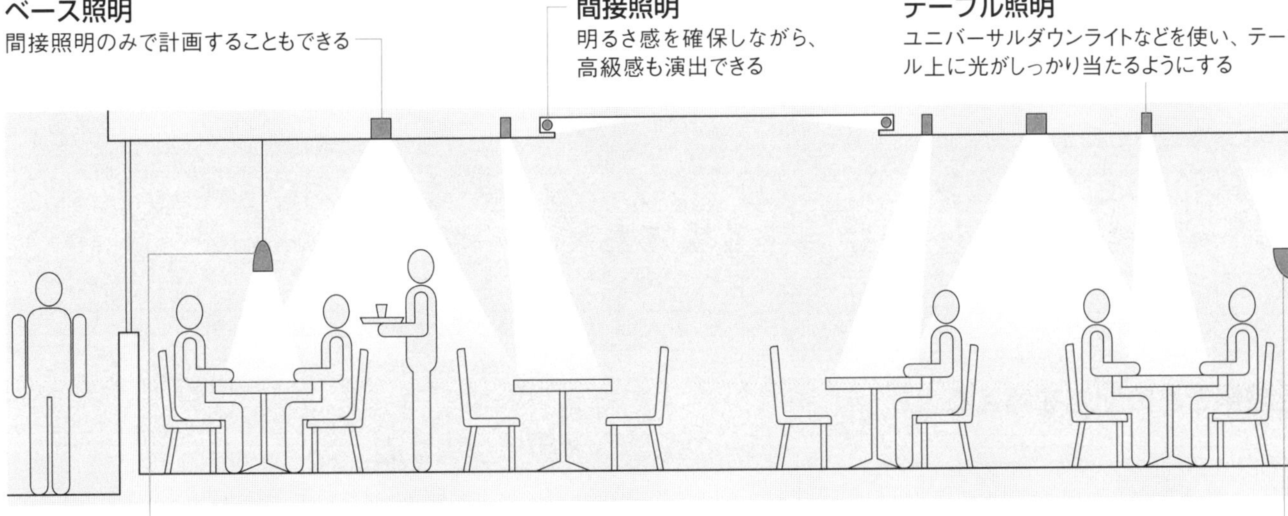

ペンダント
親密な雰囲気づくりに役立つとともに、窓際のペンダントは外からのアイキャッチにもなる。テーブルの位置変更がないか確認する

壁面照明
ブラケットやスポットライトなどで壁面にポイントをつくり、客を飽きさせない工夫をする

テーブルの照明

配光が狭い場合

ダウンライトやスポットライトで照らす。狭角のビーム配光の光でテーブル面を照らし、その反射光で人の顔が明るく見える

配光が広い場合

ダウンライトで照らす。配光が広いと、全体的に明るくカジュアルな雰囲気になる

オープンキッチンの照明

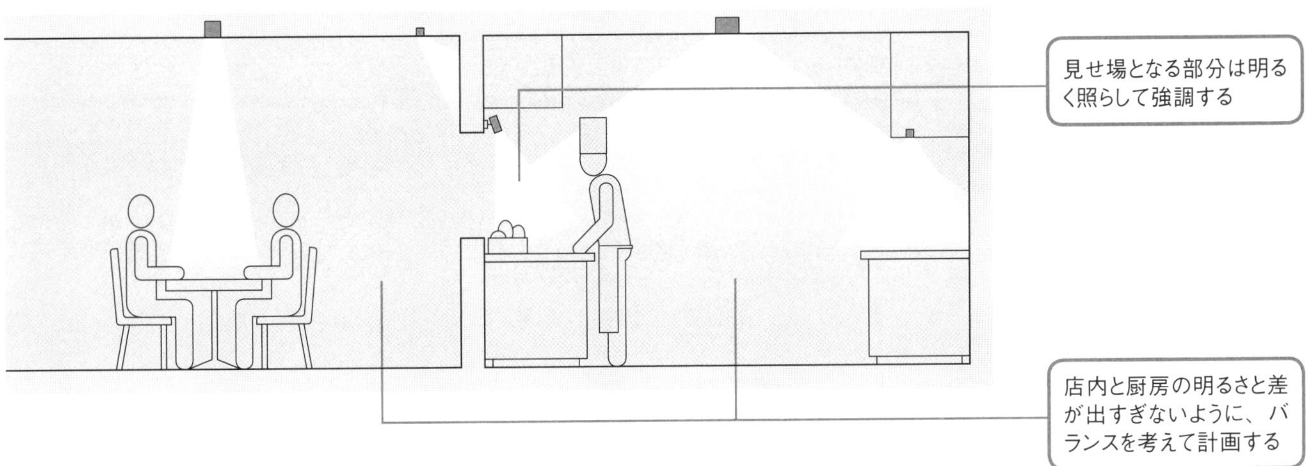

見せ場となる部分は明るく照らして強調する
店内と厨房の明るさと差が出すぎないように、バランスを考えて計画する

カフェやバーのための照明

カフェは自然光を採り入れ、昼、夕方、夜の明るさに対応させる。バーは機能性よりも遊び心を重視する

時間帯ごとの配光を考える

カフェの照明は、基本的にカジュアルにくつろげる空間を目指す。営業時間は昼前から夜、店によっては深夜までと、途中休憩なく長時間営業することが多い。そのため昼、夕方、夜など、それぞれの明るさの状況に対応する光環境にするため、調光でバランスがとれるようにしておくとよい。

日中に窓から入る自然光は人工照明に比べて圧倒的な明るさがあるため、自然光を採り込みながら心地よい空間をつくる。ただし壁面の照明や個性的なデザインのペンダントなどの発光する要素は、昼間に店内の奥まで明るさを与える方法として重要であり、適切に計画しないと薄暗い印象の入りづらい店になってしまう。

夜間の照明は、テーブル面や演出のポイントとなる壁面、ディスプレイ、動線上のポイントなどに器具を配置する。全般照明は必ずしも必要ではなく、テーブル面や壁面、ディスプレイなどに当てた光の反射光で十分な明るさを得ることができる。

バーの照明は大胆に演出する

バーの照明はカウンターをメインに演出し、カウンターに座ったときの視線とテーブル席からカウンター側を眺める視線の２つを重視する。来店客も１～２人組の少人数を想定し、光と影の演出でプライベートな雰囲気をつくる。

長時間滞在する場でもあるので、座ったときの視線から眺めるシーンが印象的で飽きさせない工夫をする。特にカウンターバックの棚やディスプレイは、間接照明を使った演出で見せ場をつくるのに最適である。またバーは機能よりも遊び心を重視するので、インテリアの効果を高めるため思い切ってドラマチックに演出する。

手法としては間接照明やスタンド照明が有効だが、配光をグッと絞ったLEDのスポットライトなどを使った演出も明暗のコントラストを強め、非日常的な雰囲気をつくるのに適している。

カフェ、バーの照明のポイント

カフェ	●営業時間が長いことが多いため、昼と夜のあかりを意識する ●日中は自然光を採り込みながら、壁面照明やペンダントライトなどを併用する ●夜は、演出のポイントとなる壁面、ディスプレイ、動線上にポイント照明を設置する ●全般照明は必ずしも必要ではなく、テーブル、壁、ディスプレイなどに当てた反射光で明るさを確保することも可能
バー	●来店客は少人数を想定し、光と影でプライベートな空間を演出する ●カウンター、テーブル席それぞれに座った位置からの視線を意識する ●機能よりも遊び心を重視し、非日常的なドラマチックな演出が効果的 ●間接照明やスタンドのほか、配光の狭いスポットライトなどで明暗のコントラストを強める

カフェの照明例

アートなどを照らす、アクセント照明
窓から明るい自然光が入っても、ペンダントや、アートを照らすアクセント照明は、店内の明るい印象をつくるために重要
窓から離れた側は、空間の演出も兼ね、間接照明などを使ってしっかりと照らす

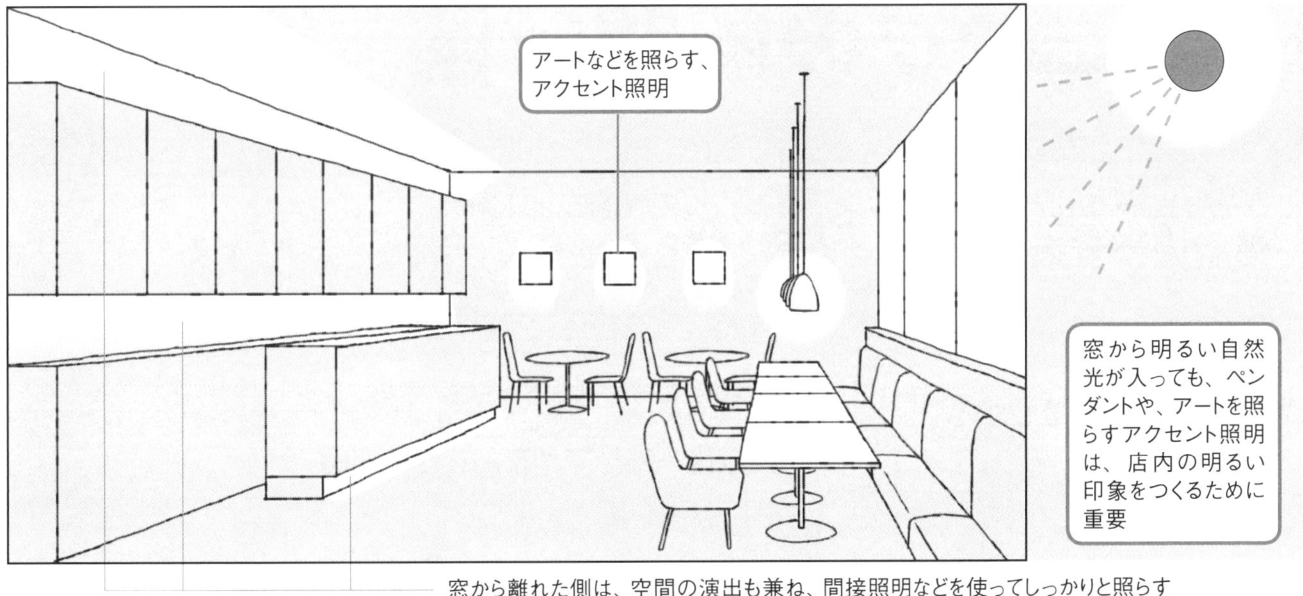

バーの照明の例

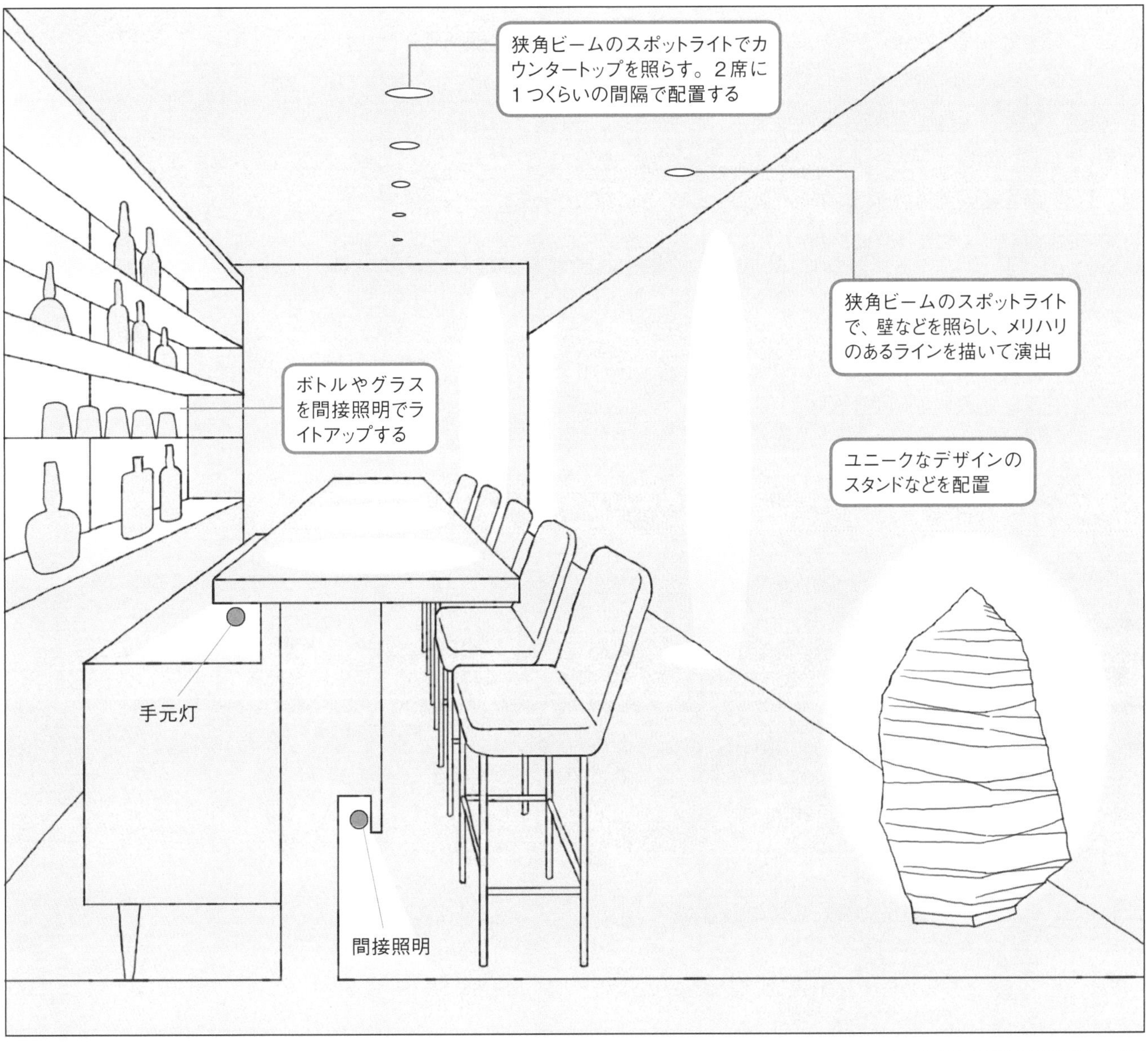

狭角ビームのスポットライトでカウンタートップを照らす。2席に1つくらいの間隔で配置する
狭角ビームのスポットライトで、壁などを照らし、メリハリのあるラインを描いて演出
ボトルやグラスを間接照明でライトアップする
ユニークなデザインのスタンドなどを配置
手元灯
間接照明

クリニックの照明計画

診察室は機能的に。エントランスや待合室は明るく。患者の不安をやわらげるため、癒しを感じさせる光を演出する

機能性と癒しを両立させる

クリニックは患者を診察するという目的に合った機能的な照明が必要である。その一方で、患者は来院時に不安を抱いていることが多いため、癒しを感じさせる光の演出も心がけたい。

屋内の照明は、光ムラや暗がりのコーナーができないように配光の広い器具で床と垂直面を照らすことが基本となる。また昼間の自然光が入る場合は、不快なまぶしさをブラインドなどで調整したうえで必要な明るさを確保する。クリニックは高齢者が多く訪れるため、足元の安全を確保し、サインなどが読みやすい照明を選ぶことも重要である。

エントランスは、屋外から人が入って来たとき急に暗く感じないように、照度が300～750lx程度の明るさにしておく。壁面もウォールウォッシャなどで明るく照らすとよい。受付や待合室は、床面と壁面を明るく照らして開放的に見せる。リラックスした気分になってもらうために館内の主要なエリアを電球色で統一したクリニックも増えている。

診察室・病室ではまぶしさに配慮

診察室は、室内全体がまんべんなく明るくなるようにLEDベース照明を設け、患者が仰向けになることを考慮してグレアカットや乳白パネルカバー付きタイプの器具でまぶしさを抑える。**タスク照明**と併用する場合は、コーブ照明などの間接照明を使用する。

一般に病室は窓が大きく設計されており、昼間は自然光が入るため、時間帯により適度な明るさを確保する。複数のベッドが並ぶ場合は、枕元のタスク照明が隣の患者にまぶしくない配慮が必要だ。

歯科や精神科では安心を演出

歯科や精神科などでは、待合室でよりリラックスすることに重点を置き、住宅のようなやさしいあかりで安心感を演出する。電球色のLEDベース照明に加え、ペンダント照明やスタンド照明なども使用してアットホームな雰囲気をつくるとよい。

● サイン
診察科の看板や院内の案内図など、基本的な情報を提示し、それを見て人が行動するものを指す。サインを構成するものには文字、記号、イラストなどがあり、重要なサインは色、字体、大きさ、照明などで目立たせ、的確に情報を伝える必要がある

● タスク照明
作業する場所などを局所的に照らす手法。局部照明ともいう
→p.100参照

クリニックの各エリアの照明

屋内	●光ムラや暗がりができないように、配光の広い器具で床と垂直面を照らす ●昼間の自然光が入る場合は、不快なまぶしさをブラインドなどで調整したうえで、必要な明るさを確保する
エントランス	●屋外との差を感じさせないように、300～750lx程度の明るさにする ●受付は床面と壁面を明るく照らす。落ち着いた雰囲気を出す場合は電球色を使用する
待合室	●待合室は、床面と壁面を明るく照らし開放的に見せる ●リラックスすることに重点を置く場合は、住宅のようなやさしいあかりで安心感を演出する。電球色の照明、スタンド照明などでアットホームな雰囲気をつくる
診察室	●室内全体がまんべんなく明るくなるように蛍光灯のベース照明を設ける ●タスク照明と併用する場合は、コーブ照明などの間接照明を使用してもよい
病室	●患者がさまざまな体勢になるほか、複数のベッドが並ぶこともあるため、機能的で、不快なまぶしさを感じることがない照明器具や配置を検討する

病室の照明

ブラケット照明

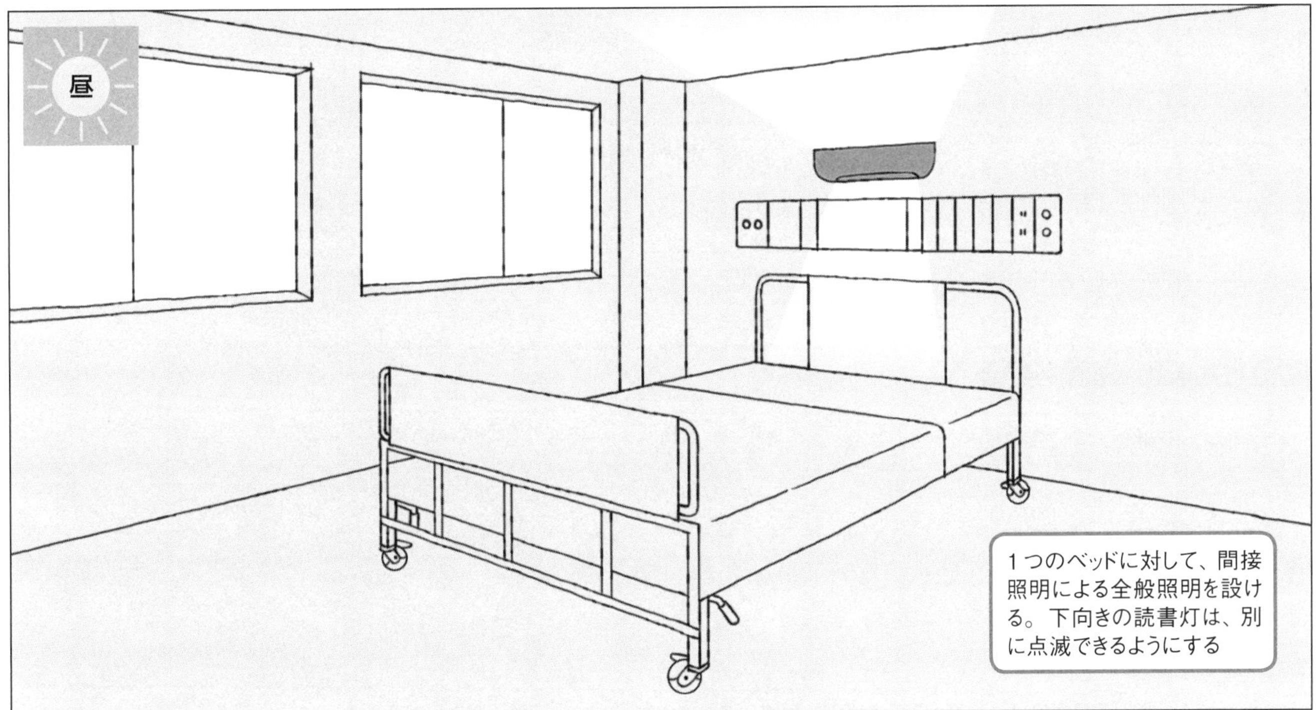

昼
1つのベッドに対して、間接照明による全般照明を設ける。下向きの読書灯は、別に点滅できるようにする

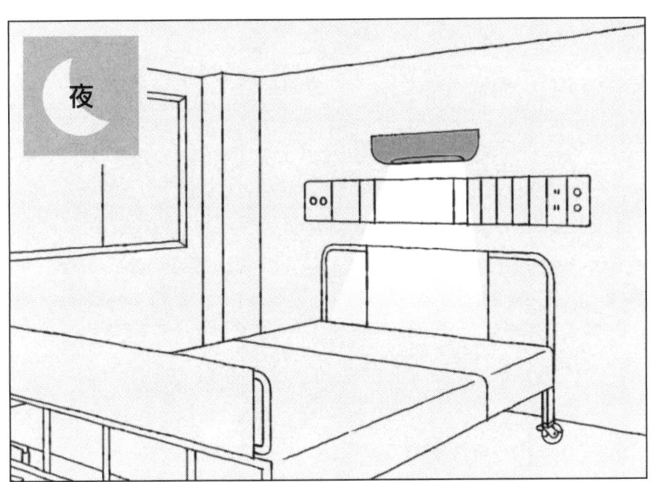

光があまり広がらない読書灯で、ほかの患者に配慮する

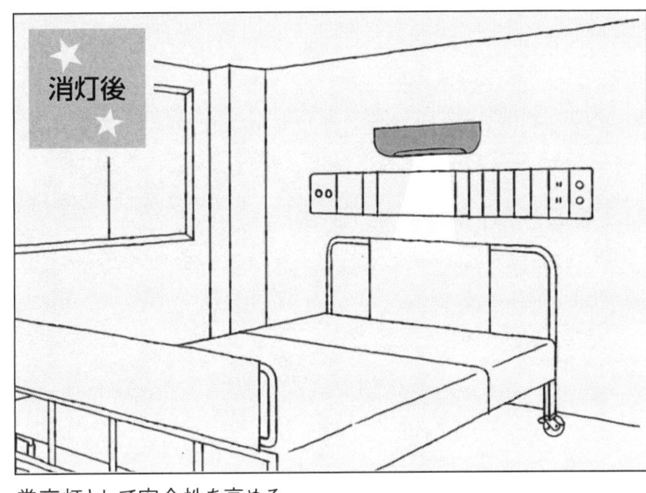

常夜灯として安全性を高める

ベース照明

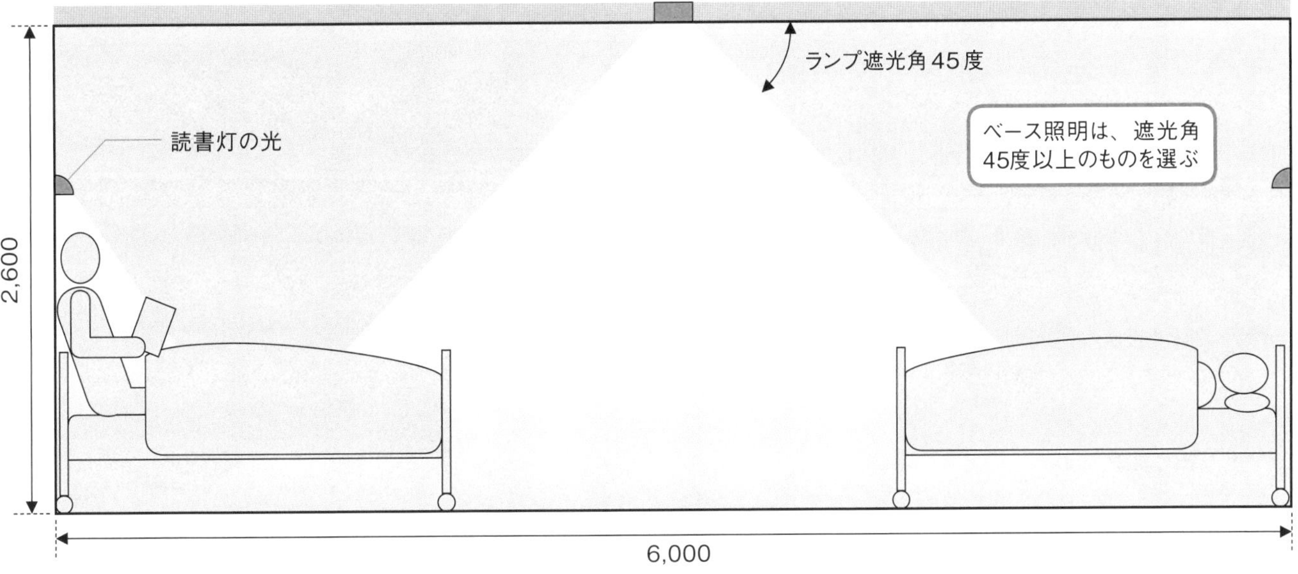

美術館の照明計画

展示作品の色・素材感・立体感を忠実に表現し、作品の品質を損なわず、鑑賞者に見やすい照明を配置する

演色性の高い光源を使う

美術館の照明は、展示作品の色や素材感を忠実に表現し、立体感をもって見えるようにする。色や素材感を忠実に表現するにはできるだけ演色性の高い光源を使用する。LED照明でもRa97以上の平均演色評価数のある器具であれば適している。

また、ランプから発する紫外線や赤外線の影響で、作品に損傷を与えないようにしなければならない。展示作品に対する紫外線と赤外線の影響は、JISなどの照度基準で確認できる。日本画などは影響を受けやすいので、照度を落とした展示とする。LED照明の光は紫外線も赤外線もほとんど含まないので美術品の照明には適している。展示ケースや額縁のガラスにも、紫外線をある程度カットする性能をもつものがあり併用すると良い。

柔軟性のある照明システムを

美術館では、企画によって展示内容やレイアウトが変わるため、照明もフレキシブルに対応できるようにする。一般には、配線ダクトレール式を採用し、スポットライトやウォールウォッシャの器具を使うことが多い。最適な器具のタイプや光源、色温度などの設定も展示内容によって異なるため、さまざまな器具に対応できるシステムにしておく。また、照度のコントロールは重要なので、必ず調光装置を設ける。新設の場合は回路は調光なしとして、LEDスポットライト器具での個別調光とする方法もあり、より精密な照度バランスを作ることができる。

また、作品を効果的に照らすことも大事だが、鑑賞者が見やすい照明にすることも忘れてはならない。鑑賞者自身の影が展示物にかぶったり、光源のまぶしさが気にならないようにするほか、ガラスで隔てられた展示では、照明の反射で展示ケース内部が見えづらくなることがあるので注意する。

美術館の照明のポイント

ポイント	●展示作品の色や素材感を忠実に表現し、立体感をもって見えるようにする ●色や素材感を忠実に表現するために、できるだけ演色性の高い光源を使用する ●ランプから発する紫外線や赤外線の影響で、作品に損傷を与えないようにする ●企画によって展示内容やレイアウトが変わるため、フレキシブルに対応できるものにする ●鑑賞者が見やすい照明にする

◆JISによる展示作品の照度基準

	照明による影響の受けやすさ		
	非常に受けやすい	受けやすい	受けにくい
絵画	水彩画、素描画、泥絵具で描いたもの	油絵、テンペラ絵	—
布	織物	—	—
紙	印刷、壁紙、切手	—	—
革	染織皮革	天然皮革	—
木	—	木製品、漆器	—
その他	—	角、象牙	石、宝石、金属、ガラス、陶磁器
照度[lx]	150～300	300～750	750～1,000

スマホでリモートコントロールできるスポット照明(巻頭頁参照)

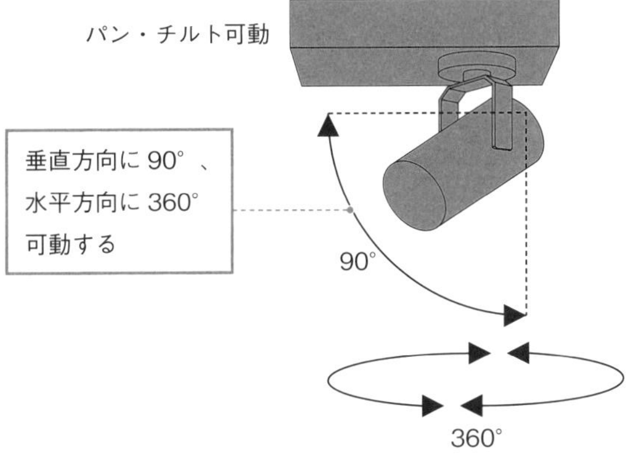

スマホで首振りをリモートコントロール

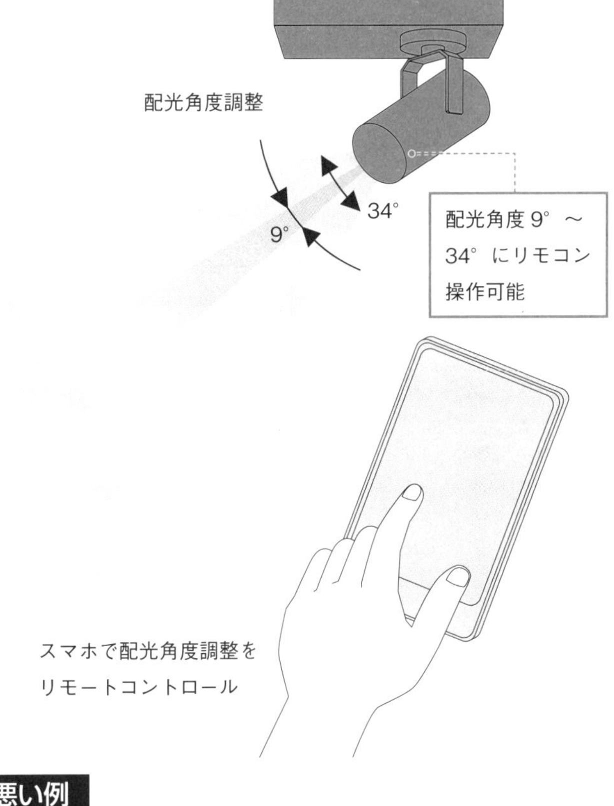

スマホで配光角度調整を
リモートコントロール

展示物と照明の位置関係

作品が直に展示されているとき

良い例

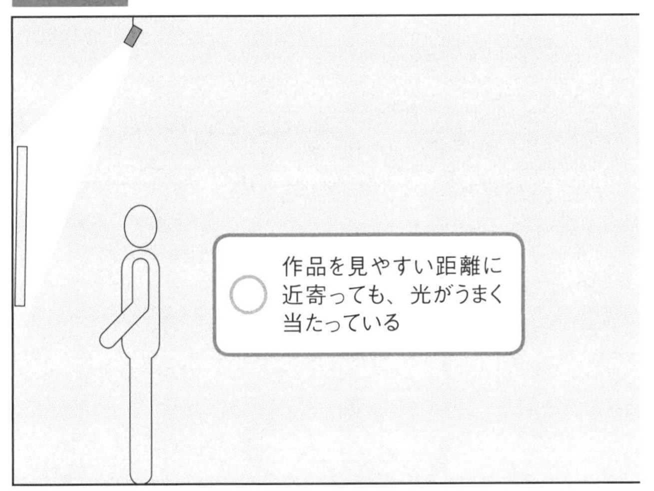

○ 作品を見やすい距離に近寄っても、光がうまく当たっている

悪い例

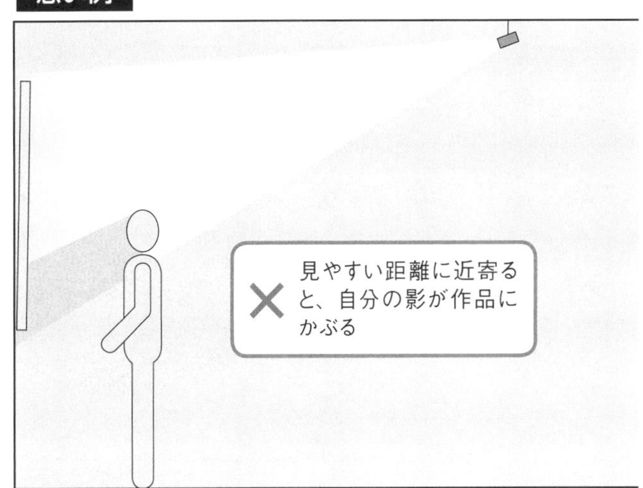

× 見やすい距離に近寄ると、自分の影が作品にかぶる

作品がガラスで隔てられているとき

悪い例

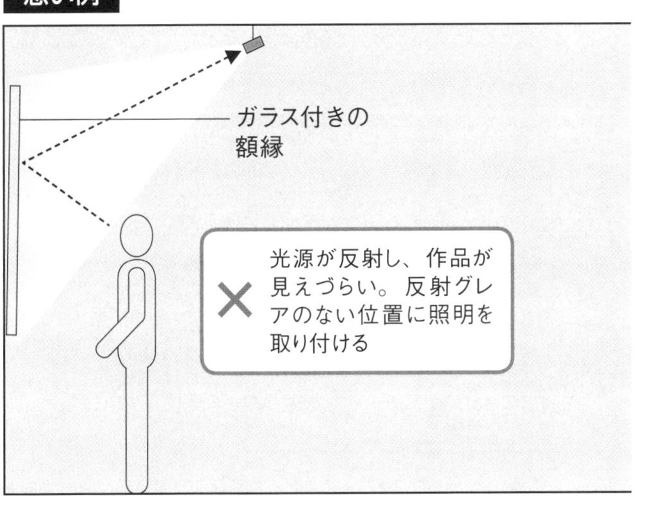

ガラス付きの額縁
× 光源が反射し、作品が見えづらい。反射グレアのない位置に照明を取り付ける

悪い例

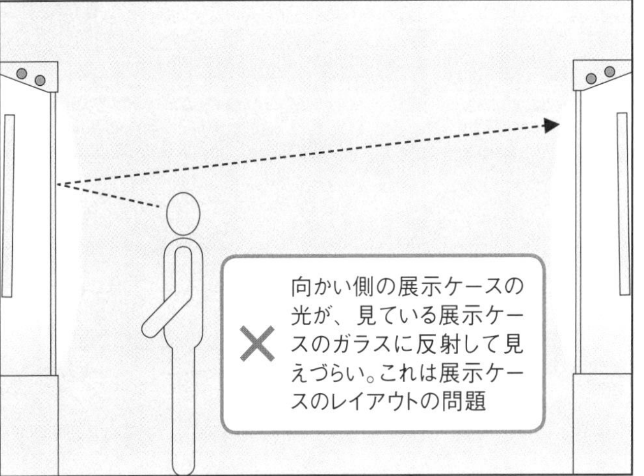

× 向かい側の展示ケースの光が、見ている展示ケースのガラスに反射して見えづらい。これは展示ケースのレイアウトの問題

工場の照明計画

均一で適正な照度、グレアの少なさ、省エネ性に配慮し、作業効率や安全性の向上、コスト削減につなげる

明るさ、メンテナンス性に配慮

工場の照明は、安全の確保、快適な作業環境、生産性の向上などが求められる。照度を高くすると作業中の事故の減少につながり、疲労軽減にも役立つ。工場の光環境のつくり方は、基本的にはオフィスの事務スペース(p.134参照)と同じと考えてよい。配慮すべきポイントは、適正な照度、均一性の高い**照度分布**、不快な**グレア**の少なさ、色温度と演色性、省エネ、自然光とのバランスなどである。照度の基準はJISで定められているので、それを参考にする。

工場は体育館のような大空間であることが多いため、十分な照度を得ようとすると、高輝度でハイパワーな照明を多数取り付ける必要がある。当然、消費電力量が多くなり、電気代もかかる。作業内容に合わせて照明を変えるなどの工夫を考えるとよい。

ハイパワーのLEDが主流

使用する光源は、今までは高効率蛍光灯や400W以上の**HIDランプ**などが多かった。現在ではハイパワーの**LED**照明の採用が多くなっている。工場では脚立では届かない6m以上の高さに取り付けられることが多く、ランプ交換などのメンテナンスに手間がかかる。また、HIDランプはランプ自体のコストも高いので、ランニングコストはかなりの額になる。これらの面から長寿命のLEDの使用は大いにメリットがある。

LED導入により、ランプ交換の手間が大幅に減るだけでなく、消費電力を大きく削減できる。さらに、紫外線・赤外線の放射量が少ないため、商品の劣化や変色を抑え、発熱量が少なく空調にかかる経費を節約できるメリットがある。ただしハイパワーLEDは器具が比較的高価であり、交換の検討の場合は既存器具との総合的なコスト比較が必要である。

照度分布
ある面に照射された明るさの広がり
→p.34参照

グレア
→p.24参照

HIDランプ
高輝度放電灯とも呼ばれ、水銀ランプ、メタルハライドランプ、高圧ナトリウムランプなどを指す
→p.172参照

LED
→p.173参照

光源の種類と特徴

種類			大きさ[W]	長所／短所	適合する工場・場所
蛍光ランプ		一般形白色	6～110	高効率、低輝度	一般的な工場(低・中天井)
		三波長域発光型	10～110	より高効率、演色性がよい	環境重視の工場(低・中天井)
		退色防止用	20～40	色あせが少ない	染料、塗料、インキなどを扱う場所
		色評価用		演色性が特によい	印刷、染色、塗料工場
		Hf(高周波点灯専用)	32(45)50(65)	蛍光ランプのなかで最も高効率、演色性がよい	工場全般(低天井)
HIDランプ	水銀ランプ	蛍光水銀ランプ	40～2,000	長寿命、大光束のものがある	一般的な工場(中・高天井)
		反射形	100～1,000	汚れによる明るさの低下が少ない	屋外投光用、汚れやすい場所
		安定器内蔵形	500	安定器が不要／低効率	主に仮設用
	メタルハライドランプ	高効率形	100～2,000	高効率、大光束のものがある	工場全般(中・高天井)
		高演色形	70～400	演色性がよく、高効率／やや短寿命	環境重視の工場(中天井)
	高圧ナトリウムランプ	高効率形	180～1,000	最も高効率、長寿命／演色性が悪い	演色性が問題にならない工場
		演色性改善形	165～960	高効率、長寿命	一般的な工場(中・高天井)
		高演色形	70～400	演色性がよい／やや短寿命	環境重視の工場(電球代替)
電球		一般照明用	10～200	取り扱いが簡単、安価／短寿命、低効率	局部照明、非常用、仮設用
		反射形	40～500	取り扱いが簡単／短寿命、低効率	局部照明、仮設用
		ハロゲン電球	35～1,500	小型、配光制御が容易／短寿命、低効率	局部照明、非常用

出典)『照明基礎講座テキスト』((社)照明学会)をもとに作成

工場に適した照明と照度

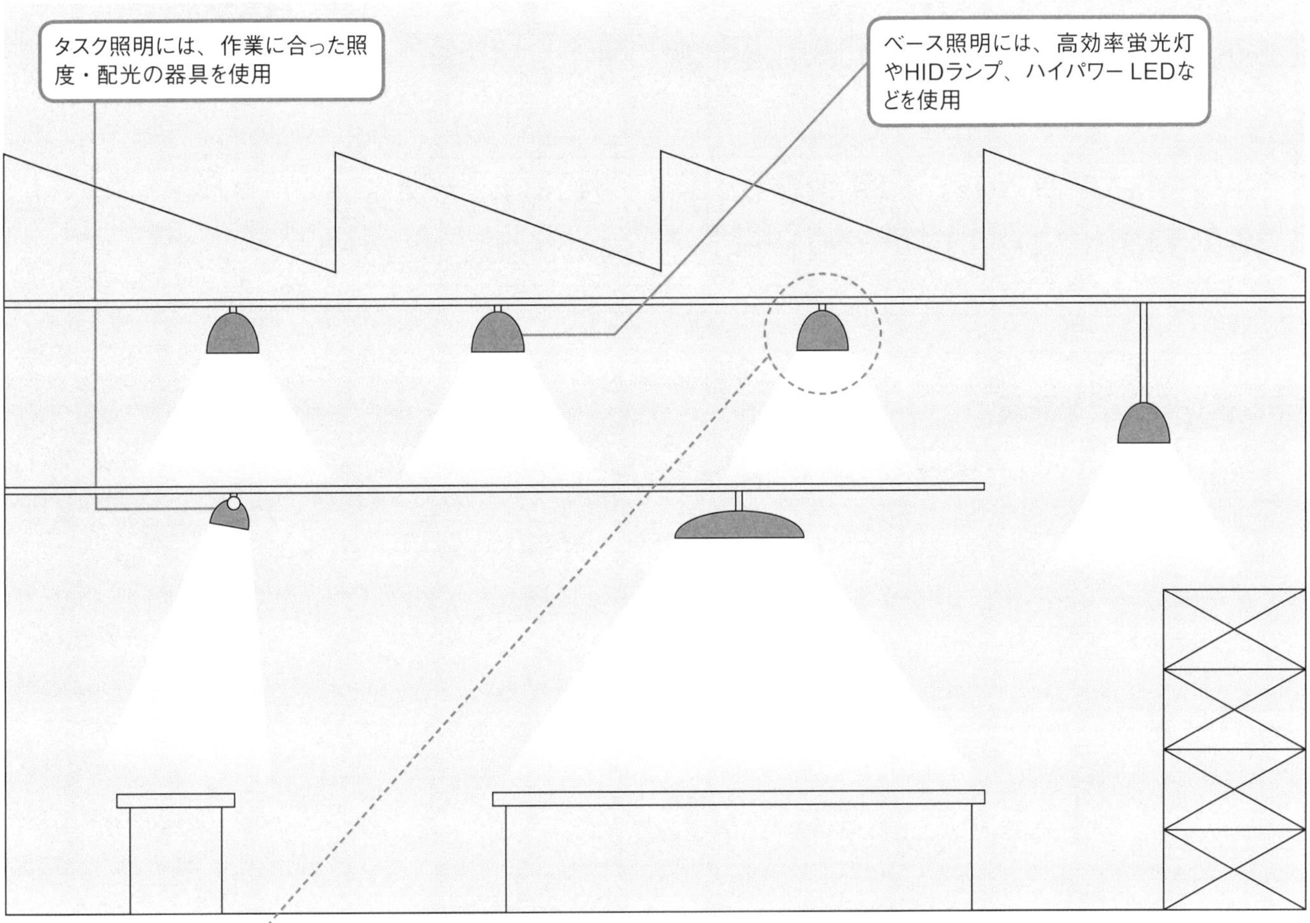

タスク照明には、作業に合った照度・配光の器具を使用
ベース照明には、高効率蛍光灯やHIDランプ、ハイパワーLEDなどを使用

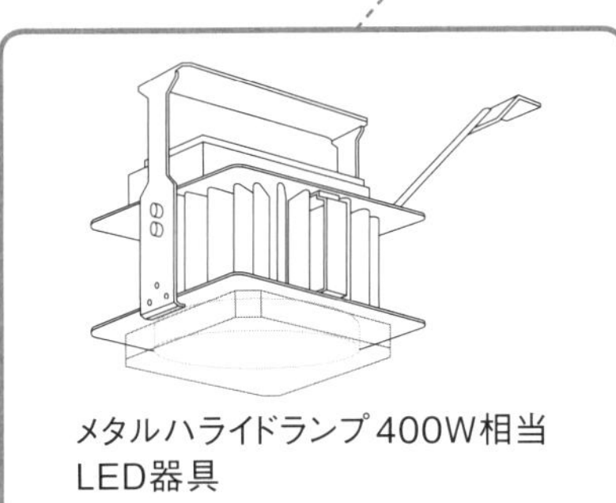

メタルハライドランプ400W相当
LED器具

天井高さ別光束の目安

分類	工場の種類	天井高さ	目安となる光束
高天井	鉄鋼、大型機械工場など	10m以上	40,000lm以上
中天井	自動車、造船工場など	8～10m	20,000～40,000lm
		6～8m	10,000～20,000lm
一般天井	精密機械、家電工場など	6m以下	10,000lm未満

工場用照明の最低基準照度

作業の区分	精密な作業	普通の作業	粗な作業
基準	300lx以上	150lx以上	70lx以上

推奨照度

照度[lx]	場所	作業
1500	制御室などの計器盤・制御盤	精密機械・電子部品の製造、印刷工場などでのきわめて細かい視作業
750	設計室・製図室・事務室	繊維工業での選別・検査、印刷工場での校正、化学工場での分析などでの細かい視作業
500	制御室・会議室	一般の製造工程などでの普通の視作業
200	電気室・空調機械室	粗な視作業
100	出入口・通路・作業を伴う倉庫	ごく粗な視作業

照明ハンドブック第3版より

照明の省エネ化

空間全体を均一の明るさで照らす

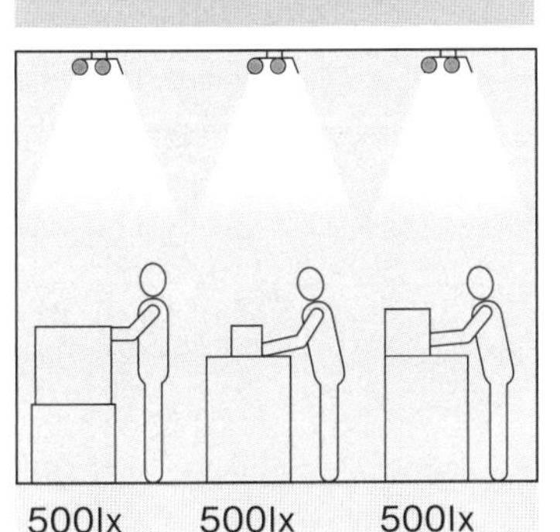

500lx　500lx　500lx

一般的な倉庫や資材置場などで使用

作業内容に合わせ、照明を変える

ベース照明

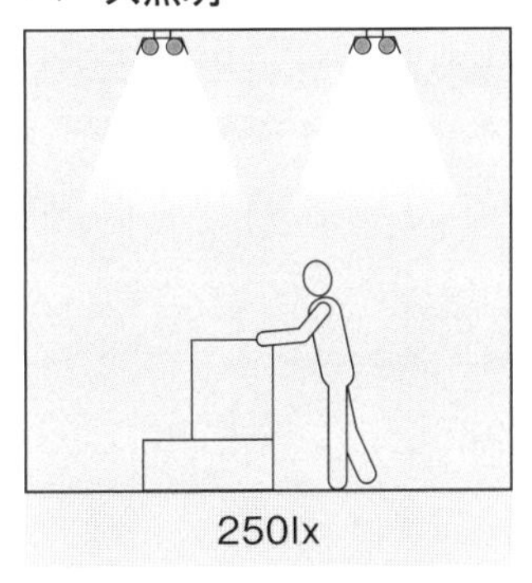

250lx

一般的な倉庫や資材置場などで使用

ベース照明＋タスク照明

500lx

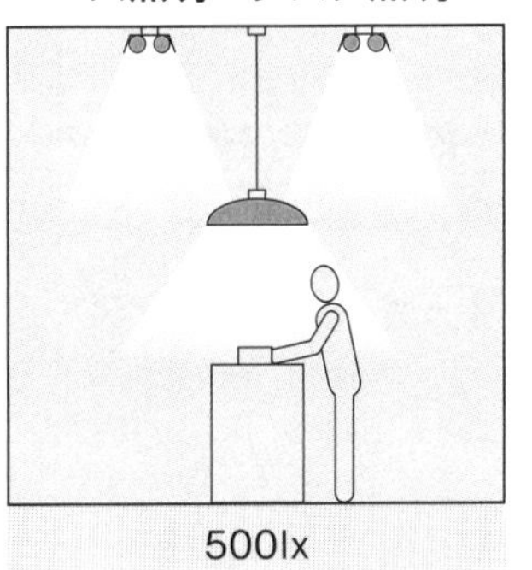

コンベアや組み立てなど比較的広い作業場で使用

ベース照明＋タスク照明

1,000lx

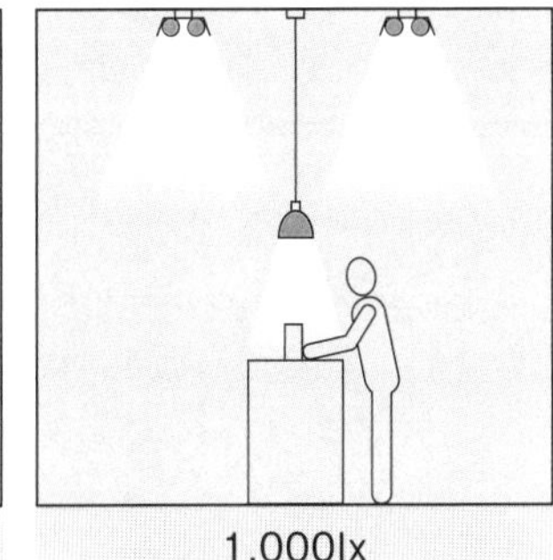

検査など、狭い作業場で高照度が必要なとき使用

出典）パナソニック電工の製品カタログより抜粋

集合住宅のエントランス照明

全般照明とアクセント照明を併用し、暗がりをなくす。光の演出により、建物のグレード感を高めることもできる

安心感や清潔感を表現

集合住宅のエントランスは共用部分であり、住人が使用する公共的なスペースである。外出時や帰宅時などに住人が毎日通り、不特定多数の人が出入りするため、安心感や清潔感が求められる。照明計画においては、不安な印象を与える暗がりをなくすことが重要である。最近では、マンションなどのグレード感を表現する"顔"のような位置づけとなり、間接照明やシャンデリア、アートワークを照らすあかりを採用するなど、照明の演出やデザインに凝った集合住宅が増えている。

エントランスの照明手法としては、全般照明とアクセント照明を併用すると、暗がりのない、安心感のあるスペースをつくりやすい。また、壁、床、天井それぞれに光を配置するように計画すると、グレード感が増す。天井高のあるエントランスホールの場合は、天井や壁面に思い切った間接照明を設けると、より開放的でリッチな雰囲気になる。反対に、天井が低く狭い場合は壁に重点をおき、奥行きを強調するとよい。

住民や近隣の光害に注意

外構の照明に適度な演出をすると、建物のステータスを上げる要素になる。そのため、集合住宅のサイン看板、植栽、アプローチ、彫刻、池などの外構要素に加え、エントランス付近の壁面やアートワークなど、照明を当てて雰囲気をよくできる要素に対しては、照明手法を幅広く検討する。

計画の際は、住戸の窓に面した側に影響を与える演出をしないようにする。たとえば、バルコニーのある壁をライトアップした場合、軒を照らしたあかりの明るさが各住戸の室内に影響を与え、クレームになることがある。また、近隣の建物にも配慮し、光が不用意に漏れて、住人や通行人に不快な思いをさせないようにする。

● 共用部分
マンションの所有者全員が共有する部分。廊下、階段、屋上、エレベーターなど、各住戸の室内を除いた建物のほとんどの部分が含まれる

集合住宅のエントランス照明のポイント

ポイント	●不特定多数の人が出入りするため、安心感や清潔感が求められる ●不安な印象を与える暗がりをなくすことが重要 ●高級感を演出したい場合は、間接照明やシャンデリア、アートワークを照らすあかりを採用する ●照明で演出した外構は建物の質をグレードアップさせる ●近隣の住人や通行人への光害に配慮する
手法	●暗がりをつくらないために、全般照明とアクセント照明を併用する ●グレード感を出すには、壁、床、天井それぞれに光を配置するように計画する ●天井高のある場合は、天井や壁面に間接照明を設けると、開放的でリッチな雰囲気になる ●天井が低く狭い場合は、壁に重点をおき、奥行きを強調する

集合住宅のエントランス廻りの照明

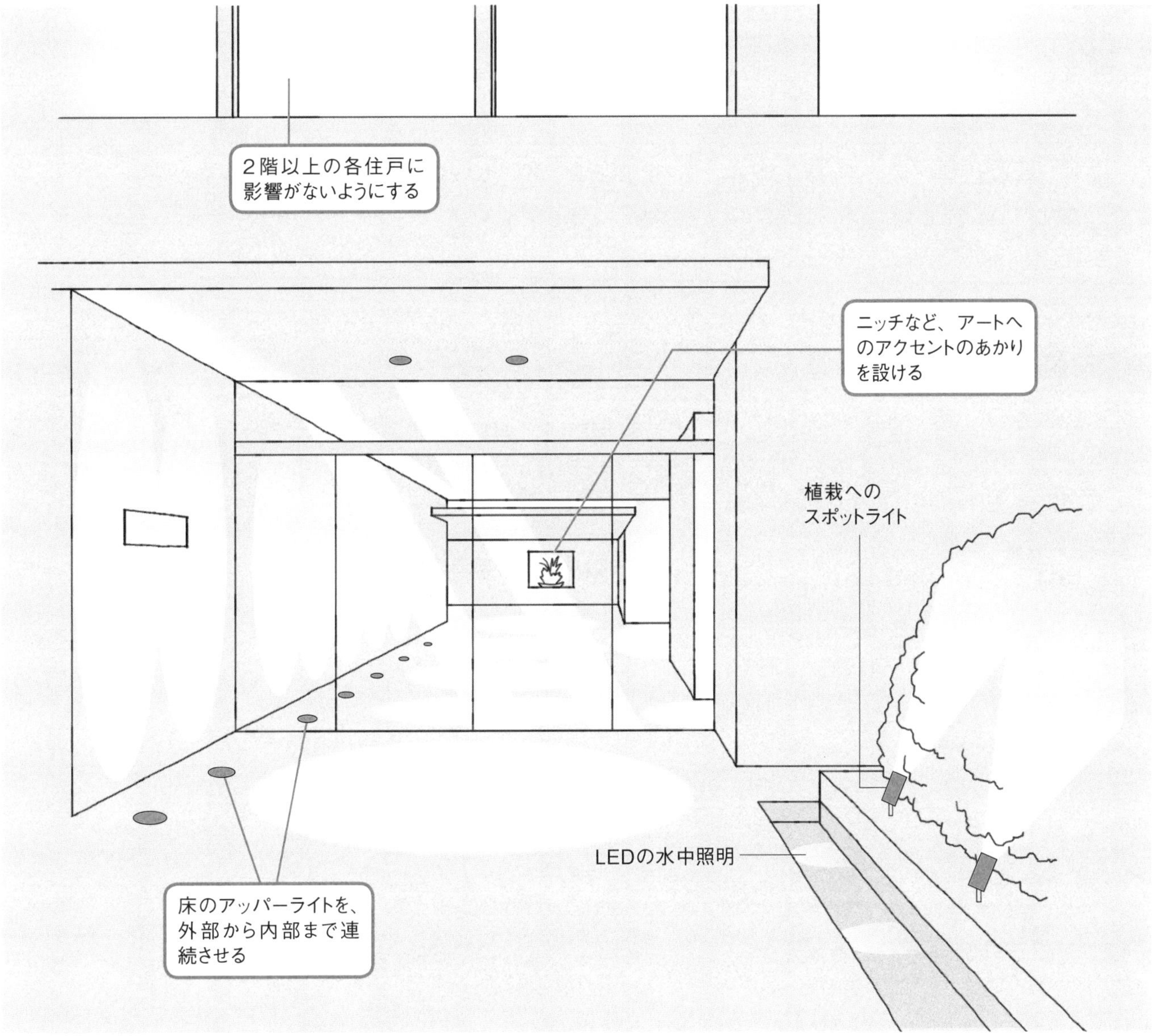

2階以上の各住戸に
影響がないようにする
ニッチなど、アートへ
のアクセントのあかり
を設ける
植栽への
スポットライト
LEDの水中照明
床のアッパーライトを、
外部から内部まで連
続させる

外構照明の注意

軒などに当たった
光の反射が、各
住戸の室内に影
響を与える
ベランダ
ベランダ
ベランダ
バルコニー側は
照らし上げないよ
うに注意

エントランス上部の演出

建物の存在感やデザインを
街にアピールする場合は、
屋上部やエントランス付近を
中心に照明計画を行う

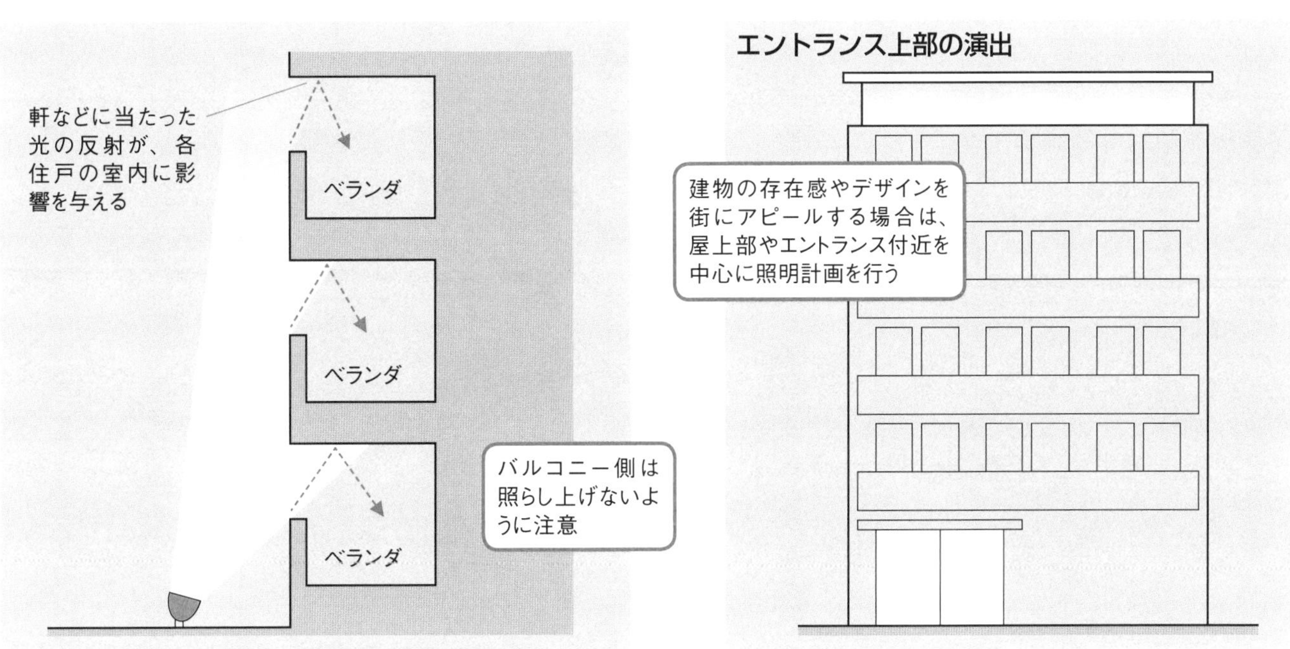

非常用照明と階段誘導灯

非常用照明は建築基準法、階段誘導灯は消防法にもとづき、設置基準や維持管理基準が定められている

非常用照明は30分以上点灯

集合住宅や不特定多数が使用する施設などの共用廊下は、住人が安心して通行できる明るさを確保するとともに、非常用の照明器具を設置する必要がある。

非常用照明器具は、建築基準法の定める基準を満たした製品の使用が義務付けられている(建築基準法施行令126条5項および昭45建告1830号に適合)。直接照明の明るさは、床面で1lx(蛍光灯やLEDは2lx)以上とし、非常用照明装置の電気配線はほかの照明用回路とは別系統とする。また予備電源が必要で、30分以上点灯できるものとする。

非常用照明器具の種類には、常時点灯する通路灯との兼用型と、非常用のみの専用型がある。いずれも器具の内部に内蔵蓄電池などの非常用電源をもち、停電時には自動で点灯して避難ルートを照らし、避難の安全性を確保する役目がある。器具のタイプには、蛍光灯の露出型トラフや埋込み型、ダウンライト型、ミニクリプトン電球ダウンライト型、防湿型、防雨型、ブラケット型などがある。専用型は非常照明専用ハロゲンランプを使ったタイプなどがある。LED器具も増えており、ランプの長寿命と小型化がメリットである。

20分以上点灯する階段誘導灯

共用廊下と同様に集合住宅の避難階段も、消防法に従って階段誘導灯を設置する必要がある。これも常時点灯との兼用型と、専用型があり、停電時に内部蓄電池で20分以上点灯(建物によっては60分以上点灯)できなくてはならない規定がある。また、人を感知して調光や点灯ができる、省エネを考慮したセンサー付きの器具もある。

避難階段が屋外にある場合、誘導灯がそのまま建物の夜の景観となってしまう。経済性は重要だが、景観の一部になることも考慮し、器具やランプのタイプ、台数、配列などを考えたい。こちらも、省エネ性能と寿命の長さからLED器具が主流になっている。

● 露出型トラフ
安定器を内蔵した四角い断面をした器具をトラフといい、露出型トラフは蛍光灯が露出したタイプを指す

非常用照明器具の種類

非常用照明器具とは

- 停電時に自動で点灯して避難ルートを照らし、避難の安全性を確保するもの
- 常時点灯する通路灯との兼用型と、非常用のみの専用型があり、いずれも器具の内部に非常用電源をもつ
- 建築基準法の定める基準を満たした製品の使用が義務づけられている
  - ・直接照明の明るさは、床面で1lx(蛍光灯は2lx)以上のもの
  - ・非常用照明装置の電気配線はほかの照明用回路とは別系統とする
  - ・予備電源で30分以上点灯できるもの

白熱灯(ハロゲンランプ)専用型

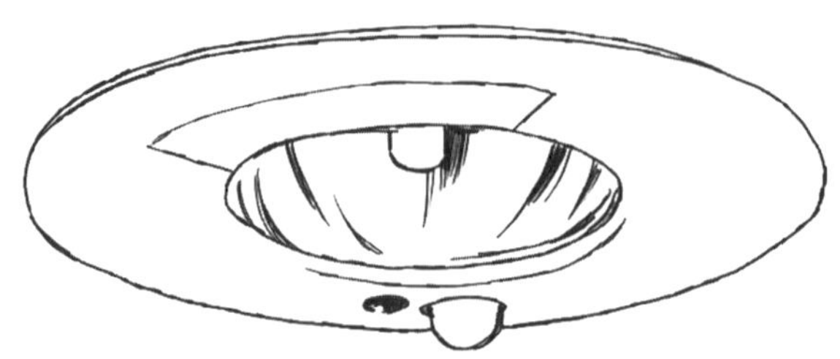

常　時:点灯なし
非常時:非常用電球(内蔵蓄電池)
●ニッケル水素蓄電池使用
●自動充電装置内蔵
●点検スイッチ付き

センサー付き階段誘導灯

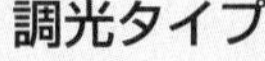

調光タイプ

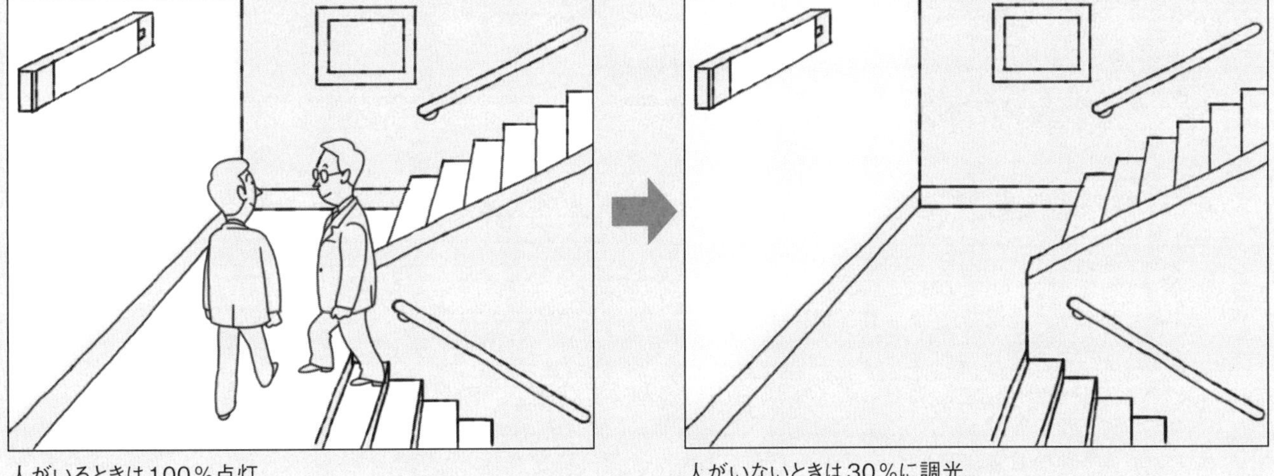

人がいるときは100％点灯

人がいないときは30％に調光

点灯タイプ

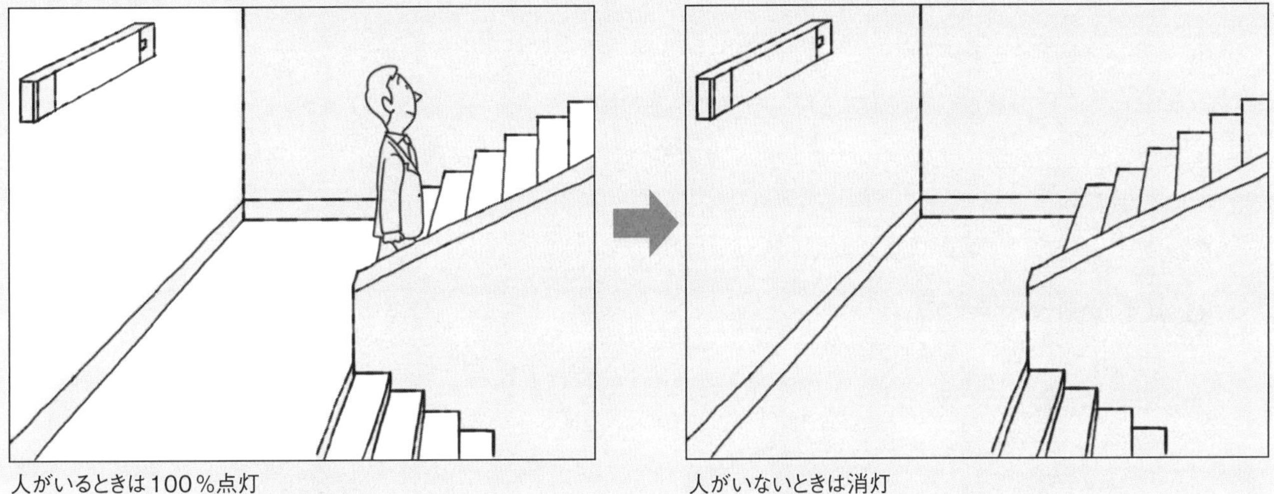

人がいるときは100％点灯

人がいないときは消灯

センサーで調光や点灯ができる器具は、電力消費量を抑えて省エネに役立つ。また、CO_2削減効果もある

白熱灯兼用型

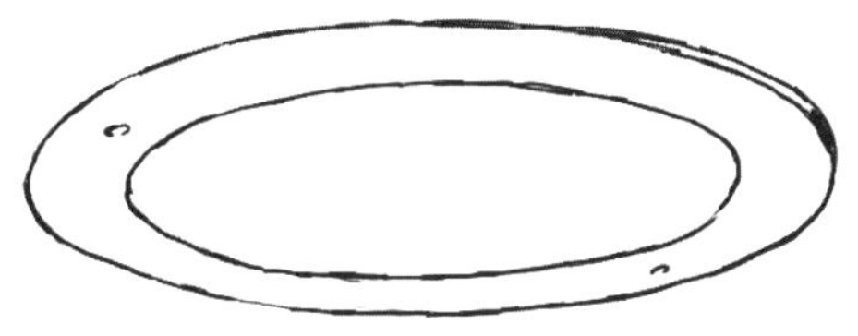

常　時：白熱灯
非常時：非常灯用電球（内蔵蓄電池）
- ニッケルカドミウム蓄電池使用
- 自動充電装置内蔵
- 点検スイッチ付き

蛍光灯兼用型

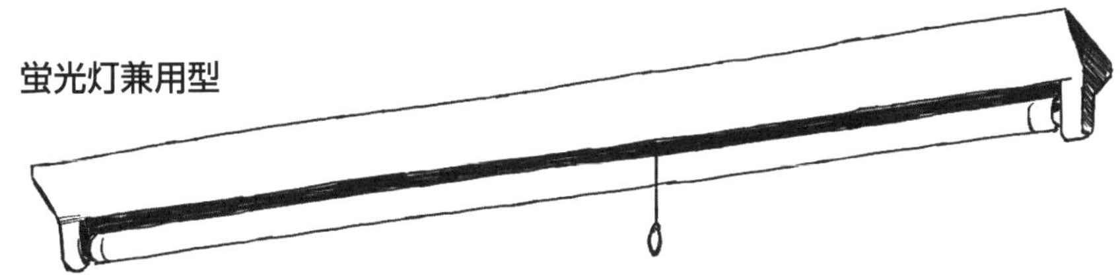

常　時：蛍光灯
非常時：蛍光灯（内蔵蓄電池）
- ニッケル水素蓄電池使用
- 自動充電装置内蔵
- 点検スイッチ付き
- 充電モニタ付き

Column

照明業界の省エネ目標値

「暗さも楽しむ」など照明への意識を変えて省エネを推進

地球温暖化の防止が世界的に注目されているなか、さまざまな分野でCO_2の排出削減目標が掲げられている。オフィスや家庭でも、省エネを通じ、一人ひとりがCO_2削減を考える時代となった。

照明の分野ではどうだろうか。建物で消費されるエネルギーのうち、照明用として消費されるのは、オフィスビルでは夏約24％、冬約33%、一般家庭では約13.4％である。この割合を大きいと見るか、小さいと見るかは議論の分かれるところだが、今後はさらに照明の消費電力を下げ、エネルギーを減らしていく工夫が求められるだろう。

政府は地球温暖化対策の重要な施策として、2030年度までに、家庭やオフィスなど全ての照明をLED化することを掲げている。国内のすべての照明器具がLED照明に置き換わると、消費電力が50%削減できるという試算もある。

照明計画を行う側から見ても、LED化に伴う省エネ化、長寿命化の重要性それ自体には異論をはさむ余地は無い。しかし、こうした技術的進歩に頼るだけでなく、「過剰な明るさを求めない」「暗さも楽しむ」「夜型の生活を改める」といった、生活する側、照明を使う側の意識を変えていくことも重要ではないだろうか。

エネルギーの消費量

一般的なオフィスビルにおける
用途別電力消費比率（冬）

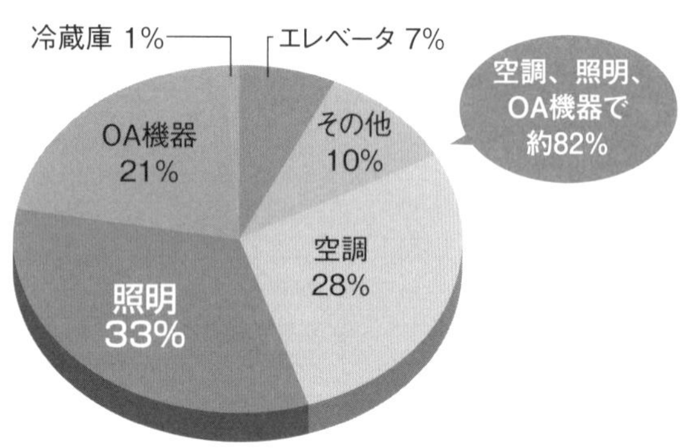

一般的なオフィスビルにおける
用途別電力消費比率（夏）

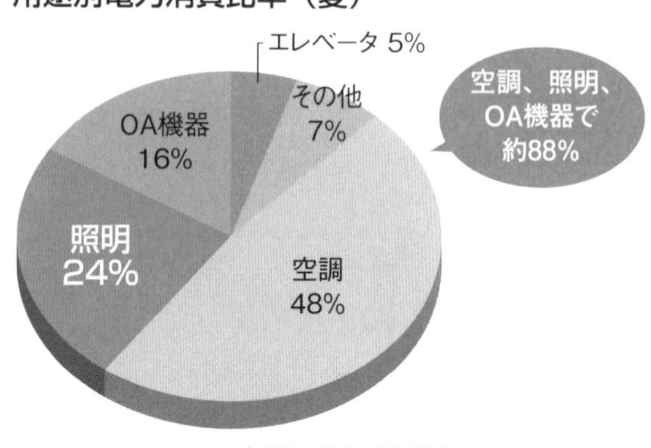

日本照明工業会　照明器具カエルBOOK 2020より

家庭における機器別電気使用量の内訳

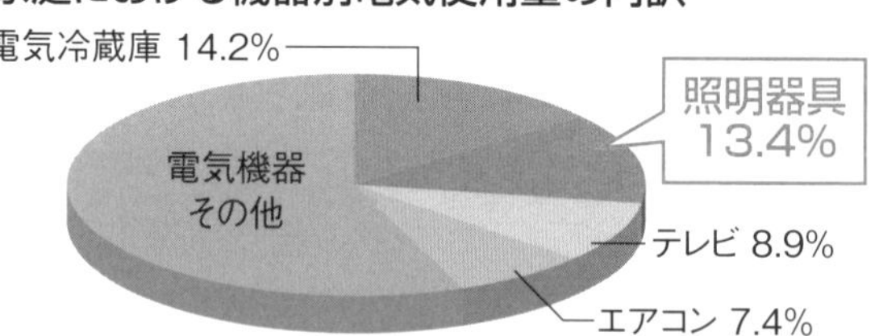

＊世帯当たり電気使用量：約4,618kWh/年（2009年）
出典：資源エネルギー庁平成21年度民生部門エネルギー消費実態調査および機器の使用に関する補足調査より日本エネルギー経済研究所が試算。（エアコンは2009年の日本の冷夏・暖冬の影響含む）

照明器具の国内消費電力量削減シミュレーション

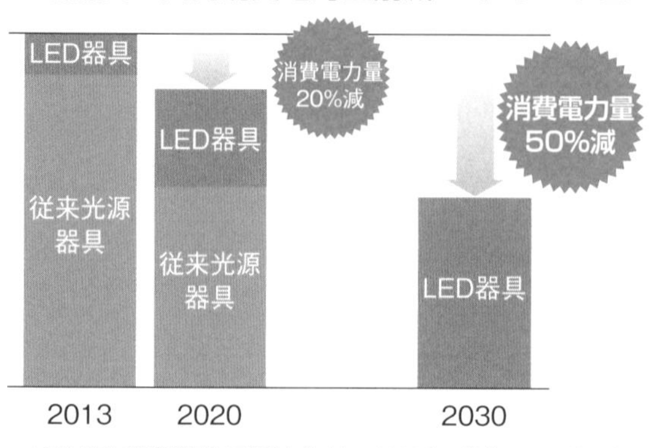

＊2013年に照明器具を17億台と推定し、2020年に半分、2030年にすべての照明器具がLED照明器具に置き換わった場合の試算。
【備考】上記のグラフは［Lighting Vision 2030］2019年3月制定（一社）日本照明工業会の資料を基に「あかりの日」委員会にて作成しています。

日本照明工業会　「あかりの日」委員会2020パンフレットより

CHAPTER 6

ランプと器具について

白熱電球

安価で小型・軽量のため、照明デザインがしやすい。省エネ化推進により、大手メーカーからは製造中止傾向

白熱電球のしくみと種類

白熱電球は、人工照明としては古くからあり、私たちになじみの深い電球である。普通電球、一般電球、シリカ電球などと呼ばれることもあるが、正確には「タングステンフィラメント電球」という。直径66㎜ほどの白色の電球が一般的で、主にバルブ、フィラメント、口金から構成され、ランプのなかでは最も単純な構造である。発光原理は、バルブ内のタングステンフィラメントに通電し、それが高温になり、白熱することで発光する。フィラメントは大気中では燃えてしまうため、バルブ内はアルゴンと窒素の混合ガスを封入し、ランプの寿命を長くしている。

ガラス球をバルブといい、この部分が透明なものをクリア球という。バルブにはさまざまな形状があり、ボール型や扁平型のほか、バルブ自体が小型のミニクリプトンランプなどもある。ソケットに差し込む部分は口金といい、普通サイズの口金はねじ込み式で、直径が26㎜あることからE26と呼ぶ。ミニクリプトンランプは直径17㎜のため、E17と呼ぶ。口金の形状はねじ込み式だけでなく、ピン式など数種類がある。

雰囲気は出るが発熱量が多い

現在でも、白熱電球は店舗などで幅広く使われている。安価で、小型・軽量、配線方法も単純なので、照明器具のデザインがしやすく、連続調光(0～100%)が可能なため、空間の雰囲気づくりに有効である。また、**演色性**もよいため、レストランなどで料理や食材をおいしく見せたいときにも適している。

デメリットは、**ランプ効率**が低いこと。また、発熱量が多いため空調負荷が高く、短寿命のためランプ交換が頻繁になることから、省エネや省コストの観点からは見劣りする。

白熱電球型のLED電球に置き換えられることが多いが、LEDの色温度や明るさを示すのに「電球色」「白熱電球60W相当」と記載されるなど、性能表示の指標になっている。

● タングステンフィラメント
フィラメントは電球のなかで発熱部を担う線条の部品のこと。タングステンは金属のなかで最も融点が高く、熱に強い

● 演色性
→p.28 参照

● ランプ効率
→p.36 参照

白熱電球の構造(E26)

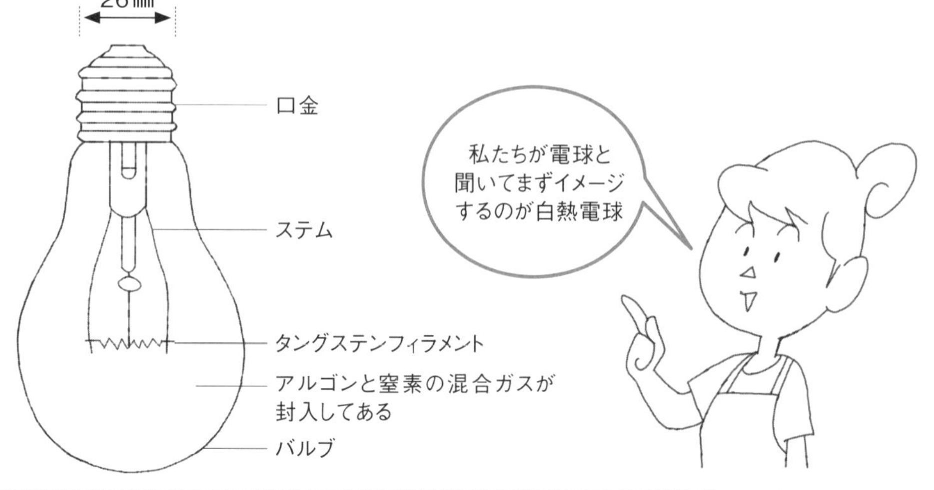

◆白熱電球の特徴
- ○ 演色性がよく、暖かい光色
- ○ 点光源に近く、光を集めやすい
- ○ 調光が連続的にできる
- ○ 点灯が簡単で、すぐにあかりがつく
- ○ 寿命までの光の減少が少ない
- × 効率が低く、寿命が短い
- × 熱線の放射が多い

白熱電球の種類と特徴

		特徴	主な用途	色温度[K]	寿命[時間]	LED代替ランプ
一般照明用	一般照明用電球	●ガラス球は白色塗装形と透明形がある ●ガラス球を青色にコーティングした昼光電球もある ●安価でポピュラーな電球 ●電球の元祖であり、ペンダントライトやスタンドなど多様に用いられる	住宅や店舗などの一般照明	2,850	1,000、2,000（長寿命タイプ）	○
一般照明用	ボール型電球	●ガラス球は球形で、拡散形と透明形がある ●ボール状の電球で、ペンダントライトやスタンドなどでランプを直に見せるような装飾照明に用いられる ●E17は50㎜径のみだが、E26は50㎜径・70㎜径・95㎜径の3種類があり、大きくなるほど光が和らいだ印象になる	住宅や店舗などの雰囲気づくりの照明	2,850	2,000	○
装飾用	シャンデリア電球	●小型電球で、ガラス球は透明形と拡散形がある。E17、E26口金がある ●きらめきを見せるシャンデリアで使用される ●明るさを得るよりも装飾効果を目的として使用される	飲食店などのシャンデリア	2,850	1,500	○
反射形	レフ型電球	●ガラス球頭部以外はアルミ反射鏡となり、背面への光を反射する ●バルブ内にアルミを蒸着させて反射鏡としたランプで、ダウンライトやスポットライトなどで使用される ●後方にも光が少し漏れるため、ペンダントライトなどの装飾照明としても使用される ●ダイクロイックミラー付きハロゲン電球に比較すると、直下の照度は得られにくい	店舗、工場、看板照明などの投光照明	2,750	1,500（屋外用）、2,000（屋内用）	○
反射形	PAR型電球（ビーム電球）	●集光性に優れる。熱線をカットしたシールドビーム電球もある ●レフ型電球よりも集光性が高い ●光の広がり方の違いで、集光型と散光型の2種類に分けられる ●屋内外のいずれでも使用が可能。防水型のソケット付きの器具であれば、防水対策を施さずにそのまま使用できる	住宅、店舗、工場、看板照明などのスポット照明	2,750	2,000	○
ハロゲン電球	小型ハロゲン電球	●小型・軽量で、光をコントロールしやすい。ガラス球は、石英または硬質ガラスで透明。口金はE11または2-pin	店頭のスポット照明やホールのダウンライト	2,800～3,400	2,000～3,000	
ハロゲン電球	ダイクロハロゲンランプ（ミラー付小型ハロゲン電球）	●小型・軽量で、集光性に優れる。ガラス球は石英、口金はミラー付き2-pin、E11、EZ10	店頭のスポット照明やダウンライト	2,900～3,200	2,000～3,800	○
ハロゲン電球	投光用ハロゲン電球	●細長い石英の外管で、両口金（R7小）	屋外競技場、体育館、高天井の工場などの天井照明	2,850～3,000	2,000	

ハロゲン電球

一般的な白熱電球より小型で、寿命が長いハロゲン電球。ダイクロハロゲンランプは熱が放出され、変質も少ない

ハロゲン電球のしくみ

ハロゲン電球は、大きな分類では**白熱電球**に含まれる。タングステンフィラメントをもつが、バルブ内にはハロゲンガスが封入されており、これが一般的な白熱電球との違いである。

白熱電球は、フィラメントが光を発するとタングステンという元素が蒸発し、バルブ内に付着して黒くなる。しかしハロゲン電球は、タングステンをフィラメントに戻す働き(ハロゲンサイクル)があり、バルブ内が黒くならない。また、このはたらきによってフィラメントが細くならないため、寿命が長くなる。一般的な白熱電球の寿命が1,000～1,500時間であるのに対し、ハロゲン電球は約3,000時間だ。このほかの特徴は、小型であることや、高温になりやすいことがある。

用途が多いダイクロハロゲン

ハロゲン電球の一種で、小型で配光性能に優れた投光用(スポットライトやダウンライト)ランプとして、ダイクロイックミラー付ハロゲンランプ(通称ダイクロハロゲンランプ)がある。

形状は直径50㎜ほどのお椀型で、ガラス製の反射板(ダイクロイックミラー)がハロゲンランプと一体になっている。

ダイクロイックミラーは光の広がる角度が主に3種類程あり(メーカーによって異なる)、10度のナロー配光はスポット照明、30度のワイド配光は全般照明、20度のミディアム配光はその中間の照明に適している。ダイクロハロゲンランプは、物販店や飲食店などの照明に幅広く使用されている。

広範に使用されているダイクロハロゲンランプ器具に対応したLEDランプも多数製造されている。ダイクロハロゲンランプの場合、元々調光用で使用されている場合が多く、LEDランプを選ぶときは調光タイプかどうかの確認が必要である。また演色性は多くのLEDランプではダイクロハロゲンランプには劣る。必要な明るさを得られるか、照度などのデータを見て確認するべきである。

白熱電球
→p.166参照

バルブ
電球のガラス球のこと

ハロゲンガス
ハロゲンとは、ヨウ素、臭素、塩素、フッ素などの総称

ハロゲンサイクルのしくみ

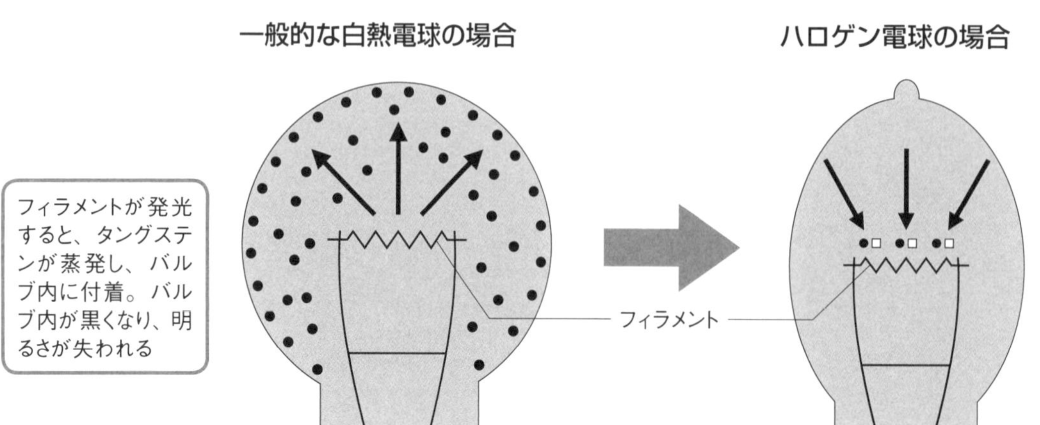
一般的な白熱電球の場合
ハロゲン電球の場合
フィラメントが発光すると、タングステンが蒸発し、バルブ内に付着。バルブ内が黒くなり、明るさが失われる
フィラメント
● タングステン
□ ハロゲン
蒸発したタングステンを、ハロゲンがフィラメントに戻す。これにより、バルブ内が黒くならず、明るさを保つ。また、フィラメントがやせ細っていかないため、寿命が長くなる

ダイクロハロゲンランプ

構造

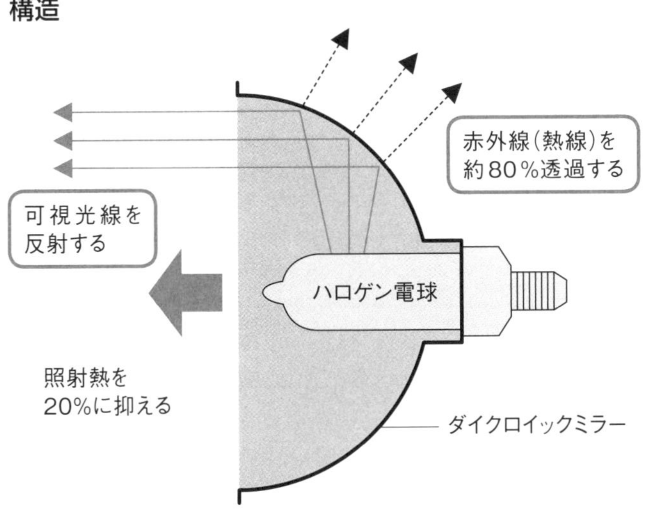

種類

サイズ[mm]	35φ	50φ	70φ
ワット数[W]	20～35	35～75	65～150
電圧[V]	110 12	110 12	110
口金	E11 GZ4	E11 E17 EZ10 Gu5.3	E11

サイズやワット数にバリエーションがあり、直径35㎜のものは器具自体も非常に小型で目立たない

ビーム角(光の広がる角度)

100V 40W(50型)ダイクロハロゲンランプの場合

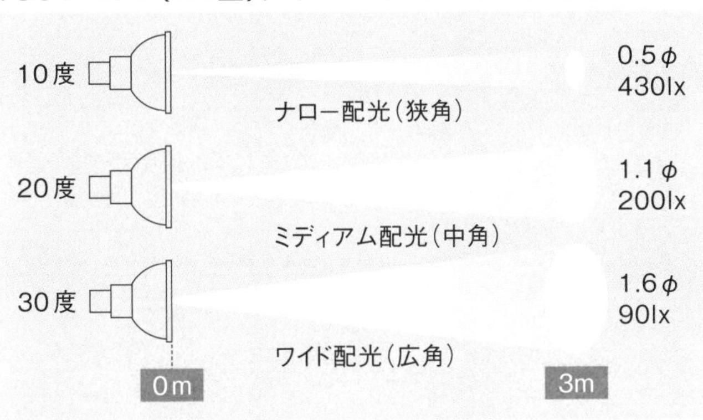

10度のナロー配光はスポット効果が高く、30度のワイド配光は全般照明としても使用でき、20度のミディアム配光はその中間となる

12V 50Wダイクロハロゲンランプの場合

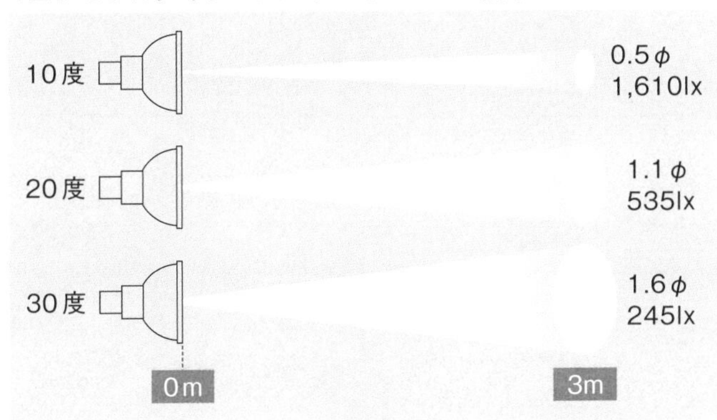

12Vハロゲンランプのほうが明るく、陰影もシャープになるため、貴金属やガラス製品などを照らすと、きらめきや反射などをより効果的に表現できる

ハロゲン電球の種類と特徴

<table>
<tr><th></th><th></th><th colspan="3">特徴と用途</th><th>色温度[K]</th><th>寿命[時間]</th></tr>
<tr><td>ミニハロゲン電球</td><td>クリア(フロスト)</td><td rowspan="3">●100V用と110V用がある
●110V用を100Vで使用すると、自然に調光しながら使用することになるため、寿命が伸びる半面、明るさは若干落ちる
●クリアなランプは点灯時も透明感があり、陰影感が出やすく、きらめき感が得られる
●フロストのランプはランプ全体が光り、極端な陰影が出ない。柔らかな光が必要な場所で使用される</td><td rowspan="3">●電球が小さく点光源に近いため、反射鏡で制御しやすい
●器具を小型化できる
●ダウンライトやスポットライトなどのテクニカルな器具から、ペンダントライトやブラケットなどの装飾的な器具まで幅広く使用される</td><td>●ガラスバルブに赤外線反射膜を塗布した高効率・長寿命タイプもある</td><td>2,800～3,400</td><td>2,000～3,000</td></tr>
<tr><td>ハロピン電球</td><td>フロスト(クリア)</td><td>●口金がピン式なのでソケット部分が小さく、器具をよりコンパクトにできる</td><td>2,900</td><td>2,000</td></tr>
<tr><td>12V用ミニハロゲン電球</td><td>フロスト(クリア)
G4/GY6.35
EZ10</td><td>●12Vで点灯するため、100Vから12Vに変圧するダウントランスが必要</td><td>2,700～3,000</td><td>20W：2,500
100W：2,000
その他：3,000</td></tr>
<tr><td>両口ハロゲン電球</td><td>フロスト
クリア</td><td></td><td colspan="2">●両サイドに口金がある
●W数が高く、ハイパワーでフラットな光が得られる
●輝度が高いので、ランプ自体が直接見えないブラケットやスタンドなど、アッパーライトの間接照明として用いられることが多い</td><td>150W：2,850
200W：2,900
その他：3,000</td><td>2,000</td></tr>
</table>

蛍光ランプ

ランプ効率が高く、長寿命。種類の多さや価格面などLED主流前は総合的な性能が最も優れ、普及しているランプ

蛍光ランプの特徴

蛍光ランプのメリットは、①ランプ効率が高い、②長寿命(6,000～1万2,000時間)、③比較的安価、④輝度が低く、まぶしさが少ない、⑤ランプの表面温度が低い、⑥**色温度**が選べる、⑦連続調光が可能なものもある、などである。デメリットは、①**安定器**が必要、②ランプがやや大きく、繊細な配光制御には不向き、③周囲の温度に影響を受ける、などが挙げられる。

温度の影響については、特に低温では点灯状態が安定しない場合があるため、屋外や寒冷地ではランプの保温を考慮して器具を選ぶ必要がある。また、演色性では白熱電球に劣るが、高演色型蛍光ランプはRa84以上のものもある。

LEDへのランプ交換対応

蛍光灯は演色性と調光性能以外は白熱電球より優れた点が多く、特に省エネの観点から以前より電球型蛍光灯が白熱電球の代わりに使用されてきた。しかし**LED**電球が低価格になり、長寿命の面からも今はLEDが主流である。蛍光灯の弱点の点灯の遅さに対してLEDはすぐに点灯し、また低温下での使用の安定性においても優れている。白熱電球や電球型の安定器内蔵蛍光灯ランプからのLEDへの交換は口金が適正であれば基本的には可能だが、電球の形状や大きさが合わずに器具内に取り付けられない場合もある。

管型蛍光灯器具からのランプ交換については、LEDでは安定器は不要であり、LEDランプ交換のためにそのLEDランプに合わせて、照明器具に対して電気業者による電気工事が必要となる。工事を行うとメーカーからの保証からも外れる。大手メーカーからこれらの代替用LEDランプが発売されておらず、安全性や信頼性にも不安が残る。ランプ効率についても改善の程度にばらつきがある。

管型蛍光灯器具やコンパクト型蛍光灯器具の場合は、ランプ自体の価格も下がっているので、そのままランプ交換しながら使用を続け、器具の寿命が近づいたとき(10年以上)器具ごとLED器具に交換(工事必要)する方がお勧めである。

● 蛍光体
外部からの刺激によって、物質内の電子が光エネルギーを発する物質

● 色温度
→p.26参照

● 安定器
蛍光ランプやHIDランプの点灯に必要な装置
→p.175参照

● LED
→p.173参照

蛍光ランプの構造

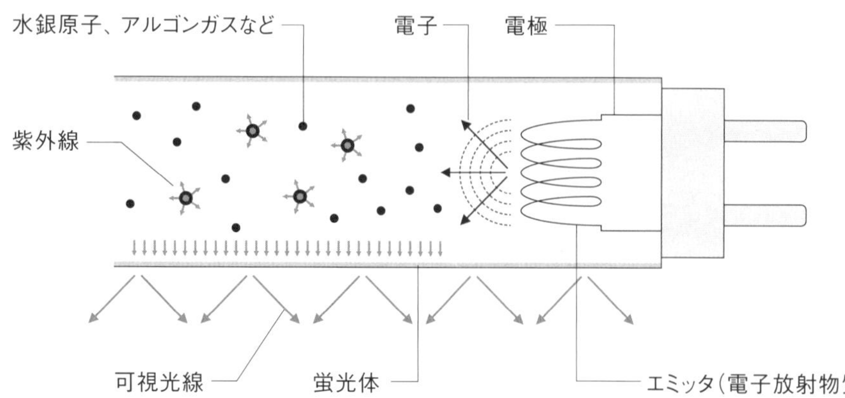

ルミネセンス
エミッタから放出された電子が水銀原子に衝突し、紫外線が発生。紫外線が蛍光体に当たり、紫外線を可視光線に変え、発光する

蛍光ランプの形状

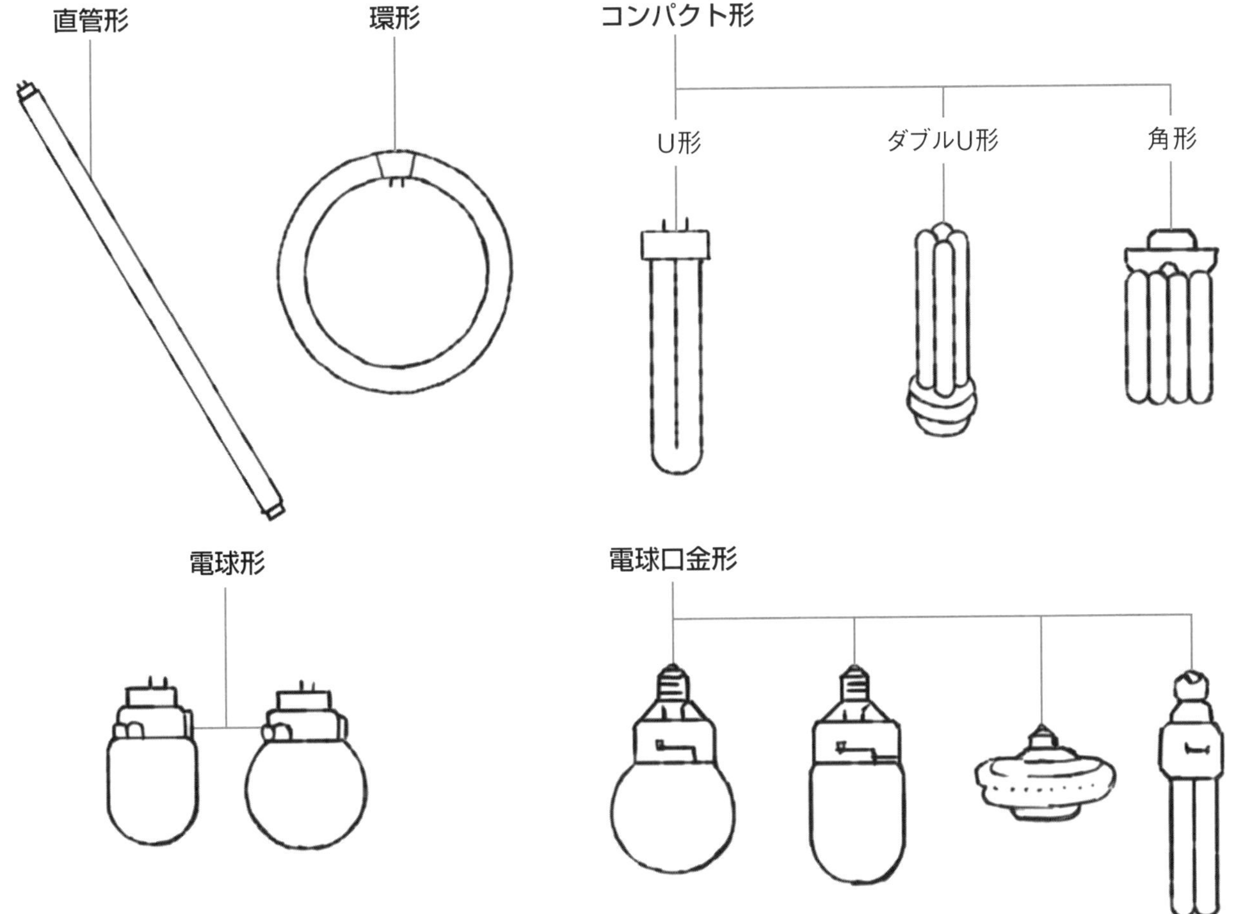

蛍光ランプの種類と用途

		定格電力[W]	ランプ効率[lm/W]	色温度[K]	平均演色評価数[Ra]	寿命[時間]	ワット数[W]	特徴	用途	LED代替ランプ
スタータ形電球	昼光色	38	71	6,500	77	12,000	4～40	明るさと経済性に優れる。演色性がやや劣る。光色の種類が多い	事務所、工場、住宅などの一般照明 昼光色 涼しい印象になる 昼白色・白色 中間の印象になる 温白色・電球色 暖かい印象になる	×
	昼白色	38	78	5,000	74	12,000	10～40			
	白色	38	82	4,200	64	12,000	4～40			
	温白色	38	79	3,500	59	12,000	20～40			
	電球色	38	75	3,000	65	12,000	20～40			
3波長域発光形(昼白色)		38	88	5,000	84	12,000	10～40	明るさと演色性に優れ、物の色が鮮やかに見える	快適な雰囲気が求められる住宅、事務所、店舗などの照明	×
環形(昼白色)		28	79	5,000	84	5,000	20～40	丸型や角形の器具に適している	住宅、工場などの一般照明	×
ラピッドスタート形直管(白色)		36	83	4,200	64	12,000	20～220	明るさと経済性に優れ、即時点灯や調光ができる	事務所、工場などの一般照明	×
電球形	昼白色	17	45	5,000	83	6,000	13～17	白熱灯と取り替え、そのまま点灯できる。電球よりランプ効率が3倍よく、瞬時点灯できるものもある	店舗、住宅、ホテル、レストランなどの一般照明	○
	電球色	17	45	2,800	82	6,000	13～21			
コンパクト形(U形・安定器分離・昼白色)		27	57	5,000	83	6,000	18～38	小型で、片口金(GX10g、G10g)、3波長域発光形(電球色、昼白色)である	住宅、店舗の一般照明(小ワットのものは街灯、常夜灯など)	×

HIDランプ

小型で高輝度、配光が調整しやすいのが特徴。街路灯やスポーツ施設、工場など大空間によく利用される

HIDランプのメリット

HIDランプのメリットは、ワット数が高い割にランプが小さく、高い輝度が得られること。また、光の方向を調節しやすいのも魅力である。一方、デメリットは器具のつくりによってはまぶしく感じることと、安定した点灯まで時間がかかり、一度消灯すると再点灯に時間がかかることである。

屋外用の照明や、スポーツ施設、工場など大空間の照明に使用されることが多い。

HIDランプの種類と特徴

HIDランプの主な種類と特徴は次のとおりである。

●高圧水銀ランプ

光色が安定していて寿命が長いが、演色性はやや劣る。ワット数の種類が多く、調光は段階的にできる。

●メタルハライドランプ

高演色性のものもあり、ランプ効率や演色性に優れている。光色の種類も多い(色温度3,000～6,500K)。ほかのHIDランプより寿命は短いが、一般的なランプと比べると長い。調光はできない。

メタルハライドランプのなかで、発光管にセラミックを使用したものをセラミックメタルハライドランプという。70W、35W、20Wなどの低ワット用で、ダイクロハロゲンの器具と同程度の大きさの器具がつくられており、使い勝手のよい小型・高輝度のランプとして店舗照明などに採用されている。

●高圧ナトリウムランプ

ランプ効率が非常によく、寿命も長い。光色がオレンジ色で、高演色性のものと、演色性に劣るものがある。調光は段階的にできる。

HIDランプはLEDランプに交換検討すると、ランプだけでなく電気工事をして安定器もLED専用器に交換しなくてはならず、また一体型で安定器交換できないものもある。器具自体も高価なため、LED器具として丸ごと交換の方を選ぶ方が良い場合が多い。バラストレス水銀ランプは工事なしにLEDランプに交換できる。

HIDランプの種類と性能

ランプ形状			主なワット数[W]	代表的なランプの光束[lm]		ランプ効率[lm/W]	ランプ寿命[時間]	演色性[Ra]	色温度[K]	調光	コスト	その他	LED代替ランプ
高圧水銀ランプ			40、80、100、250、400、1,000	100W	4,200	42	12,000	14～40	3,900 5,800	段階的	3,000～ 1万5,000円	●演色性が劣る ●寿命が長い	△
メタルハライドランプ	一般的なメタルハライドランプ	HQI-TS	70、150、250	70W	5,500	78	6,000	80～93	3,000 4,200 5,200	不可	8,000～ 1万2,000円	●高演色	×
	セラミックメタルハライドランプ	CDM-T	35、70、150	70W	6,600	94	12,000	81～96	3,000 4,200	不可	1万円前後	●高演色 ●ランプ効率もよい ●寿命が長い	×
高圧ナトリウムランプ(高演色型)			140、250、400	140W	7,000	50	9,000	85	2,500	段階的	2万～3万円	●暖かみのある雰囲気 ●高演色	×

LED（発光ダイオード）

省エネ照明として、環境意識の高まりとともに普及。器具の開発やコストダウンが今後ますます期待される

LEDのしくみと特徴

環境問題に対する人々の意識が高まるなか、省エネ照明として注目され、現在ではほぼあらゆるタイプの器具が出揃って主流の照明となっているのがLED（Light Emitting Diode）である。

高輝度化と、色温度や演色性の改善、LEDユニット自体の高性能化とコストダウンにより、白熱電球、蛍光灯、HIDランプなどほぼ全ての光源に代わる照明として世界中で主流となっている。蛍光灯は、廃材から水銀などの有毒物質が発生することがあるが、LEDならこうした心配もない。

メリットと課題

LEDの寿命は4万時間程度で、蛍光灯の3〜6倍長く使える。コンパクトで長寿命であることは当初からのメリットである。また、調光が可能で、光線に熱や紫外線の成分がほとんど含まれず、美術品や商品などを照らす目的にも適っている。カラーチェンジが自由にできるカラー照明は、ほかのランプとは大きく異なる特徴であり、演出照明の分野で使用されることが定着している。消費電力と明るさの関係（ランプ効率）は日々改善が進んでおり、現在は高効率の蛍光灯照明に完全に勝るようになり、また器具グレードの幅と合わせて価格帯にも幅ができ、器具コストの不利も無くなってきており、デメリットがとても少ない器具である。

高輝度、高照度の性能を出そうとするとLEDチップが高熱になり、電子部品の劣化により寿命が短くなることは未解決だが、開発競争は続いており、今後もさらに高品質化することが予測される。

● カラーチェンジ
赤・青・緑の光の3原色を発光できるフルカラーLEDが備える機能。3つの色の発光をコントロールすることで、1個のLEDが膨大な数の色を表現できる

LEDのしくみ

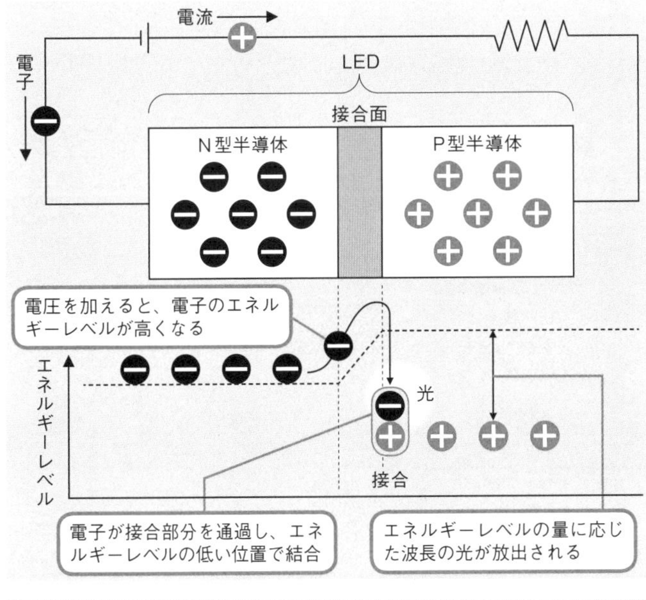

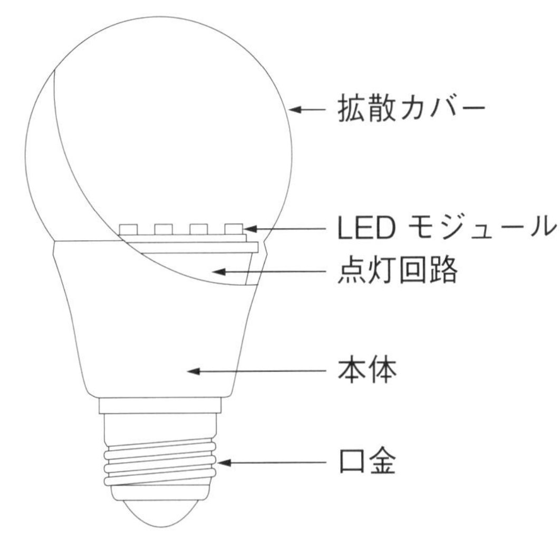

日本照明工業会　電球型LED ガイドブック　より

その他の光源

「面発光する光源」として実用化が進む有機EL。一般照明用としても、今後の研究開発が期待されている

有機ELと無機EL

白熱電球や蛍光ランプ、HIDランプなどのほかにも、さまざまな光源がある。なかでも新しい光源として注目されているEL（エレクトロルミネセンス）は、薄いシート状の面発光する光源で、壁や天井に貼り付ければ、壁や天井自体が発光しているように見える。

ELには、有機化合物に電圧をかけて発光させる有機ELと、無機化合物に電圧をかけて発光させる無機ELがある。有機ELは発光原理がLEDと似ており、無機ELに比べてランプ効率がよい。一般照明用の光源のほか、薄型テレビや携帯電話のディスプレイに実用化されている。一方、無機ELは大きな発光面が得られるが、明るさや色温度の種類などが不十分で、寿命も短い。そのためサイン照明や店舗の装飾照明など、限られた範囲で使用されている。

無電極蛍光ランプと低圧ナトリウムランプ

無電極蛍光ランプは、放電空間内に電極をもたない新しい点灯方式の放電ランプである。電極やフィラメントがないので、長時間の点灯・点滅による消耗がなく、3万〜6万時間の長寿命で、蛍光灯並みの高効率・省エネ性能をもつ。高天井などランプ交換が困難な場所への取付けに適し、器具と一体になったタイプや白熱電球と同じE26の口金のタイプがある。

低圧ナトリウムランプは、低圧放電によりナトリウムを発光させる。175lm/Wのランプ効率は、光源のなかで最もよく、省エネ性も高い。黄色のみの単色光で、物の色がほとんど識別できないため一般照明用には向かないが、霧や煙のなかでの透視性が優れているので、道路やトンネルに使用されている。

さまざまな光源

EL（エレクトロルミネセンス）

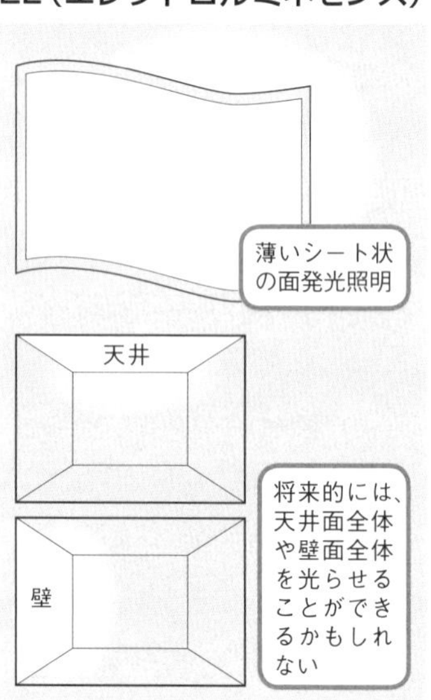

無電極蛍光ランプのしくみ

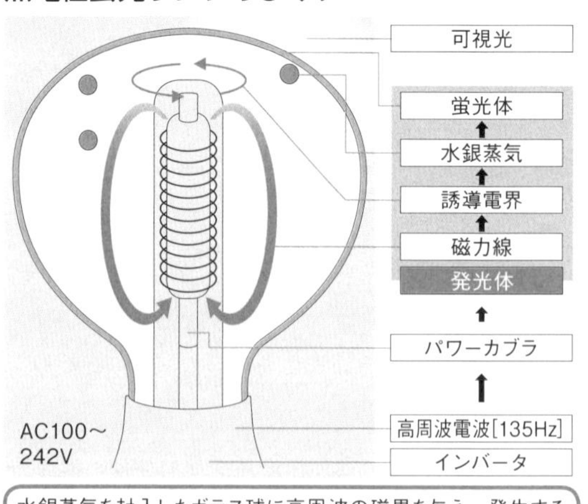

水銀蒸気を封入したガラス球に高周波の磁界を与え、発生する誘導電界が内部の水銀蒸気を励起させる。紫外線がガラス球内面に塗布した蛍光体に当たり、可視光に変換される

注　エバーライト（Panasonic）の場合

低圧ナトリウムランプ

構造

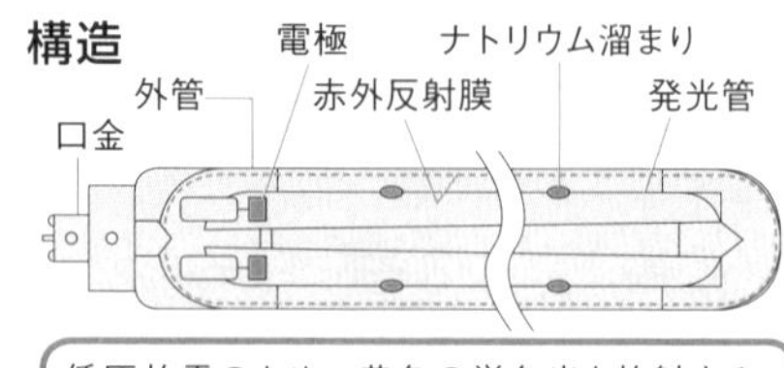

低圧放電のため、黄色の単色光を放射する。この放射光が比視感度のピークに近い波長のため、効率が各種光源のなかで最も高くなる

分光分布

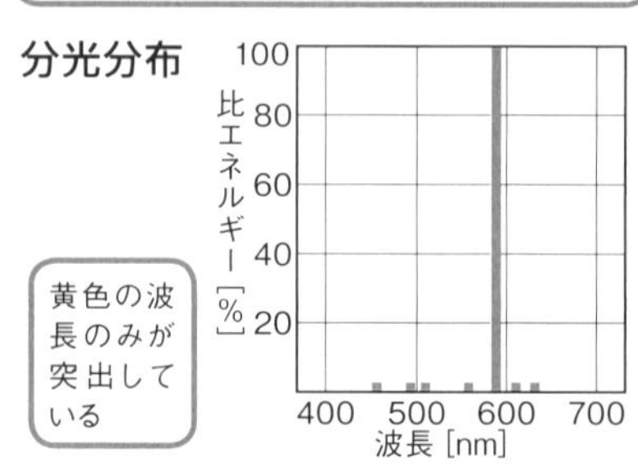

変圧器と安定器

100V以外の器具やランプを使うときは、変圧器を使用。電流を安定して点灯させる安定器はインバーター式が主流

100V以外の電圧に対応する変圧器

日本の電圧の規格は100Vであり、多くのランプや器具はこれに合わせてつくられている。しかし、キセノンランプや電飾用の照明などには12Vや24Vのものがある。これらを使用するときは、100Vの電圧を12Vや24Vに下げる変圧器(ダウントランス)が必要になる。

小さな点光源という特性をもつハロゲンランプには、12Vのローボルトタイプが多い。変圧器は一般に別売り・別置きだが、スポットライトなどの配線ダクトタイプの場合は、取付け部付近に小さな箱型の変圧器が付き、器具と一体になっていることがほとんどである。また、ダウンライトタイプの場合は、天井内部に変圧器を別置きすることが多い。

電流を一定にする回路・安定器

安定器は、蛍光ランプやHIDランプの点灯に必要な装置である。ランプ内で放電が開始されると、電流が急激に増える。そのままでは電流が増え続け、ランプが壊れたり、電線が溶けてしまうため、電流を一定にするために回路＝安定器を設ける必要があるのだ。安定器はランプの点灯を開始させる機能も兼ね備えていることが多いので、一般に点灯回路と呼ばれる。

安定器は通常、器具に内蔵されており、安定器の種類によって器具の点灯にかかる時間が変わる。最近は、すぐに点灯でき、さらに効率を高めて小型・軽量化した高周波点灯回路(インバーター式点灯回路)が主流となっている。また、Hf蛍光ランプと組み合わせる高周波専用器具が開発され、省エネ性が増し、採用が増えている。

このほか、電球型蛍光灯は本体内部に安定器が内蔵されているため、白熱電球用の器具にも取り付けることができる。HIDランプは、ほとんどのランプに安定器が必要となる。

● キセノンランプ
高輝度放電灯の一種で、バルブ内に封入されたキセノンガスの放電を光源とする。自然光に近い光で、演色性が高い

● Hf蛍光ランプ
高周波点灯専用形蛍光ランプともいう。一般的な蛍光ランプに比べて、管が細く長いことが特徴。蛍光ランプ交換の際に、器具に上のマークが付いている場合は、下のマークが付いているランプを選ぶ

器具に付いているマーク

ランプに付いているマーク

変圧器と安定器

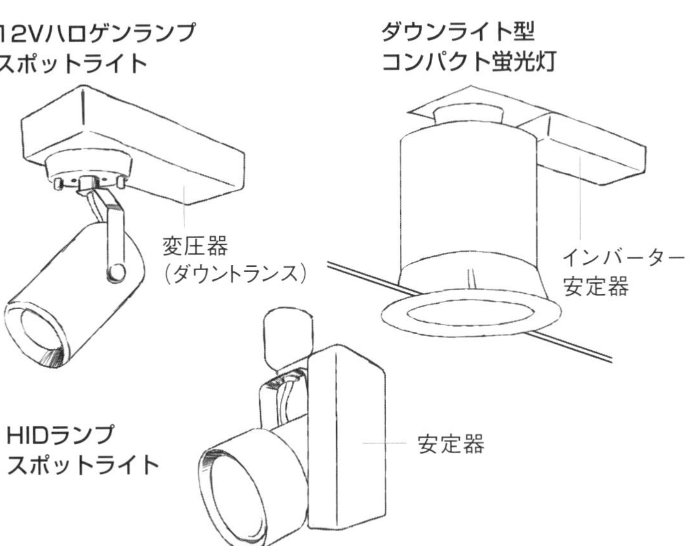

安定器のはたらき

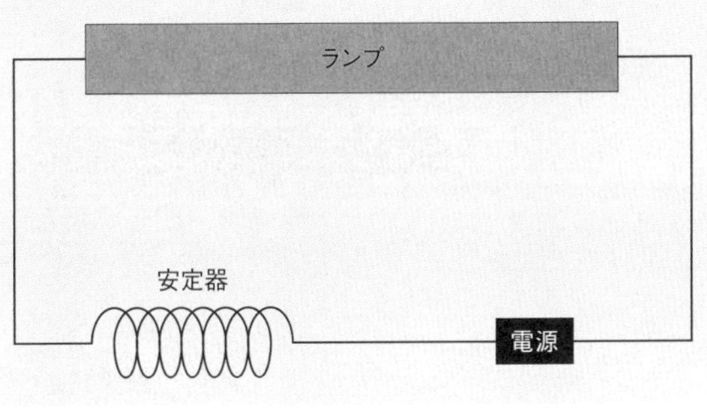

ランプ内で放電が始まると、電流が急激に増える。そのまま増え続けると、ランプが壊れ、電線が溶けてしまう。しかし、安定器を使うと、電流が増えすぎないように抵抗し、電流を一定の値にできる

照明器具の選び方

照明器具のデザイン重視か、光の質や配光重視か、設置する場所や必要な照度を考慮して総合的に判断する

器具の特徴を知り、適材適所で

照明器具は、形に目立った特徴があり、光の広がりや向きとともに、その器具の存在感やデザイン自体が重要なものと、器具から発する光の量や向き、質が重要なものに大きく分けることができる。

前者は装飾照明と呼ばれ、シャンデリアやペンダント、シーリングライト、ブラケット、スタンドなどが挙げられる。後者はテクニカル照明と呼ばれ、ダウンライトやスポットライト、**全般照明**用の蛍光灯などが挙げられる。それ以外に、使用する場所や用途でも分類され、メーカーのカタログでは、屋外用、ディスプレイ用、水中用、街路灯、投光器などで分けられていることが多い。

照明器具は、ランプ、ソケット、電源コード、シェードなどの本体部品と、取付け部品などで構成される。ランプの熱に耐え、通常の使用で変形や破損、故障などが起きないつくりになっており、製品として販売される前に、温度や電気回路、配線、防水性能など、安全性や耐久性の試験が行われる。器具を使用する際は、発光部と照射対象物の距離の制限など安全面に注意する。

配光曲線を確認し、照度を確保

光の広がり方のことを配光といい、器具ごとに特徴がある。器具を選ぶ際は、配光までイメージすることが重要である。配光は配光曲線という図で表され、特に鉛直面の配光曲線を見ると器具の特徴が理解できる。また、対象物への照度も想定しやすいため、照明計画を行ううえで重要なデータとなる。

ダウンライトやスポットライト、全般照明用の照明器具などは、配光曲線を確認したうえで選定しないと必要な照度が確保できない。スタンドやペンダントなども配光曲線を確認するが、使用するランプはLEDや白熱電球、蛍光灯が多く、照度などを判断しやすいため、メーカーでも詳細なデータを出していない場合が多い。

全般照明
→p.100参照

シェード
照明器具の電球の上や周囲を覆う笠のこと。素材やデザインにより、さまざまな印象を器具に与えることができる。電球全体を覆うカバーは、グローブとも呼ばれる

配光曲線の見方

光の強さがどの面でも同じもの

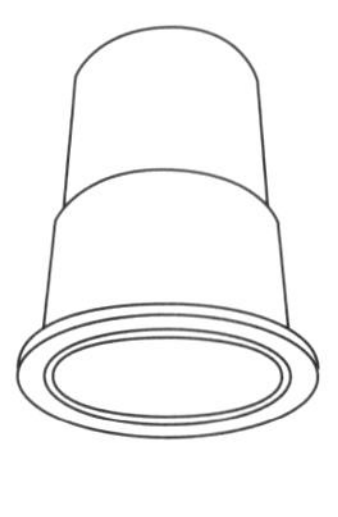

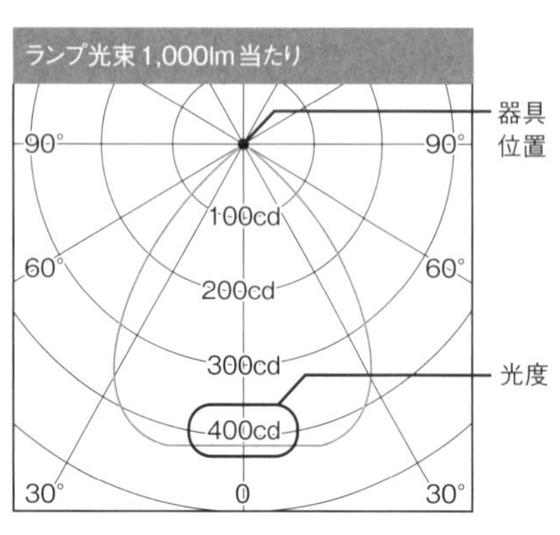

光の強さが面によって差があるもの

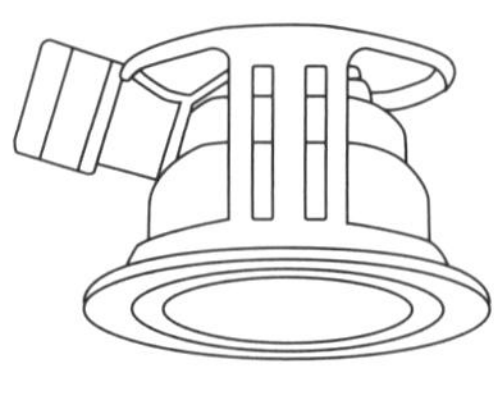

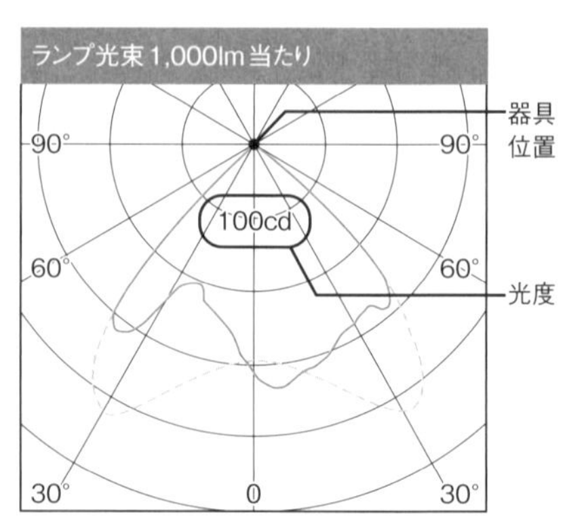

照明器具の種類

装飾照明

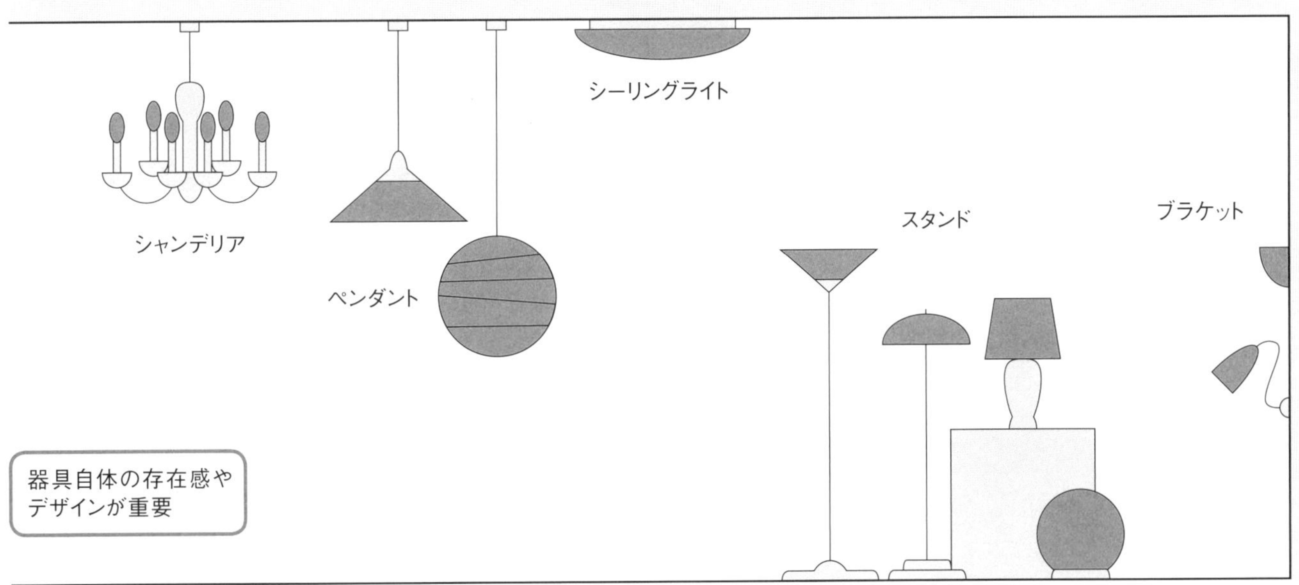

テクニカル照明

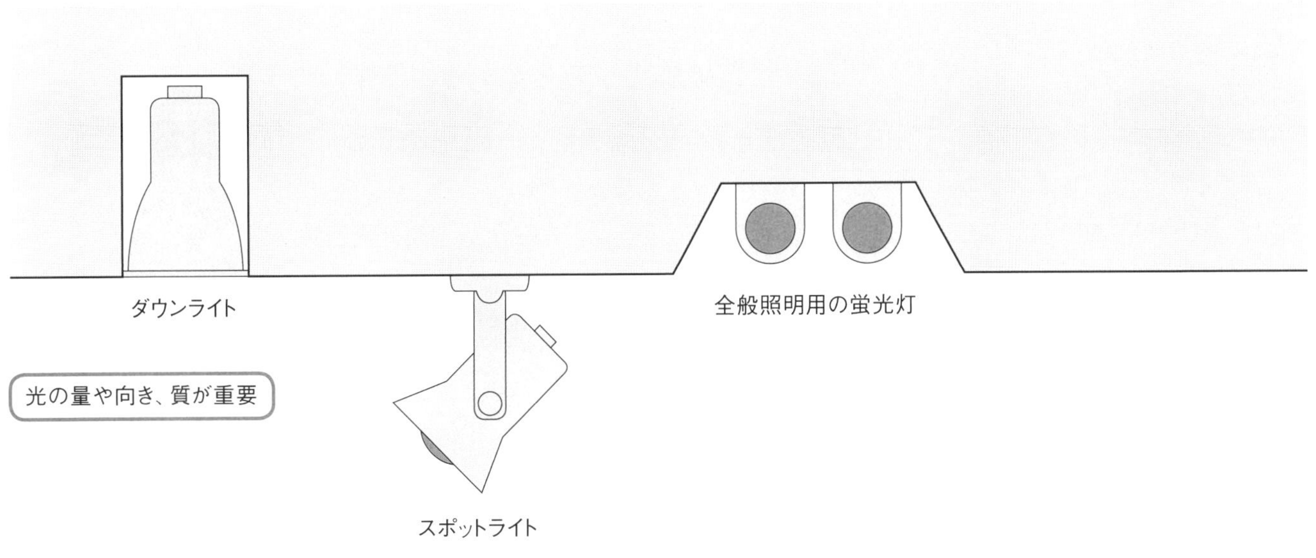

分類	直接照明	半直接照明	全般拡散照明	半間接照明	間接照明
上方光束[%]	0～10	10～40	40～60	60～90	90～100
下方光束[%]	90～100	60～90	40～60	10～40	0～10
配光曲線					
特徴	不透明のシェードを使用。光を直接、対象物に当て、物をはっきりと照らすことができるが、その分、強い影もできる	半透明のシェードを使用し、直接光とシェード越しの光の両方を当てる。光の広がりを表現しやすい	半透明のカバーを使用。暖かみのある光が、全方向に広がる。ソフトなあかりでまぶしさがなく、影も出ない	半透明のシェードを使用。シェード越しの光と、壁や天井の反射光を組み合わせ、ムードのあるあかりを演出できる	不透明のシェードを使用し、光を壁や天井に反射させる。まぶしさはないが、明るさの効果は低い

ダウンライトの設置

配光や効率などの光学機能が求められるダウンライト。その場所に必要な光の効果を考慮し、器具を設置する

ダウンライトの特徴と配光

天井に小さな穴をあけ、天井内に埋込んだ形で取り付ける照明器具をダウンライトといい、ランプからの光を反射板で反射させて床側を照らす。反射板にはシングルコーン型やダブルコーン型、バッフル型などがあり、点灯時と消灯時の見え方が異なる。LED照明が主になって、光源の形状がフラット型が多くなってからはシングルコーン型に樹脂製のレンズを組み合わせたものが多くなっている。シングルコーン型やダブルコーン型は反射板がアルミで、点灯時は器具自体が目立たないが、消灯時は金属の質感が目立つ。一方、バッフル型は反射板に白や黒の塗装がされ、点灯時は白く光って器具の存在感が強いが、消灯時は天井と一体になって目立たない。

ダウンライトは、器具の形はほとんど同じでも、反射板や本体のつくりや光源によって配光が異なり、用途も変わるため、見た目よりも配光や効率などの性能が重要になる。

配光の種類には全般照明用、ウォールウォッシャ照明用、スポット照明用などがある。全般照明用は配光が広めで、床面に対して照度の均整度が高い。シングルコーン型やバッフル型は配光が広めで壁面の上のほうまで明るく、比較的均整度が高いものが多い。

ウォールウォッシャ照明用は配光が壁面に偏り、明るさ感を増す効果のある器具である。スポット照明用は配光が狭く、シングルコーン型に多い。

特定の演出ができるダウンライト

ウォールウォッシャダウンライトの特徴は、壁の天井付近から床面までを綺麗にムラなく照らせること。壁からの設置距離と器具間隔が器具ごとに設定されており、多くの場合は、1：1～2程度の間隔がよい。

ユニバーサルダウンライトで、器具の一部が出っ張ったタイプのものは、光を振り向けられる角度が大きく、自由度も高い。器具が完全に天井内に納まったタイプは、振り向けられる角度が30度程度なので、照らす位置と設定位置との関係を十分に検討する。

● ウォールウォッシャダウンライト
光で壁を洗うように照らす照明手法をウォールウォッシャといい、視覚的な明るさ感を増し、空間の広がりやリッチさを強調できる。その効果を高めるために、特別に設計された反射板をもつダウンライトをウォールウォッシャダウンライトという
→p.146参照

● ユニバーサルダウンライト
光源の存在に気付かれずに目的の場所をスポットで照らすため、高級感のある雰囲気を演出できる。光源は、ハロゲンランプや小型のメタルハライドランプなど光をコントロールしやすいものを使う

ダウンライト器具の構造

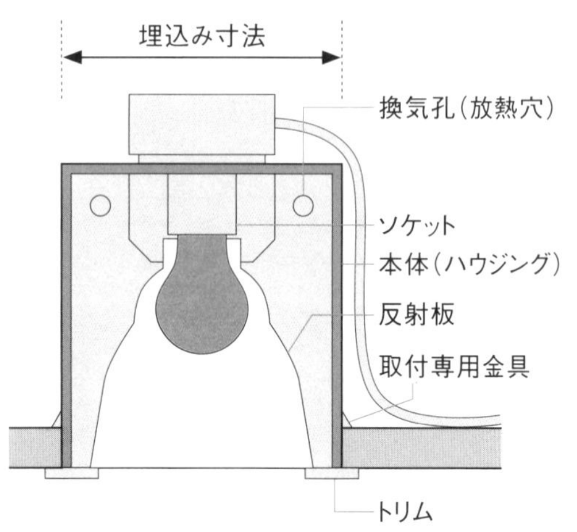

シングルコーン型

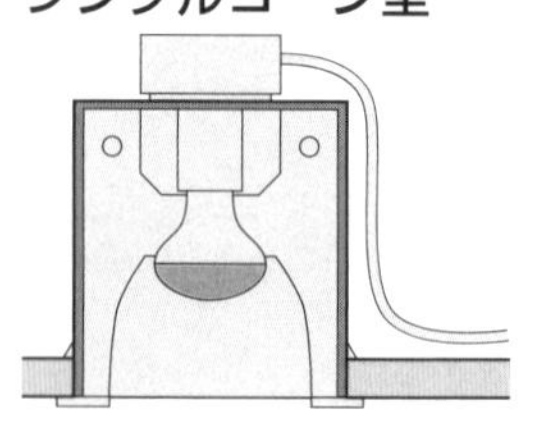

バッフル型

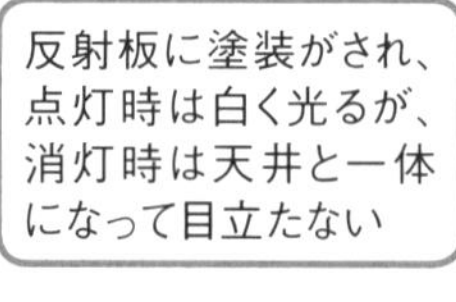

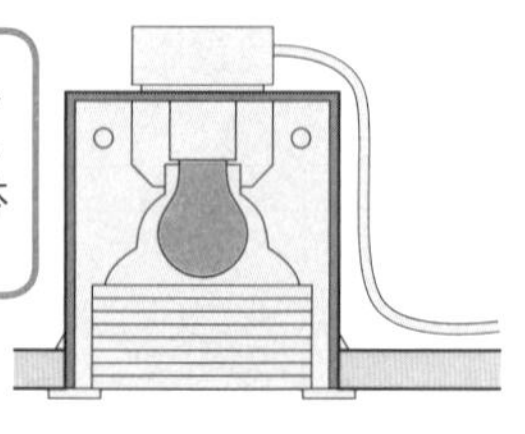

ダブルコーン型

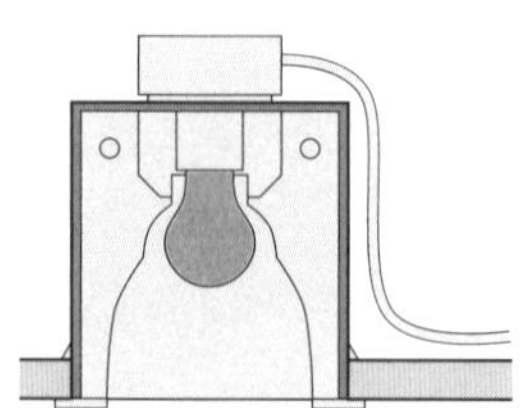

配光の種類

全般照明用①

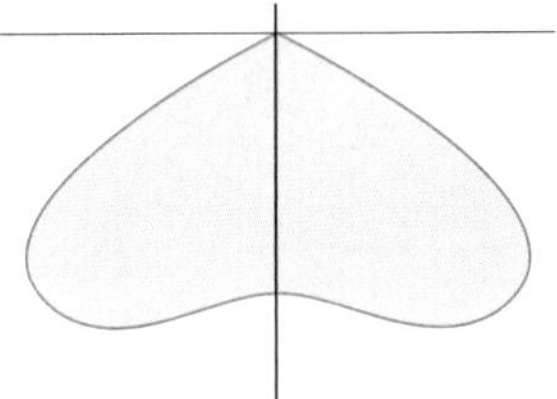

バットウイング型配光という。配光が広めで、床面に対する照度の均整度が高い。ダブルコーン型に多い

全般照明用②

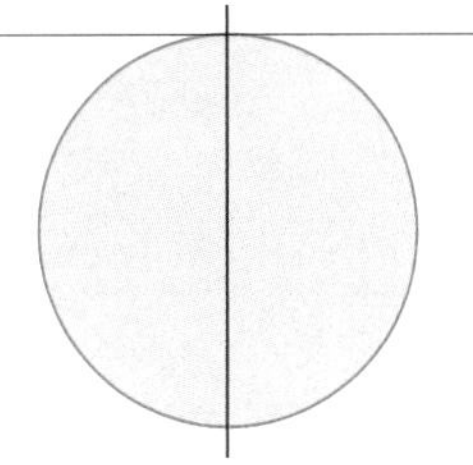

配光が広めで、壁面の上のほうまで明るく、比較的均整度が高い。シングルコーン型やバッフル型に多い

ウォールウォッシャ照明用

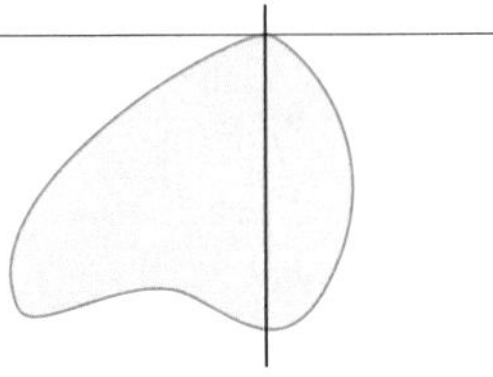

配光が壁面に偏り、明るさ感が増す。ウォールウォッシャ照明用の専用器具がある

スポット照明用

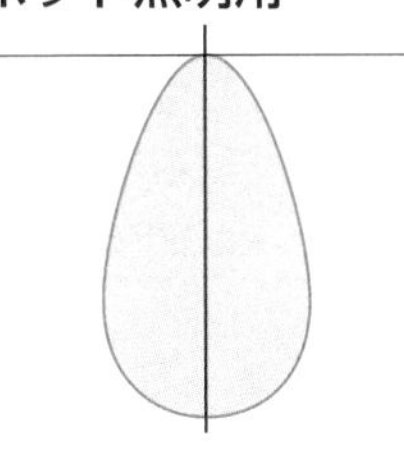

配光が狭く、シングルコーン型に多い

ウォールウォッシャダウンライト

種類

壁面と床面の両方を照らすタイプ

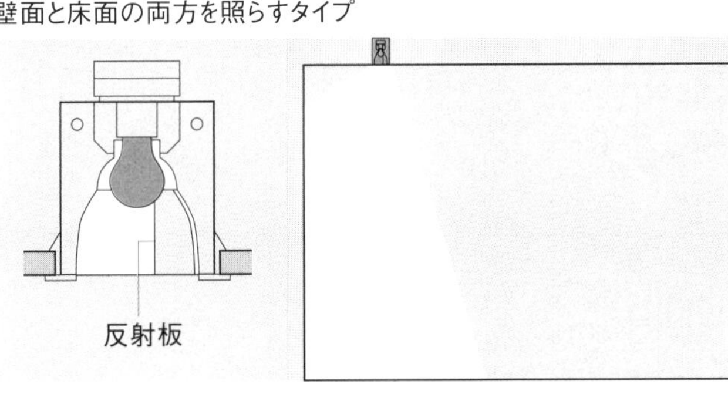

拡散レンズ付きで、壁面中心に照らすタイプ

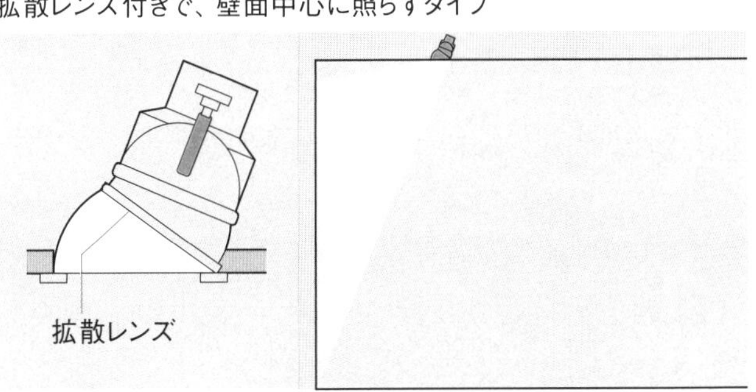

ピッチ

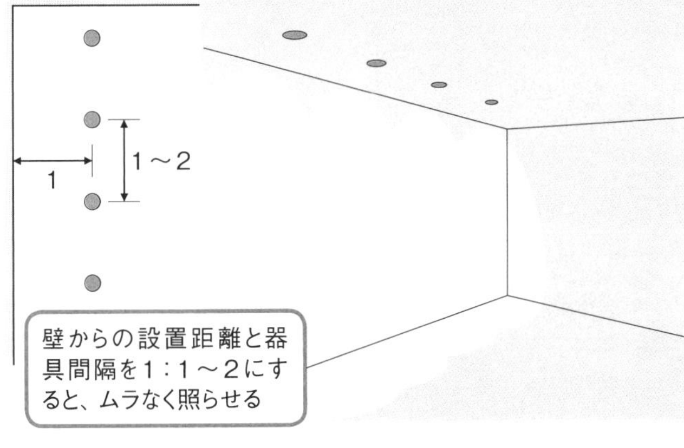

壁からの設置距離と器具間隔を1：1～2にすると、ムラなく照らせる

ウォールウォッシャダウンライト以外の場合

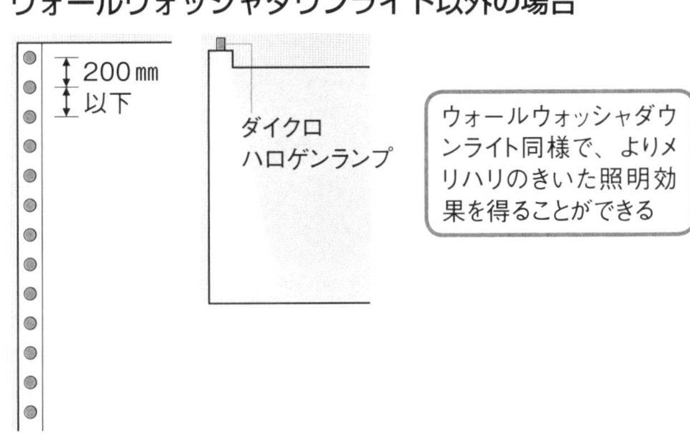

ウォールウォッシャダウンライト同様で、よりメリハリのきいた照明効果を得ることができる

ユニバーサルダウンライト

種類

天井内にすべて納まっているタイプ

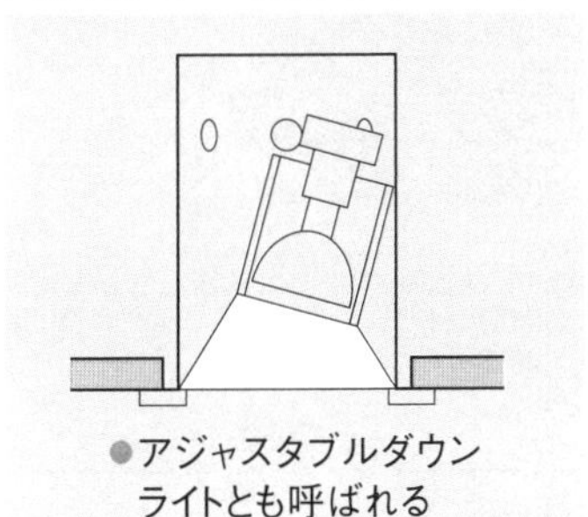

●アジャスタブルダウンライトとも呼ばれる

灯体が半分ほど露出しているタイプ

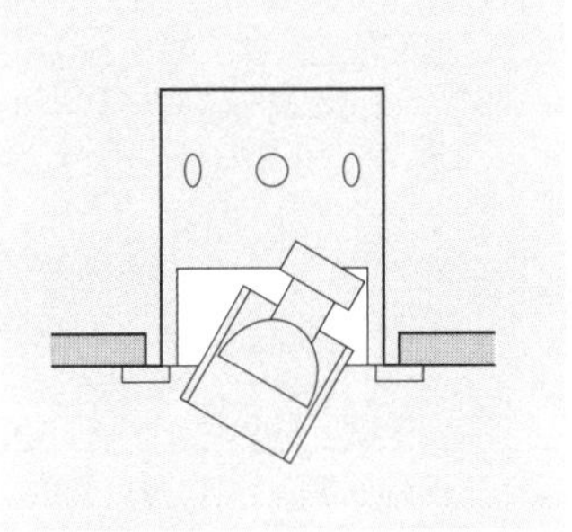

ピッチ

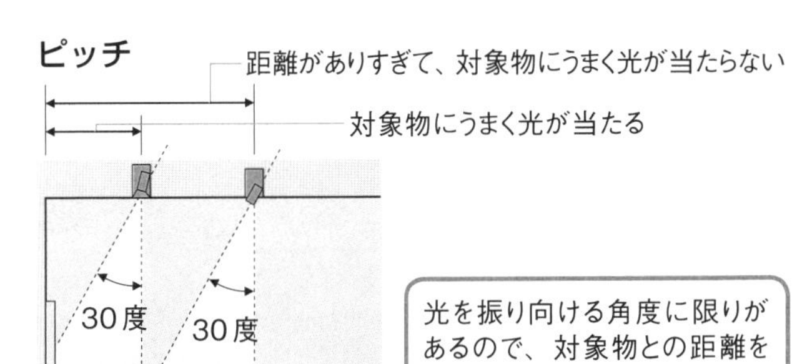

距離がありすぎて、対象物にうまく光が当たらない
対象物にうまく光が当たる
30度
30度

光を振り向ける角度に限りがあるので、対象物との距離を考えて取付け位置を決める

シーリングライト・ペンダント・シャンデリアの設置

シーリングライトは部屋の大きさに応じて選び、ペンダントやシャンデリアはインテリアに合わせる

シーリングライトの特徴

シーリングライトは全般照明として使われ、部屋の大きさに応じて器具サイズや明るさを選ぶ。6～12畳などの部屋では、天井の中央に1台設置すれば部屋全体を明るくできる。

設置の際は、角型引っ掛けシーリングや、丸型引っ掛けシーリング、埋込みローゼットと呼ばれる電源設備に、容易に取り付けることができる。角型は和室での採用が多く、小型のペンダントやシーリングライトに向いている。取付けネジの間隔が25㎜と小さいので、重量のある器具は取り付けられない。

丸型や埋込みローゼットは洋室の天井や、和室の目透かし天井に向いている。ネジの取付けピッチが広く（46㎜）、取付け強度が高いため、大型の器具でも設置できる。器具取付け孔が回転するので、器具の取付け向きが自由になる。

ペンダントの特徴

コードやワイヤー、チェーンなどで天井から吊り下げる照明器具をペンダントという。人の視界に入りやすいためデザイン性の高いものが多く、シェードの素材も多岐にわたり、家具のような多様性があるため、昔からインテリアのデザイン要素としても重視された。ペンダントは食卓の上に吊り下げることが多いが、テーブルの椅子に座ったとき、ランプが直接目に入るとまぶしさを感じるので、ランプがシェードに隠れるデザインの器具を使うか、調光でまぶしくないようにする。

引っ掛けシーリングを使って設置するほか、配線ダクトレールに取付け可能なタイプの器具もある。

シャンデリアの特徴

ペンダントより大型で、多灯の照明器具をシャンデリアといい、クラシックなデザインで存在感があり、印象的なものが多い。

設置の際は、器具の高さ寸法が大きいので、部屋の広さや天井高さが十分にあるスペースに取り付ける。また、重量がある場合が多いので、天井の下地が荷重に耐えられるかどうかを確認し、必要に応じて補強する。

器具の種類

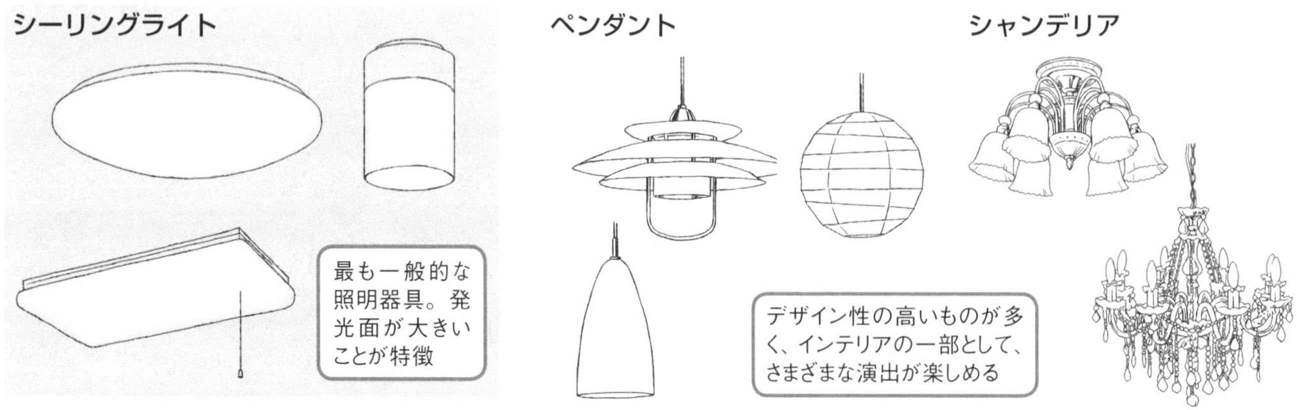
シーリングライト
最も一般的な照明器具。発光面が大きいことが特徴
ペンダント
デザイン性の高いものが多く、インテリアの一部として、さまざまな演出が楽しめる
シャンデリア

シーリングライトの設置例

◆引っ掛けシーリングの種類

角型引っ掛けシーリング

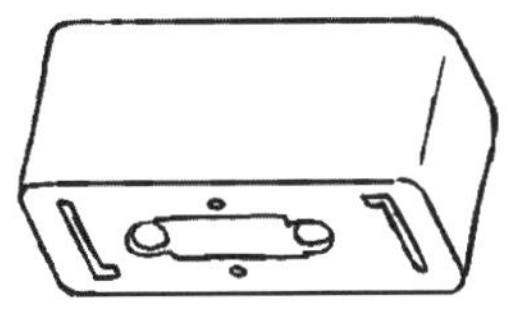

丸型引っ掛けシーリング

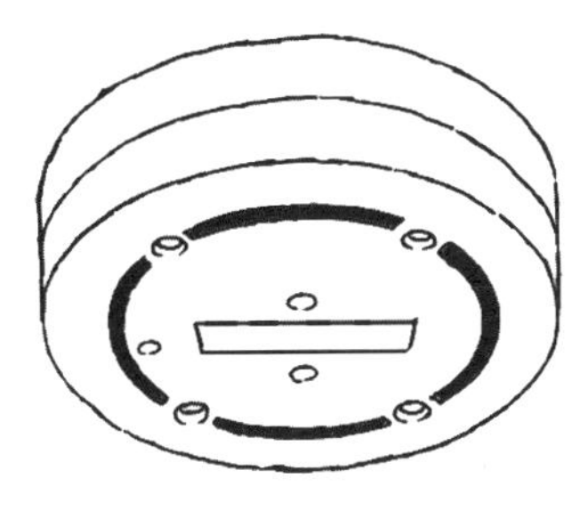

埋込みローゼット

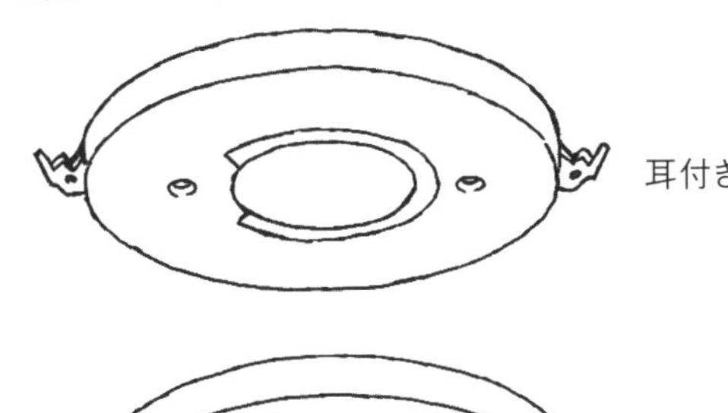

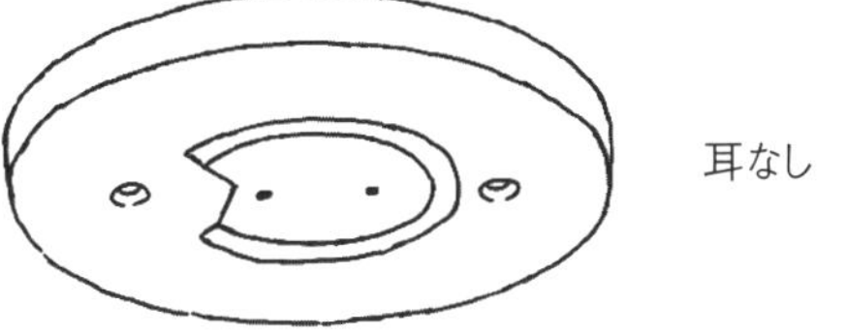

配線ダイレクトレール取付けのペンダント

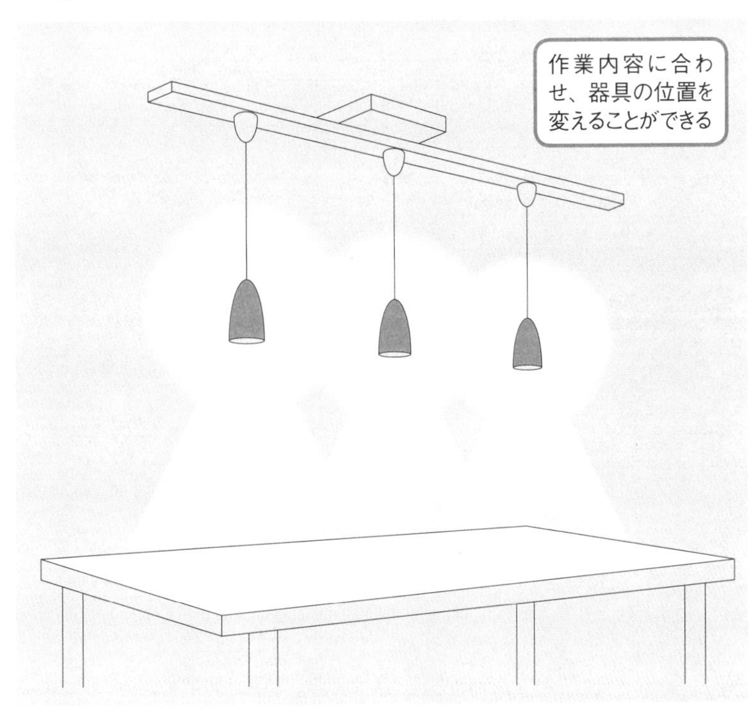

シャンデリアの設置

部屋の大きさと、天井の高さを考慮して設置する。人がさわれる高さだと事故につながる場合もあるので注意!

スポットライト・ブラケット・スタンドの設置

「指向性のある光」で商品や展示物を照らすスポットライト。ブラケットやスタンドはインテリアの重要な要素になる

スポットライトの特徴

スポットライトは向きを自由に調節できる直接照明の器具で、展示物や商品などを周囲より際立って明るく照らすことができる。天井や壁への取付けが一般的だが、床に取り付けることも可能だ。取付け部が固定式のフランジタイプ、取外しや位置変更の容易な配線ダクトレールタイプ、仮設的に使用できるクリップタイプなどがある。小型のものは、目立たず、配光の種類が豊富なため使い勝手がよい。ほかに横長や縦長の配光にしたウォールウォッシャ用の器具や、全般照明にも使えるほど広い配光をもつ器具などもある。スポットライトのオプションパーツは、グレアカットフードやルーバー、光の色や印象を変えるフィルター、光の広がりを変えるディフュージョンレンズなど種類も豊富だ。

ブラケットの特徴

壁に直付けするブラケットは、人の身長程度の比較的低い位置に設置することが多いため、まぶしく見えない器具や、壁面に光を当てて間接照明のように使う器具が多い。設置の際は、ブラケットは壁面から出っ張るので、廊下などの狭いスペースでは人にぶつからない位置に取り付ける。洗面室に取り付ける場合は、ミラーの左右や上に取り付け、人の顔色がしっかりと見えるようにする。浴室や屋外に取り付ける場合は、防水や防湿性能のある専用の器具を選び、水抜き孔が下向きになるように取り付ける。

スタンドの特徴

床やテーブルなどに置く、独立した照明器具をスタンドといい、床置きはフロアスタンド、テーブルなどの台の上に置くものはデスクスタンド（卓上スタンド）と呼ぶ。スタンドは個性的で楽しいデザインが多く、インテリアや装飾の要素としても重要だ。また、配置の自由度が高く、台数や位置を変えることで、明るさもコントロールできる。

● スポットライトのオプションパーツ
光をぼんやりと拡散させるディフュージョンレンズ、楕円に配光するスプレッドレンズ、色を変えるカラーフィルタ、色温度を変える色温度フィルタ、光源付近のまぶしさを抑えるハニカムルーバー、ロングスヌートフード、グレアカットフードなどがある

スポットライトの種類と配光

直付フランジタイプ

クリップタイプ

配線ダクトレールタイプ

配光

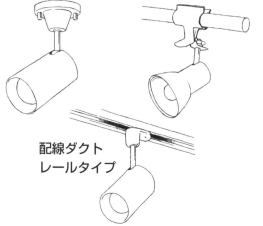

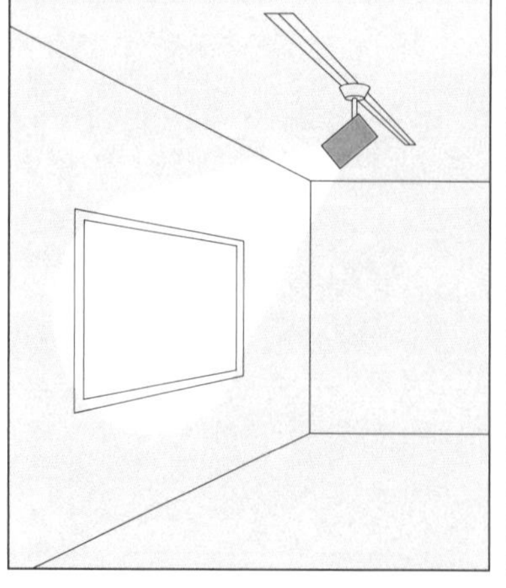

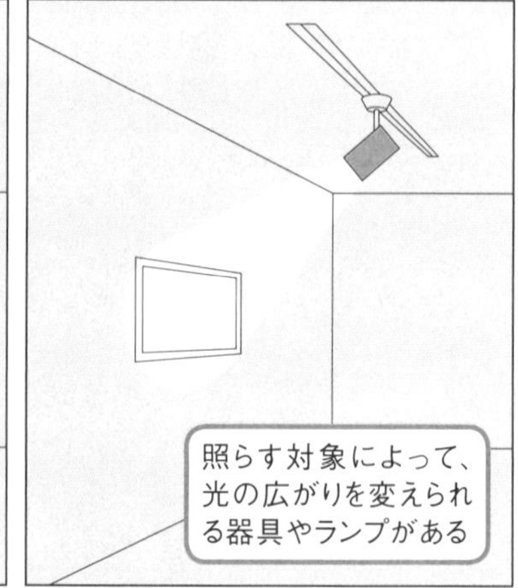

照らす対象によって、光の広がりを変えられる器具やランプがある

ブラケットの設置例

屋外

器具の取付け部には水抜き孔があるので、それを下向きにして取り付ける

洗面室

ミラーの左右などに取り付け、人の顔色がよく見えるようにする

階段室

取付けが難しく、メンテナンスに気を使う場所での使用も多い

取付け高さを展開図などに記載して、取付けミスがないように

寸法

スタンドの設置

シェード型

布などのシェードが付いたシェード型スタンドが最も一般的

リフレクター型

デスク上での作業時のタスク照明として有効

トーチ型

天井に光を向け、間接照明のように使用

グローブ型

床付近に置くと、室内の明るさの重心を下げ、リラックスした雰囲気を演出

スポットライトのオプションパーツ

カラーフィルタなど

手前からグレアカットフード、ロングスヌートフード、ハニカムルーバー

本体

ディフュージョンレンズ、スプレッドレンズ

フィルタカバー

豊富なオプションパーツを上手に活用し、照明の用途や目的に合わせ、より効果的でオリジナリティのある演出ができる

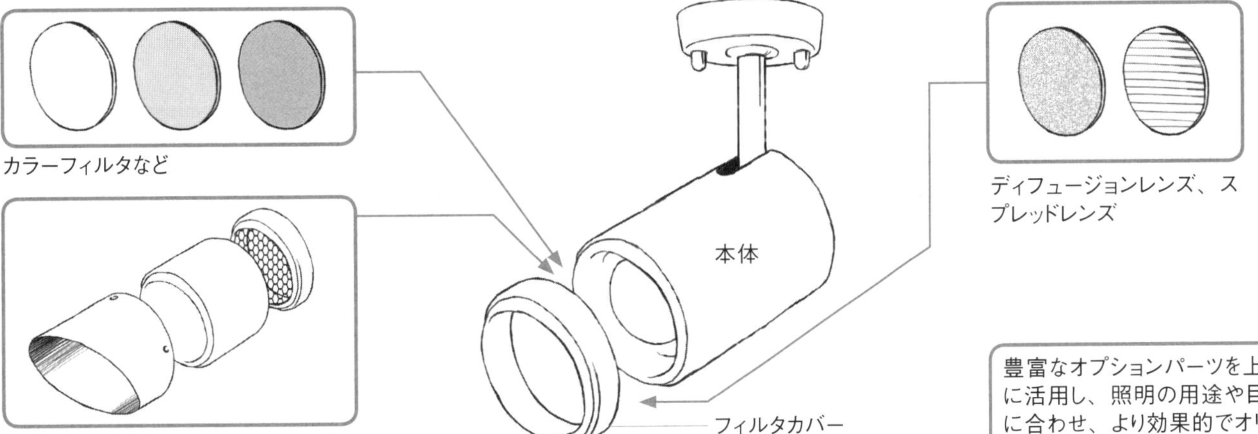

建築化照明・全般照明蛍光灯

建築化照明は設置スペースを事前によく検討する。全般照明蛍光灯は「机上面の明るさ」を重視して設計する

光を効果的に見せる建築化照明

建築化照明器具は、**コーブ照明**や**コーニス照明**などに使いやすいようにつくられた間接照明用器具である。LED器具がコンパクトさ、長寿命で省エネ、発熱の少なさなどで使いやすく種類も豊富になってきている。それ以外では蛍光灯器具や白熱灯器具をはじめ、キセノンランプやテープライトなどの特殊な白熱灯器具やなど、さまざまなタイプのものも建築化照明として使用できる。

これらの器具を設置する際は、ランプの特性、器具本体の大きさに加え、器具の取付け方法、メンテナンス、ランプ交換の頻度などを確認し、器具を納めるスペースの寸法やディテールを検討する。

広いスペースを照らす全般照明

オフィスや学校などの広いスペースを均一に、機能的かつ経済的に照らす照明器具を、全般照明器具という。前は直管型蛍光灯を複数台セットした器具が主流だったが、現在ではLEDの直線ライン型と正方形などのスクエア型が主流である。設置タイプは天井面に直付けする直付型や、取付けベースの断面が山の形をした富士型などと、天井に埋込んで設置する埋込型がある。蛍光灯のようなLEDランプが露出したもの、下面に乳白色のアクリル拡散板が付いているもの、プラスチックや鏡面アルミなどのルーバーが付いているものなどがある。

全般照明器具は机上面の明るさが重要だが、明るさ感をより重視する場合は、乳白アクリル拡散板やプラスチックルーバーが付いたタイプや露出タイプを使用する。また、パソコンへの映り込みに配慮し、光源のまぶしさ感をカットしたい場合は、アルミルーバー付きで**グレア**カット角度が30度程度のものを選ぶとよい。

最近は、スリム型で高照度のベース照明器具が増え、天井面をよりシャープにすっきりとデザインできる。長寿命のLEDだが故障などでの交換も必要なので、工事なしで発光部のみ交換できるタイプが増えている。

- コーブ照明 →p.102参照
- コーニス照明 →p.104参照
- テープライト テープ状の器具に高輝度のLEDなどを設置した装飾用照明。間接照明やライン照明などに利用する
- グレア →p.24参照

建築化照明器具(間接照明器具)の種類

蛍光灯器具

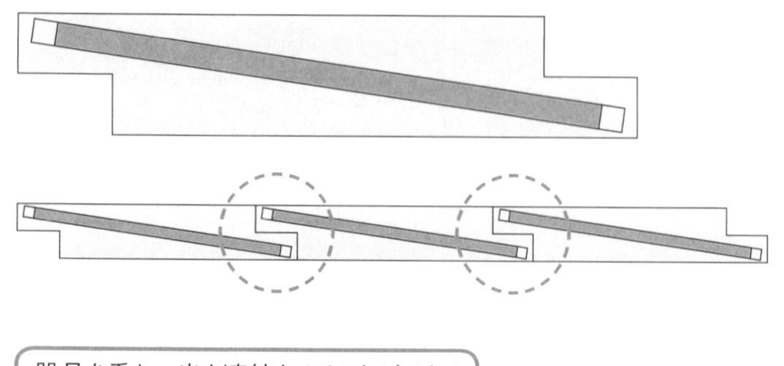

器具を重ね、光を連続させることができる

シームレスラインタイプ(LED、蛍光ランプ)

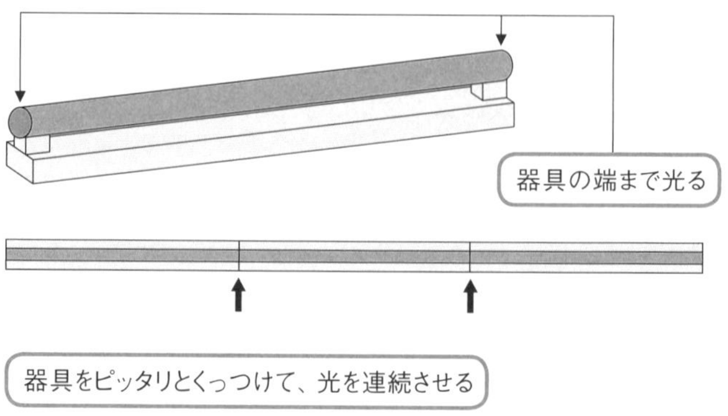

器具の端まで光る
器具をピッタリとくっつけて、光を連続させる

全般照明LED器具の種類

直付型

笠なし直付型

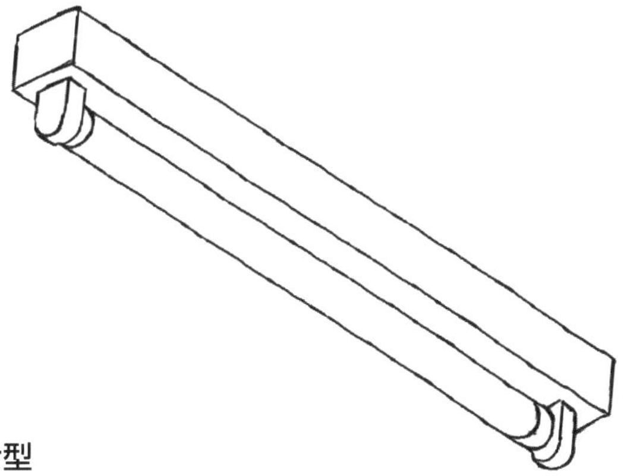

富士型

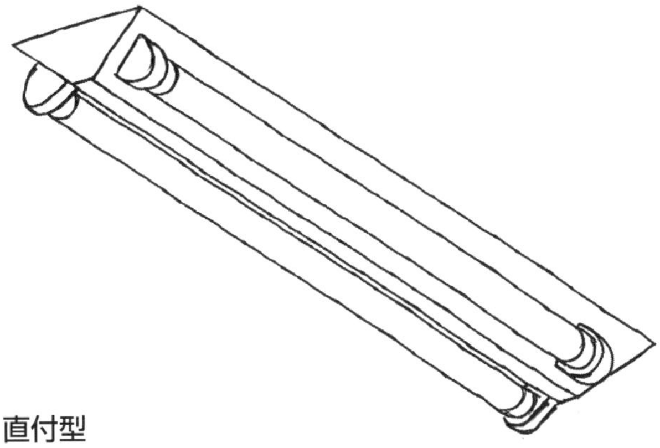

直付型

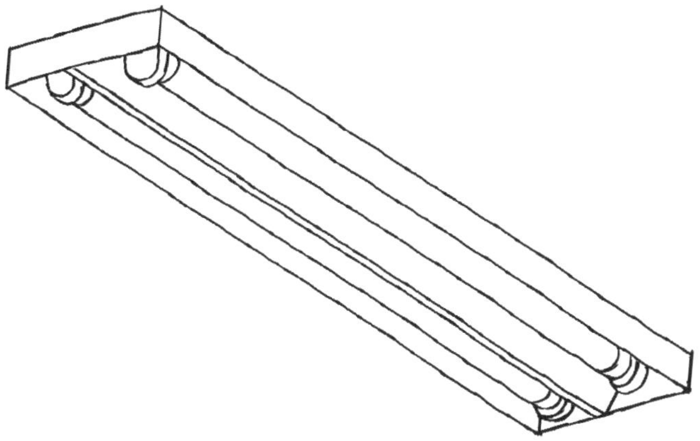

埋込型

露出型（下面開放型）

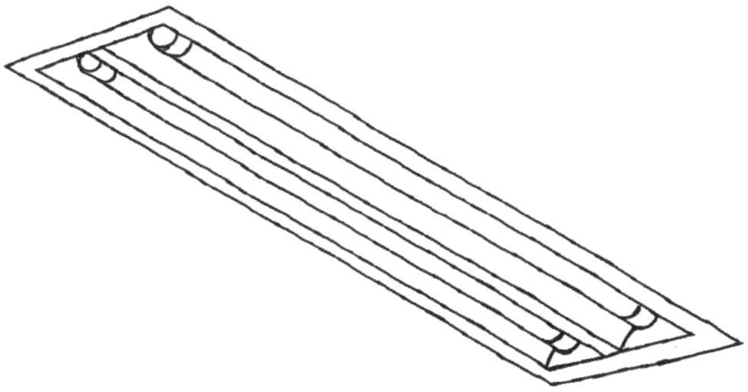

乳白アクリル拡散板付き
（明るさ感が強い）

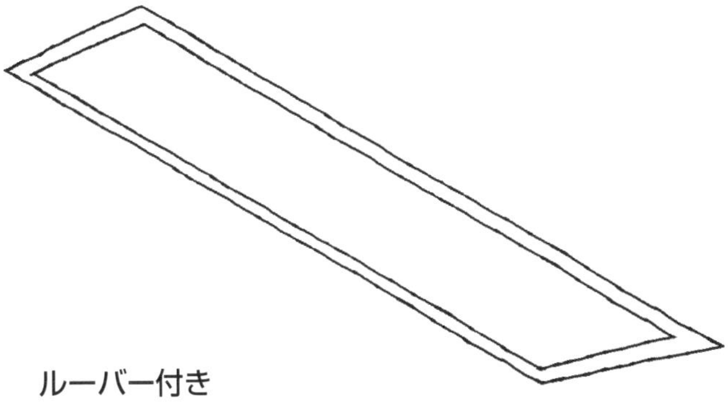

ルーバー付き
（グレアカット対応）

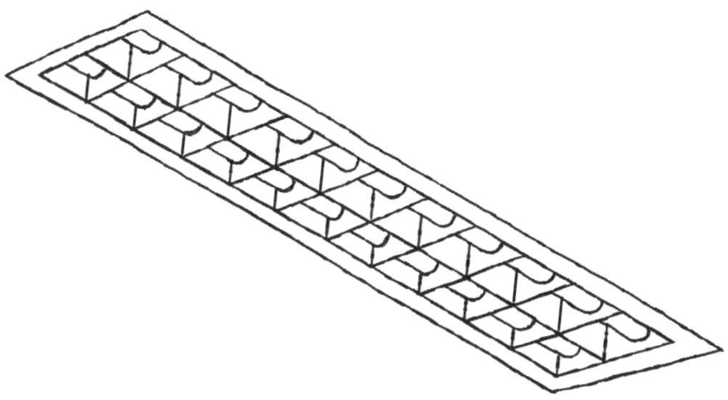

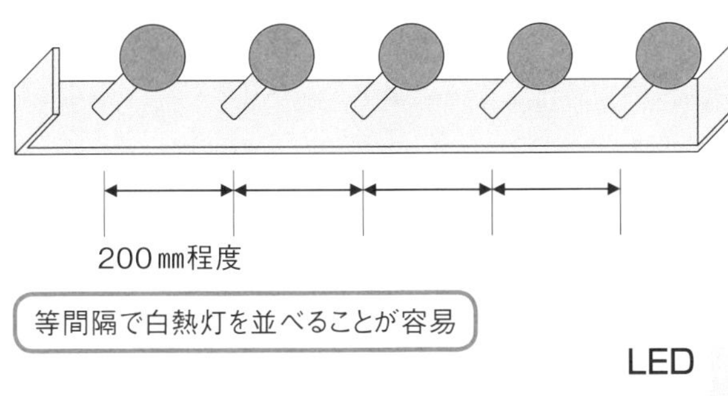

キセノンランプ

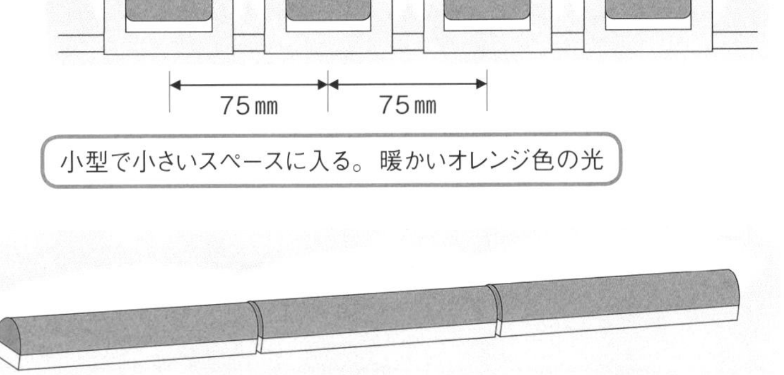

75㎜
75㎜
小型で小さいスペースに入る。暖かいオレンジ色の光

LED

カラーチェンジできる。小型で放熱が少ない

索引

〈著者略歴〉

安齋　哲［あんざい　てつ］

1967 年東京生まれ。一級建築士、照明士。'92 年筑波大学芸術専門学群建築デザイン専攻卒業。'97 年ロンドン、AA スクール、ディプロマスクール修了（AA Dipl）。設計事務所勤務、照明デザイン事務所ワークテクト勤務、その後、照明とインテリアを中心にデザイン実務多数。現在は九州産業大学 芸術学部 生活環境デザイン学科 空間演出デザイン専攻 教授。空間デザインの教育活動を中心としながら九州各地で照明やインテリアデザインプロジェクトを実施。

世界で一番くわしい照明 最新版

2021年5月18日　初版第1刷発行

著　者　　安齋　哲
発行者　　澤井聖一
発行所　　株式会社エクスナレッジ
〒106-0032　東京都港区六本木 7-2-26
https://www.xknowledge.co.jp/
問合せ先　編集　Tel：03-3403-6796／Fax：03-3403-0582／info@xknowledge.co.jp
販売　Tel：03-3403-1321／Fax：03-3403-1829